U0115640

中国语文教育研究丛书

顾之川　主编

张　伟　编著

语文学习质量评价论纲

YUWEN XUEXI ZHILIANG PINGJIA LUNGANG

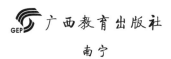
广西教育出版社

南宁

图书在版编目（CIP）数据

语文学习质量评价论纲／张伟编著. —南宁：广西
教育出版社，2017.10（2023.1 重印）

（中国语文教育研究丛书／顾之川主编）

ISBN 978-7-5435-8400-6

Ⅰ.①语… Ⅱ.①张… Ⅲ.①语文教学-教学质量-
评价 Ⅳ.①H19

中国版本图书馆 CIP 数据核字（2017）第 263310 号

策　　划　黄力平

组稿编辑　林春燕　黄力平　　　　装帧设计　刘相文

责任编辑　农　郁　　　　　　　　责任技编　蒋　媛

责任校对　谢桂清　　　　　　　　封面题字　李　雁

出 版 人：石立民

出版发行：广西教育出版社

地　　址：广西南宁市鲤湾路 8 号　　　邮政编码：530022

电　　话：0771-5865797

本社网址：http://www.gxeph.com

电子信箱：gxeph@vip.163.com

印　　刷：广西壮族自治区地质印刷厂

开　　本：787mm×1092mm　1/16

印　　张：25.25

字　　数：376 千字

版　　次：2017 年 10 月第 1 版

印　　次：2023 年 1 月第 3 次印刷

书　　号：ISBN 978-7-5435-8400-6

定　　价：60.00 元

如发现印装质量问题，影响阅读，请与出版社联系调换。

序

中国教育正在加速推进现代化，立德树人成为教育改革总任务，完善中华优秀传统文化教育成为共识，新课标已陆续颁布，小学、初中语文教材已重新回归国家统编时代，高中语文新课标教材已在北京、天津、上海、辽宁、山东、海南开始试用，新高考改革方案正在稳步推进，语文教育的重要地位日益凸显。我国语文教育改革迎来新的发展机遇。我们必须清醒地看到，我国语文教育取得了举世公认的成就，同时也面临着诸多困难和问题。如何站在历史的高度，以严谨求实的科学态度，总结梳理中国语文教育教学改革所取得的成就，直面存在的困难和问题，深入剖析原因，为语文教育改革与发展献计献策，推进语文教育现代化，成为新一代语文教育工作者的神圣使命和义不容辞的责任。

2013 年 10 月，中国教育学会中学语文教学专业委员会召开第十届年会，选举产生了新一届理事会。新一届理事会成立后，我们研究制订了《中国教育学会中学语文教学专业委员会事业发展规划（2013—2018）》，其中有一项重要内容，就是要"策划一套图书"。具体设想是：这套图书应分理论与实践两部分，前者重在全面系统地总结改革开放 30 多年来我国语文教育的经验教训，作为今后发展的借鉴；后者重在归纳梳理我国当代语文名师的教育教学思想，深入挖掘 20 世纪 80 年代语文名师的当代价值，同时推出一批当代语文名师，为新生代名师擂鼓助威。我们这一设想，与时任广西教育出版社副总编辑黄力平编审的想法不谋而合。他邀我组织编撰"中国语文教育研究丛书"，纳入他们正在组织实施的中国学科教育研究系列图书的出版计划。

编辑这套"中国语文教育研究丛书"的基本思路是：

把握时代脉搏，聚焦立德树人。

这套丛书着眼于推进语文教育现代化，把握时代脉搏，聚焦立德树人。围绕语文教育改革创新，推出一批反映、代表乃至引领我国语文教育现代化的研究成果，具有鲜明的中国当代特色。从时间上说，以改革开放到新世纪的发展历程为主，尤其注重反映我国实行新课改以来的语文教育研究；从内容上说，则力求反映我国语文教育理论与实践的研究成果。

树立整体观念，开展综合研究。

这套丛书力求树立整体观念，开展语文教育教学的综合研究，全面深入系统地梳理总结我国语文教育改革成就和存在的问题。既有语文教育语用观、传统文化教育、语文工具论、语文教育民族化等理论层面的深入剖析，又有语文教材编制、语文教师专业发展、语文教学创新设计、语文考试评价改革等实践层面的研究。

拓展研究视野，实现互联互通。

这套丛书强调语文教育整体观念，整体观照中国语文教育各领域。纵向上，打通小学、中学与大学，努力挖掘语文教育的共同价值，避免过去那种"铁路警察，各管一段"的情况；横向上，涵盖中小学语文教育、汉语国际教育及华文教育等，并以宽广的国际视野，从中华文化圈的角度，审视我国语文教育教学改革的成就与突出问题。

理论联系实际，注重研究实效。

本丛书注重沟通语文教育理论研究与语文教育教学各组成要素的实践，包括教材编写实践、教学实践、考试命题实践以及教师培训与专业发展实践，努力克服过去学科理论研究与教育教学实践"两张皮"，教育理论研究"不接地气"等缺陷，既注意反映我国语文教育理论研究的新成果，也注重将一线语文教师的教学经验、教学智慧进行理论上的梳理与提升。研究尤重建设性，以建设性思维为统领，着眼于解决我国语文教学领域存在的实际问题。

坚持守正创新，强调原创研究。

这套丛书坚持守正创新，注重权威性与代表性，继承我国语文教育优良传统，借鉴国外先进的母语教育理念和方法，注重吸收各种语文教育理论和各个教学流派的研究成果，反映作者最新的原创性研究成果。弘扬改革创新主旋律，传递语文教育教学正能量，在保证科学性的基础上，注意可读性。内容新颖，资料翔实，数据齐全，为以后的语文教育研究留下可资参考借鉴的理论成果。

我们这一设想，得到我国语文教育界专家同仁的积极响应和大力支持，他们同意将其最新研究成果惠赐给我们，列入本丛书。

广西教育出版社是我国很有影响的教育出版社之一，在教育理论、教材教辅及文化艺术等方面，均出版了不少影响深远的系列图书。尤其是出版于20世纪90年代的"学科现代教育理论书系"，曾极大地推进了我国教育改革，实现了社会效益与经济效益的双丰收。进入新时期以来，该社审时度势，又策划出版学科教育研究书系，立足于中国本土，以独特敏锐的眼光，打造具有中国特色的学科教育理论体系。这不仅是教育创新的要求，也是新时代的呼唤。

目前，这套丛书正在陆续出版，作为丛书主编，我既有欣喜，也有不安，深恐由于自己的浅陋和粗疏而使各位作者的佳构留下缺憾，更期待着广大读者尤其是语文教育界同仁的批评、指教。令人欣喜的是，在广西教育出版社诸位同仁的努力下，经国家出版基金管理委员会批准，"中国语文教育研究丛书"（第一辑）被确定为2017年度国家出版基金项目，获得经费资助。这也是对我们这套丛书的学术价值与出版意义的肯定。在此，我不仅要对黄力平编审、广西教育出版社相关编辑等同仁表达谢意，更要对北京大学中文系温儒敏、曹文轩两位教授的热情推荐表示感谢。

值此新中国成立70周年，中国教育学会中学语文教学专业委员会成立40周年之余，南国传佳音，我得到一个好消息，说这套丛书已出版的8种，经过教育部组织专家评审，全部列入全国中小学图书馆馆配目录，即将重印。这再次证明这套"中国语文教育研究丛书"的学术价值与出版意义。

学术总是薪火相传，研究贵在创新发展。牛顿说他站在巨人肩膀上，杜甫说"转益多师是汝师"。我们进入一个大众创业、万众创新的时代，改革创新成为当今中国的时代主题。建设创新型国家，培养创新型人才，语文教育工作者肩负着神圣使命。语文百年，众多语文人默默耕耘，浇灌出语文学科生态园的参天大树；百年语文，无数语文人直面问题，探寻语文教育改革创新之路。我们策划、组织这套丛书，就是想为实现中华民族伟大复兴的中国梦略尽语文人的绵薄之力。我们的愿望如此，至于效果怎样，那就要由实践来检验了。

顾之川

于京东大运河畔两不厌居

2016 年 3 月 23 日初稿

2017 年 4 月 18 日第一次修改

2019 年 9 月 24 日第二次修改

顾之川简介：浙江师范大学教授，人民教育出版社编审。兼任中国教育学会中学语文教学专业委员会理事长，国家社科基金评审专家，教育部考试中心特聘专家，教育部"国培计划"首批专家，国家统编义务教育语文（七至九年级）教科书主编。主要从事语文教育研究和语文教材编写工作，主编人教版多套初中、高中语文教材。著有《语文工具论》《顾之川语文教育新论》《顾之川语文教育论》《语文论稿》《明代汉语词汇研究》《顾之川语文人生随笔》等，并有古籍整理著作多种。

前　言

　　"一度被认为是最无专业性的语文教学，隐含着高度的专业要求。"[1]王荣生先生的这一洞见，既道出了语文教学的苦楚，更说出了语文学习质量评价的艰难。语文学习质量评价曾被不少老师简化为"命题—考试—阅卷—评讲—再命题—再考试—再阅卷—再评讲"的循环往复的"四部曲"。教完一届之后，熟悉了"四部曲"的曲词与旋律，质量评价从此变得很"简单"："做题讲题而已！"事实上，语文学习质量评价远非做题讲题那么简单，它包含着较高的专业要求，这一专业要求不仅仅是把握和运用测量学与教育学方面的专业知识，更是语文学科，特别是语文学习质量的破题、入题与立题方面的专业要求，把握不住语文学科的精髓，走不进语文学习质量的核心地带，又怎能以评价为手段，引领学生在语文的天地里目标清晰、毫不踌躇地四处畅游？

　　中小学的语文学习在不同程度上面临着学习质量危机，这些危机集中体现在语文学习难以促进学生的内生发展、有效发展、持续发展和创造性发展等方面。语文学习不能促进学生的内生发展，就难以从内心深处激活学生学习语文的动力；不能促进学生的有效发展，其语文素养就难以在语文学习活动中枝繁叶茂；不能促进学生的持续发展，语文学习和语文学科就难以成为学生终身受益的工具；不能促进学生的创造性发展，就削弱了语文学科的诗意空间与灵动智慧。语文学习不是语文知识的堆积，语文学习质量也不仅是语文知识的积累与运用质量，还包括

---

[1] 王荣生.语文课程与教学内容［M］.北京：教育科学出版社，2015：11.

利用语文这一工具促进学生内生发展、有效发展、持续发展和创造性发展的质量。

要在语文学习活动中促进学生的内生发展、有效发展、持续发展和创造性发展，需要提高语文学习的条件质量、过程质量和结果质量。条件质量的高低，在较大程度上制约着语文学习的整体质量；过程质量是语文学习质量的有机组成部分，没有较好的过程质量，就不可能根除语文学习的质量危机；结果质量是学生内生发展、有效发展、持续发展和创造性发展的外在显现，是衡量语文学习质量的重要维度，只有好的过程没有好的结果，语文学习质量危机就难以得到根本性的改变。

根据这一思考，《语文学习质量评价论纲》第一章列举了语文学习质量危机的种种表现，一个个真实的案例，让我们感受到了改革语文学习质量评价的现实价值和长远意义。第二章则从语文学习质量评价的内涵与功能角度，重新建构了语文学习质量及其评价的内涵与构成要素，以此为基础，明确了语文学习质量评价的价值追求、目标选择、主要功能和改革趋势，力求站在教育教学改革的前沿探讨语文学习质量评价的基础性问题，以确保语文学习质量评价的科学性与引领性。第三章探讨语文学习质量评价的新理念与新行为，结合语文学科和语文学习过程的特点，根据内生发展、有效发展、持续发展和创造性发展的需要，从外源与内生、低阶与高阶、结果与过程三个维度，明确了语文学习质量评价应该树立的新理念和力争采用的新行为，其目的是寻找语文学习质量评价改革的理论依据，确保语文学习质量评价改革的前瞻性。第四章探讨语文学习条件质量的评价问题，建构了语文学习条件质量评价的操作框架，细化了语文学习活动中教师条件质量和学生条件质量的评价办法。第五章探讨语文学习的过程质量评价策略，集中介绍了语文学习过程质量评价的内容框架、语文学习质量评价准则的编制与使用、语文学习过程质量评价的主要方法等，形成了语文学习过程质量评价的内容、方法和工具体系。第六章探讨语文学习结果质量评价的主要方法，对如何编制结果质量评价方案，如何命制测试题目，如何反思与改进结果质量评价等问题逐一进行了回答。第七章介绍了SOLO分类理论和布卢姆教育目标分类学，这两种理论对突破语文学习质量评价的瓶颈具有很好的启发意义，是目前需要进一步研究和创造性运用的两种评价理论，语文学习质量评价的进一步创新如果以此为平台，就可能获得更大的发展和更好的突破。

《语文学习质量评价论纲》力求画出语文学习质量评价的专业路线图。在高举"核心素养"大旗的改革时代里，语文学习质量评价的核心在哪里？怎样才能以这一核心为逻辑起点，构建语文学习质量评价的专业路径，形成理论与实践交融的逻辑体系？这是该书动笔前颇费思量之处。质量是"为了人"，评价也是"为了人"，"立足人""为了人""发展人"是语文学习质量评价的理论起点，而帮助学生"创造有意义的语文学习经历"则成了语文学习质量评价的实践起点，因为没有"有意义的语文学习经历"，"立足人""为了人""发展人"则只能成为海市蜃楼。基于学生，为学生创造有意义的语文学习经历，成了语文学习质量评价理论与实践的核心。用这一核心审视现有的学习质量及其评价，构成了第一章内容；围绕这一核心确立的评价目标、功能、理念和实践样态，形成了第二章和第三章内容；在这样的目标、功能、理念与实践样态的指引下，我们应该评价什么、怎么评价，组成了第四章、第五章和第六章内容；语文学习质量评价是一个不断发展和创新的过程，评价的实践创新需要新的评价理论作为支撑，如何把西方的评价理论引进语文学习质量评价，创新现有的学习质量评价理论，这是一个需要探讨的问题，由此产生了第七章内容。

语文学习质量评价的首要目标和功能是帮助学生"创造有意义的语文学习经历"，但现有评价忽略了这一点，所以造成了"评价之痛"。要治愈评价的这种"伤痛"，需要树立新的理念，在条件评价、过程评价和结果评价三个方面为学生经历有意义的语文学习创造条件，并在先进理论的指导下创新评价实践，这就是《语文学习质量评价论纲》的专业路线图与逻辑体系。

在选题和撰写《语文学习质量评价论纲》的过程中，感谢中国教育学会中学语文教学专业委员会顾之川理事长给我提供的机会和长期以来对我的帮助，感谢我的导师——中国教育科学研究院刘贵华教授建构质量评价框架，感谢北京师范大学教育学部郭华教授与四川师范大学刘永康教授、吴定初教授等给我的悉心指导，感谢广西教育出版社与四川师范大学科研处、人事处和文学院领导对本书写作提供的各种支持。在本书写作的过程中，参阅和引用了不少有价值的研究成果，在此，对所有相关研究者的付出致以诚挚谢意！

泰戈尔说："旅客在每一个生人门口敲叩，才能敲到自己的家门；人要在外边到处漂流，最后才能走到最深的内殿。"要走到语文学习质量评价的最深的内殿，还需要"到处漂流"，敲叩更多"生人"的门。禅宗有句偈语"高高山头立，深深海底行"，也只有在无数个"生人"门口不断敲叩，才能立在高高的"山头"，"敲到自己的家门"，才能从深深的海底漂流到自己的"圣殿"。借用张洁在《无字》后记中的一首诗，献给所有研究语文的同仁们：

我不过是个朝圣的人，

来到圣殿，

献上圣香，

然后转身离去。

却不是从来时的路返回原处，

而是继续前行，

并且原谅了自己。

张伟

2017 年 8 月

目　录

第一章 学习质量危机与评价之痛

　　2014 年 5 月，联合国教科文组织发布了第 11 次《全民教育全球监测报告》。这份报告的主题是："全球学习危机：为什么每个儿童都应得到高质量的教育？"这份报告审视了全球的学习现状，指出了全世界普遍存在的学习危机。报告认为，从全球范围看，要提高 21 世纪的学习质量，人类依然面临着极其严峻的形势，"当前问题的核心是教育系统不能传递基本的知识和技能，也未能跟上全球经济、社会和自然环境的变化，因而没有使学生具备迎接挑战所需的技能、知识和态度"[1]。教育与社会、时代、新技术的隔离，导致学校传授的知识与技能难以满足学生现实生存和应对未来挑战的需要。这种脱离现实与未来需求的学校教育致使学习质量危机不断。"报告指出，为了实现全球和平与繁荣的目标，学校高质量的学习至关重要"，而"迄今为止，教育质量的评价主要关注入学率、辍学率和测试结果及进展。报告指出，这些评价重视输入和输出，原因在于它们比教学过程本身更容易测量"，但"有关入学、升学和毕业的数据很少能说明学生实际学到了什么和如何学习的，

---

[1]杨尊伟.联合国：破解全球学习质量危机［N］.中国教育报，2014-05-14（9）.

但有关学生学到了什么和如何学习的信息对于理解和掌握教育情况至为关键,应当采取措施改善","教学质量评价需要从重视输入和输出转向重视学习过程"[1]。自此以后,学习质量及其评价受到了人们的高度关注,成了人们探讨的热点,但不少讨论仅停留在肤浅、零散的层面,尚需要深入研究与实践创新。正是基于这一现实,笔者开始了对这一问题的系统研究。

---

[1]杨尊伟.联合国:破解全球学习质量危机 [N].中国教育报,2014-05-14(9).

第一节　学习质量危机：基于核心素养的语文教学改革必须正视的问题

学习质量危机，是指在学习条件、学习过程、学习结果等方面存在的，影响学生内生发展、有效发展、持续发展、创造性发展的不利因素及其对学生学习造成的危害。学习质量危机有多种表现，但集中体现在内生发展的质量危机、有效发展的质量危机、持续发展的质量危机和创造性发展的质量危机四个方面。内生发展的质量危机，主要表现为学习过程不是唤醒与激活学生的内在学习热情，而是消磨学生的学习动力、主动性与自信心，学生越学越不想学、越学越被动、越学越自卑。有效发展的质量危机，主要表现为难以用最短的时间帮助学生获得最大程度的发展，耗时费力、苦读苦思却不见进展。持续发展的质量危机，主要表现为学生学习的自我效能感低，既缺少继续学习的愿望，也缺乏继续学习的基础。创造性发展的质量危机，主要表现为学习过程和对学习结果的评价，抑制和扼杀了学生的创新意识与创新行为。不能保证内生发展、有效发展、持续发展和创造性发展的学习质量，学生就会缺乏主动建构和应用语言、发展与提升思维、鉴赏与创造美、传播与理解文化的意识和动力，语文核心素养的发展就会受到极大程度的影响。因此，帮助学生走出学习质量危机，是基于核心素养的语文教学改革必须正视的问题。

一、内生发展的质量危机：哀莫大于心卑

从学生角度考察学习质量危机时，我们最深切的感受是：一些学生在学习语文的过程中逐步丧失了自信。不断累积的自卑心理让这些学生丧失了学习语文的热情和主动性，学生学习的内在动机逐步被削弱，这就造成了内生发展的质量危机。一名同学回顾了自己最难忘的一件事：

我最难忘的是四年级的一次期中考试。考试的时候，我很紧张，不过一想到考完试就可以玩电脑游戏，心里便好受多了。我认真地做卷子，不一会儿就写完了。过了几天，老师把卷子发下来并分析试卷，我一看自己是83

分，比以前进步多了，心里很高兴，还不错。可老师分析试卷的时候，我和同桌说了几句话，老师走过来叫我不要太兴奋，说别看83分，是48名，全班倒数第四。我的头立刻就低下去了。我考得再好也考不过人家。我总是失败，唉！[1]

看到了自己的纵向进步，却难以突破"横比"的沮丧；高兴于自己的进步，却被老师的"正告"打到了悲伤的谷底，学习的自卑感油然而生。另一名同学的"无助"心语则更令人心痛：

那是一个阴沉沉的上午，老师拿着卷子走进教室，什么也没有说，就把考卷发了下来。我们一点准备都没有。那一刻，教室里似乎弥漫着战斗前的紧张气氛，我更是紧张得直想上厕所。卷子交上去的时候，我有一种预感——考砸了。下午，老师拿着卷子走进教室，一看他的表情，就知道我的预感灵验了。也那么巧，那天妈妈来接我，她和老师谈了好一会儿，我甚至希望老师是在帮我说好话。回到家里，妈妈严厉地问我："怎么考的？"我支支吾吾，说什么连我自己也不清楚。妈妈更火了，说："你说什么？算了吧。都是一个老师教的，人家都能考好，你为什么不能？我懒得跟你讲，进去写作业去。"我一边写作业一边流眼泪，觉得自己是世界上最孤单、最可怜的人了。[2]

老师和家长"打击"孩子的自信心，让孩子发出了"自己是世界上最孤单、最可怜的人"的感叹，这种感叹植根于孩子的内心，无声无息地扼杀了孩子的学习动力，把孩子置于内生发展的质量危机之中。这种危机不但影响孩子的现在，如果处置不当，还会影响孩子的将来。林特特在《不知不觉将性格底色刷成自卑》中的内心独白再现了这一危机。

十几年前，我是一个差生……

我曾研究过，我为什么差，追本溯源到小学五年级时的转学。

起初是在新学校不适应，后来我发现新班主任根本不喜欢我。在路上碰见，我向她问好……得到的却是不耐烦的回应。

我做错一道题是错，忘写某样作业是错，作文中出现一个新奇的比喻，"雪，是老天爷挠下的头皮屑"更是错……而后我被罚站；同学们挤眉弄眼呵呵笑，我的头愤懑兼郁闷地低着，此后，便有些厌学。

---

[1] 张春莉. 走向多样化的评价——小学生学习能力评价的理念、方法与实践 [M]. 上海：上海教育出版社，2005：123.

[2] 同 [1] 123–124.

其实，即便这样，我的成绩也不算差。但这期间酝酿的厌学情绪持续并在一年后爆发，那时，我已是初中生……

不止一次，我和老师说话，明明是请教问题，她就是不回答……再问，她就从眼镜片的上方冷冷地看我，仿佛要把我的羞耻心看得破胸而出。

和同桌闹矛盾或是两个人犯错，被老师碰到，更是我不堪回首的记忆。老师总会批评我，因为我"差"。

……

又比如，会更珍惜来自长者的表扬、鼓励。多年后，我躺在大学寝室翻看杨绛的《干校六记》，她写最艰难、最敏感的岁月，有人向她示好，她感动莫名，我也感动了，我想到的是高三时，我的班主任卢老师。

那是高二暑假补课，我被分到文科班。

卢老师说："这说明你的天分不差。""来，我们分析一下，数学好了，其他科目采取什么对策。"她和颜悦色，又略带煽动性的举例，之前的某个学生比我成绩还差，后来如何如何。她甚至在某个晚上突然给我打电话，问我的状态，是不是在学习。

点灯熬油的高三一年，以超过本科线1分的成绩结束，我上了一所极普通的师范院校。这对我和卢老师来说已是狂喜和极大的胜利，但在同时录取的学生里，我又成了倒数第一名的差生。

于是，循环继续，差生感也继续。

时至今日，每每在大庭广众下被指责或被批评，我总有种错觉，好像瞬间被投掷到小学五年级的课堂，老师读"雪，是老天爷挠下的头皮屑"，而后停顿一下，严肃批评了我，我站在教室中央，同学们挤眉弄眼："头皮屑！""头皮屑！"

或者在银行、医院，我填表、办手续不太利落，询问工作人员，又得不到回应，我便有些讪讪的，脑海里又闪过老师从眼镜片的上方射出的冷冷目光……

每次接受新的工作任务或者其他什么挑战时，我的第一反应都是"我不行"，即便一定要做，心中也会浮现出一句话："我比他们差，所以我要加倍努力。"也许是少年时代长达六七年的差生经历，不断被灌输"你差""你错"，不知不觉已将性格的底色刷成自卑。

即便后来读研、工作，我的差生感也从未减退。

同学们大多从小都是乖孩子；很多同事从幼儿园到大学都是就读名校；他们言谈中透露的习惯性自信，因优秀而从容的态度总让我既羡慕又惭愧；我总觉得游离在所处的环境外，"混迹"于比我优秀很多的人当中，要小心点、谨慎点，别被发现"老底"……

想起一件事，去年，遭遇了点小挫折，我回老家，不知怎么想起那张三好学生奖状。我问我妈，还在不在。她说，在。我突然就心安了，仿佛年少时的一些东西也还在，仿佛"差"到"不差"，"糟糕"到"不糟糕"之间的距离曾明确估算并最终解决过，眼前的糟糕也不算什么，最终会过去吧？——这是不是差生经历使然，算不算其积极处，我还没想明白。[1]

"不知不觉将性格底色刷成自卑"，从差生待遇到差生心态，再到差生的生命底色，乃至遇到小挫折，也要在一张三好学生的奖状上寻找"不差"的寄托。林特特的学习经历成了把性格的底色刷成自卑的经历，自卑成了他的"性格底色"，他又怎能进行语言建构与运用、思维发展与提升、审美鉴赏与创造、文化传承与理解？"哀莫大于心死"，而对处于发展中的孩子来说，则是"哀莫大于心卑"。对于"心死"和"心卑"的孩子来说，怎样才能找到他们有效、持续和创造性发展的信心与动力？林特特的经历让他至今"还没想明白"，而我们在追寻教育质量，特别是在走出学习质量危机的过程中，是否就真正地想明白了呢？

二、有效发展的质量危机：今天是否告别了"少慢差费"

亲身经历学生学习语文的过程，就会真切地感受到：不少学校和学生依然在"少慢差费"的状态里削弱了语文学习的意义。吕叔湘于1978年3月16日在《人民日报》上发表了《当前语文教学中两个迫切问题》一文。他说："十年的时间，二千七百多课时，用来学本国语文，却是大多数不过关，岂非咄咄怪事！"他非常严肃地指出，我们"对于少、慢、差、费的严重程度，恐怕还认识不足"。1983年第1期的《教育论丛》刊登了克实的《质量·制度·责任——论提高后进生的学习质量》一文，这篇文章记录了1981年的基本情况。

1981年我们在一所城市普通中学进行调查，了解到，开学前由市招生办公室拨给高一级新生307名，考试成绩是，六门学科总分360分以上的21人，占全部新生的6.8%；六科总分360分以下的286人，占全部新生的93.2%。其中有66人，六科总分在120分以下，即各科平均分不到20分，占新生总数的

---

[1]林特特.不知不觉将性格底色刷成自卑［N］.中国青年报，2010-06-10.（有删改）

21.5%。我们对在学学生也进行了抽样调查，结果发现，能够掌握各科教学大纲所要求的"双基"的学生占18%；大部分学科基本上达到大纲要求的学生占37%；大部分学科没有达到大纲要求的学生占45%，其中有23%的人几乎没有合格的学科。

这一质量现状虽然是特殊历史时期的产物，但教学过程中"少慢差费"的程度却令人震惊。"文革"结束后，教育系统拨乱反正，人们开始聚焦质量，发展质量，但现状仍不容乐观。单就学生写字能力的发展情况来看，早在1984年，教育部就发出了《关于加强小学生写字训练的通知》，要求"培养学生写字的能力和良好的书写习惯"，要求学生"学会正确的写字姿势和执笔、运笔方法；掌握汉字的各种笔画、结构和书写方法；会使用和保管写字工具。要使学生通过描红、仿影、跳格、临帖的练习，逐步把字写得正确、端正，有一定速度"。2007年，曹鸿飞对某市四年级学生的写字情况进行了抽样调研，结论如下：

全市学生的书写能力居中等偏上，但是写字教育仍不容乐观，近30%的学生没有达到优秀水平。其一，四年级学生刚刚由铅笔书写过渡到钢笔书写有些不适应，很多学生仍在用铅笔和圆珠笔写字，写字质量差。其二，教师对学生书写能力和习惯培养关注度不够，许多学生对字的结构把握不住，字的大小很不匀称。C组学生与A组学生差距太远。A组学生写的字结构比较匀称，部分学生能写出笔画的轻重，卷面涂改较少；B组大部分学生字迹比较端正，卷面比较整洁；C组中相当一部分学生难以把握字的结构，卷面涂改的现象比较多，有些问卷的写字与课标的要求相差太远。因此写字教育仍然是今后小学语文教育中常抓不懈的一项工作。[1]

写字能力既是语文学科的基础性能力，也是中华文化和汉字审美的重要内容。1984年至2007年，历经20余年的发展，写字教育现状依然不容乐观，语文学习质量的进展由此可见一斑。2009年，"中小学生学业成就调查研究"课题组采用随机抽样的方法，从全国东中西部8个省共31个区县抽取了18000多名小学六年级学生，对语文学业质量进行了调查，语文学科各领域的得分率如下：

---

[1] 曹鸿飞. 语文教学应致力于学生语文素养的发展——基于人教版小学语文四年级上册学生学习质量的抽测调研 [J]. 浙江教育科学，2007（5）：20—24.

表1-1　学生语文学科各领域的得分率（%）[1]

	内容领域			能力领域		
	字词	句段	篇章	认读	理解	运用
得分率	81	59	63	82	76	27

从这一调查数据看，学生在语文各领域的发展程度都不够理想，特别是在语文知识的运用、阅读篇章与句段等方面，整体质量不容乐观，语文知识的运用质量更是跌破了临界值，这给培育学生"语言建构与应用"的核心素养带来了严峻挑战。在语文学习的自我效能感方面，感觉自己"能很快理解作者所表达的情感或思想"的学生只有48.03%，感觉自己"能读懂很难的课文"的学生仅有28.60%，"对学好语文充满信心"的学生不足70%，这对学生的"思维发展与提升""审美鉴赏与创造""文化传承与理解"带来了极其不利的影响。

表1-2　学生在各学科的自我效能感表现（%）[2]

		等级				
		很符合	比较符合	不太符合	很不符合	平均分
语文	我能很快理解作者所表达的情感或思想	48.03	42.93	8.00	1.04	9.16
	我能读懂很难的课文	28.60	47.89	20.04	3.47	
	我觉得学好语文很难	6.86	13.79	29.76	49.59	
	我对学好语文充满信心	69.62	23.42	5.80	1.16	

在对语文老师教学方式的调查中，"从不""很少""有时"鼓励学生提问的老师竟达到了30.93%，"从不""很少""有时"要求学生独立默读课文的老师高达38.5%，经常组织学生以小组为单位讨论问题的只有51.28%，经常允许学生对课文有不同理解的老师仅有59.71%，课堂上大部分时间经常听老师讲的学生仅有42.47%。这样的语文学习经历，又怎能走出"少慢差费"的质量危机？

---

[1]田慧生，孙智昌.中国小学生学业成就测评报告与测试工具——以小学六年级四门学科为例[M].北京：教育科学出版社，2012：15.

[2]同[1]27.

表1-3　语文老师的教学方式（%）[1]

	等级			
	从不	很少	有时	经常
老师鼓励我们提问题	2.25	6.99	21.69	69.07
老师引导我们用多种方式朗读课文	2.71	8.57	22.34	66.38
老师要求我们独立默读课文	1.97	8.44	28.09	61.50
老师引导我们抓住关键词句领会文章内容	0.75	2.30	10.85	86.10
老师让我们组成小组讨论问题	4.81	13.65	30.26	51.28
老师允许我们对课文有不同的理解	4.59	9.41	26.29	59.71
老师指导我们阅读课外读物	2.71	8.03	22.44	66.82
课堂上，大部分时间听老师讲	6.83	17.23	33.47	42.47

从上述数据看，有不少老师没有引导学生经历有意义的语文学习，语文教学还没有大面积告别"少慢差费"，语文学习的有效发展质量还有较大的提升空间，如果在基于核心素养的语文教学改革中不全力攻坚，将难以走出语文学习的质量危机。

三、持续发展的质量危机："杀鸡取卵"式的语文学习到今天消失了吗

全球学习质量危机，特别是中国基础教育的质量危机，在较大程度上源于"杀鸡取卵"式的教育与评价。"在中华人民共和国成立六十多年的历史上，除去'文化大革命'十年特殊时期，我们从来不乏对学生学业质量的关注和重视。但是，普遍存在的统考统测和以追求中考、高考升学率为导向的教学、考试，严重偏离了教育的本义，一些考试命题依赖个人经验，缺乏对教育质量学的深入研究；考试结果用于排名、甄别和选拔，加剧了竞争。在此压力下，中小学生很难有发自内心的求知欲和积极主动的学习意愿，对学校缺少应有的归属感；过重的学习压力，不仅使学生的睡眠时间得不到保证，近视率不断增长，而且导致学生产

---

［1］田慧生，孙智昌. 中国小学生学业成就测评报告与测试工具——以小学六年级四门学科为例［M］.北京：教育科学出版社，2012：32.

生焦虑,严重影响其体质和心理健康。正如欧盟《学生学业成绩分析报告》中所指出的'尽管较强的竞争性可能会在学习成绩上带来收益,但在学生的动机和心理健康方面却会付出代价。这些代价从长远来看会有一些不可预见的负面影响,如对学生的终身学习'。实际上,我国的基础教育在学生长于读写算而赢得良好国际声誉的同时,过于注重书本知识学习、普遍实行常模参照实验、无限制放大甄别选拔功能,不仅增加了学生过重的学业负担和普遍的厌学情绪,学生社会责任感、创新精神和实践能力的发展得不到有效落实,传统的学业质量观直接导致我国基础教育的整体质量缺乏国际竞争力和可持续发展能力。"[1]

把分数和升学作为最高质量,为了分数而牺牲一切,为了应试而"杀鸡取卵",这种学习过程给学生的持续发展带来了严重危害。全球华人数学最高奖"晨兴数学奖金奖"、全球华人数学家大会银奖获得者刘克峰说："我觉得应试教育是一种训练机器,把孩子的灵性和能力磨掉了,只有对习题和考试的被动回应……中国学生们十几年的中小学生涯就是把进入最好的大学作为人生的目标。父母、学校还有学生们往往忘记了大学只是人生奋斗的开始。而对于我们今天的学生,大学却变成了奋斗的终点……由于长期的考试训练,国内的许多学生很难适应由读书走向研究的过渡阶段,我发现许多优秀的学生在这一步上垮掉了。不少考试的尖子一旦觉得自己的研究不如同学,又会产生极端的嫉妒或者自卑情绪。"[2]

许多优秀学生不只是在"由读书走向研究的过渡阶段"垮掉了,更是垮掉了对未来的信心和应对未来的意识与能力,语言、思维、审美、文化难以整合到未来的生活与发展之中,这样训练的能力能成为人生持续发展的素养吗？郅庭瑾教授在《教会学生思维》一书中对此做了进一步剖析,她说："在传统教育中,由于对升学率的追求,人们过分看重学生的学习成绩,而忽视了思维能力的发展。于是,在学校中,那些在语文、数学等功课上取得了优异的成绩,或者在体育、绘画、舞蹈、音乐

---

［1］刘坚. 寻找学业质量"绿色指标"：2003—2012［C］//杨向东,黄小瑞. 教育改革时代的学业测量与评价. 上海：华东师范大学出版社,2013：30.

［2］刘克峰. 快乐的数学［C］//计亚男,殷燕召. 研学之乐. 长沙：湖南科学技术出版社,2013：32-36.

等方面有突出表现的学生往往被认为是聪明的、具有较高的创造力、思维能力也较强的孩子，是有发展前途的对象。与此相对，那些在学校期间学业平平，艺术素质也不是很突出，但在其他方面如人际交往与合作、管理、组织等方面明显表现突出的儿童却常常被老师忽视。然而，有趣的是，人们经常发现，在学校考试中名列前茅的儿童在日后走上工作岗位时的事业里可能并没有什么惊人的表现，相反，在那些当时不为老师所重视的儿童中却不乏事业成功者和开拓型人才……考试成绩对一个学生的实际发展水平代表性程度到底有多大……今天的'新式'考试实质上已经成为纯粹'记忆'的考试……考记忆力的考试给教育带来的一个直接的后果是，整个教育方式都是记诵式的：一种灌输式的死记硬背的方式，对于心智的开启和思维能力的培养并没有太大意义的方式。在这样的教育中，记忆力强而且善于考试的学生，一般都能够取得较高的学习成绩，也一般被认为是好学生。而一些思维活跃，富有才华，有个人见解和思想，又不满足于记诵书本现成知识和答案的学生，则考不出理想的成绩。原因很简单，应试教育的考试方式关怀的终极目标是考试本身，而不是教育、培养、选拔出真正的人才。有思想、有才能的学生却因为不能适应于记忆力考试的要求，因而往往被这样的考试、这样的教育无情地排除在学校教育体系之外。"[1]

为了让学生获得好成绩，一些老师加大了"杀鸡取卵"式的机械训练力度。一名初中生在学习了《岳阳楼记》《愚公移山》《捕蛇者说》等文章后，以仿写的方式抒发了他对数学作业的感受：

予观夫作业盛状，在数学一门，衔代数，吞几何，浩浩汤汤，横无际涯，朝做晚练，昏天黑地，此则数学之大观也，学生皆叫苦连天，纷纷掷笔。

老师笑而止之曰："甚矣，汝之不惠。以小小聪明，曾不能进普通高中，其如一中何？"学生太息曰："嗟乎，老师安知学生之苦哉！自吾上初中，于今三岁矣。殚吾脑之出，竭吾耳之入，触风雨，犯寒暑，往往而作业相抄也。老师之来教室，布置作业，讲解题目，吾恂恂而起。视书本，而吾笔记尚存，则弛然而听。谨听之，退而甘观其笔记之有。"

予想而愈悲。学子曰："功课猛于虎也。"吾尝疑乎是，今亲身体会，犹信。

---

[1] 郅庭瑾. 教会学生思维 [M]. 北京：教育科学出版社，2001：59–61.

呜呼！

胡为之说，以俟夫观教育者得焉。[1]

童言无忌，戏谑"功课猛于虎也"。数学如此，一些语文老师布置的作业何尝不是如此。2010年9月，上海市教科院实验小学与上海市教科院普教所共同启动了对学生作业情况的调查研究。"在作业时间上，1小时以内的占16.3%，1—2小时的占44.0%，2—3小时的占27.9%，3小时以上的占11.4%"；在对学生作业感受的调查中，"表示很轻松的学生占14.2%，比较轻松的占23%，感受一般的占43.1%，比较累的占13.7%，而表示很累的占5.1%。由此可见，将近20%的学生感觉'累'"[2]。学生作业量大，学生在作业中感受到的苦和累，消减了他们持续学习的愿望和能力。"发展是硬道理，但发展也要讲道理"，"杀鸡取卵"式的不讲道理的发展，不但不利于核心素养的提升，而且加重了可持续发展的质量危机。

四、创造性发展的质量危机："标准答案"有多标准

"标准答案"是高质量语文学习的"心病"和"毒瘤"，高水平的学习过程应是突破"标准答案"，促进学生创造性发展的过程。然而，盲目追求"标准答案"和强化规范性要求的教与学现状，把学生的创造性发展推向了危险的边缘。

因"异父"与"义父"哭了

上年末，××区小学二年级语文期末测验，出现了一道看拼音写词语的题。其中有一道题是：yìfù。阅卷时，教研组长只是按阅卷评分意见简单地解说了一下：凡是有意义的词语就可以给分，像"衣服""姨夫""姨父"这些只是拼音对了而音调不对的，只能给标准分数的一半。

江老师是语文组青年骨干教师。试卷发下来了，她总觉得学生的成绩不太对劲，于是要求查卷。教导处刘主任抱来了卷子，说她可以看卷子，但已经拆开了，有错也不能改了！

江老师一看卷子，气就不打一处来。"嗨！这村小的老师太不像话了，克扣

---

[1] 邓志伟.回归自然实现生命[J].教育参考，2007（4）：44–47.

[2] 方臻，夏雪梅.作业设计：基于学生心理机制的学习反馈[M].北京：教育科学出版社，2014：3–4.

我们的分数，偏袒他们自己。"刘主任过来一看究竟，发现许多卷子上的"意附""翼腹"都打成了"√"，而江老师班上有三十几个同学写的"异父"全打的"×"。"哇"的一声，江老师就哭了起来。因为题目规定多写一个正确的就多得2分。

刘主任把阅卷老师方某找来谈话，发现问题不是江老师猜测的那样，而是方某认为"义父"才是词，而"异父"不是词。问他为什么"意附""翼腹"都打了"√"，他说这个看起来比较复杂一点，可能是算作词语的。"你觉得'异父'不复杂吗？"……"我觉得'同母异父'应该是成语，觉得半截成语不对！"看来是江老师误解方某了。[1]

拼音试题的标准化要求尚在情理之中，但排序题与作文题中的标准答案和规范性要求却成了创造性发展的"刽子手"。林竹君在《排序与作文：一道测验题引出的思考》一文中记录了如下一件事。

试卷发下来的当天下午。一位家长拿着儿子的试卷问我："老师，这道题的排列算不算全错？"我接过试卷一看，原来是今年我们二年级语文考试的一道题，要求把下面的句子排列成一段通顺的话：

（　　　）刚开始，远处还是云和雾。

（　　　）早晨，我们去海边看日出。

（　　　）我们开心极了。

（　　　）最后，整个太阳跳了出来，射出光芒。

（　　　）接着，远处的云慢慢变红了，太阳露出了笑脸。

这孩子的排列顺序是：3、1、2、5、4。我认为这样的排列还是可以的，于是我向改卷的老师了解情况。改卷老师告诉我，标准答案是：2、1、5、4、3。他们只能是这样改了。"你们当老师的真死板。"家长临走的时候撂下这么一句话。一语惊醒梦中人，我决心就这事进行一些调查。

学生的排列顺序大致分为两种：一种是3、1、2、5、4（早晨，我们去海边看日出。我们开心极了。刚开始，远处还是云和雾。接着，远处的云慢慢变红了，太阳露出了笑脸。最后，整个太阳跳了出来，射出光芒）；另一种是2、1、5、4、3（早晨，我们去海边看日出。刚开始，远处还是云和雾。接着，远处的云慢慢变红了，太阳露出了笑脸。最后，整个太阳跳了出来，射出光芒。我们开心极了）。另外为了了解他们作答时的思路，我找来部分学生进行面谈。前一

---

[1] 刘方，郑大明. 发展生命的评价——激活生命活力的学生评价 [J]. 教育科学论坛，2006（9）：49–78.

种答案的学生用非常自信而又富有童真的语气来告诉我，说："去海边看日出，我们当然是开心极了，一听到消息就开心了，所以把'我们开心极了'排在第二句。然后就是到了那里，刚开始看见什么，接着看见什么，最后看见什么。"符合标准答案的学生也很有把握地说："四要素的句子当然要排在第一，接着是看日出时开始看到什么，接着看见什么，最后看见什么，最后才是看日出的心情。"看来他们各自有自己的道理，而且理由也都成立。

在学科小组学习中，我把这件事提了出来，向学科小组的同事请教，大家各抒己见，争论起来。意见基本分成两种，一种认为应以标准答案为准，另一种则认为答案不是唯一的，如果学生的理由成立，我们应该给予肯定。只要合情合理就可以给分。赞同以标准答案为准的老师，有的认为：这道题的意图是考学生说话、写话的条理性，为了训练学生的这种能力，因此老师还是要按标准答案改卷，避免学生误会。有的认为：要我们给他打分是可以的，但是，考虑到在统考或是中考的时候，人家会考虑学生的创新意识吗？也给他打分吗？如果不是，那我们的学生不是吃亏了吗？倒不如现在就给学生一个规范的要求，省得以后麻烦，我们也不敢冒这个险。有的还认为：讲素质教育是需要，创新教育也需要，但是最终还是应试教育，跟定标准答案才不至于到时出问题，等等。

而认为可以给分的老师则觉得：把"我们开心极了"排在第二，符合学生的心理和思维过程。因为确实存在这样的情况：小孩子一听说要去做好玩的事情，就高兴得欢蹦乱跳的。所以把"我们开心极了"放在第二句，完全没有什么问题。这并不表明看日出的过程中或看日出之后就不高兴了。有时候，高兴不高兴不需要用语言来表达，一个标点符号或特殊句式就足以解决这类问题了。学生按照第一种方式排列，说明他们还没有受到我们程式化的作文模式太多的伤害，而且看得出他们是有自己的独立思考的，应该给满分。有的教师提出：学生的两种排列都可以，都有条理性，但后一种所蕴含的写作手法显得更活，因为它给读者留下了自己去思考、回味、遐想的空间，没有用语言直白地把看日出的高兴劲说出来。当然，如果最后一句（"最后，整个太阳跳了出来，射出光芒。"）中的句号是叹号或省略号，就更应该按第一种顺序排列。因为这再也无须用"我们开心极了"之类的语句来表达心情了……[1]

标准答案到底有多标准？老师们的争论，特别是不同老师的不同意

---

[1] 林竹君.排序与作文：一道测验题引出的思考 [J].上海教育科研，2003（2）：72-73.

见，为促进学生的创造性发展带来了希望。但是，"考虑到在统考或是中考的时候，人家会考虑学生的创新意识吗？也给他打分吗？如果不是，那我们的学生不是吃亏了吗？倒不如现在就给学生一个规范的要求，省得以后麻烦，我们也不敢冒这个险。有的还认为：讲素质教育是需要，创新教育也需要，但是最终还是应试教育，跟定标准答案才不至于到时出问题"，这些想法说出了多数老师的心里话，但这些心里话如果浸透了师生的每一个细胞，那不是"病入膏肓"，进入"癌症晚期"了吗？要走出"癌症晚期"的质量危机，只有在谨慎对待标准答案的过程中提高教师的"自愈"能力，才能恢复语文学科应有的"健康肌体"。

第二节 评价之痛：理想与现实的巨大落差

为了走出上述质量危机，从 20 世纪 70 年代末期起，我国不少教育工作者就对教育教学评价进行了探索。"1978 年以后，我国基础教育的学生评价可以分为三个阶段。第一阶段是 1978 年至 1985 年，这一阶段的学生评价理念是：智育是教育的第一要素，学生的主要任务是学习知识，掌握知识情况是学生评价的核心，学校和教师是评价的主体。评价的主要方法是运用各种量表、测验和考试进行量化评价。第二阶段是 1986 年至 1999 年，这一阶段的学生评价以选拔性评价为主，但新的评价方式不断发展，评价的目的开始由甄别学生转变为学生素质的提高，学生评价的规范性与评价工具的研制均得到了较大程度的发展。这一时期的评价理念主要是：学生是学习的主体，关注学生的全面发展，关注学生的差异发展，关注学生的可持续发展。评价方法主要有：量化为主的学业成绩评价，质性为主的综合素质评价。学生评价的主要呈现方式有：学生成绩报告单（评语从面向家长逐渐过渡到面向学生；学业成绩从百分制过渡到等级制与百分制共存），学生素质发展评估方案与手册。第三阶段是 2000 年至今，发展性学生评价得到提倡并进入不同领域，其主要特征是：促进学生发展是一切评价活动的出发点；评价主体多元，形成评价共同体；评价标准多元，倡导多种价值选择；评价方法多样，强调量化与质性相结合；注重生成性与可持续性，兼顾过程与结果。发展性学生评价的主要方法与呈现方式是：研发多种量表，体现过程性评价和多维度评价；整合多种信息和资料，进行学生综合素质评价。"[1]几十年来，我国的教育评价理念不断发展，评价形式与方法不断丰富，在一定程度上促进了学生学习质量的提高，特别是发展性评价的兴起，为走出学习质量危机铺垫了良好的评价改革基础。

但是，语文学科有着自身的特殊性，其评价和其他学科相比，有着

[1] 许世红. 基础教育学生评价研究——历史沿革、现实状况与未来走向 [M]. 广州：广东高等教育出版社，2014：1-28.

更多需要突破的难点。近十多年来，不少语文教育工作者对语文教育评价进行了深入研究，提出了许多评价改革的构想，这些构想从不同角度反映了语文人走出语文学习质量危机的理想。但从实践情况看，不少语文老师对这些具有改革意义的构想缺乏足够的热情，未能很好地结合自身实际运用这些构想改善自己的评价和教学过程，理想与现实之间存在巨大落差，这些落差主要体现在以下四个方面。

一、"唯评价"与"无评价"：评价的"平衡"之痛

正如卢臻所说，中小学存在"唯评价"和"无评价"两种极端现象。"唯评价"，是指以考试评价为唯一指标，一切唯考是从，唯分数马首是瞻。"评价学生'唯分数'，评价教师'唯成绩'，评价学校'唯升学率'，以鉴别、选拔功能为主的学业评价长期作为唯一的教学质量管控形式，为教学带来的直接后果就是这种工具理性的高度膨胀。""这种'唯评价'，在教学方式上，教与学的关系渐变为讲与练的关系；在教学内容上，整合多种资源沦为补充考试试题；在教学研究上，由关注教学设计转向聚焦各种试题；在目标设置上，仍然唯考纲是从而忽略课程标准。"[1]这种"唯评价"带来的巨大危害，是把语文学习过程变成语文学科的应考过程，考纲成了评价的唯一标准，考试成了评价的唯一形式，分数成了评价的唯一指标，排位成了评价的唯一结论。一味追求以考试为核心的质量，必然导致语文学习陷入内生、有效、持续和创造性发展的质量危机。

语文学习过程中的"无评价"集中体现在课堂上的"无评价"。"'无评价'彰显教师能力不足"，其主要表现为"不能设计适切的课堂评价"，"不会有机地使用课堂评价"，"不敢实施多元课堂评价"，不能在学习过程中进行有效评价等[2]。"无评价"的语文课堂，容易使语文学习失去明确的方向，语文学习过程中表现出的散乱、繁复、肤浅等问题，多与此有关。

---

[1] 卢臻. 教师专业发展：教学与评价的罪与赎［C］//杨向东，黄小瑞. 教育改革时代的学业测量与评价. 上海：华东师范大学出版社，2013：274-275.

[2] 同［1］275-276.

要么"唯评价"，要么"无评价"，都忽略了评价的真正意义与功能，都未能让评价成为高质量语文学习的撬动支点，致使评价在语文学习过程中失去了应有的平衡功能，降低了利用评价有效拉动语文学科教与学的价值。

二、"教师评价"与"学生评价"：评价的"需求"之痛

学生眼里的成功不一定是教师眼里的成功，学生和教师对成功标准定义的差异，导致教师的评价结论与学生的自我感受不能有效对接，这既降低了评价的引导功能，也使教师评价在一定程度上脱离了学生的需求，造成了评价的"需求"之痛。

"请永远不要低估你的评价和反馈对学生的影响。对我们成年人来说，那只是登记在成绩册上的一个成绩，或者仅仅是我们用于和其他分数求平均的一个分值。但是对学生来说，这个分数有更多的私人意义。这是他们借以判断自己是否适应成人世界的标准，成人们划分了'写作'，或'阅读'，或'数学'这些学科。他们把你的反馈当作评估自我价值的标准。"[1]在瑞查德（Richard）看来，学生往往会把教师的评价当成评估自我价值的标准，教师的评价如果不能满足学生建构自我评估标准的要求，就难以满足学生对评价的需要，评价效果就会大打折扣。为此，他还做了以下论述：

有些不幸的学生可能经常在课堂上感到困惑，不知道学业优秀意味着什么。他们的教师对成功的认识也许并不充分或者关注了错误的方向。或者他们还是把成功的秘诀保留起来，以保证自己对课堂的权威性和控制力。当他们的学生试图猜测真正的目标而又猜错时，他们在评价中就会失败。在这种情况下，他们的失败不是因为缺乏学习动力，而是根本不知道努力的目标和方向。这是很令人气馁的事。这肯定会削弱学生的自信心。如果有清晰明确的目标，这些学生可能本来是可以取得学业上的成功的。

还有一些学生，他们平时学得很好，掌握了应该掌握的知识，但还是失败了，因为他们的教师使用了质量很差的测验，根本不能准确地测量他们的成绩。学

---

[1] 斯蒂金斯. 促进学习的学生参与式课堂评价（第四版）[M]. 国家基础教育课程改革"促进教师发展与学生成长的评价研究"项目组，译. 北京：中国轻工业出版社，2005：16.

生成绩没能得到准确测量的另一种情形是，教师盲目地相信教材上的测验，而没有考虑学生的实际情况。此外，还有些学生之所以失败，不是因为他们的学业表现不好，而是因为他们的教师在评价时主观性太强，对学生表现的评价是不公平的。[1]

从瑞查德的上述言论看，教师评价与学生需求的脱节主要表现在五个方面：一是教师对"学生成功"的方向缺乏正确判断，出现了"方向性需求"错误；二是评价没有落实到具体而清晰的目标上，出现了"目标性需求"错误；三是在评价学生的过程中缺乏具体的方法指导，出现了"指导性需求"错误；四是评价内容和方法与学生缺乏有效对接，出现了"方法性需求"错误；五是教师评价缺乏客观可行的标准，出现了"客观性需求"错误。这五个方面的"需求"错误，让学生在评价中失去了自我判断的能力和成功的可能性。"如果学生从教师那里发现自己没有成功，他们就会产生无助感，并对未来产生更多失败的预期"[2]，这就进一步影响了学习质量的提升。

三、"科学评价"与"模糊评价"：评价的"软硬"之痛

"科学评价"也称"硬评价"。"硬评价"，是指根据客观科学的标准，非常精确地得出结论的一种评价方式。评价的科学性是评价的应有之义，但语文学科特别是阅读、写作能力等的评价，往往缺乏客观科学的标准，难以得出精确的结论，难以达到"硬评价"的要求。在阅读、写作能力提升的过程中，不少老师采用了"模糊评价"。"模糊评价"又称"软评价"。"软评价"，是遵循某一方向和目标，以质性评价进行定性描述的评价方式，其核心是对学生的进展程度用文字进行说明，不追求客观科学的数据与量化评价。

"软评价"符合语文学科特质，但出现了诸多的"测不准现象"，降低了评价结论的说服力与权威性。"学生评价的'测不准现象'在时间和空间两个维度有着不同的表现。在时间维度上，人们通常认为在学校学业成绩优秀的学生步入社会以后工作和学习必然也会表现优异。然而研

---

[1]斯蒂金斯.促进学习的学生参与式课堂评价（第四版）[M].国家基础教育课程改革"促进教师发展与学生成长的评价研究"项目组，译.北京：中国轻工业出版社，2005：17.

[2]同[1]23.

究表明，学生通过学校教育所取得的学习成绩与其未来在社会上的表现并没有表现出必然的因果关系。"空间维度主要表现在"不同社会文化背景下的学生评价也会造成学生在学习成就上的差异"[1]。评价结论既难以准确地预测未来，也难以在不同评价者之间保持高度的一致性，"软评价"难以"硬起来"，造成了语文学科评价中的"软硬"之痛。

语文学科评价的"软硬"之痛，导致语文学科测评改革举步维艰。郑国民教授等对我国语文中考阅读和写作改革中存在的问题进行了如下分析：

对"整体性阅读"的片面理解

近两年大家已逐渐认识到，以前的那种把文章拆解得支离破碎的测试题与阅读的本质相悖，因而大部分地区都尝试把阅读能力的考查重点放在对阅读材料的整体理解上，即考查"整体性阅读"。整体性阅读不仅仅指内容方面，文章的结构思路、写作技巧、语言特色等也属于整体性阅读测试的范围。但目前的阅读测试一般还限于基础知识运用和对文章的整体理解概括两个层面，对文章的语言、形象和描写这类属于语言揣摩方面的设题较少。对较高层次的语文能力，如分析评价、综合运用等则更少涉及，而且忽视了对文章深厚文化底蕴的把握，忽视了学生对社会生活的关注与认识。尤其应该引起注意的是，目前的阅读试题中，那种能调动学生已有的知识和经验去个性化地理解阅读材料，并结合现实生活进行创造性思考的开放性试题太少。

文言文阅读测试存在的问题

从试题的内容来看，目前中考的文言文阅读材料绝大多数都选自课内，分背诵默写和文段阅读两项来考查，考查的能级也基本在识记和理解的层面上，这是符合《大纲》要求的，但也存在着较大的问题。有的试卷只考查对字、词的识记和对字、词、句意的理解，而对文段内容的理解不作要求，更少有试卷指向对文章技巧的品味和文化的积淀；而且从试卷的得分情况可以看出，考生文言文的断句能力较差，这实质上是缺乏文言文的语感。缺乏语感的原因无疑是平时只做题不读书，诵读得太少，没有必要的积累。语文学习在很大程度上要靠积累、靠感悟、靠熏陶，对文言文的学习更应如此。从试题的操作层面看，存在的问题是，有的试卷把文言知识放在基础知识里考查，这样就不免带有纯知识性考查的只重记忆不重运用的特点，还有的试卷不设文言段，字、词、句

---

[1] 苏启敏. 价值反思与学生评价 [M]. 北京：北京师范大学出版社，2010：3-4.

的考查都放在独立的句子中，这对于有一定文言基础和语感能力的学生来说难度可能不大，但对于一般学生来讲，难度就大了。现代文阅读尚需靠"整体阅读"来把握文章主旨，文言文阅读和现代文阅读相比更加"难懂"，更需要反复涵泳、体味，才能疏通文义。没有语境的帮助，让学生在单一的信息通道上苦苦跋涉，是有悖语文学习的原则的。

作文测试中"淡化文体"的要求是否落实

以文体训练代替写作训练是写作教学中少、慢、差、费的主要原因之一，近年来中考提出"淡化文体"的要求，已经被多数人理解和接受。淡化文体是对考生在表达方式上的一种宽松要求，目的是为考生最大限度地自由发表个性化的见解创造条件。但在实际操作中，许多地方是由一大一小两篇作文构成对写作能力的考查。还有少数地方要让考生完成大、中、小三道作文。小作文一般以议论为主，少数地方辅以应用文；大作文以记叙为主，兼顾其他表达方式。在"淡化文体"的命题趋势下，这种以表达方式来作为大小作文考查的侧重点需重新审视，而且在这一大一小（两小）的作文考查形式中，固然可以比较全面地考查学生的语言表达能力，增加测试的效度，但随着中考主观性试题评析误差控制研究的不断深入，小作文的区分度不明显，难以拉开分数差距的问题也暴露了出来。另外，根据目前语文中考的整体难度和题量，多数学生只能用不到一个小时的时间来写作文，在这不太长的时间里，要求做一大一小，甚至是一大两小文体不同、构思各异的文章，无疑给学生造成极大的心理压力，多数学生常常顾此失彼，不利于学生真实写作水平的发挥，没有足够的思考、表达的时间，学生的创造性也无法自由伸展。

作文中忽视整体评价的评分标准

目前中考作文评分标准的一个致命的弱点是，阅卷时不是把学生的作文视为一个整体进行整体评价，而是人为地把作文分成若干部分，或是结构、内容、语言，或是书写、内容、表达，抑或内容、结构、语言、书写，评分时先给各部分确定分值，然后再将得分相加，给定一个最后得分。这种初衷是为减少评分误差的评分机制，其实是不科学的。正如一件好的文学作品和艺术作品，其各个"组件"可能是好的，但在整体上不一定好。相反，某些"组件"可能有毛病的作品，不一定整体艺术性就不好。我们当前的这种抓住学生局部细节上的失误不放，忽略整体审视和评价的评分标准，无疑会斩杀许多优秀学生的作文才能。[1]

---

［1］郑国民，孙宁宁，纪秀君. 语文中考改革中存在的问题及思考［J］. 课程·教材·教法，2001（7）：35-38.

正如郑国民教授所说，现代文阅读测试集中在基础知识运用和对文章的整体理解、概括上，文言文阅读测试集中在字、词的识记和对字、词、句的理解上，是因为这些内容得分点明确，评卷可以从"软"趋"硬"，让分数更有说服力。现代文阅读测试对分析评价、综合运用、文化底蕴、个性化理解等设题较少，文言文测试不太关注对文章技巧的品味和文化的积淀，重要原因之一是这些答案较为开放，难以形成整齐划一的科学客观的硬性评价标准。作文评分中的"整体"与"局部"之争，也是因为作文质量缺乏客观科学的硬性依据，使评分陷入了"软评价"的尴尬境地。

语文学科评价中的"软硬"之痛，还体现在语文学习质量评价的异质性上。异质性，是指学生在不同的语文能力测试项目上的表现缺乏较高的相关性，在某一测试项目上表现出来的能力强弱，不能代表测试者在另一项目上的能力状况。章熊认为，"从语文课的内部结构看，既含有语言因素，又含有文学因素和文化因素；从语言的能力要求看，读、写、听、说相对独立；从知识构成看，文字有形和音，词汇有基本语义、一词多义和语境语义，语句有语法和修辞，篇章有谋篇知识和文体知识……"，"语文测试属于异质性测试，彼此的相关性很弱"，"文学史知识丰富的学生不见得能娴熟地拼音，能够流利地使用现代汉语的学生不一定有很强的阅读文言文的能力"[1]，阅读能力强的学生写作水平不一定很高，各种能力不能相互统属，也无法相互印证，这种异质性增加了语文学科的评价难度，一些老师主张的只考一篇作文，难以全面衡量学生的语文学习水平。所以，在语音字形等方面的"硬评价"不能代替阅读和写作等方面的"软评价"，语文学科"硬""软"兼具的评价特征对语文教师的评价素养提出了更高要求。

正因为语文学科评价中的"软硬"之痛，不少老师难以有效地将评价引入语文学习过程，更难以用形成性评价引导学生提高学习质量，而是用总结性评价代替形成性评价。"在考试评价研究中，虽然形成性评价与总结性评价只是种类之别，并无优劣之分，但人们对二者的研究兴趣

[1] 章熊.中国当代写作与阅读测试 [M].成都：四川教育出版社，2000：27-28.

完全不同。尽管形成性评价更有利于教学质量和学业成绩的提升，但由于它是内在的教育手段，很难吸引足够的资源来深化对它的研究；尽管总结性评价只是对教育效果和学习结果进行事实性判断，但由于在判断的基础上会产生不同的评价结果，所以人们更容易把注意力集中在更具功利性的总结性评价上。正是基于这种差异，人们对考试评价形成了只有总结性而没有发展性评价的印象。事实上，当我们只关注总结性评价而忽视形成性评价时，教育中也会出现相应的现象。由于形成性评价是在教育过程中发挥作用，而其在教育过程中发挥作用的程度仍需要通过总结性评价进行最终的评判，因此在学校教育过程中，学校和教师就很少使用形成性评价，而是直接将总结性评价引入教育教学过程，这使得学校没有阶段性的形成性评价，却有阶段性的总结性评价，从而加剧了学校教育的功利和短视。"[1]

但是，"作为评价指标的考试成绩，其本身并不具有增值性，也就是说，并不是学生的考试成绩越高就证明学生获得考试成绩的能力越强。有的学生虽然考试成绩不错，但可能是涸泽而渔得来的，这样的考试成绩并不具有可持续性；而有的学生虽然考试成绩不怎么样，但可能是不够努力，并不能证明其获得考试成绩的能力或者方法有问题"[2]。这样的评价，既无法准确衡量出学生的内生发展、有效发展、持续发展和创造性发展的水平与潜能，也难以引导学生在提高核心素养的过程中走出学习质量危机。

四、"分数公平"与"分数污染"：评价的"分数"之痛

分数面前人人平等。不少老师认为，分数才能体现公平，评价改革的主要目的是提高分数的公平性与可信度。提高每套测试题的效度、信度和区分度，是提高分数公平性与可信度的重要途径。十几年来，语文学科评价在致力于提高分数公平性与可信度的同时，也造成了较为严重的"分数污染"。"分数污染"是指因过分追求分数而对学生的身心发展

带来的负面影响。语文学科的"分数污染"主要体现在三个方面：一是"考什么学什么"，不考虑语文素养的全面发展，什么项目好获取分数就拼命学什么，难以很快获得好分数的阅读和写作常常被学生弃之不顾；二是不考虑语文学科的特殊性，在评价时以考试分数代替语文能力，语文学习过程中"分分必较"，只在"分数"上做文章，而不在语文能力的真实发展上下功夫；三是语文学科分数提高困难，且区分度不明显，一部分学生缺乏成就感，甚至产生了厌学和自卑情绪，影响了自身的全面发展和后续发展。

"分数污染"还体现在另类的学校标语上，一些学校在醒目的位置张挂如下标语："战胜高富帅，考过官二代"，"不比智力比努力，不比起点比进步"，"有来路，没退路。留退路，是绝路"……为了分数的赤裸裸"拼杀"，使学生和学校"为了分数而分数""为了考试而考试"。陶行知于 1934 年就在《杀人的会考与创造的考成》一文中，描述了这种情形：

自从会考的号令下了之后，中国传统教育界是展开了许多幕的滑稽的悲剧。

学生是学会考，教员是教人会考，学校是会考筹备处。会考所要的必须教；会考所不要的，不必教，甚而至于必不教。于是唱歌不教了，图画不教了，体操不教了，家事不教了，农艺不教了，工艺不教了，科学的实验不教了，所谓课内课外的活动都不教了。所要教的只是书，只是考的书，只是《会考指南》！教育等于读书，读书等于赶考。好玩吧，中国之传统教育！

拼命地赶啊！熄灯是从十时延到十一时了。你要想看压台戏当然是必须等到十一时以后。那时你可以在黄金世界里看到卓别林的化身正在排演他们的拿手好戏。茅厕里开夜车是会把你的肚子笑痛，可是会考呆子会告诉你说："不闻臭中臭，难为人上人。"

赶了一考又一考。毕业考过了接着就是会考。会考过了接着就是升学考。一连三个考赶下来，是会把肉儿赶跑了，把血色赶跑了，甚至有些是把性命赶跑了。

不但如此，在学生们赶考的时候，同时是把家里的老牛赶跑了，把所要收复的东北赶跑了，把有意义的人生赶跑了，把一千万民众的教育赶跑了（注：当时中学生赶考旅费可供普及一千万民众教育之用）。换句话说，是把中华民族的前途赶跑了。[1]

"一切为了分数"的评价，"把中华民族的前途赶跑了"，振聋发聩的告诫到今天都具有重要的现实意义。"为了分数而学习"，"把学习过程淹没在了分数的汪洋中"，到今天还存在这样的现象。这样的分数，不是给学生的发展带来了严重的污染吗？为此，陶行知提出："停止那段灭生活力之文字的会考；发动那培养生活力之创造的考成。创造的考成所要考成的是生活的实质，不是纸上的空谈。"只有发展了"生活力"的考试，才能发展学生的学习自信力。

一名学生曾对他所经历的考试发出如下疑问：

我一直弄不明白，为什么老师课堂上说的和考试时说的不一样。平时老师要我们多想象、多积累，要敢于说与众不同的东西，要敢于说真话，要敢于尝试新的解题方法。可考试的时候，又说这是考试，不要自作聪明，要写自己最有把握的答案。遇到什么默写自己最喜欢的成语啦、段落啦、古诗啦，选做一个作文题呀之类可以自由选择的题目，就要写简单的、自己有把握的，才不会出错。有一次是默写成语吧，我默的都是课外书上读来的，我读的课外书在我们班是最多的，但多了一些错别字，结果一个错别字扣0.5分，我辛辛苦苦写出来的成语等于白写，结果只考了84.5分。别小看这0.5分，多了它，我的等级就是"优"了。老师把我批评一通，说这又不是上课，逞什么能，冒什么险，还说我不听话，不懂考试的技巧，考这个分数是对我的惩罚！我真的想不通，净默书上默烂了的成语，有什么意思？看到那些得高分的同学，我心里觉得十分委屈。[2]

"遇到什么默写自己最喜欢的成语啦、段落啦、古诗啦，选做一个作文题呀之类可以自由选择的题目，就要写简单的、自己有把握的，才不会出错"，这不是典型的"为分数而分数"吗？课堂学习与考试要求的这种落差无法引导学生走上更为合理的语文学习之路。0.5分之差让学生的成绩评价整整下调了一个等级，确定这一等级的科学依据是什么？只差0.5分，学生的核心素养会有天壤之别吗？这种判断等级的方式，能不让学生感到委屈吗？"分数污染"不单让学生吃尽了苦头，老师也深受其累。

［1］陶行知.陶行知选集（第2卷）［M］.北京：教育科学出版社，2011：170-171.

［2］张春莉.走向多样化的评价——小学生学习能力评价的理念、方法与实践［M］.上海：上海教育出版社，2005：123.

徐洁在《春蚕到死丝方尽——一位一线教师的内心独白》一文中，道出了内心的苦楚：

> 期终统考的前一天晚上，我一宿未睡，躺在床上翻来覆去，那些题目像千千万万只黑色的小蝌蚪在我的脑海里徘徊旋转。考试题会是什么样的？我是否都给学生们复习到了？孩子们会发挥得怎样？又想到学校开表彰会，校长在讲台上点名……真乱啊！

> 其实在这之前的近两个星期，我的心情就比较焦躁。对本次统考，我全力以赴做了全面准备，不仅把统一征订的习题集都让学生做了，而且另外找了些题目练兵。真是"穿一件棉袄还不放心，又加一件羽绒服啊"！考前的紧张复习弄得我回家后也是心情急躁，动不动对爱人和孩子发些无名火，爱人气愤地说："家里的事不管不问，脾气倒不小！"

> 说实在的，作为教师，我真是尽心尽力，无怨无悔。平日里只要有可能我就给学生加课，有时甚至中午、晚上偷偷地给学生补习一点。悄悄地给学生找些资料，还怕同事知道有意见。每天我忠实地奔波在教室与宿舍之间，极少有时间外出。那日去参加亲戚的婚礼，坐在公共汽车上，看到两旁不知何时矗立起的高楼大厦，还有路上行人时髦的打扮，我竟然惊讶了半天。唉，何时有时间、有休闲的心情，可以到野外山坡上呼吸一下新鲜空气，在草地上坐一坐、躺一躺？

> 这几年与亲戚、朋友、同学走动得都少了，显得人情淡薄了。没有时间啊！平常睡觉的时间都不够，我真是顾不过来啊！以往喜欢的乐器放在角落里，满是灰尘了。早就买好的几本书，至今还没有读完。虽然我是一个勤勤恳恳工作的人，无奈大家都一样，能力有大小，暑期聘任不知道会不会被"末位淘汰"呢！

> 无论何种考试，学生们的成绩时刻牵动着我敏感的神经，我不知不觉的考前紧张也传染给了学生。学生总是粗心丢分，临考前，我指着教室后面的拖把狠狠地吓唬他们："谁要是再粗心丢分，小心用拖把打屁股！"说完后，我很后悔，这样的话或许只能起反作用。后来知道，几个胆小的女同学，竟然考前的晚上也没有睡好觉，或许也不仅仅是因为这个。

> 我很想找到一个既节省时间又能提高学生学习成绩的好办法，但是难呐！一则不敢轻易冒险，一次考砸了就吃不消啊，还是"水多泡倒墙"管用。二则哪有时间和精力容我进行改革？我能够把自己手头要做的事情做好就很不容易了。领导让我写的教育叙事马马虎虎就过去了，没有时间叙事啊，叙事的时间

还不如让我去辅导学生做几道题目呢！[1]

为了分数而焦躁，为了分数而无暇顾及自己的家庭生活与教学改革，这不是让分数控制了教师的工作与生活吗？师生这样的工作与生活状态，又怎能走出"分数污染"与学习质量的危机呢？

---

[1] 徐洁.春蚕到死丝方尽——一位一线教师的内心独白 [J].教育参考，2007（4）：41.

第三节　走出危机：追寻有意义的学习质量评价

面对学习质量的多种危机和评价的两难处境，我们必须在评价改革上着力，在追寻有意义的学习质量评价中提高学生的语文核心素养，走出语文学习的质量危机。追寻有意义的学习质量评价主要有三层含义：一是改造考试这种评价方式，提高总结性考试或终结性评价对学习过程的反映度与引领力，追寻和提高分数对学生的发展意义；二是在评价的引导下让学习过程变得有意义，发挥评价的过程引导价值；三是立足人的全面发展的评价，彰显评价对学生成长与生命发展的意义。

追寻有意义的学习质量评价，必须首先改造我们的考试，探求"以人为本"的考试改革路径。世界经济合作与发展组织对我国的现有考试状况有如下描述：

考试已经成为任何一个试图改革中国教育的焦点问题。尤其是在中学阶段，教和学主要是由考试大纲决定的，这个层面上的学校活动都以考试准备为导向。如音乐、美术，甚至体育等学科都从课程表中被移除，因为考试内容不包括这些。学校每天都延长学生的学习时间，工作日延长到周末，主要是有以考试为任务的班级。如前所述，以牟利为目的的私人辅导班遍地开花，几乎成为学生的家庭必备。在过去的二十年里，国家政策议程已经开始寻求让这种体系远离考试，但是收效甚微。沿着这条改革路线，最近呼吁减轻学生负担，这被当作未来十年教育发展的一个主要任务来抓。

考试压力对教育工作者、父母和决策者来说都是一个主要问题。一些省份禁止周末补课。普遍认为过分看重考试危害年轻人的真正发展，不利于整个国民素质的提高，但是几乎没有什么措施能有效减少或缩小考试压力。教育工作者开玩笑地描述当下的情况："高呼推进素质教育，扎扎实实准备考试。"[1]

考试改革已成为深入推进中国教育的焦点性的难题。顾之川说："虽然素质教育与应试教育是相对而言的，但二者有一个共同点，即都离不开考试。区别在于，前者注重'以人为本'，强调塑造品质、培养能力，

---

[1] 经济合作与发展组织. 教育系统中的成功者与变革者：美国从国际学生评估项目中学什么？[M]. 徐瑾劼，陈法宝，赵鸥，译. 北京：北京大学出版社，2013：93.

提升综合素质，提高文化品位，教学中往往采用启发式、讨论式，结果是学生情感丰富、个性鲜明、热爱生活、创造力强；后者只是'以考为本'，不惜以牺牲学生身心健康为代价追求升学率，教学中往往是'满堂灌'和'题海战术'，结果必然是摧残情感，伤害心灵，剥夺自信，磨灭个性，扼杀创造性。素质教育虽然不以考试为目的，但又不排除考试，而且需要通过科学的考试来检验其成果。语文教育工作者应该充分利用语文考试的诊断、激励和发展功能，而不只是甄别与选拔，从而促进学生语文素养的全面提高，推进素质教育的实施。"[1]因此，从"以考为本"转向"以人为本"，追寻有学生发展意义的考试改革，是走出语文学习质量危机的重要选择。

其次是在评价中突显人的成长价值和生命意义。戴家干认为："当代考试的历史蜕变就是从单一考试到多元评价。我们知道，考试就是对人的知识和能力的测量，好的考试就是要考出优点和长处，就是能够测量出人的潜质，但是，在引入多元评价理念之前，考试的这种功能根本无法彻底实现，因为单一考试是一种终结性评价，既缺少过程性评价，也缺少全方位采集信息的方法，因此不可能十分准确地完成对人的全面评价。"[2]在过程性评价中彰显学生的优点和长处，在对人的全面评价中引领学生成长，是追寻有意义的学习质量评价的基本准则。被誉为"巧克力之父"的弗斯·贝里在中国开设分公司时，接到了400多份来自中国的自荐信，在这400多份自荐信中，有300多人的学习成绩各科都在90分以上，并且有80%以上的学生担任过学生干部。弗斯·贝里读完这些自荐信后，给每位自荐者命制了一道测试题："请你用一句最简洁的话来回答：下面四位著名人士，到底在说些什么？"

1. 1954年4月2日，苏黎世联邦工业大学建校100周年，邀请爱因斯坦回母校演讲，爱因斯坦在演讲中说了这么几句话：我学习成绩中等，按学校的标准，我算不上是个好学生，不过后来我发现，忘掉在学校学的东西，剩下的才是教育。

2. 1984年10月6日，诺贝尔物理学奖获得者丁肇中回母校清华大学演讲，在接受学生的提问时，说了这么一句话：据我所知，在获得诺贝尔奖的90多位

[1]顾之川.顾之川语文教育论[M].福州：福建教育出版社，2013：219.
[2]戴家干.改造我们的考试[M].北京：高等教育出版社，2008：序.

物理学家中，还没有一位在学校里经常考第一，经常考倒数第一的，倒有几位。

3. 1999 年 3 月 27 日，比尔·盖茨应邀回母校哈佛大学参加募捐会，在记者问他是否愿意继续学习，拿到哈佛的毕业证书时，盖茨向那位记者笑了一下，没有回答。

4. 2001 年 5 月 21 日，美国总统布什返回母校耶鲁大学，接受荣誉法学博士学位。由于当年他成绩平平，在被问到现在接受这项荣誉做何感想时，他说，对那些取得优异成绩的毕业生，我说"干得好"；对那些成绩较差的毕业生，我说"你可以去当总统"。[1]

在众多的回信中，弗斯·贝里选择了一位应聘者，这位应聘者的答案是："学校里有高分低分之分，但校门外没有，校门外总是把校门里的一切打乱重排。"在现有评价中，"分数也不总是那么有力，因为它能告诉我们的信息实在太少了。家长们也不满足于这一标签式的分数，他们想知道问题到底出在哪里，造成这一分数的行为表现和态度是什么？于是，作为教师，你需要从学生的平时作业中去分析，从学生解题过程中表现出来的行为特点去分析，从回忆他们在课堂上的种种表现去分析"，才能引导学生"关注他们分析问题、解决问题中策略、态度、合作技能等方面而不是最后的答案"，"才能够让学生和家长从呈现的评价结果中获得信心和帮助"[2]，才能在评价过程中彰显学生的成长价值与生命意义。若如此，我们需要打破已有的评价框架，重新认识学习质量及其评价的内涵、目标、功能、理念，重新建构评价内容与方式，才能在理论创新与实践变革中找到适合于核心素养发展的质量评价策略，帮助学生有效地发展核心素养，走出学习质量危机。

一位老师于 20 世纪末在美国《新闻周刊》上表达了这样一个观点："21 世纪的教师所面临的挑战是，使学生掌握必要的应试技能而又不忘记我们更为深远的使命。"这一观点不但表达了美国人对"育人"与"育分"的理想追求，也是我们的美好期待：既要提高每位学生的应考分数，也要发掘分数的成长价值，将"分数污染"的不利影响控制在最小的范围

[1] 刘燕敏. "巧克力之父"的测试 [J]. 青年文摘（红版），2003（2）：23.

[2] 张春莉. 走向多样化的评价——小学生学习能力评价的理念、方法与实践 [M]. 上海：上海教育出版社，2005：1-2.

内，从而架起沟通质量危机、评价之痛与核心素养发展的改革桥梁。

　　罗马俱乐部早在 1979 年的研究报告《学无止境》中就说："人类的状况正在恶化，产生的问题多于解决的问题。对付可怕的挑战毫无准备，日益增长的复杂性与落后的对付能力，形成恶性循环，使人类陷于困境之中。人类的这种差距源于学习不足和学习方法令人震惊的落后。"[1] 套用罗马俱乐部的这种表述，我们是否可以这样说：要走出人类的学习质量危机，必须改变评价不足和评价方法落后的现状。

第三节 走出危机：追寻有意义的学习质量评价

---

[1] 转引自：吴也显，刁培萼. 课堂文化重建的研究重心：学习力生成的探索 [J]. 课程·教材·教法，2005（1）：19-24.

第二章　语文学习质量评价的内涵与功能

质量是"意义"的表达方式，质量越好，意义越大。没有质量的物品、事件或活动，是没有意义或意义不大的"身外之物"或"分外之事"。

质量评价是"意义"的判断与生成。质量评价的过程，是追寻、发现、判断和创生意义的过程。

学习质量评价的最大意义，是把外在的知识与经验化为学生血肉与成长的智慧，让学生的生命更有价值。如果学习改变不了生命的分量，增加不了灵魂的厚度，提高不了智慧的境界，这样的学习就只能是低价值和低质量的学习。

语文学习质量评价的意义，是让学生在语言海洋的磨砺中，学会辨别方向，学会应对风浪，学会在滩险浪急中寻找诗意栖息的绿洲与风光旖旎的港湾。语言是一片海，学习是一叶舟，质量评价是驭舟的手。强健的身体决定着手的力量，明亮的双眼决定着行舟的方向。

语文学习质量评价的最大意义，是竖起前行的灯塔，指引学生用自己的轻舟，穿行于语言的海洋，以强健的身体、有力量的双手和明亮的眼睛，擎起前行的风帆，抵达语言、思维、审美、文化构筑的彼岸。

第一节　语文学习质量评价的内涵与构成要素

要让评价变得有意义，首先必须把握语文学习质量评价的内涵与功能。语文学习质量评价的核心对象是质量，只有明白了质量是什么、学习质量是什么，才能在评价中引导学生辨别前行的方向，抵达语言、思维、审美、文化构筑的彼岸。

一、质量的内涵与要素

要正确把握语文学习质量的内涵与要素，需要首先明确质量的基本内涵。尽管不同组织或个人对质量内涵的界定各有说法，但多数人认同国际标准化组织对质量的解读。国际标准化组织（ISO）在国际标准ISO9000：2000《质量管理体系基础和术语》中，将"质量"定义为"一组固有特性满足要求的程度"[1]。在国际标准化组织看来，构成"质量"内涵的基本要素有三个：固有特性、顾客要求和满足程度。固有特性，是所提供的产品或服务具有的特征与性能；顾客要求，是消费者对所提供的产品或服务的期望和需求；满足程度，是产品或服务的特性与消费者需求的契合程度。判断一种产品或服务是否有质量，必须同时考察这三个方面：只有顾客对产品或服务有明确的期望，提供的产品或服务有明显的特征与性能，这种特征与性能契合了顾客的期望，提供的产品或服务才可能具有较高的质量。从国际标准化组织对"质量"的定义看，明确顾客的需求是保证质量的前提，提供具有自身特性的产品和服务是保证质量的核心，产品或服务的特性是否满足顾客的需求，是衡定质量的指标。

质量管理学认为，一种产品或一项服务的固有特性主要体现在五个方面：一是技术性或理化性的特性，即产品的特性可以用理化检测仪器或其他技术来精确测定，有一定的量化指标，人们能够根据这些指标进行客观判断；二是心理方面的特性，即产品能反映顾客的心理需求与审

---

[1]转引自：李晓光.质量管理学［M］.北京：中国人民大学出版社，2006：5.

美价值，让顾客产生美感和价值感；三是时间方面的特性，即产品使用过程中的及时性、可靠性、可维修性及使用费用等；四是安全方面的特性，即产品不能给顾客造成伤害和事故；五是社会方面的特性，即产品除考虑顾客需求以外，还要考虑法律、法规、环保以及社会伦理等有关社会整体利益方面的要求。只有这五个方面的特性同时得到体现，才能真正满足顾客的期望。[1]

要让产品或服务的固有特性更大程度地满足顾客的需求，在生产产品或提供服务的过程中需要考虑六个因素：一是过程，即将"输入"转化为"输出"的相互关联或相互作用的活动，只有一系列的优质活动，才能成就高质量的生产或服务过程；二是产品，即过程的结果，在质量管理学中，任何活动或过程的结果均可被称为产品，只有优质的过程而没有优质的结果，谈不上高质量；三是顾客，即接受产品的组织或个人，当提供的产品或服务帮助顾客产生新的价值时，这种产品或服务才具有较高的质量；四是供方，即提供产品的组织或个人，供方也必须在提供产品或服务的过程中获得收益，才能持续改进产品或服务的质量；五是不良，即损害产品适用性的任何缺陷或差错，如果在过程或结果中存在这样的缺陷或差错，就会降低产品或服务的顾客价值，并影响产品质量；六是顾客满意或不满，即是否满足了顾客期望及其满足程度，这是提高质量的终极目标[2]。这六个因素的不断变化构成了质量的基本模型，提高质量的过程，就是不断优化与有效组合这六个因素的过程。

如果将质量管理学提出的这六个要素进行分类，可以发现影响质量的要素可以归结为三个方面：一是过程质量，即上文中的第一个和第五个要素；二是结果质量，即上文中的第二个和第六个要素；三是条件质量，即上文中的第三、第四个要素。质量管理学中的质量要素如图2-1。

质量管理学认为，三大质量六个方面构成了质量循环圈，要改善质量，必须同时考虑条件质量、过程质量和结果质量中的各个要素。没有条件质量就失去了质量基础；没有过程质量，结果质量就失去了凭借；没有结果质量，条件质量与过程质量就失去了意义。因此，质量评价应是三

---

[1] 李晓光. 质量管理学［M］. 北京：中国人民大学出版社，2006：6.
[2] 同［1］7-9.

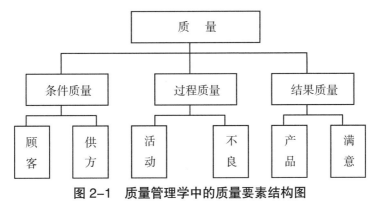

图 2-1 质量管理学中的质量要素结构图

种质量的联动式评价，不能孤立评价某一个方面的质量。质量管理学中的质量评价模式如图 2-2。

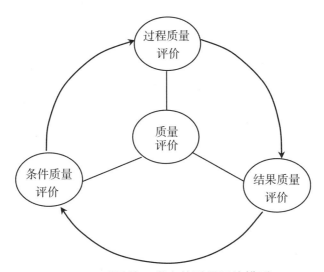

图 2-2 质量管理学中的质量评价模型

从质量管理的发展历程来看，20 世纪 80 年代以来，人们开始树立大质量观，综合考虑影响质量的内外环境与多个要素，全方位建构质量管理的模型以确保产品或服务质量，并为此提出了全面质量管理理论。国际标准化组织在颁布的国际标准 ISO8402 中，将"全面质量管理"界定为："一个组织以质量为中心，以全员参与为基础，目的在于通过让顾客满意和本组织所有成员及社会受益而达到长期成功的管理途径。"实施全面质量管理需要满足四项要求："全面质量管理是系统的经营管理理念和方法；全面质量管理要求与质量水平相适应的基础工作，包括标准化工作、计量工作、质量信息工作、质量教育工作和质量责任制等；全面质量管理关注以人为本，尊重员工的主人翁地位；全面质量管理讲求实事求是，强调用事实和数据说话，以事实作为决策的依据。"[1]要在质量管理过程中落实这四项要求，需要遵循八项管理原则：以顾客为关注焦点、领导作用、全员参与、过程方法、管理的系统方法、持续改进、基于事实的决策方法、与供方互利的关系[2]。综观现有研究，可列出如下质量内涵要素、质量保障要素和全面质量管理要素表：

表2-1 质量内涵要素、质量保障要素和全面质量管理要素表

质量内涵要素		质量保障要素	全面质量管理要素	
顾客需求（前提）	●了解顾客的期望和要求	条件保障 ●顾客：产生新价值 ●供方：获得新收益 过程保障 ●过程：一系列优质活动 ●不良控制：对损害适用性的控制 结果保障 ●产品：优质结果 ●满意（不满）：各方的一致性高（低）	基本要求	●系统管理 ●基础保障 ●以人为本 ●事实说话
固有特性（核心）	●技术特性 ●心理特性 ●时间特性 ●安全特性 ●社会特性		主要原则	●以顾客为关注焦点 ●领导作用 ●全员参与 ●过程方法 ●管理的系统方法 ●持续改进 ●基于事实的决策方法 ●与供方互利的关系
满足程度（指标）	●与顾客期望的一致性			

本书采用上述质量概念、要素框架与模型，分析语文学习质量及其评价的内涵、要素与应遵循的基本理念，并据此选择评价理论，建构评价改革的实践框架。

二、语文学习质量的内涵与要素

根据国际标准化组织对质量内涵的界定，一些组织和学者对教育质量的内涵及其评价维度进行了探讨。如世界经济合作与发展组织

[1] 李晓光. 质量管理学 [M]. 北京：中国人民大学出版社，2006：14.
[2] 同 [1] 14-15.

（Organization for Economic Co-operation and Development，简称 OECD）认为教育质量主要由教育条件、教育过程和教育结果三个部分组成：教育条件包括教育投入、学习环境、教育机会等；教育过程包括教育参与、学校组织等；教育结果包括教育机构的产出和对社会发展的影响等。联合国教科文组织认为教育质量主要由社会背景、教育投入、学习者特点、教与学过程、学习成果五大要素组成。社会背景主要包括宗教信仰、社会环境、家庭条件等；教育投入包括基础设施、教育教学材料、人力资源、学校建设等；学习者特点主要指学习者的经验和先前知识、学习能力、学习毅力、学习积极性等；教与学过程主要指教学时间、教学内容与方法、教与学评价等；学习成果是教育给学习者带来的发展或进步等。联合国儿童基金会认为，有质量的教育主要由发展良好的学习者、具有支持力的环境、生活必需的学习内容、有质量的教与学过程、达成目标的结果等要素组成。亚洲发展银行认为教育质量主要包括投入、过程、产出（测验分数、毕业率）和结果（在未来职业中的表现）等组成。这些组织从一个国家或地区的视角探讨了教育质量的内涵与构成要素，但多数集中在条件、过程、结果三个方面，这三个方面的重要衡量标准是能否支持和促进学生更好地学习，让学生获得更好的结果，让社会获得更好的发展。主要国际组织界定的教育质量内涵与构成要素如图 2–3。

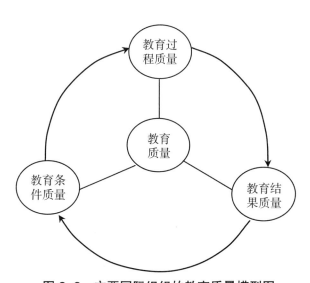

图 2–3　主要国际组织的教育质量模型图

我国的绝大多数学者认同这一观点。如沈玉顺认为："所谓教育质量，是学校有目的、有计划、有组织的教育活动的结果满足预期需要的度量。""学生是学校教育质量管理关注的核心，教育质量管理的基本目标是不断提高学生的学习质量。"[1]教育质量可以从两个维度加以说明："一个是期望教育活动满足什么需要，也就是希望学生经过一定阶段的教育掌握哪些知识、获得何种技能、养成什么品质。这就是教育质量的内容标准。很明显，教育质量的内容标准反映了人们对教育的价值选择。另一个是希望特定需要通过教育活动获得满足的程度，这也就是教育质量成就标准。显然，教育质量的成就标准不能脱离教育质量的内容标准而存在。在既定的价值前提下，质量成就标准可以从技术角度加以定义，但标准的价值是由主体的需要定义的。"[2]

沈玉顺把学生置于教育质量的核心地位，把学习管理作为教育质量管理的基本任务，以此探讨教育质量评价的内容标准和成就标准。陈玉琨等人则把教育质量的内容维度细分为三个方面，他们认为："教育质量应包括内适质量、外适质量和人文质量。内适质量即为学生知识准备的充分程度和为以后'新发现'提供准备的程度；外适质量就是学校所培养的学生满足国家、社会以及用人部门的需要的程度；人文质量是学生个体的认识、情感、兴趣、特长、意志、品质等个性发展程度的反映。"[3]内适质量、外适质量和人文质量关注的焦点依然是学生，即学生个体的发展程度及其为将来更好地生活所做的准备。因此，教育质量的核心内容与重要表现是学习质量。

一些研究者对学习质量及其影响因素进行了研究，如郝保文认为学习质量主要受以下因素影响，见图2-4。

从上述影响学习质量的因素分析看，学习质量就是学习条件、环境、内容、方法等满足学生提高成绩、抱负、动机水平等自我发展需求的程度。因此，语文学习质量是指语文学习条件、环境、内容、方法等满足学生

［1］沈玉顺.现代教育评价［M］.上海：华东师范大学出版社，2002：200.

［2］同［1］196.

［3］章建石.基于学生增值发展的教学质量评价与保障研究［M］.北京：北京师范大学出版社，2014：41.

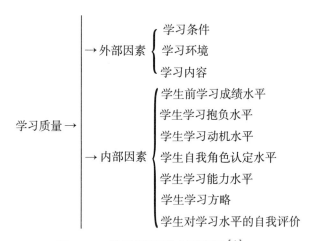

图 2-4 学习质量影响因素图[1]

提高语文学习成绩、抱负、动机、素养等发展需求的程度。从语文学习质量的这一内涵看，考察语文学习质量可从三个要素入手：一是语文学习的条件、环境、内容与方法，即国际标准化组织所说的"固有特性"；二是学生在语文学习成绩、抱负、动机、学习能力、自我评价等方面的发展期望，即国际标准化组织所说的"顾客需求"；三是提供的语文学习条件、环境、内容与方法满足学生语文学习期望的程度，即国际标准化组织所说的"满足程度"。语文学习质量构成要素模型如图 2-5。

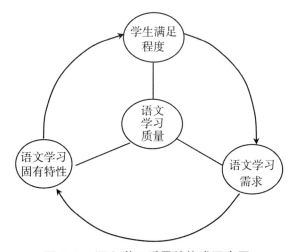

图 2-5 语文学习质量的构成要素图

[1]郝保文. 论教学质量的结构及教学质量的提高 [J]. 内蒙古师大学报（哲学社会科学版），1994，23（3）：68-73.

在语文学习质量构成要素模型中，语文学习质量是核心，语文学习的固有特性、语文学习需求与学生满足程度三个要素相互影响：学生的语文学习需求影响着语文学习的固有特性，语文学习的固有特性既影响学生学习需求的满足程度，也对学生调整自己的学习需求有明显的影响，三者共同作用，构成了提高语文学习质量的循环圈。

因此，要提高语文学习质量，必须首先优化语文学习的固有特性这一要素。语文学习的固有特性主要体现在语文学科、语文学习过程与语文学习结果三个方面。语文学科的固有特性，是指语文的本质属性和其他学科相比有什么不同，根本区别在哪里；语文知识、能力、素养等特征与其他学科相比，其显著差异是什么等。只有弄清语文学科的这些"边界"，才能切实地帮助学生提高语文素养。语文学习过程中的固有特性，是指语文素养特别是汉语母语素养的习得过程具有自身的特殊性，学习语文必须遵循这些特殊性。语文学习结果的固有特性，是指语文知识、能力、素养等的表达方式、评价办法等，具有自身的要求和特点，不能和其他学科整齐划一。在创设学习条件和环境、选择学习内容和方法时，必须同时考虑学科、过程和结果的固有特性，才能为提高语文学习质量奠定基础。按照质量管理学的观点，无论是语文学科的固有特性，还是语文学习过程与结果的固有特性，都应满足"技术""心理""时间""安全""社会"五个方面的要求。

一是语文学习的技术特性。语文学习的技术主要包括学科技术、学习过程技术和学习结果的表达与评价技术。学科技术，是指语文学科在知识、阅读、写作、口语交际等方面蕴含的技术要求，如语文知识的内化、生成与应用技术，不同类型作品的阅读技术，不同文体的写作技术，口语交际的策略等，这些技术与策略根植于学科，是提高语文素养的基础性要求。学习过程技术是如何学习语文的技术，这一技术的重要作用是解决语文学习的习惯与方法问题，如理解和把握语文知识的技术，多元阅读、深度阅读、有效阅读的技术，规范性表达、个性化表达等技术，聆听、应答、讨论技术等。学习结果的表达与评价技术是处理和判断学习得如何的技术。首先是语文学习成果的表达技术，即如何把学习到的语文知识、阅读过的文章和学习到的表达技术等展示出来，创造形式多样的学习成果；其次是学习评价的技术，包括自我评价与调整、评价同伴并提出建议的技术等。学科技术、学习过程技术、学习结果的表达与评价技术这三个方面相互关联，共同构成了语文学习的技术特性。

二是语文学习的心理特性。语文学习的心理特性，集中体现在学习抱负、学习动机、自我角色定位和人文精神等方面。学习抱负，是指学生在语文知识把握、语文能力提高、语文素养的整体发展等方面确立的目标，以及为实现目标所做的努力；学习动机，是指学生学习语文的真实目的与内在驱动力；自我角色定位，是学生对语文素养的发展水平与语文学习方式的自我判断；人文精神，是指学生关爱自我、他人、社会、自然等的内在情感与思想等。语文学科蕴含着极其丰富的人文养料与心理引导素材，只有充分利用这些素材，才能在学习过程中提高学生的抱负、动机、自我角色定位和人文精神水平，提升语文学习质量。

三是语文学习的时间特性。语文学习质量在时间方面的固有特性主要表现在学习持续性和时间成本两个方面。学习持续性，是指学习内容和方法兼顾了过去、现在和未来，体现了"语文学习是一个不断持续的过程"的固有特性。兼顾学生的过去，是指确定语文学习内容时要考虑学生的学习基础，在选用学习方法时要尊重学生的不同兴趣与学习方式上的差异，把现在的学习变为学生过去学习经历的延续，减少学生的学习障碍，降低学生学习新内容、使用新方法的畏惧感。兼顾学生的现在，是根据学生有效学习语文和在现实生活中顺利成长的需要，结合语文课程标准的精神和使用教材的要求，确定学习内容和方法。兼顾学生的未来，是根据学生未来学习和成长对语文素养的要求，确定现在的学习内容与方法，为学生的持续学习与成长奠定基础。时间成本，是指时间投入与语文知识、能力、素养等提升程度的比率。时间投入越多，语文知识、能力、素养等的提升程度越小，则时间成本大，反之时间成本小。

四是语文学习的安全特性。语文是一门极富延展性的学科，特别是阅读与写作，具有多元理解与个性化表达的巨大空间。语文学习中的"安全"主要指心理安全，其表现集中在三个方面：首先是鼓励多元理解与个性化表达，营造"愿想愿说"的安全环境；其次是尊重多元理解与个性化表达，营造"能想能说"的安全环境；再次是引导多元理解与个性化表达，营造"想好说好"的安全环境。在这样的安全环境里，学生不会因为想法与老师不一致而遭到呵斥，不会因为学习状态欠佳而受到伤害，不会因为成绩的暂时落后而被歧视，更不会因为恐惧、担心而失去学习语文的兴趣与动力。

五是语文学习的社会特性。语文是社会生活的综合反映，高质量的语文学习过程，是不断促进语文与社会融合的过程。这种融合主要体现在两个方面：首先是语文学习内容与社会生活有机融合，把社会作为语文学习的活教材，提高阅读社会和表达社会的能力；其次是培育的语文素养要适应社会需要，并为学生未来参与社会奠定基础。

优化语文学习中的"学生需求"要素，主要从定位、立标和引导三个方面入手。定位，是指明确学生在语文学习成绩、抱负、动机、学习能力、自我评价等方面的水平现状，确定发展起点。立标，是在明确发展起点的基础上确立下一阶段的发展目标。引导的主要任务是指导学生正视自己的学习起点，合理确立自己的发展目标，形成既有挑战性又力所能及的学习需求。

在引导学生定位和立标时，要细化各项需求的具体内容。语文学习成绩既包括纸笔测试成绩，也包括课堂学习活动中的状态、课外活动中的表现、课外阅读的数量与质量、作品发表、平时作业等多个方面。语文学习抱负主要从语文学习的自信心、发展语文素养的决心、拓展语文学习视野的计划、综合运用语文知识与能力的打算等角度引导，自信心是提高语文学习抱负的前提，后三项是具有良好语文学习抱负的表现。语文学习动机主要从学习语文的目的、持续学习的兴趣、自主学习的动力等角度进行引导。学习能力主要从内生性学习能力、有效学习能力、持续学习能力和创造性学习能力等方面进行引导。内生性学习能力，是指既能激活自主学习愿望，也能在语文知识、阅读、表达等学习活动中生成新的想法与成果的能力；有效学习能力，是指在相同的学习时间内获得最大收益的能力；持续学习能力，是在语文学习中保持继续学习的愿望，并为今后的学习铺垫基础的能力；创造性学习能力，是指在学习过程中不断生成新体验、新内容与新方法的能力。自我评价主要从选择标准、合理判断、自我调整等方面进行引导。选择标准主要指选择适合自己的评价标准；合理判断，是根据选定的评价标准，对语文素养的发展状况进行自我判断；自我调整，是根据评价结果制订调整措施并不断落实的过程。

判断"满足程度"的重要方式是评价。语文学习质量评价，是对语文学习条件、过程和结果满足学生需求的情况进行判断的过程。语文学习条件满足学生学习期望的程度，称为条件质量；语文学习活动满足学生学习期望的程度，称为过程质量；学习成绩、抱负、动机、素养等的发展满足学生期望的程度，称为结果质量。判断语文学习的固有特性是否满足学生需求，可从条件质量、过程质量和结果质量这三个方面进行分析。语文学习质量三要素的主要内容如下表：

表2-2 语文学习质量要素内容细分表

要素	语文学习的固有特性		学生学习语文的需求		学生需求满足程度
内容要点	技术特性	●学科技术 ●学习过程技术 ●学习结果的表达与评价技术 ……	学习成绩	●笔试成绩 ●活动参与 ●课外阅读 ●作品发表 ●平时作业 ……	●条件满足程度 ●过程满足程度 ●结果满足程度
	心理特性	●学习抱负 ●学习动机 ●自我角色定位 ●人文精神 ……	学习抱负	●学习自信心 ●学习决心 ●视野拓展 ●语言运用 ……	
	时间特性	●学习持续性（过去、现在、未来） ●时间成本 ……	学习动机	●学习语文目的 ●持续学习兴趣 ●自主学习动力 ……	
	安全特性	●鼓励多元理解与个性表达 ●尊重多元理解与个性表达 ●引导多元理解与个性表达 ……	学习能力	●内生学习能力 ●有效学习能力 ●持续学习能力 ●创造学习能力 ……	
	社会特性	●学习内容：语文与社会的融合 ●素养发展：适应社会需要 ……	自我评价	●选择标准 ●合理判断 ●自我调整 ……	

三、语文学习质量评价的内涵与要素

"'评价'是'评定价值'的简称",评价"本质上是一种价值判断活动","所谓价值判断,是指根据一定的价值标准,在事实判断的基础上,对客观事物的价值做出评判。所谓事实判断,是对事物的现状、属性和规律的客观描述"[1]。从目前的研究与实践情况来看,一项有效的评价主要包括价值标准、事实判断与价值判断三项内容。价值标准即评价事物是否具有意义的标准;事实判断,是对评价对象的事实描述与是非判断;价值判断,是对所描述事实的意义做出评判。因此,有效的评价活动,必须首先明确评价对象的价值标准;然后观察和描述评价对象的相关事实,系统采集相关信息;再根据确定的价值标准分析采集到的事实信息,做出价值判断。对评价对象进行价值判断时,要关注"现实"和"潜在"两个方面。关注"现实",是指对评价对象的现实情况进行判断,明确评价对象已经取得的进步与获得的各种价值;关注"潜在",是指评价对象目前虽然不具备某些价值,但具有产生某种新价值的可能。只有同时关注"现实"和"潜在"这两个方面,才能帮助评价对象实现增值目的,促进评价对象提升个体价值、团队价值和社会价值。

一些研究者认为,现代教育评价主要经历了五个时期。第一个时期的主要特征是测验与测量,这一时期的评价强调数据的精确化与科学化;第二个时期是描述时期,以客观描述评价对象为主要手段;第三个时期是判断时期,即对评价对象的价值进行判断;第四个时期是建构时期,评价不是评价者对评价对象的单方面的价值判断,而是评价者和被评价者在"协商"中进行判断;第五个时期是综合评价时期,即利用多元智能理论实施多元化的评价。钟媚等人认为,现代教育的"评价概念经历了三个阶段:Measurment,Evaluation,Assessment,评价的功能观逐渐开阔……从注重评价的管理和选拔功能的教育测量、标准化考试,发展到注重评价的诊断和反馈功能的形成性评价,再到注重了解学习质量的过程性评价;相应的,评价的内容也从考察教育或者说学习的量的方面,拓展到学习

---

[1]沈玉顺.现代教育评价[M].上海:华东师范大学出版社,2002:2.

的'质'和'量'相结合，即知识与技能、过程与方法、情感态度与价值观"。[1]

从教育评价的模式看，具有影响力的模式主要有四种。一是泰勒提出的行为目标模式，其基本操作程序是：确定教育方案的目标，根据行为和内容对每个目标加以定义，确定应用目标的情境，设计呈现情境的方式，设计取得记录的途径，决定评定方式，决定获取代表性样本的方法。二是美国学者斯塔弗尔比姆（D.L.Stufflebeam）提出的 CIPP 模式，其主要环节是：背景评价（circumstance evaluation），即根据对象的需要，对教育目标本身的合理性做出判断；输入评价（input evaluation），在阐明目标以后，对达到目标所需要而且可以得到的条件进行评价；过程评价（process evaluation），对实施情况进行持续不断的检查；成果评价（product evaluation），对教育成就进行测量、解释和判断。三是美国加利福尼亚大学洛杉矶分校评价研究中心（center for study of evaluation）提出的 CSE 评价模式，基本内容和程序是：需要评定，调查人们有何种需要；方案计划，对各种可选方案成功达到目标的可能性做出评价；形成性评价，发现教育过程的成功和不足之处，修正教学活动中某些偏离预期目标的地方；总结性评价，即对教育质量的全面调查和判断。四是斯克里文（M.Scriven）提出的消费者导向模式（consumer-oriented studies），这一模式认为，评价是对事物的价值和优缺点所做的系统判断，而不是只测量事物或判定目标是否达成；评价者不应该接受制订者提供的目标，而是要判断所达成的目标是否对消费者的利益有贡献，评价者必须从消费者的观点来确认真正的成果，以及这一成果的价值。[2]

确定语文学习质量评价的内涵与要素，要考虑评价本身的内涵、发展阶段和已有模式，更要考虑语文学习质量的自身特性。综合这些因素可知，语文学习质量评价是根据语文学习的质量标准，在描述和判断语文学习条件、过程与结果的基础上，对语文学习的现实意义和潜在价值做出判断，并根据这一判断提出改进建议的过程。语文学习的质量标准主要包括内容标准、方法标准和价值标准三个方面。内容标准，是指语

［1］钟媚.过程性评价：概念、范围与实施［J］.当代教育科学，2005（14）：44-47.
［2］沈玉顺.现代教育评价［M］.上海：华东师范大学出版社，2002：41-45.

文学习应该具备怎样的条件；学习和发展的具体内容是什么，这些内容应达到何种程度；语文学习成果应体现在哪些方面，这些方面应体现出怎样的水平等。方法标准主要指语文学习应采用何种方法，使用这些方法的熟练程度等。价值标准包括现实标准和未来标准两个方面：现实标准是指语文学习对学生目前学习与生活的意义，关注语文学习对学生现实发展的价值；未来标准，是指语文学习对学生未来发展的价值，只有这两个方面的价值同时具备，才是高价值的语文学习。因此，语文学习质量的评价活动至少包括四个步骤：一是确定语文学习的质量标准；二是观察和描述语文学习的条件、过程与结果；三是对学生的学习情况进行价值判断；四是提出改进建议。

从评价内容看，语文学习质量评价既要关注语文学习的固有特性、学生学习语文的需求和满足程度三个要素，也要涵盖语文学习条件、语文学习过程和语文学习结果三个方面，只有实现"三要素"和"三方面"的整合，才能在评价中有效推进语文学习质量的提升。从评价的操作来看，"三要素"应整合在"三方面"之中，以条件质量、过程质量和结果质量统领"三要素"，才能形成便于操作的框架。语文学习质量评价的整合性操作框架见表2-3：

表2-3　语文学习质量评价的整合性操作框架

语文学习质量评价的三个方面	语文学习质量的三个要素	评价的内容要点与环节	
条件质量	学生学习语文的需求	质量标准	学生期待的语文学习条件
			学生期待的获取学习条件的方法
			学生期待的学习条件与获取条件的方法合理、有价值
		事实描述	客观呈现学生学习语文的现实条件，包括设施设备与获取途径、方法等
		价值判断	分析现实条件与学生期待的差距，判断这种差距对学生学习语文的积极或消极影响

续表

语文学习质量评价的三个方面	语文学习质量的三个要素	评价的内容要点与环节	
条件质量	学生学习语文的需求	对策建议	根据价值判断的结果,提出改善学习条件的具体建议
	语文学习的固有特性	质量标准	提供的学习条件有利于听说读写能力的提高
			提供的学习条件有利于学生习得和运用语文学习的方法,以及听说读写的技巧
			提供的学习条件既能促进学生语文素养的不断提高,也能为将来的语文学习铺垫基础
		事实描述	客观呈现语文学习的现实条件
		价值判断	分析现实条件和体现语文学习固有特性的要求之间的差距,判断这种差距对学生提高语文素养的积极或消极影响
		对策建议	根据价值判断的结果,提出改善学习条件的具体建议
	满足程度	综合上述两个方面(即语文学习条件满足学生需求、语文学习固有特性的程度),形成语文学习条件质量的诊断报告,并提出改进建议	
过程质量	学生学习语文的需求	质量标准	学生在学习过程中对学习抱负、学习动机、语文素养、学习能力等方面的发展期望
			为获得上述发展,学生在学习活动、学习方法、学习习惯、自我评价等方面的发展期望
			学生的上述期望有利于自己的现实发展与长远发展
		事实描述	观察和描述学习过程

续表

语文学习质量评价的三个方面	语文学习质量的三个要素		评价的内容要点与环节
过程质量	学生学习语文的需求	价值判断	分析学习过程与学生期望的差距，判断这种差距对学生有效学习语文的有利和不利影响
		对策建议	根据价值判断结果，提出学习过程的改进建议
	语文学习的固有特性	质量标准	学习内容体现了语文学科的知识特点和能力特点，符合语文学科的"技术""心理""时间""安全""社会"特性
			学习活动的展开体现了语文素养的形成与发展特点，符合语文学科的"技术""心理""时间""安全""社会"特性
			学习过程能有效提高学生的语文素养
		事实描述	观察和描述学习过程
		价值判断	分析学习过程与上述标准的差距，判断这种差距对学生有效学习语文的有利和不利影响
		对策建议	根据价值判断结果，提出学习过程的改进建议
	满足程度		综合上述两个方面（即语文学习过程满足学生需求、语文学习固有特性的程度），形成语文学习过程质量的评价报告，并提出改进建议
结果质量	学生学习语文的需求	质量标准	学生对呈现与评价学习结果的内容的期待
			学生对呈现与评价学习结果的方法的期待

续表

语文学习质量评价的三个方面	语文学习质量的三个要素	评价的内容要点与环节		
	学生学习语文的需求	质量标准	学生的期待符合语文学习过程的要求和语文学科的特点，能展现自己的真实水平	
		事实描述	观察和描述学习结果的呈现内容、方法与结果	
		价值判断	分析描述的事实与上述标准的差距，判断这种差距对学生持续学习语文的有利和不利影响	
		对策建议	根据价值判断结果，提出学习结果呈现与评价的建议	
结果质量	语文学习的固有特性	质量标准	学习结果呈现与评价的内容是语文素养的有机组成部分	
			学习结果呈现与评价的方式符合语文素养的表现特点	
			学习结果的呈现与评价有利于检测出学生的真实水平，能促进学生提高内生发展、有效发展、持续发展和创造性发展的质量	
		事实描述	观察和描述学习结果的呈现内容、方法与结果	
		价值判断	分析描述的事实与上述标准的差距，判断这种差距对提高学生内生、有效、持续、创造性质量的有利和不利影响	
		对策建议	根据价值判断结果，提出学习结果呈现与评价的建议	
	满足程度	综合上述两个方面（即语文学习结果的呈现与评价满足学生需求、语文学习固有特性的程度），形成语文学习结果质量的诊断报告，并提出改进建议		

整合性框架涉及的要素较多，不是每一次评价都需要考虑所有要素，而是根据评价任务确定具体评价的方面，然后根据上述框架细化评价内容。简化上述框架，可形成语文学习质量评价的基本模型（见图2-6）。

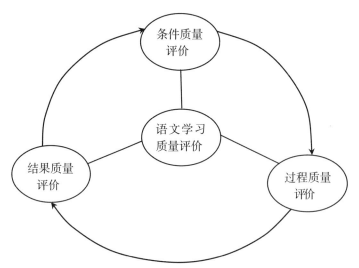

图2-6　语文学习质量评价模型图

如果评价对象是语文学习的条件质量，则综合考虑语文学习条件中的语文固有特性、学生需求及满足程度，按照语文学习条件质量评价模型（见图2-7）细化评价指标与方法。

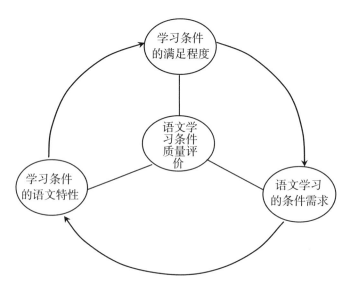

图2-7　语文学习条件质量评价模型图

如果是对过程学习质量进行评价，则根据语文学习过程质量评价模型（见图 2-8），综合考虑语文学习过程中的要素，以此建构质量标准，根据质量标准进行事实判断和价值判断，然后提出改进建议。

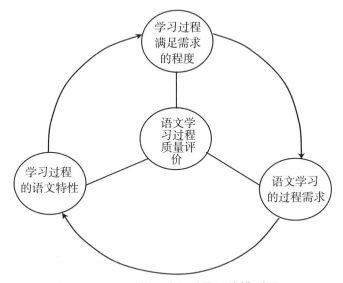

图 2-8　语文学习过程质量评价模型图

如果评价语文学习结果质量，则要根据语文学习结果质量评价模型（见图 2-9），确定评价内容与方法，对学生的阶段性学习结果进行及时

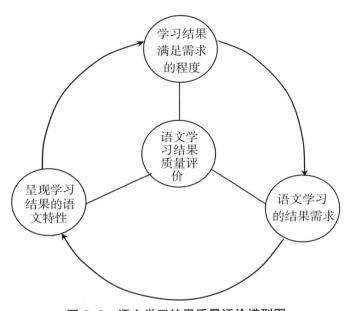

图 2-9　语文学习结果质量评价模型图

反馈，并提出改进建议。

　　如果要综合判断学生的语文学习质量，则需要整体评价条件质量、过程质量与结果质量三个方面。同时评价这三个方面的质量的时候，条件质量更多的是明确学生学习质量高低的原因，以便从源头上提出改进建议，为学生提高语文学习质量创造更好的条件，其目的是判断学生语文素养发展的可能性；过程质量更多的是描述学生的发展轨迹，其目的是判断学生语文素养发展的真实性；结果质量更多的是呈现学生的阶段性发展成果，其目的是判断学生语文素养发展的现实水平与潜能。三者综合考虑，才能形成具有针对性与改进价值的评价报告与改进建议。

第二节　语文学习质量评价的价值追求与目标选择

正如上文所言，评价是判断价值大小的活动。不同的研究与实践者对语文学习质量的不同看法，反映了他们对"好的语文学习"的理解与期盼。对"好的语文学习"的理解与期盼包含了两个方面的内容：一是对语文学习活动的价值理解；二是对语文学习目标的理想期待。"教育质量以学生为载体，形成于具体的学校教育活动过程中。特定的教育目标作为人们对特定教育活动结果的预期，至少要经过国家、地方、学校和教师等多个层次，才能最终转化为具体教育活动的目标。"[1]语文学习质量评价是一种教育活动，必须以学生为载体，在具体的教育教学活动中进行评价，在评价活动中树立正确的价值追求，并将这种追求转化为具体的语文学习目标，才能不断向"好的语文学习"迈进。

一、语文学习质量评价的价值追求：内在价值与
外在价值的和谐统一

语文学习质量评价必须以一定的价值追求为标准，确立价值标准的过程，就是对"好的语文学习"的理解与期待的过程。斯克里文、豪斯等人认为，"评价是一种对优缺点和价值的评估，是一种既有描述又有判断的活动"。日本心理学家大桥正夫认为，"教育评价就是对照教育目标，对教育行为产生的变化进行价值上的判断"[2]，"评价，特别是自觉的、有意识的评价，总是包含着对一定价值关系及可能后果的预见、推断"[3]。教育评价的过程，就是"通过系统地采集和分析信息，对教育活动满足预期需要的程度做出判断，以期达到教育价值增值的过程"[4]，"教育评价的最终目的是达到教育价值增值，即提高教育质量与效益，促进教育

［1］沈玉顺.现代教育评价［M］.上海：华东师范大学出版社，2002：197.

［2］转引自：胡中锋.教育评价学［M］.北京：中国人民大学出版社，2008：4.

［3］［4］同［1］2.

有效地满足社会与个体的需要，增进教育的社会价值或个体价值"[1]。

"我们把价值分为三种：人的存在价值、交往价值、主客体价值。其中人的存在价值是人作为人特有的对人的尊严、自由和权力的追求和确认；交往价值是主体与主体在交往实践中生成的价值，是主体与主体共同面对社会性中介客体时，交流和整合而成特定的规范所表现出的价值，它是人们在社会交往中为实现人的存在价值表现出来的对社会规范的发现与追求；主客体价值是在认识实践中主客体之间生成的价值，它是以作为主体的人为内在尺度，客体对主体需要的满足为表现的价值。在这三种价值中，人自身的存在价值是第一位的，它是一种元价值，是另外两种价值的根源和基础，也是这两种价值产生的前提条件和依据。"[2]简而言之，语文学习质量评价在思考价值追求时应从三个层面入手：一是人自身的发展价值；二是人与人之间的关系发展价值；三是人与环境的和谐发展与互动发展价值。从这一角度看，语文学习质量评价应树立三个方面的价值观：一是学生本位的价值观，又称内在价值观，即把学生的全面发展特别是语文素养的发展作为评价的价值追求，在对条件质量、过程质量和结果质量进行价值判断时，要以学生的发展为基本的价值判断标准；二是社会本位的价值观，又称外在价值观，即把语文学习内容和方法是否与社会对接，学生的语文素养能否满足现实社会或未来社会发展的需要作为判断标准；三是辩证价值观，即把内在价值与外在价值统一起来，既促进学生的全面发展，也把学生发展和社会需求对接起来，实现个人与社会的双重发展价值。

语文学习质量评价要促进语文学习活动的价值增值，既要考察语文学习条件、过程与结果对学生内在的发展价值，还要考察语文学习满足社会需求的外在发展价值，更要考察语文学习条件、过程与结果在促进学生和社会发展方面的互动价值，只有实现了这三方面价值的统一，才能把语文学习质量评价变为有意义的评价。

我国的语文学习质量评价在价值追求上经历了四个大的阶段，郑宇在《从课文后练习的编排看当代小学语文教育的走向》一文中，对此做

[1]李德顺.价值论——一种主体性的研究[M].北京：中国人民大学出版社，1987：258.
[2]刘志军.教育评价的反思和建构[J].教育研究，2004（2）：59-64.

了概括和阐释：

第一阶段：1949—1963 年，强调思想政治教育，强调语文知识的系统传授。

1952 年以后，小学语文课本在一组课文（一般四至五篇）的后面开始出现练习，主要从思想内容的理解和语文知识的掌握两个方面进行编排。理解课文思想内容的题目从一组课文后分离出来，安排在相应的课文后面。而一组课文后的练习则侧重从语文知识的角度设计，内容包括语音、词汇、语法、文字、标点等，体系比较完整、统一，内容也比较宽泛，反映了当时以学科知识为本位的课程设计观。在人民教育出版社 1957 年第 1 版《高级小学课本语文》第 2 册中，课文《十六年前的回忆》后的练习是这样的：

问题和作业：

1. 从哪些地方看出李大钊烈士对艰苦的革命事业永远是乐观的？

2. 李大钊烈士被捕的时候，他的态度怎样？找出有关的语句来。

3. 在法庭上，李大钊烈士为什么表现得那么安定、沉着？

4. 我们该用什么行动来纪念李大钊烈士？

5. 给全篇文章的几个大段编写小标题。

这套教材的练习还没有很好地体现语文学科本身的特点，练习主要集中于感受人物的优秀品质上，体现出了较强的思想教育性。在强调思想政治教育的同时，没有与探究语言文字紧密地结合在一起，如第三题。至于第四题，更是可以脱离课文由学生泛泛而谈。这课练习没有整体把握全文内容的要求，也没有引导学生去了解文章的表现形式、学习运用语言文字表情达意的方法指导。

第二阶段：1963—1978 年，课文后的练习简约、明确，强调"双基"训练。

1963 年大纲是中华人民共和国成立后的第一个正式的语文大纲，它首先明确指出语文学科的性质"是学好各门知识和从事各种工作的基本工具"，还阐明了小学语文教学的目的是"教学生正确地理解和运用祖国的语言文字，使他们具有初步的阅读能力和写作能力"。同年，人民教育出版社出版了根据新大纲编写的一套供全国使用的教材。课后练习得到加强，包括用词、造句、朗读、默读、背诵、复述、抄写、默写、分段、写段落大意等内容，在人民教育出版社 1964 年第 2 版《高级小学课本语文》第 2 册中，课文《十六年前的回忆》的课后练习是这样安排的：

问题和作业（一）：

1. 根据课文内容，说说为什么李大钊烈士对待革命事业永远是乐观的。

2. 听写下面的词语，说说带点词语的意思。

局势　　灰烬　　无辜　　幼稚　　吭声　　慈祥　　去处　　恶化

毫无效果　　闭口无言

问题和作业（二）：

1.给《十六年前的回忆》全文分段，说说各段的大意。

2.听写下列词语。

笼罩　　寂静　　颤抖　　简直　　严峻　　焦急　　惦念　　勉强

兴致勃勃　　赤手空拳　　蜂拥而入

这个时期的课后练习，突出了语文课程的工具性，加强了基础知识和基本技能的训练。如重视词语的理解和运用，几乎课课都有抄写、听写、解词或用词造句方面的练习。抄写或听写词语，目的在于丰富学生的语言储备，是构建学生语文能力的基石；解词练习有助于学生理解课文内容和词语本身的意义，而造句练习有助于学生学习词语的恰当运用。又如，重视给课文分段、概括段落大意方面的练习。学习给课文分段，是掌握作者布局谋篇能力的一种训练，有助于促进说话、作文的条理性和连贯性，也有助于提高学生的逻辑思维能力；而概括段意的训练，是培养逻辑思维和语言归纳能力相统一的过程。这两种训练，前者侧重于由整体到部分的分析，后者则侧重于对各部分内容的归纳。它既有助于培养分析、概括能力，又可以帮助学生了解课文中部分与部分之间的联系、各部分和整篇课文之间的联系，理清叙述顺序，领会作者的思路。应当说，分段、归纳段意是理解文章主要内容、体会作者思想感情的一种手段，体现了读懂课文经历的思维过程。但是，整套练习在年段训练的目标上不十分明确，系统性、科学性不强，存在着盲目性、随意性，对基础知识和技能的训练还不够完整，有些该练的未练，而且课文后练习也存在模式化的倾向，几乎每篇课文后的练习都是：（1）朗读课文，了解课文内容。（2）听写、读读写写或选词造句。（3）给课文分段、概括段意或中心。练习形式固定而单调，内容不大切合学生的实际。

第三阶段：1978—2000年，课文后练习从简单走向繁复，注意体现训练过程，加强学习能力的培养。

1978年，教育部颁布了《全日制十年制学校小学语文教学大纲（试行草案）》，这部大纲继承了1963年大纲的精神，重申语文是"基础工具"，提出语文学科"不但具有工具性，而且有很强的思想性"。1986年《全日制小学语文教学大纲》指出，对于"促进学生德、智、体、美、劳全面发展……培养有理想、有道德、有文化、有纪律的社会主义公民……有着重要意义"。1992年4月，《九年义务教育全日制小学语文教学大纲（试用）》颁布，明确规定语文教学最根本的目的是"指导学生正确理解和运用祖国的语言文字"。这一时期人民教育出版社出版的全国小学语文教材，在低年级进行较全面的语文启蒙教育的基础上，从中年级到高年级，设读和写的训练项目，交叉安排，由易到难，循序训练，螺旋上升，借此有计划地培养学生的读写能力。在人民教育出版社 1994 年 4 月第 1 版的《九年义务教育六年制小学教科书语文》第 10 册中，课文《十六年前的回忆》的课后练习是这样的：

预习：

李大钊同志是中国共产党的创始人之一。这篇课文是李大钊的女儿李星华1943 年在延安写的，正值李大钊同志遇难十六周年，所以文章的题目为"十六年前的回忆"。读读课文，看看课文写的是哪一年的事，当时中国是怎样的情况，再想想课文主要写了李大钊同志的哪几件事。

思考练习：

1.默读课文，回答问题。

（1）从哪些地方可以看出局势越来越严重，李大钊的工作越来越紧张？

（2）李大钊被捕时的表现怎样？他为什么能这样？

（3）李大钊在法庭上的表现怎样？他为什么能这样？

2.读下面的句子，再从课文中找出和它呼应的句子。

（1）一九二七年四月二十八日，我永远也忘不了那一天。

（2）我蹲在旁边，看他把书和有字的纸片投到火炉里去。

（3）工友阎振山一早上街买东西，直到夜里还不见回来。

3.课文最后两个自然段与开头有什么关系？你从这样的开头、结尾中体会到了什么？

4.读读写写。

书籍　　慈祥　　幼稚　　恐怖　　娱乐场　　瞅了瞅

宪兵　　肥胖　　匪徒　　啃完　　押下去　　舅老爷

5.有感情地朗读课文。

这个时期课后练习的第一个重要特点是以读写能力训练为核心，系统安排各课练习。根据课文特点，安排相应的读写训练点，拿本课来说，前后照应、首尾连贯的表达特点很突出，教材在单元前的"导读"部分就明确提出学习这种表达方法的要求，然后在课后练习中围绕这一训练重点，让学生找前后联系的句子，找前后联系的段落，使学生对这种表达方法有一些感性认识，最后再在几篇课文之后的"读写例话"中进行归纳、总结。第二，课后练习题量比较大，每课五六道题。第一题侧重于理解课文内容，提示理解的重点和难点；第二、第三题突出本单元读写训练项目，对学生进行句段篇的训练，第四至第五题一般通过"读读写写""朗读""背诵"等要求，落实"双基"。另外在课文的前面，还增加了"预习"的提示。第三，重视对课文内容的理解，但是设计比较烦琐，有些题目的设计容易肢解课文，忽视对文章的整体把握。从本课练习的第一题我们可以看到，每个问题涉及面都不宽，思维价值也不大，有叠床架屋之嫌。

把语文读写能力目标分解为一系列训练点，按年级编排成系统化的操作序列，而且每一课围绕读写训练点安排的练习是全册、全套教材语文基本功训练必不可少的环节。这是在语文教育科学化方面进行的又一次十分有益的探索。应该说，这对克服语文教学的随意性，提高语文教学效率起到了积极的推动作用。这种安排，不仅体现了指导学生学习的过程，还体现了由感性认识到理性认识的发展过程，使学生的语文基本功训练循序渐进、螺旋上升，语文能力得到了有效的培养。

然而，这种以读写能力要素为框架、以分项训练为手段构建的语文教学体系，追求语文训练的系统性，对语文的人文性关注却不够，特别是情感性。大量的练习，确实也能使学生的能力得到一定的提高，但在实际教学中，这样的安排容易使师生陷入一个误区：似乎多做题是提高语文水平的最有效途径。这在一定程度上助长了教师的串讲串问和机械练习，削弱了学生的自读自悟和对文章主旨的把握。课文后练习在情感和审美等方面鲜有提示和要求，也不重视对课文深厚文化底蕴的挖掘，忽视了高尚情操对学生心灵的熏陶感染，在总体上存在着重认知轻情感、重工具轻人文的倾向，这是引起1997年末语文教育大讨论的原因之一。

第四阶段：从2000年开始的课程改革，语文课改的根本点是促进每一个学生的全面发展，强调体验、感悟和积累，强调语文素养的形成，促进学生学习方式的改变。

2001年7月，《全日制义务教育语文课程标准（实验稿）》颁布，"工具性和人文性统一"的课程性质定位，语文教育基本理念的提出，为语文教育改革指明了方向，对教学实践和教材编写具有重要的指导意义。根据课程标准的精神，人民教育出版社从2001年开始编写、出版了由崔峦、蒯福棣主编的一至六年级《义务教育课程标准实验教科书·语文》。在这套课标实验教材中，《十六年前的回忆》的课后练习发生了这样的变化：

思考练习：

1.默读课文，说说课文按照时间顺序写了哪些事，给你印象深的是什么。

2.从课文中找出需要深入体会的句子，如"那年春天，父亲每天夜里回来得很晚。每天早晨，不知道什么时候他又出去了"。再说说从句子中体会到了什么。

3.课文最后三个自然段与开头有什么联系？你从这样的开头、结尾中体会到了什么？

4.有感情地朗读课文。抄写你认为需要积累的词语。

△在清明前后祭扫烈士墓，再把自己的感受写下来。

根据语文课程标准编写、出版的这套语文教材，从内容到形式发生了很大变化，课文后练习无论在编排思路还是在呈现方式上都有了很大改进。

一是体现了全面提高学生语文素养的教学目标。语文素养的提出，把学习做人和学习语文结合在一起，体现出整体的人的发展的思想，这是语文教育理论上的一次重大突破。这个时期的思考练习，注意从三维目标有机整合的角度，确保学生语文素养的全面提升。可以看到，单一训练功能的练习减少了，取而代之的是多个维度、多个培养目标相结合的综合练习。上例练习二，要学生从课文中找出需要深入体会的句子，从中感受李大钊同志的高尚品质。这样的练习不仅使学生提高了对语言文字的感受能力，也从中受到革命先烈高尚情操的熏陶感染。这是"情感、态度、价值观"与"知识和能力"目标的具体体现。采用举例子的方式，在学生还不知道找哪些、怎样找"需要深入体会的句子"的情况下，教给他们一定的方法，这又是"过程和方法"目标的体现。诸如此类的练习在这个时期有了明显的体现。

二是促进学生学习方式的转变。跟以往的课文后练习相比，无论是引导学生开动脑筋，与老师同学讨论交流，还是进行语言的积累和感悟，都立足于更好地发挥学生的自主精神。讨论交流、积累感悟的多与少、快与慢、深刻与肤浅，均取决于学生的主动需求，尊重学生之间的差异。课文后练习第二题，以举例而不限定的方式，给了学生更大的自主、探究的空间。在词句的积累上，过去一律采用"读读写写"，似乎扎实，但单调机械。现在采取了灵活的、把主动权交给学生的方式。既有保底的要求，又有一定的灵活性。此外，安排了选做题，学生可以根据自己的学习能力和兴趣爱好而决定做还是不做。练习题编排方式的变化，使学生能以自己对课文的理解和赏析的心态，投入到阅读实践活动中去，阅读兴趣自然应运而生。

三是淡化了理性分析的训练，强化了诵读、感悟、积累与运用。首先，一些容易搞成模式化的练习，如概括段意、中心思想，变换了形式，以克服以往阅读教学中普遍存在的篇篇课文都分段、归纳段意、概括中心思想的程式化弊端，改变逐段串讲、烦琐分析的阅读教学模式。其次，明确提出了"有感情地朗读课文""背诵课文"的要求。让学生充分地读书，尽可能多地背诵，充分感悟和积累语言。学习语言的过程，实际上是外部语言不断内化的过程，而实现这一内化过程的最重要、最根本的手段就是朗读和背诵。最后，采用多种形式引导学生感悟语言和积累语言。一方面，课后练习有专门的栏目，是进行词、句、段抄写以及背诵方面练习的；另一方面，抓住课文中的关键词、句、段，不仅理解了要表达的意思，而且引导领悟表达的特点，帮助学生积累典范的语言形式，通过对词、句、段的比较、揣摩、选择等训练，让学生寻找自己喜欢的、易理解的词语、句子和段落，进行品味和记忆，从而实现增强语感和积累语言的目的。

四是引领学生充分利用课程资源，加强与生活、与社会实践的联系。这套练习题，与以往练习题的一个重要区别是，加强了与现实生活、与儿童经验世界和想象世界的联系。如增设选做题，形式多种多样，有课外阅读的，课外练笔的，课外语文实践活动的……总的指导思想是要让学生从课本的学习中拓展开去，加强与生活的联系。本课安排的是在清明前后祭扫烈士墓，再把自己的感受写下来。这样的练习，把学生引入语文学习的大环境之中，课内外、学校内外、课内教学与课外实践紧密结合在了一起。

五是遵循阅读教学及学生认知的规律。新编的思考练习减少了练习题的数量，每课练习一般是四道题，第一题改变以往问题过细、过碎的现象，侧重于引导学生通过读书，独立思考，整体感悟、理解课文的思想内容。上例第一题编排的目的是引导学生全面而认真地阅读课文，对文章的内容、叙述顺序、思想感情有个整体了解，这是理解课文的第一步。而课后练习中第二至第三题是重点研读题，这些题型要求学生对课文要有更深的感悟和更细的挖掘。如，上例第二、第三两题，在进一步研读课文的基础上，引导对重点语句、精彩句段进行分析。课后练习第四题一般是语言积累、运用方面的练习。这种从整体感悟到重点理解到积累运用的编排思路，符合从整体到部分、从感性到理性、由浅入深的认知规律，符合阅读教学一般规律。[1]

---

[1] 郑宇. 从课文后练习的编排看当代小学语文教育的走向 [J]. 课程·教材·教法，2006（3）：41-46.

　　教材中的课后练习是一种常见的学习质量评价形式。以作业为形式评价学习质量，既能指导学生更有效地学习课文，也能检验学生的学习情况。课后练习的价值追求的变化,体现了评价所遵循的价值标准的变化。从郑宇的上述概括看，第一阶段的评价标准主要是外在价值观，以思想政治教育和满足社会需求为目的；第二、第三阶段的评价逐步转向了语文学科的特性与学习过程的特点，从学科与学习两个维度建构课后练习，从学科、学生、学习的角度确立了价值追求；第四阶段的评价走向了内在价值与外在价值的辩证统一，既关注语文学习的学生个体价值，也关注语文学习的社会发展价值，更关注语文学习活动中学生、学科与社会的互动价值。中华人民共和国成立以来，我国的语文学习质量评价在价值追求上经历了如下四个阶段（表2-4）：

表2-4　中华人民共和国成立以来语文学习质量评价的价值追求变化表

阶段	价值追求	主要表现
第一阶段（1949—1963）	外在价值观	●强调思想政治教育的质量 ●强调语文知识的系统掌握质量
第二阶段（1963—1978）	外在价值观为主内在价值观为辅	●强调语文"基础知识"的掌握质量 ●强调语文"基础能力"的提升质量
第三阶段（1978—2000）	内在价值观为主外在价值观为辅	●注重语文"双基"质量 ●强调读写能力的发展质量 ●强调学习能力的发展质量
第四阶段（2000年至今）	内在价值与外在价值的和谐互动	●强调语文素养的发展质量 ●注重人的发展质量，如人文情怀、思维水平、创新能力等 ●注重学习过程质量，如合作、探究、体验、感悟和积累等 ●强调语文与生活的结合质量 ●强调个人发展与文化传承的互动质量

　　从价值追求的变化看，推进语文学习质量评价改革，要逐步树立内在价值与外在价值相统一的价值追求，才能真正提升语文学习质量评价的意义，帮助学生走出语文学习的质量危机。

二、语文学习质量评价的目标选择：从甄别、诊断到创造有意义的语文学习经历

语文学习质量评价既具有甄别功能，也具有诊断功能。甄别功能，是指通过评价这种手段，区分学生在语文素养方面的发展程度和差异，其基本作用是判定等级或分数，比较谁优谁劣、谁好谁坏，各种升学考试属于这类评价。诊断功能，是指通过评价这一手段，明确学生在语文学习过程和语文素养发展方面的优势与不足，总结其"病症"，分析其"病因"，开列"治病"处方，其主要作用是明确学生的发展状况并提出改进建议。传统的语文学习质量评价重在发挥甄别和诊断这两种功能，但随着"评价是另一种形式的教学""评价即教学"等观念的兴起，评价与教学互动发展的格局不断形成，评价的目的开始从甄别、诊断向创造有意义的语文学习经历转变。从下面这位老师的评价与教学经历，可以看出学习质量评价的这一转变。

识字书——低年级学生的抄默个性化历程

上学期期中考试后，学生每天的家庭作业开始增加了默写，每一课都有七八个词语要求默写。第二天我会让学生集体在2号本上进行默写。经过一段时间的观察，我发现有些学生每次都是100分，有些学生每次只写对两三个词语。起初，我以为他们在抄默时不认真，后来发现他们的家默本做得很认真，也联系家长了解过情况，家长反映孩子在家经过几次默写后能够掌握了，但是第二天就会忘记。再看看这些学生，都是学前识字较少的，他们上课以及写字时，都没有表现出积极的态度，对识字完全不感兴趣。

正好寒假就快到了，又要布置寒假作业了，以前我总是会让学生利用假期把书后的字、词复习一遍。但是面对那么多的词语，学生一定会很头痛，通常态度也不会很认真，起不到好的效果。如何让他们在休息的同时有所收获，又不加重他们的负担呢？一年级学生的主要任务就是识字，这让我想到了一个作业：制作识字书。学生可以把寒假期间在生活中、书籍上看到的、学会的字整理成一本书，可以贴也可以写，还可以将书进行美化，开学以后带到学校和大家一起交流。这样识字有困难的学生有了动力，也能认识一些字。在交流过程中，他们又能互相学习再认识一些字，我再适时给予一些表扬与鼓励，这样说不定会增强他们的信心。

于是，我进行了尝试。开学了，我走进教室，已经有些学生拿着自己的识字书和同学们开始讨论了。看到我来了，大家开始交作业，我也开始一本本浏览。真是每本都不同，每本识字书都有自己的特色。有几位小朋友做得特别认真。小刘的小小一本书，是横着放的，每页都有一个字，字是用楷体字打印出来、剪好贴上去的。字旁边写了拼音，下面是组词，还有造句。再仔细看，句子旁边还有图片，而且图片和句子内容很相符。真是太用心了，一定费了不少功夫！……

识字书做好了，但是这并不代表识字就告一段落了。我利用午会课的时间，让学生们上台展示交流自己的识字书，并且可以教大家一个自己认识的字。看看台上的小老师在黑板上有模有样地写好字，大家都开始猜这念什么，当小老师公布答案时，我看到了他脸上的骄傲和自信。这时，我让台下的学生赶快把这个字和拼音写在自己的书上，这样识字书上就又多了一个字……

这段时间，教学的重点是查字典。在"五一"假期时，我又布置了一项作业：阅读课外书，遇到不认识的字就查字典，并把常用的不认识的字写在识字书上。这样学生既练习了查字典，又认识了更多的字。假期回来，我发现之前识字书制作得不太好的学生，又重新制作了一本。看来，他们对这项作业越来越重视了。接下来，还要进行展示和交流。最近的默写，100 分的学生越来越多了……

但是，最近发现学生之前认识的字，现在有所遗忘。也许当时是兴趣高、识字比较积极，而经过一段时间，兴趣减退，如果不是教师提醒，有些学生甚至已经忘记了它的存在。那么，如何继续利用好这本识字书呢？下学期，学生将升入三年级，有很多学生已经可以看没有拼音的书了，识字的方法也掌握得很多了。所以，我想将这本"识字书"升级为"生词书"，让学生将第一次碰见的词语记下来，理解意思后，在后面造句或写话。遇到已经理解的词语，又觉得是个好词，也可以记在生词书上。在积累一段时间后，学生可以互换本子、互相学习。我也可以利用生词本中的词语进行作文教学。而生词本的式样也应该较之前更加规范，我会下发统一的本子，由学生自己装饰，里面内容的格式也会做统一的要求。相信这样坚持下去，从识字到识词再到作文，学生会一点点取得进步的。[1]

教师在评价学生的识字能力时，发现学生之间的差异较大，有的学

[1]方臻，夏雪梅.作业设计：基于学生心理机制的学习反馈［M］.北京：教育科学出版社，2014：95-98.

生每次都是 100 分，而有的学生每次只写对两三个词语，如果教师在评价过程中重在比较学生间的差异，鼓励得分低的学生向得分高的学生学习，则重在发挥评价的甄别功能。这位老师没有就此止步，而是联系家长，了解产生这种差异的原因，明确了得分低的学生是因为学前识字较少，对识字和写字没有兴趣，态度不积极，于是在寒假作业中采用了识字书这种形式，激发学生的识字兴趣，这就使评价具有了诊断和改进功能。

这位老师不满足于评价的甄别与诊断功能，而是利用识字书与生词书这种作业形式，把评价巧妙地融入完成、展示与交流作业的过程中，把评价和教学结合起来，利用作业这种评价方式为学生创造了有意义的语文学习经历。语文作业是语文学习质量评价的一种载体，完成作业的过程不只是迁移训练的过程，也不只是复习巩固语文知识的过程，更是学生检验自身学习情况、发现自我学习进展、分析优势与不足、提出自我改进措施的过程。从这一角度看，作业即评价，也只有引导学生把完成作业的过程当成自我评价与完善的过程，才能真正发挥语文作业的价值。这位老师引导学生制作识字书和生词书，把评价理念贯穿于识字作业的全过程，为学生创造了一段有意义的学习经历，这一经历主要由三个阶段构成。

第一阶段：独立识字与整理，创造有意义的独立识字的学习经历。在这一阶段，老师要求学生把在生活与阅读中发现的不认识的字整理出来，制作成自己喜欢的识字书。在一年级学生的心目中，书是非常神圣的，自己能够制作书，是一件了不起的大事，这就调动了学生的兴趣。在学生制作书的神圣感的驱使下，识字书开启了学生"自我造书"的意义世界。在制作识字书的过程中，学生"可以贴也可以写，还可以将书进行美化"，这就为学生的"造书"提供了广阔的空间，学生可以在自己的生活与阅读世界里发现属于自己的生字，将其用自己喜欢的方式呈现出来，把汉字与生活、阅读和自己已有的技能联系起来，识字书成了学生展示综合能力的舞台，为学生创造了体验汉字、收集汉字、连缀汉字成书的有意义的独立识字的经历。在这一阶段，学生各显其能，"每本识字书都有自己的特色"，特别是小刘同学，已经超出了识字要求，"字旁边写了拼音，下面是组词，还有造句"，"句子旁边还有图片，而且图片和句子内容很相符"。一本识字书，就是学生的一段识字旅程，识字书的内容愈丰富，创意越明显，学生创造出的"识字世界"就愈有意义。一本识字书，是学生的学习成果，可以据此评价学生的独立识字与表达识字成果的能力，也可以从生字的收集历程与个性化表达的方式中，看出学生所经历的有意义的学习与生活世界。

第二阶段：分享识字成果，创造有意义的合作识字的学习经历。独立识字开启了学生个体识字的意义世界，对学生独立识字成果的评价，不只是对识字书的评价，更重要的是对学生独立识字经历的评价。教师推进这一阶段的重要目的，是帮助学生创造有意义的独立识字的经历。制作识字书的任务完成后，教师引导学生进入了识字能力评价的第二个阶段，即引导学生在班级中分享识字书，在对学生分享的识字数量与形式的评价中创造有意义的合作识字的学习经历。学生分享识字书的过程，既是识字成果的展示过程，也是评价制作的识字书是否富有创意的过程，更是创造合作识字经历的过程。在分享识字成果的过程中，学生个体的自我展示，学生间颇有趣味的猜字，识字书的及时补充与更新，让学生在相互学习中了解他人的识字经验，丰富自己的识字体验，既在生动活泼的形式中发现同学识字的长处，弥补自己在识字上的不足，也把枯燥乏味的识字过程变得更有意义，所以"之前识字书制作得不太好的学生，又重新制作了一本"，"100 分的学生越来越多了"，这种合作识字的学习经历，让独立识字变得更有意义，让学生的识字效益变得更高。教师在学生分享识字成果的过程中相机引导，因"生"制宜地鼓励或提出建议，既巩固了独立识字的成果，也进一步提升了合作识字的价值，把学生的合作识字变成了有意义的学习经历。

第三阶段：识字书升级为生词书，创造有意义的螺旋上升的学习经历。升入三年级后，学生的识字量已达到一定水平，如何利用识字书为学生创造新的学习经历，如何让学生对已经持续一年多的识字书保持浓厚兴趣，促进学生语言能力的持续发展，需要老师变化或创新评价形式。在这一阶段，教师"让学生将第一次碰见的词语记下来，理解意思后，在后面造句或写话。遇到已经理解的词语，又觉得是个好词，也可以记在生词书上"。从一年级到三年级，学生的生活经验越来越丰富；从生字到生词，学生的语言世界不断拓展；从识字书到生词书，作业内容不断升级，为学生语言能力的螺旋上升创造了有意义的学习经历。从这位老师的要求看,第三阶段的作业与评价有了三个变化:在内容上由字到词,为学生铺设语言能力发展的阶梯,学生攀登阶梯的过程就是创造和体验自我发展经历的过程;在形式上由自由到规范,"下发统一的本子,由学生自己装饰,里面内容的格式也会做统一的要求",从自由收集生字到按照规定收集生词,提高了语言规范的要求,为学生创造了积累规范语言和规范使用语言的学习经历;在分享交流方面,从学生间的分享到师生间的相互运用,"学生可以互换本子、互相学习。我也可以利用生词本中的词语进行作文教学",创造了多主体多层级分享交流的学习经历,在合作学习和语言运用的技能上呈现出螺旋上升的态势。

把作业变为评价的重要形式,让评价成为创造有意义的学习经历的重要手段,是语文学习质量评价目标的重要转向。"在一种具有强大影响力的学习经历中,学生会投入到自己的学习中去,随之而来的是高度的活力,整个学习过程将带来重要成果。学生不仅会在整个课程里面学得认真,而且在课程结束之际他们还会明显产生某种重大变化——他们将会学到一些有意义的东西。这一学习经历还将以一种重要方式给他们的生活带来变化。"[1]有意义的高效的语文学习质量评价,就是要为学生创造强大的有影响力的学习经历,提高学生学习语文的投入度,增强学生学习语文的活力,提高语文学科对学生成长的影响力。

有意义的学习经历,是指具有现实发展力和长远影响力的语文学习过程与体验。现实发展力,是指语文学习现场体现了语文学习的固有特性,能满足学生学习语文的需求,对学生具有吸引力;正在进行的语文学习活动能激发学生的学习动力,能提高学生的学习抱负,能促进学生的语文能力与学习能力不断发展,即具有"现实改进"的能力。长远影响力,是指在语文学习内容、活动形式与评价标准的设计上,关注学生未来学习的需要,为学生将来发展更高层次的语文能力铺垫基础,为学生的长远发展和更好发展创造条件。只有同时具备了现实发展力和长远影响力,学习经历才会变得既有现实意义,也有未来意义。学习经历,既是不间断的学习过程,也是在学习过程中收获的一连串的真实体验,只有学习

---

[1]芬克.创造有意义的学习经历——综合性大学课程设计原则[M].胡美馨,刘颖,译.杭州:浙江大学出版社,2006:5.

过程，没有切身体验，不能构成学生的学习经历。如从识字书到生词书，一项课外作业，变成了不间断的学习过程，学生在这一过程中收获了独立识字、合作识字与螺旋上升的一连串体验，才形成了有意义的识字经历。L.迪·芬克总结了有意义的学习经历的如下特点。

有意义的学习经历的特点

过程：

●投入：学生投入到学习中去。

●活力：课堂里面充满了活力。

结果、影响以及成果：

●有意义的、持续的变化：课程给学生带来有意义的变化，这种变化在课程结束后，甚至在学生毕业后还将继续下去。

●生活价值：学生所学的东西在课程结束后还将在他们生活中具有价值，它将提升他们的生活价值，使他们做好进入不同社会群体或者是进入工作领域的准备。[1]

L.迪·芬克强调的"过程"意义，就是学习现场与学习活动的现实发展力，"学生投入到学习中去"，体现了学生高水平的学习动机与学习抱负；"课堂里面充满了活力"，表明了学生良好的学习状态与进展，没有一定的学习进展，课堂活力将无从谈起。L.迪·芬克强调的"结果、影响以及成果"，就是学习内容、活动形式与评价标准的长远影响力，"有意义的、持续的变化"是为未来铺垫基础，"生活价值"是为学生长远发展、更优发展创造条件。

正如菲利普·康笛所说："如果学习不只被认为是信息的获得，而是对个人生活的意义和连贯性的探索，如果强调的是学习内容及其对学习者个人所具有的意义，而不是强调学了多少东西，那么研究者将获得非常有价值的、对学习机制的全新理解和对由教师控制的学习方式和由学习者控制的学习方式的各自优势的全新理解。"[2]同理，如果评价不只被认为是甄别和诊断，而是对个人学习与发展的意义及其连贯性的探索，

---

[1]芬克.创造有意义的学习经历——综合性大学课程设计原则［M］.胡美馨，刘颖，译.杭州：浙江大学出版社，2006：6.

[2]同［1］21.

如果强调的是评价内容及其对学生所具有的现实发展力与长远影响力，而不是强调评价了多少次，在每次评价中获得哪个等级、多少分数，那么评价研究者将会以全新的视角看待和设计评价，从而对语文学习产生更为深远的影响。

L.迪·芬克为此提出了六种有意义的学习：一是基础知识，其意义在于为其他种类的学习提供所需要的理解基础；二是应用，其意义在于让学习变得更有用；三是综合，其意义是在新的联系中生发新的智慧，产生新的学习与生活的力量；四是人文维度，其意义是在学习内容或学习方式方面使学生对自己或他人有新的理解，或者对自己的将来有新的视野；五是关心，有意义的学习经历应该可以改变学生对某一事物的关注程度，它可以表现为新的情感、兴趣和价值观；六是学会学习，其意义是使学习者能够在未来继续地、更有效地学习[1]。L.迪·芬克认为每一类学习有不同的教育目标，只有实现了每一类学习的教育目标，学习才会变得有意义。

主要教育目标和有意义学习

学会学习：

●如何成为更好的学生：学习如何进行自我调节的学习或者是深层次的学习。

●如何探索、构建知识：学习如何运用科学方法、历史方法和其他方法进行探究。

●如何进行自主学习或者是有目的的学习：制订学习日程或计划；学习有目标；有自习能力（安排学习和生活的能力）；做一名有反思能力的实践者。

关心：

●想成为好学生：希望有很好的成绩、成为优等生。

●对某一活动或科目感到兴奋：比如说，对鸟类观察活动、阅读历史书籍，或音乐欣赏产生浓厚的兴趣。

●愿意合理地生活：比如说，决心学习、养成科维（Covey）提出的高效人士七个习惯。

人文维度：

●领导能力：学会如何做一个有实际能力的领导者。

---

[1] 金美福.有意义的学习经历：理论框架与现实发生比较[J].外国教育研究，2010（10）：28-38.

●道德、品德塑造：塑造品格，并依据道德准则进行生活。

●自我定位：学会创造，并为自己的生活负责。

●多元文化教育：在人际交往中对文化很敏感。

●以团队的一员行事：知道如何为一个团队工作。

●公民责任：做所在社区、国家和其他政治实体的负责任的公民。

●为他人（地区、国家、世界）服务：在社会的各个层次为他人利益做出贡献。

●环境道德：在和非人类世界关系中坚持道德准则。

综合：

●跨学科学习：将不同的学科和观点加以联系。

●学习共同体：将不同的人加以联系。

●学习和生活／工作：将生活的不同领域加以联系。

应用：

●批判性思维：对不同的事物、情况进行分析、批判。

●实践性思维：培养解决问题的能力和决策能力。

●创造性：提出创新性的观点和见解，开发创新产品。

●管理复杂项目：能将一个项目、课题中的多项任务进行协调、排序。

●实用技能：培养外语、交流、操作技术、艺术表演、体育等方面的能力。

基础知识：

●概念理解：对与某一科目相关的概念有充分的理解，能进行解释、预测等。[1]

上述教育目标对六类有意义的学习进行了细化。"学会学习"决定语文学习的长远影响力，自主学习、深度学习、探究学习等能力在较大程度上决定着学生的未来学习能力与发展潜能。"关心"是对自我、学科与生活的关注度，"想成为好学生"决定学生的语文学习抱负；对语文产生浓厚的兴趣决定着学生的学习动力与语文学习的持续度；"愿意合理地生活"决定着学生学习语文的动机，这一动机影响学生能否全力投入到语文学习活动中去，更影响学生学习语文的持续度。"人文维度"既是语文

---

[1] 芬克.创造有意义的学习经历——综合性大学课程设计原则 [M].胡美馨，刘颖，译.杭州：浙江大学出版社，2006：29.

学习内容的必备要素，也是影响学生未来发展的重要内容。跨学科学习，学习共同体，学习与生活、工作的联系，是提升语文素养的重要路径，对学生的现实改进与未来发展都具有重要意义。批判性思维、实践性思维、创造性、管理复杂项目、实用技能，是语文学科参与现实、创造未来的必备能力。理解、阐释、预测和生成语文学科知识，是提高语文素养的基本保障，是改进现实和促进长远发展的不可或缺的基础。综合 L. 迪·芬克的研究和语文学科的特点，有意义的语文学习经历应该具有如下特征（见表 2-5）。

表2-5 有意义的语文学习经历的主要特征

有意义的语文学习类型	过程	结果、影响以及成果
语文知识学习	●理解 ●阐释 ●联系 ●创生	●增加了语文知识的数量 ●完善了语文知识的结构 ●丰富了理解、阐释、联系语文知识的经验 ●形成了创生语文知识的意识或能力 ●为提高语文能力奠定了知识基础
语言应用学习	1.语言技能 ●理解任务 ●分清场合 ●解决问题 ●优化成果 2.思维品质 ●批判性思维 ●实践性思维 3.创新能力 ●创意 ●创造 4.项目管理 ●设计 ●实施 ●评价 ●调整	●提高了语言的实用技能 ●提高了批判性和实践性的思维能力 ●提高了有创意地完成语言应用任务的能力 ●丰富了语言应用的项目管理经验 ●增加了语言应用的优秀成果

续表

有意义的语文学习类型	过程	结果、影响以及成果
语文综合性学习	●学科能力要素的综合学习 ●跨学科的综合学习 ●语文与不同生活领域的整合学习 ●不同群体（个人）的协同学习	●提高了听说读写的综合发展能力 ●具备了一定的运用跨学科知识解决问题的意识与能力 ●能联系不同领域的生活发展语文素养 ●具有较为丰富的合作学习技能，养成了合作与分享的意识
人文素养维度的语文学习	1.个人 ●在听说读写中理解他人的内心世界 ●在语言应用与综合能力的发展中丰富自己的内心世界 ●在语文学习中学会善待自己 2.群体 ●在各类作品中学习与他人相处的方式 ●学会善待非人类的万事万物 ●能在团队中和谐相处，并为团队贡献自己的力量 3.国家 ●民族情怀 ●母语能力 ●文化传承 ●公民责任 4.世界 ●理解不同语言 ●尊重多元文化	●培育了自己的人文情感 ●丰富了自己的人文世界 ●能够解读和评价他人的人文情怀 ●能理解和尊重一个组织的具有积极意义的精神追求 ●能理解和尊重多元文化

续表

有意义的语文学习类型	过程	结果、影响以及成果
关心维度的语文学习	●在语文学习方面有积极向上的追求 ●对语文学科和各类语言活动有浓厚的兴趣 ●语文学习充满活力	●具备语文学习的强大动力 ●提高了语文学习的抱负水平 ●树立了正确的语文学习价值观
学会学习	●自主学习 ●深度学习 ●探究学习	●具备了自主学习的意识与能力 ●具备了深度学习的意识与能力 ●具备了探究学习的意识与能力

　　六类有意义的学习目标，从不同角度关注了学生内生发展、有效发展、持续发展和创造性发展的需求，既有利于引导学生走出语文学习的质量危机，也是语文学习质量评价在创造有意义的语文学习经历时需要关注的重点内容。只有根据不同的学习类型，确立不同的评价重点，才能有针对性地创造有意义的语文学习经历，实现评价目标的有效转向。

第三节　语文学习质量评价的主要功能与改革方向

语文学习质量评价的重要目标，是创造有意义的语文学习经历。这些经历集中体现在语文知识学习、语言应用学习、语文综合性学习、人文素养维度的语文学习、关心维度的语文学习和学会学习六类学习中，语文学习质量评价只有在不同类型的学习中发挥不同功能，才能把握住基于核心素养的语文教学与评价改革方向，实现评价目标的真正转向。从六类有意义的语文学习看，每一类学习都从不同角度发展着学生的语文核心素养，只有在每类学习的评价中发掘其培育学生核心素养的意义，才能在语文教学改革中发挥评价的导向功能。六类有意义的语文学习与重点培育和评价的语文核心素养如下表：

表2-6　六类有意义的语文学习与重点培育和评价的语文核心素养

六类有意义的语文学习	重点培育和评价的语文核心素养
语文知识学习	语言建构与运用；文化传承与理解
语言应用学习	语言建构与应用；思维发展与提升
语文综合性学习	语言建构与应用；思维发展与提升；审美鉴赏与创造；文化传承与理解
人文素养维度的语文学习	审美鉴赏与创造；文化传承与理解
关心维度的语文学习	审美鉴赏与创造；文化传承与理解
学会学习	思维发展与提升；审美鉴赏与创造；文化传承与理解

因此，基于核心素养的语文学习质量评价改革，必须发挥评价在六类学习中创造有意义的语文学习经历的功能，才能帮助学生在日常学习中发展核心素养。

一、创造有意义的语文知识学习经历

语文知识学习是语文学习不可或缺的内容，语文知识学习的质量评价是语文学习质量评价的有机组成部分。语文学习质量评价要为学生创造有意义的学习经历，必须首先创造有意义的语文知识学习经历。

有意义的语文知识学习经历，是指让学生切身感受语文知识具有现实发展力与长远影响力的学习过程。语文学习质量评价要让学生从心底里认同语文知识的现实发展力与长远影响力，就要在评价的引导下创造有意义的语文知识学习经历。要创造有意义的语文知识学习经历，需要在评价中强化语文知识的理解、阐释、联系和创生四个重点。

语文知识的理解，是指对既有知识的内涵、构成要素、主要用途、运用场景、运用方法、运用实例等的领会与把握。语文知识的理解，不是死记硬背语文知识，死记硬背的语文知识既没有现实发展力，也不可能有长远影响力，而是在多种形式的运用中明确这一知识的用途、内涵与构成要素。在运用中理解，创设运用场景，引导学生在运用中体验和积累语文知识的运用方法，就构成了有意义的语文知识理解经历。对语文知识理解的评价，应突出"运用"这一关键要素（见表2-7）。

表2-7 创造有意义的语文知识理解经历的评价要点

评价维度	评价要点
条件质量评价	1. 学生理解某一语文知识的需求 ●学生有理解这一语文知识的兴趣吗 ●学生需要理解什么知识 ●学生最希望以哪种方式来理解知识 2. 有意义学习某一语文知识的现有条件 ●素材：准备了哪些鲜活的素材；这些素材与所学知识的关联度有多大；能否创设有意义的学习情境；能否激发学生的兴趣 ●资源：在学生熟悉的校园生活、家庭生活和社会生活中，是否隐含运用所学知识的资源，哪些资源可以在课堂上运用；哪些可以在课后去探究；哪些资源可以整合，形成持续运用语文知识的有意义的情境 ●教师：是否具有发掘鲜活素材，运用身边资源创设语文知识的运用情境，引导学生理解语文知识的意识与能力

续表

评价维度	评价要点
过程质量评价	●情境：师生是否创设了运用语文知识的情境；情境创设是否具有连续性，能否成为具有连贯性的语文知识学习经历；语文知识是否深度地融入了师生创设的情境；情境的鲜活度如何；情境与学生生活的关联度有多大 ●活动：学生在情境中展开的活动是否经历了感受知识、提炼知识、发展知识、运用知识的过程；学生经历的过程是否真实、充分
结果质量评价	●运用：能否在生活或听说读写等活动中恰当运用所学知识

下面这位老师在引导学生理解"浩浩荡荡"这一词语时，就利用了校园生活与社会生活中的鲜活素材创设活动情境，让学生经历了感受知识、提炼知识、发展知识和运用知识的过程。

一次，教学《九色鹿》时，学生读着"国王听了，立即调集军队，由调达带路，浩浩荡荡地向九色鹿的住地进发了"一句，我问学生"浩浩荡荡"的意思。学生说"人多"。我说一个班行吗？学生说："不行。"我说全校行吗？学生说"行"。我说："这次人多了，三千多人，都在操场上课间活动呢！"学生明白我的意思，全体反对我。我问他们为什么，他们回答"队伍不整齐"。我说："对，人要多，队伍要整齐，还要有个目标。"一个学生站起来，问："老师，日本鬼子进村扫荡，算不算'浩浩荡荡'？"有的说"不能算，因为鬼子人少，队伍乱"。有的说"不能用，他们进村后就烧杀抢掠，无法无天"。有的说"他们是耀武扬威，不能长鬼子的志气，灭自己的威风"。[1]

语文知识的阐释，既是对语文知识共识性理解的表达，也是对语文知识的个性化解说。语文知识理解，是学生对语文知识的内化，重在"输入"；语文知识阐释，则是学生表达自己对知识的理解，重在"输出"。语文知识的共识性理解，是人们对语文知识的约定俗成，属于通用性和规范性的知识，是某一群体或某一行业的人们必须遵从的语文知识。语文知识的个性化解说，是人们在运用通用性和规范性语文知识的基础上，结合个人、群体或行业特点进行的富有创意的理解与阐释。"由于语文学习的半自然性、'学校语文知识'的生产性，几乎每一个教师的每一堂语文课，对课

---

[1] 滕云.由果溯因　关注过程　演绎语文知识的精彩 [J].教学与管理，2006（26）：63–65.

程内容或教材内容都进行着这样或那样的个人化的阐释"[1],学生在语文知识理解的过程中，也会"进行着这样或那样的个人化的阐释"。只有把共识性理解与个性化阐释结合起来，语文知识才能深入学生的内心，化为学生的成长血肉，这样的语文知识才具有学生的发展意义。但是，语文知识的阐释不是凭空进行的，而是在具体情境或日常生活的运用中进行的，结合具体情境或生活实例的阐释，语文知识才会变得灵动而有生命力，语文知识的阐释过程才会变为有意义的语文知识学习经历。因此，创造有意义的语文知识阐释经历需要关注以下评价要点（见表2-8）。

表2-8　创造有意义的语文知识阐释经历的评价要点

评价维度	评价要点
条件质量评价	1. 学生阐释某一语文知识的需求 ●学生有阐释语文知识的兴趣吗 ●学生需要阐释哪些语文知识 2. 有意义阐释某一语文知识的现有条件 ●基础：是否理解了通用性的语文知识；是否对所学的语文知识有自己的理解；是否具有清晰表达自我理解的能力；是否能联系生活实际阐释自己对语文知识的理解 ●机会：是否给学生提供了较为充分的阐释机会 ●环境：是否给学生提供了宽松、安全的阐释知识的环境
过程质量评价	●学生：是否结合生活实例进行阐释；阐释是否生动有趣；阐释时是否突出了对自我发展的意义 ●教师：是否对学生进行了提升性指导；是否强化了所学的语文知识对提高听说读写等能力的具体意义；是否强调了学生阐释的语文知识对学生成长的意义
结果质量评价	●现实发展：学生阐释的语文知识对提高学生相关的语文能力是否发挥了作用 ●长远影响：学生阐释的语文知识对未来的语文能力和生活质量的提高是否有作用

一位老师在指导学生学习比喻这种修辞时，要求学生仿写比喻句，学生没有准确把握本体和喻体的关系，造出来的比喻句"有其形而失其

---

[1] 王荣生.语文课程与教学内容［M].北京：教育科学出版社，2015：11.

神"，甚至让人啼笑皆非。为了教会学生运用比喻这种修辞写句子，这位老师没有用概念性语言给学生阐释什么是比喻，怎么写比喻句等知识，也没有让写错句子的学生背诵比喻的概念和复述写好比喻句的要求等，而是创造了一段阐释比喻知识的学习经历。

一位老师在执教《三顾茅庐》一文时，一个孩子模仿"我得到诸葛先生，就像鱼儿得到水啊"一句，打了个比喻："我得到老师，就像牛儿得到草啊！"惹得同学们哈哈大笑。老师并不忽视孩子的这一说法，而是要大家再读课文，品味一下这个比喻准确否。于是就有了一段精彩的对话：

生：鱼在水中是自由的，而草是要被吃掉的。

生：不能把老师当成"草"给吃下去，那太不够意思了。

生：刘备可以得到诸葛亮，因为刘备是皇帝，诸葛亮是他的部下，是来辅助他的。老师怎么可以当学生的部下呢？

师：看来，可以叫"鱼得水"，不能叫"牛得草"了。

生：鱼儿和水是"依存"的关系，牛见了草是"消灭"。

师：是啊，老师和学生怎么能是谁吃掉谁的关系？那得到什么才可以说成是这种关系呢？

生：我得到一本好书，就像牛儿得到草啊！

生：我得到一块巧克力，就像牛儿得到草啊！

师：这样就可以大胆地吃了。[1]

联系生活现象阐释本体与喻体的关系，为学生提供宽松的环境，给学生自由阐释的机会，在生动有趣的对话中提高了学生理解和运用比喻的能力。

语文知识的联系，是指建构语文知识及其运用知识网络的过程。语文知识网络，是指学生联系自己所学的新旧知识，或整合听说读写不同领域内的知识，构建出的具有自我特色的语文知识网络。语文知识的运用网络，是指同样的语文知识，在家庭、学校、社会等不同领域内有效运用，形成的相互关联、彼此影响的知识运用关系网，这种关系网有利于学生灵活从容地运用语文知识，提高语文知识运用的精熟度与创新能力。任何语文知识及其运用都不是孤立存在与单独进行的，有意义的学习语文知识的过程就是引导学生建构和运用语文知识网络的过程。如《欧洲语言共同参考框

[1] 滕云. 由果溯因　关注过程　演绎语文知识的精彩 [J]. 教学与管理，2006（26）：63–65.

架：学习、教学、评估》（以下简称《欧洲语言共同参考框架》）在《词汇能力量表》中，就突出了"语文知识的联系"这一特征。

表2-9　《欧洲语言共同参考框架》中的《词汇能力量表》[1]

C2	熟练掌握丰富的常用和特殊表达法，而且熟知其中的语义内涵
C1	熟练掌握丰富的词汇，会借助迂回说法轻松弥补表达的缺陷，几乎看不出需要择词说话，懂得运用回避策略。熟练掌握成语和俗语
B2	就自己的专业和一般话题拥有比较丰富的词汇。能变换措辞，避免经常重复，但受词汇量的限制，会采用迂回说法，并且时显迟疑
B1	拥有足够的词汇，通过迂回说法，能进行有关日常生活的交际，如谈论家庭、兴趣爱好、工作、旅行、时事等
A2	拥有足够的词汇，能在自己熟悉的语境中，并就自己熟悉的话题，处理一般的日常事务
	拥有足够的词汇，满足基本的交际需要
	拥有足够的词汇，满足最基本的生活需求
A1	会基本的单词和表达法，可进行一些具体的对话

欧洲语言共同体将词汇能力的评价放入交际情景、学习需要、生活与工作需求等场景中，强调了"语文知识的联系"这一特征，要达到这样的能力标准，需要在评价中突出如下要点：

表2-10　创造有意义的语文知识联系经历的评价要点

评价维度	评价要点
条件质量评价	1. 学生网络化运用语文知识的需求 ●领域：学生需要在家庭、学校、社会哪一领域内运用所学的语文知识；这些语文知识需要在多个领域内运用吗 2. 网络化运用语文知识的条件 ●基础：学生能否形成新旧知识的网络；能否把听说读写等不同领域内的语文知识整合起来；能否把所学的语文知识与自己的生活领域联系起来 ●机会：是否给学生提供了联系新旧知识与整合多种知识的机会；是否在多个领域给学生创造了网络化运用语文知识的机会 ●环境：是否给学生提供了语文知识及其运用网络化的宽松环境

[1]欧洲理事会文化合作教育委员会.欧洲语言共同参考框架：学习、教学、评估［M］.刘骏，傅荣，等译.北京：外语教学与研究出版社，2008：108.

续表

评价维度	评价要点
过程质量评价	●情境：师生是否创设了编制语文知识网络和网络化运用语文知识的情境 ●活动：是否开展了有意义的编制语文知识网络与网络化运用语文知识的活动 ●引导：教师或学生之间是否就语文知识的联系进行了有意义的引导
结果质量评价	●形成了结构化的语文知识 ●能在不同环境下合理运用语文知识

　　一位老师在引导学生积累成语时，将成语和五子棋联系起来，把许多常用字做成棋子放在特别的棋盘内进行拼凑，看谁能利用有限的时间拼出更多的成语来[1]，如：

风			
风			
			雨
			雨

　　一个小小的棋盘，为学生创造了将语文知识和棋类活动联系起来的机会，如果教师能够再为学生创造宽松的"下棋"机会，学生让一颗颗"汉字棋"在棋盘上灵活变换，在汉字的变换中表达"下棋"感受，并在类似的生活场景中运用相关成语，就为学生创造了有意义的语文知识联系经历，提高了成语知识学习的质量。

　　语文知识的创生，是指在理解、阐释和联系语文知识的过程中，生成新的语文知识及运用语文知识的新经验的过程。"语文科的'学校语文知识'具有流动状和生产性的特点。流动状，主要取决于两个因素：一是语文课程目标的变动较为频繁，比如由'听说训练'改为'口语交际'，势必要引发'学校语文知识'的除旧纳新；二是与语文课程相关的众多学科的学术研究发展迅猛，而且这种呈扩展态势的发展要直接介入语文课程，比如话语分析、语篇特征分析、语篇内在连贯性的研究和语篇比较研究

　　[1]张春莉.走向多样化的评价——小学生学习能力评价的理念、方法与实践［M］.上海：上海教育出版社，2005：104.

等。"[1]而且，"关于听说读写的'语文知识'多数是'不易明确界定的概念'，每个人都可以对'语文知识'提出自己的见解，都可能产生某种'语文知识'；对既定的'语文知识'，也可以依据个人体验加以情境化的述说和阐释。因此，语文课程的内容更多地带上了'生产'的色彩"[2]，这就为语文知识的创生创造了条件。语文知识的创生主要包括陈述性知识与程序性知识的创生两个方面。"基础知识有两种形式：陈述性知识和程序性知识。陈述性知识包括某一特定领域或主题的相关事实、概念、规则和概括"[3]，由于语文知识及其运用边界的灵活性，为个体理解和阐释陈述性知识创造了空间；同时，"只可意会，不可言传"的汉语特征，为师生创建个体的语文知识创造了条件。"任何领域的优秀思考者都要具备程序性知识。他们知道如何快速而自动化地采取行动，进行有效的写作"[4]，程序性知识是学生学习和运用语文知识的经验，这些经验是随着语文学习历程的不断延长而增加的，增加这类知识的前提是把语文知识的学习过程变为有意义的语文知识的创生历程。"如果想让你的学生能够使用认知策略来促进他的阅读，我们就必须教会他们以下四件事情：构成阅读基础部分的陈述性知识，实际阅读的程序，阅读中用到的认知策略，能帮助学生了解哪些认知策略是有效的元认知技能。最后这一过程包含了教学生：（1）注意策略的有效性；（2）认清有效策略和其他策略的不同之处；（3）确定在未来的决策过程中使用更为有效的策略。"[5]因此，创造有意义的语文知识的创生历程，需要强调以下评价要点（见表2-11）。

表2-11　创造有意义的语文知识创生经历的评价要点

评价维度	评价要点
条件质量评价	1.学生创生语文知识的需求 ●需要增加哪些新知识 ●需要形成哪些新经验 2.创生语文知识的条件

---

[1] 王荣生.新课标与"语文教学内容"［M］.南宁：广西教育出版社，2004：5.

[2] 王荣生.语文课程与教学内容［M］.北京：教育科学出版社，2015：6.

[3] 博里奇，汤伯里.中小学教育评价［M］.国家基础教育课程改革"促进教师发展与学生成长的评价研究"项目组，译.北京：中国轻工业出版社，2004：19.

[4] 同［3］13.

[5] 同［3］24.

续表

评价维度	评价要点
条件质量评价	●基础：学生拥有一定的语文知识吗；学生有一定的学习和运用语文知识的经验吗 ●机会：是否给学生提供了创生语文新知识与运用语文知识新经验的机会 ●环境：是否给学生提供了创生语文知识及其运用经验的宽松环境
过程质量评价	●情境：是否创设了语文知识的创生情境 ●活动：是否开展了有意义的语文知识创生活动 ●引导：是否对语文知识的创生进行了有意义的引导
结果质量评价	●丰富了语文知识 ●积累了语文知识运用的新经验

下面这位老师面对学生的"错字"，要求学生"把这些犯了错的'孩子'领回家"，把纠错的过程变成了学生诊断和分析错误原因的过程，让学生在生动活泼的情境中创生了纠正错字的经验，提高了书写的正确率。

一位教师在课堂上组织学生听写词语，其中发展水平不一的四个学生被请上黑板板演。听写结束，大家对照课文找错误，四个学生都写了错字，一个学生把"凝"字的偏旁写成了三点水，一个学生把"梁"写成了"粱"，一个学生把"恼"写成了"脑"，一个学生把"幕"写成了"墓"。下面的同学哄堂大笑，台上的孩子面红耳赤。老师没有批评这些学生，而是笑着对大家说："今天的听写完成得很好，有的同学写错了自己能发现，你们说说，为什么会出现这些错误呢？"学生明白了，"雕梁画栋"的"梁"是"桥梁""房梁"的"梁"，它们都与"木"有关；"恼"是人的心情，"脑"的月字旁代表人身体的一部分；"幕"字与布幔有关，而"墓"指坟墓，指人死后埋入地下。然后，老师让学生分别写几个偏旁是三点水和两点水的字，告诉学生它们都与水有关，但偏旁是两点水的字让人感到水的冷。更有趣的是，老师让学生"把这些犯了错的'孩子'领回家"，在自己的本子上帮助它们改正错误，并写下错误的原因。有个学生说："这个字我一辈子都不会再写错了！"[1]

严肃的"纠错"变成了有意思和有意义的创生，这就把写字能力的

[1]滕云.由果溯因 关注过程 演绎语文知识的精彩[J].教学与管理，2006（26）：63-65.

评价过程变成了有意义的错字归因过程，实现了评价目标的转向。

让语文知识的学习质量评价成为有意义的语文知识学习经历，有利于学生增加语文知识的数量、完善语文知识的结构、丰富语文知识的学习经验。在创造有意义的语文知识学习经历时，要着力引导学生形成合理的语文知识结构和运用语文知识的经验结构。"正确的教学过程就是学生建构知识结构的过程"[1]，学生在形成运用语文知识的经验时，一般要经历三个阶段："一是认知阶段。在这一阶段，学生是一个新手，并且需要有陈述性知识来提示自己怎样做这些事情。"二是联结阶段。在这一阶段，"学习者的表现逐渐地从一系列由线索和暗示物（而这些线索和暗示物受陈述性知识的指导）控制的动作，变成一系列无意识的动作。动作表现也越来越流畅迅速。这种改变体现在两个方面的变化。首先，几个步骤逐渐合并成一个步骤"。"其次，在这个阶段发生的第二个变化，就是学习者不再使用陈述性知识的线索。学习者不需要停下来去思考下一步将做什么，或者说学习者在进行下一步动作时不会犹豫不决。"三是自动化阶段。其"主要特征就是毫不犹豫地、和谐地表现出整个动作系列"[2]。创造有意义的语文知识学习经历时，要考虑学生不同阶段的不同需求，帮助不同阶段的学生提高语文知识的学习质量。

二、创造有意义的语言应用学习经历

语言应用学习主要包括语言技能、思维品质、创新能力和项目管理四个方面的学习。语言技能学习，是指在具体的语言活动中提高听说读写等技能，以及运用这些技能解决问题的能力。语言技能的学习一般包括四个环节：一是语言活动的任务；二是语言活动的情境；三是运用听说读写等技能解决问题的过程；四是语言活动的成果。与此对应，学生在四个环节中要不断提高理解任务、分清场合、解决问题和优化成果的能力，才能整体提升语言技能的现实发展力和长远影响力。因此，语言技能学习质量的评价，要引导师生综合任务、情境、过程和成果等方面，

---

[1] 博里奇，汤伯里. 中小学教育评价［M］. 国家基础教育课程改革"促进教师发展与学生成长的评价研究"项目组，译. 北京：中国轻工业出版社，2004：78.

[2] 同［1］123-124.

创造有意义的语言技能学习经历。要实现这一目标，需要关注以下评价要点（见表2–12）。

表2–12　创造有意义的语言技能学习经历的评价要点

评价维度	评价要点
条件质量评价	1. 语言技能的学习需求 ● 语言技能的优势与弱项分别是什么 ● 参加本次活动最需要发展的语言技能是什么 2. 语言技能的学习条件 ● 基础：学生是否具备一定的听说读写技能；学生对自己的语言技能是否有清晰的认识 ● 机会：是否给学生提供了较为充足的语言技能发展与展示机会 ● 环境：是否给学生提供了较为宽松的运用语言技能解决问题的环境
过程质量评价	● 任务：学习活动中的语言任务是否明确 ● 情境：是否创设了运用语言技能的情境 ● 活动：是否开展了运用语言技能解决问题的系列活动 ● 成果：解决问题后的成果质量如何 ● 引导：是否对语言技能的发展进行了有意义的引导
结果质量评价	● 提高了快速理解语言任务的能力 ● 提高了在不同场合合理使用听说读写技能的能力 ● 提高了运用听说读写技能成功解决问题的能力 ● 提高了有效表达成果的能力

一位老师为了把学生做作业的过程转变为有意义的语文技能学习经历，采用了以下作业方式：

上学期，我每天早读时要求学生摘抄一篇积累。原本想着学生因为年纪小、知识面窄、积累不够，通过摘抄，可以弥补这方面的不足。可是，试行了半个学期，在上两个星期的月考中，班中学生的习作水平并没有整体提升。而从平时的摘抄情况来看，每天早上大多数学生都在埋头摘抄，但抄归抄，真正留在脑子里的积累少之又少。为了让学生"抄以致用"，我想尽一切办法——抽背、同桌背、集体背，但收效甚微。这让我反思：这每天一篇的积累是否可行？如不积累摘抄，可以用什么方法取而代之来提升全班学生的整体习作水平呢？

为此，我采用了如下方法：

一是设计循环日记。就是一本日记大家循环着写。首先，我将班级里的学生分为五个小组，每组五人，选出组长和副组长各一人。在分组的时候，考虑到循环日记的初衷是整体提升全班学生的写作水平，所以组内成员男女生搭配，习作水平的高低搭配要注意均衡。组长和副组长基本就是本组内写作水平较高的两个学生。然后在组长的带领下准备一本硬抄面本，并在扉页上进行美化，美化内容可以是给自己的小组起个响亮的组名、介绍组员、喊出小组口号以及个性化的装饰。各组内组员轮流写日记，每天一篇，内容、体裁不限。一人写完日记后，第二天其他四位组员还要对他的日记进行点评。这么做的目的有三：第一，保证每个人的绩效责任；第二，学习他人作文的思维方式；第三，在修改作文的过程中提升自己的写作水平（知道什么是病句，如何把文章写具体等）。

二是从循环日记到故事接龙。循环日记开展了一个学期，在学生间的反响不错。可是单一的形式总会让学生产生"审美疲劳"。为了让循环日记形式再多样些，更能体现学生间的合作，新一轮的循环日记以故事接龙的方式进行，这样会更有趣。在循环日记的第一次故事接龙前，我并没有进行任何指导。于是，一周故事接龙下来，出现了一个非常有意思的现象：五个小组的故事接龙中，每到星期三，有两组接龙的同学就早早地把故事的结果写好了，周四与周五写循环日记的同学只能将故事原来的内容再重复。如何改变这种状况？我们发现，新的作业形式需要跟进新的评价方式。

我没有自行规定作业的评价内容与方式，而是精心选择了一些故事接龙呈现给学生，让学生们讨论问题出在哪里。学生们提出了一系列问题。

问题1：故事的开头定得太死，后面的同学没法展开想象。

问题2：前一天的人写好后没有给后面一位同学留一个悬念，使得后一位同学没办法展开想象进行续写。

问题3：处于中间的同学没有考虑到后面同学的处境，往往写着写着就把故事的尾巴给结掉了。

问题4：故事接龙的最后一个人往往结尾简单、仓促，缺乏新意。

根据学生们头脑风暴后找到的故事接龙所存在的问题，师生共同制订出了故事接龙的一些注意事项：

●故事的开头不要定得太死，要让后面的同学能展开想象；

●前一天的同学写好后要给后面一个同学留一个悬念，使得后一个同学能展开想象续写；

●处于中间的同学要考虑到后面的同学的处境，不要急于结尾；

●故事接龙的最后一个同学的结尾要有创意。[1]

　　为了提高学生的写作技能，教师让学生摘抄好词好句，但效果不理想，即使采用了"抄以致用"等多种措施，也收效甚微。于是，这位教师分析了学生的需求，根据学生的基础进行分组，以小组为单位写循环日记，并为学生写好循环日记提供了宽松的环境。在写循环日记的活动中引导学生相互学习、积累，改变了硬性摘抄的状况，体现了"在应用中积累和提升写作技能"的思路。为了进一步提高写作技能的训练质量，这位老师又将循环日记变为故事接龙。"故事接龙"这一活动的语言任务明确，第一个学生的写作内容为整个小组创设了写作情境，其余几个学生必须围绕这一情境展开写作，写出的故事就是在特定情境中集体创作的成果。在这一学习任务中，师生在故事接龙中遇到了新问题，为了解决这些问题，教师组织开展了讨论活动，小组成员间约定了一些规则，提出问题和约定规则的过程，既是学生语言技能的发展过程，也是师生共同创造的有意义的语言技能的学习经历。

　　语言技能的发展必须以思维为底色，没有思维品质的提升，就难有语言技能的真正发展。L.迪·芬克认为，影响应用能力的思维主要集中在批判性思维和实践性思维两个方面。批判性思维，是对不同事物、情况进行分析、批判的心理过程；实践性思维，是学生解决问题并进行决策的思维能力。在语言应用的学习中，要把握好语言应用的三个层次：第一个层次是语言应用得体、规范，能够正确地应用；第二个层次是解决问题，有针对性地应用；第三个层次是分析语言应用的好坏，知晓语言应用的优劣，能够更好地应用语言。第一、第二个层次的语言应用需要实践性思维做支撑，第三个层次的语言应用需要批判性思维做支撑。在语言应用中对学生思维品质进行评价时，要善于创造有意义的思维发展经历。上述案例中的循环日记和故事接龙，既创造了问题解决的学习经历，也在规则约定中对每个学生提出了更高的要求，教师组织的活动兼顾了语言应用的三个层面，为学生创造了有意义的思维发展经历。

　　从语言应用的创新角度看，L.迪·芬克要求学生提出"创新性的观点和见解，开发创新产品"，这就需要学生提高语言应用的创新能力，这

[1] 方臻，夏雪梅. 作业设计：基于学生心理机制的学习反馈［M］. 北京：教育科学出版社，2014：172-175.

样学生才能在更高的平台上提高语言技能。要在语言应用中提高学生的思维发展水平和产品创新能力，必须提高学生的项目管理能力。一个学习活动就是一个学习项目，一份作业也是一个学习项目，要有效地推进学习活动和高质量地完成作业，需要学生提高项目设计、实施、评价和调整的能力。项目设计，是学生根据语言应用的任务设计出具体的学习目标、活动内容、流程、方式与成果等，即事前计划能力；项目实施，是根据设计的学习方案推进学习过程，既要遵循预先设计的方案，也要根据实际情况做适度调整，即方案的创造性执行能力；项目评价，是指对项目设计和实施的优劣进行自我判断的过程，即学习项目的自我反思与评析能力；项目调整，是根据自我反思与评析，对今后的项目学习进行完善的能力。思维品质、创新能力与项目管理不是彼此割裂的，而是统一在有意义的语言应用学习经历中。除了上述语言技能学习的评价要点，创造有意义的语言应用学习经历还需要关注如下评价要点（见表2-13）。

表2-13　创造有意义的语言应用学习经历的评价要点

评价维度	评价要点
条件质量评价	1.语言应用的学习需求 ●需要发展批判性思维还是实践性思维 ●是否需要提高语言应用的创意与创造能力 ●是否需要在语言应用学习中提高项目管理能力 2.语言应用学习的条件 ●基础：学生是否具备一定的听说读写技能、批判性思维、实践性思维、创新和项目管理能力 ●机会：是否给学生提供了较为充足的语言应用机会 ●环境：是否给学生提供了较为宽松的语言应用环境
过程质量评价	●应用任务：是否包含了听说读写技能、批判性思维、实践性思维、创新和项目管理等要求 ●应用情境：是否创设了语言应用的情境 ●活动推进：运用语言技能、提升思维品质、增强应用创意、优化应用成果的系列活动是否有序推进 ●活动引导：是否对语言应用能力的发展进行了有意义的引导
结果质量评价	●学生的语言应用能力得到了多大程度的发展 ●语文学科是否变得更有意义

三、创造有意义的语文综合性学习经历

语文综合性学习是中华人民共和国成立后第八轮课程改革提出的语文学习形态，其要义在"综合"，"综合"的要义是实现不同领域的整合，以提高学生在不同领域内综合运用语文知识和语言技能的能力。在内容上，语文综合性学习要兼顾或分层次推进学科能力要素的整合、跨学科的整合、语文与不同生活领域的整合等。学科能力要素的整合，是指综合性学习一般要综合运用听说读写等多种能力要素。跨学科整合，是指在完成特定任务或解决某一问题的过程中，不仅要运用语文学科知识，而且要整合其他学科的知识才能成功地解决问题。语文与不同生活领域的整合，是指在推进综合性学习的过程中，要把语文知识巧妙地与家庭生活、学校生活、个人生活等结合起来，在不同领域的日常生活中运用语文知识，提高语文素养。在形式上，综合性学习和语言应用学习类似，多以项目式学习为载体，既有个人独立自主的学习，也有小组合作学习；既要促进学生经历学习活动的过程，也要帮助学生形成质量较高的学习成果。推进综合性学习活动一般要经历三个阶段：第一个阶段是方案设计阶段，这一阶段重在明确综合性学习的任务、目标、内容、流程、成果等，学生间和师生间要达成一致意见；第二个阶段是方案实施阶段；第三个阶段是成果分享阶段。要把对综合性学习质量的评价变为有意义的综合性学习经历，需要同时关注学习内容、学习形式与学习阶段，形成如下评价要点：

表2-14　创造有意义的综合性学习经历的评价要点

评价维度	评价要点
条件质量评价	1.学生的综合性学习需求 ●需要提高学科内、学科间，还是语文与生活的综合能力 ●需要发展独立自主，还是合作学习能力 ●需要提高方案设计、实施过程质量，还是成果表达与分享质量
	2.综合性学习条件 ●基础：学生是否具备一定的综合性学习常识或能力 ●机会：是否给学生提供了综合性学习的机会 ●环境：是否给学生提供了较好的综合性学习环境

续表

评价维度	评价要点
过程质量评价	●内容综合：是否兼顾或分层次推进了学科内、学科间、语文与生活的综合 ●形式综合：是否采用了多种学习方式 ●活动步骤：是否设计了学习方案；实施过程是否富有创造性；是否具有较高的学习成果分享质量 ●活动引导：是否对综合性学习能力的发展进行了有意义的引导
结果质量评价	●是否拓展了语文知识与能力的运用空间 ●语文素养是否得到了发展，并在多领域综合运用的过程中得到了检验

　　重庆市 2015 年初中毕业暨高中招生考试命制了如下一道综合性学习测试题：

　　今年 2 月，我市"逐梦他乡重庆人"大型人物故事寻访活动拉开序幕，请你作为一名小记者参加本次活动。

　　（1）阅读下面材料，请你说说"逐梦他乡重庆人"这一活动有哪些意义。（3 分）

　　材料一："'逐梦他乡重庆人'的活动把我们身处各地的重庆人凝聚在一起，让我很感动！"身在北京的重庆妹子刘雨鑫了解了这次活动后感慨地说，"这是来自家乡的关怀，让我深深感受到了家乡带来的亲切与温暖"。

　　材料二："我们希望通过走出去的重庆人在异地他乡奋斗拼搏的点点滴滴，与家乡人产生共鸣，为 3300 万重庆人民注入一点心灵鸡汤，来一场心灵互动。"市委宣传部常务副部长周波说。

　　材料三：重庆工商大学文学与新闻学院蔡敏院长说："很多在外地打拼的重庆人身上显露出敢干、吃苦、耿直等优秀品质。"他认为，此次活动对重庆人精神品质的宣传，将极大地激发重庆人的荣誉感和自豪感，也将直接提升重庆在全国乃至全球的影响力。

　　（2）主办方拟将前期采访到的"逐梦故事"编辑成册，请你完善下面的编写提纲。（3 分）

编写提纲

书名：逐梦他乡重庆人（第一辑）

内容构想：

第一部分：名称　　风雨筑梦

　　　　　内容　　讲一讲他乡重庆人为追求梦想不畏艰辛的事迹

第二部分：名称　　①_____（填四字短语）

　　　　　内容　　说一说他乡重庆人历经奋斗拼搏后取得的成就

第三部分：名称　　心系故乡

　　　　　内容　　②_____

（3）此次活动拍摄的宣传片需要配上一段简洁生动的文字来表达家乡人民对逐梦他乡重庆人的深情（如牵挂、祝福、激励、赞美……），请你帮他们写出来。（50字左右）（4分）

这一测试题在内容上促进了三个层次的综合。一是学科内听说读写能力的综合，记者采访时需要聆听逐梦他乡者表达的不同感受，并综合这些感受提炼出此次活动的意义，把听与写综合起来；为宣传片写解说词，把写与说综合起来；为"逐梦故事"拟提纲，综合了读写能力。二是跨学科整合，宣传片这一测试形式把语文和影视两个学科整合起来。三是语文与社会生活的整合。在学习形式上，既有"记者"的独立采访，也有与人合编的"逐梦故事"与配写宣传词。在活动步骤上，既有活动开始时的意义认识，也有采访完成后的书籍编辑，还有对逐梦他乡者的深情期盼，覆盖了活动的全过程。在活动引导上，编写提纲时穿插提示语；配写宣传词时，有"如牵挂、祝福、激励、赞美"等引导。这一评价方式能给学生的答题情况判分，甄别和诊断学生的综合性学习水平，更重要的是为学生创设了有意义的学习经历，让学生在回答试题的过程中，走进这一社会活动，把语言表达与社会生活联系起来，有利于引导学生关注社会，实现语文学科与社会生活的整合。

四、创造有意义的人文素养学习经历

工具性与人文性的统一，是语文学科的本质特征。语文学习的过程，是不断提高人文素养的过程；对语文学习过程进行评价的功能之一，是创造有意义的人文素养学习经历。人文素养，是对待个人、群体、国家和世界的态度、情感与价值观的综合体。

在个人层面上，有意义的人文素养学习经历主要体现在三个方面。一是在听说读写中理解他人的内心世界，感受和读懂他人的人文情怀，认识和评价他人的生命意义与价值，这是人文学习的第一步。二是在语言应用与综合能力的发展中丰富自己的内心世界。读懂别人后，要领悟别人发展的正向力量，明确自己应该学什么，然后在听说读写等综合性语言活动中，将别人的正向力量转化为自己的人文情怀，丰富自己的精神世界，这是人文学习的重要目的。三是在丰富自我精神世界的基础上，学会珍视自己和善待自我，在充满自信中发展自我，这是人文素养学习的重要价值。

在群体层面上，有意义的人文素养学习经历也需要强化三个方面。一是在各类作品中学习与他人相处的方式。一部作品就是一幅关系图。阅读作品要读出不同人物之间的关系和他们处理各种关系的人文情怀。在群体或团队中的人文精神，首先表现为关爱他人、与他人和谐相处的情怀。二是学会善待非人类的万事万物。花草树木、飞禽走兽等非人类，也应成为人类群体的一部分。语文教材和课外读物中的不少内容充满了善待非人类中万事万物的人文情怀，发展人文素养，必须学习这种悲悯情怀与大爱精神，养成善良的内心。三是能在团队中和谐相处，并为团队贡献自己的力量。这是群体生存的基本精神。

在国家层面上，主要包括民族情怀、母语能力、文化传承和公民责任等素养的发展。民族情怀，是指感恩本民族为自己创造的一切发展条件，发现本民族的优点，热爱本民族的文化与同胞。母语能力，是指热爱母语的情感和认识母语、解读母语、运用母语、传播母语的能力。母语存则民族兴，民族兴则家国强，缺乏对母语的敬畏、热爱与传播母语的能力，关爱国家的人文情怀就会荡然无存。文化传承，是指对母语文化的继承、传播、发扬与创新。公民责任，是指作为国家的一员，对国家发展应尽的义务及履行义务的行动与能力。

在世界层面上，有意义的人文素养学习经历主要体现在理解不同语言和尊重多元文化两个方面。理解不同语言，是关注世界上不同种类的语言，理解它们存在的理由和价值。尊重多元文化，是指在语文学习中了解多元文化，理解不同文化背景下人们的言行方式，尊重他们的习俗，更好地读懂外国作品，养成海纳百川、爱满天下的人文情怀与精神。

人文素养的发展，是在不断浸染与熏陶中形成的。人文学习的关键是品读、感悟、转化与外显。品读，是以多种阅读方式品味阅读材料中蕴含的情感；感悟，是在自己的亲身经历或学习中领悟到有价值的人文精神；转化，是把感悟到的人文精神转化为内心的人文情怀与精神力量；外显，是在日常生活中外化自己日益丰富的人文精神，形成自我发展的气质与修养。在语文学习中创造有意义的人文素养学习经历，需要强化以下评价要点（见表2-15）。

表2-15 创造有意义的人文素养学习经历的评价要点

评价维度	评价要点
条件质量评价	1. 学生的人文素养发展需求 ●需要发展个人、群体、国家还是世界方面的人文素养 ●需要以品读、感悟、转化还是外显等方式发展人文素养 2. 人文素养发展条件 ●基础：学生是否具备一定的人文素养 ●机会：是否给学生提供了浸染、熏陶人文素养的机会 ●环境：是否给学生提供了品读、感悟、转化和外显人文素养的环境
过程质量评价	●材料：是否提供了不同层面的蕴含丰厚人文素养的材料 ●过程：品读、感悟、转化、外显的过程是否可操作、能落实 ●引导：是否对人文素养的发展进行了有意义的引导
结果质量评价	●是否丰富了学生的人文世界 ●是否改善了学生对待自己、他人、群体、国家和世界的态度

成都市树德中学的袁文老师在执教韩少功的《我心归去》时，就为学生创造了有意义的人文素养学习经历，下面的课堂实录，可通过上面的评价要点来分析。

《我心归去》课堂实录

一、导入

师：（上课、起立）每一个人的心里，都有一方魂牵梦萦的土地，无论是辽阔的空间，抑或是悠邈的时间，都不会使这种感情褪色。今天我们一起走进湖南籍作家韩少功的一篇散文，它的标题叫作——《我心归去》（生齐读）。

我们来看看《说文解字》中对"心"的解释（屏显文字图画、齐读）：

心，人心，土藏，在身之中。

——东汉许慎《说文解字》

二、初步感知：从何处归

师：此时韩少功身在何处？从何处归？

生（齐）：法国。

师：很好。文章从第1自然段到哪一自然段写韩少功在法国的生活？

生（齐）：第1—4自然段。

师：文章开头作者说在法国有一个为时一个月的"家"，"我"的生活状况如何？（屏显）大家来找一找。

（师板书"家"）

生1：我拥有很多，拥有两层楼的六间房子，四间房子，三个厕所，房子的优美景色……

师：你刚才品读了数量词。

［师板书："家"雅静、繁华、静谧（物质的优裕）］

生2：还可以从精神方面来说，第2自然段第一句，"任何外来者都会突然陷入难耐的冷清"，反射出当时人情的冷漠，反射出"我"在法国感受到内心的孤寂、空虚、冷清。

［师总结并板书：冷清　孤独　空虚（内心的孤独）］

生3：我一个人漂泊在异乡的落寞。

师：你从哪里读到了落寞？

生3：第3自然段"你对吊灯作第六或六十次研究，这时候你就可以知道，你差不多开始发疯了。移民的日子是能让人发疯的"。

师：好，宋代有个人叫林景熙，他在无聊时曾"闲坐数流萤"，韩少功则在数吊灯，并研究了六或六十次，这是怎样的一种状态呢？你再来感受一下。

生3：就是一种很闲适的状态。

师：还有没有同学想来交流一下？

生4：我从第2自然段"把你囚禁在一座法语的监狱无处逃遁"，从"监狱"这个词看出他在法国的日子非常难熬，第2自然段最后一句"只有虚空"，我把握住"虚空"一词，可以看出他在法国的日子是很茫然的。

师：你通过"虚空"这个词，抓住比喻，把这样的生活比作"监狱"，请你读一读这个句子。

生4（读）："电视广播以及行人的谈话全是法语法语法语，把你囚禁在一座法语的监狱无处逃遁。"

师：这句连用三个法语，能不能删除两个？

生4：不能，连用三个法语，表达一种强调。

师：强调，三个强调，这是一种反复（师板书"反复"），用这种反复传达出……

生4：传达出作者在法国日子的难熬、孤寂。

师：很好，请坐。还有没有同学谈谈自己对这个句子的品析？

生5：从这个句子中可以体会出作者的空虚。在第2自然段最后一句"不会有任何声音和光影，只有虚空"，可见当时作者在法国的生活十分的空虚、冷清。

师：前面提到的物质的优裕和这里的虚空冷清形成了鲜明的对比。（师板书"对比"）我想对这个句子进行改动，在三个法语中加上逗号，可以吗？

生1：不可以。三个法语语气增强，感情增强，不加逗号感情更强烈，能表达出环境冷清对心中的束缚。（师板书"束缚"）

师：很好，你点评出了一种"束缚"，请带着这种束缚再读一遍这个句子。

（生读，掌声）

师：你的朗读非常好，传达出了韩少功的心声，请坐。

师：初中有篇课文《最后一课》，其中说到——韩麦尔先生认为法语是世界上最美的语言，那为什么面对这么美的语言，韩少功却认为这是一种束缚，倍感冷清呢？

生1：因为法语不是他的母语，母语是最可爱的。

三、归向何处

师：母语是人类的心灵家园，古诗中说过"停船暂借问，或恐是同乡"，"少小离家老大回，乡音无改鬓毛衰"。由此可见，物质的富裕、环境的雅静，并不能填满作者心灵的虚空。身在法国，心却不止一次地偷偷归去。李白说："何处是归程？长亭更短亭。"我们一起来进入韩少功的灵魂驿站，看看韩少功的心要归往何处。

生（齐）：自己的家，故乡。

（师板书"家""故乡"）

师：作者在第5自然段写自己的家，请齐读第5自然段。

（配乐齐读）

师：韩少功有一句话牵动了我所有的情感，作者说在异乡守候他们直到天明，我读到的是一个辗转难眠的作者，其实岂止是作者在守望亲人，作者的父亲也在守望着他，他的父亲在他十三岁时就离开了他，但韩少功说：我断定父亲还活着，就在某个神秘的角落注视着自己的家人。守望中我读出了无量的亲情。

师：在第5—9自然段中找出最能触动心灵的4句话，谈谈故乡是什么？（屏显，学生阅读并思考）

生1：第7自然段的第一句，"故乡存留了我们的童年，或者还有青年和壮年，也就成了我们生命的一部分，成了我们自己"。说明故乡是成长的一部分，是生命的一部分，是血液的一部分，这句话包含了作者对故乡的眷顾之情。

师：你的关键词是什么？

生1：故乡是生命的一部分。

师：很好。（板书"生命"）

生2：第6自然段，"但假若你在旅途的夕阳中听到舒伯特的某支独唱曲，使你热泪突然涌流的想象，常常是故乡的小径，故乡的月夜，月夜下的草坡泛着银色的光泽，一只小羊还未归家，或者一只犁头还插在地边等待明天"（生2深情地朗读）。这句话说明故乡是最真实地存在于我们的生活、生命中的，它最朴实，"没有繁华酥骨的都会，没有静谧侵肌的湖泊，没有悲剧般幽深奇诡的城堡，没有绿得能融化你所有思绪的大森林"，她是很真实的。

师：你读文本读得很好，你读出了故乡的朴素、朴实，那么你是从哪里读出来的？

生2：小羊、犁头，这是农村生活的画面。还有第8自然段，"我当然知道，我会对故乡浮粪四溢的墟场失望，会对故乡拥挤不堪的车厢失望，会对故乡阴沉连日的雨季失望，但那种失望不同于对旅泊之地的失望，那种失望能滴血。血沃之地将真正生长出金麦穗和赶车谣"（生2深情地朗读）。虽然故乡浮粪四溢、车厢拥挤，但这些都是作者对故乡发出的爱。

师（板书"爱"）：刚才这位同学的发言中，提到小羊是农村里经常出现的动物，大家想想，我们还可以在农村中见到哪些小动物？

生（齐）：鸡、鸭、猪、狗……

师：作者为什么不写这些，而写一只小羊呢？

生1：因为这只小羊还未归家，作者将小羊比作自己。

师：请带着对故乡的朴实的爱再读一读这句话。

（生齐读）

师：作者通过这些朴实的意象、细节化的意象表达出对故乡的一种爱。我用这样一段话对同学们的发言做一个小结，一起带着感情来读。

（屏显）季羡林曾说，每个人都有个故乡。韩少功说，没有故乡的人身后一无所有。故乡是亲人，当杜甫在边秋雁声起、兄弟失散时，深念着"露从今夜白……"

故乡美中含悲，当马致远骑一匹瘦马飘零天涯时，感喟道"古道西风瘦马。夕阳西下……"

故乡存留了我们的童年，当二十年后鲁迅再忆故乡时，清晰地印记着的只有一些野草，但那时却是他的乐园，从……到三味书屋。

四、归处如何？探究故乡的文化内涵：故乡是一个人的血地

师：在刚才的品读中，还有一些大家没有品读出来的故乡的文化内涵和作者蕴含的情感，老师揣摩这些文字时，读出了故乡对他而言是他的血地。韩少功曾说，故乡在我们的血液里悄悄地流动，直到某一天我突然回头，它便涌上我们的心。在作者把异乡和故乡进行的对比中，反复出现了一个词：血泪。这个词出现在第7自然段，大家一起读这个句子：

（屏显）故乡比任何旅游景区多了一些东西：你的血、泪，还有汗水。

师：请同学点评大家读得如何。

生1：没有读出感情。

师：请你示范读一下。

生1再读，师点评：一字一顿读得很好，很有感情。

师：请大家品读一下这个句子。

生1：我们可以把这个句子和第8—9自然段结合起来共同理解。首先第7自然段最后一句："任何旅游景区的美都多少有点不够格，只是失血的矫饰。"从故乡与旅游景区的美的对比中我们可以看出，旅游景区的美是一种浮夸的美，它少了一些东西，就是故乡所含有的东西——血、泪，还有汗水。第8自然段，那种失望能滴血，但那种失望不同于对旅泊之地的失望，从中可以看出他对故乡有着回忆与眷念。第9自然段，故乡意味着我们的付出。总之，从对比中可以看出故乡含有很多东西——血、泪、汗水，作者希望故乡能有更好的发展，表现了他对故乡的眷恋。

师：你的思维、你的发言都很好，可以通过前后文的联系来理解，请坐。那么，有没有同学持有不同观点或有补充？

生2：对旅泊之地的失望，是一种情绪，是暂时的，但对故乡的失望，源自内心的挚爱，泪水源于对故乡深刻的爱，所以有血、泪、汗水。

师：你抓住了三个关键词——血、泪、汗水。你如何解读这三个关键词？

生2：故乡带着泪痕和血的悲欢离合，而旅游景区是供游人潇洒散心的，所以，故乡比任何旅游景区都多了一些属于悲的东西。

生3：血浓于水，这是一脉相承的亲缘，是永远不会改变的纽带。泪，因作者人在法国，对故乡可望而不可即，有伤心之感。汗水，故乡存留了我们的童年或者还有青年和壮年，在这段时间我们会奋斗，会付出，会奉献。

生4：这三个词写出了作者在故乡的经历，血是伤痛，泪是悲伤的事情。

师（引导）：泪有时是悲伤的泪，有时是幸福的泪，这是见证了悲欢的泪水。那么我们如何理解血？血是人类的生命。如果给这三个词语加上修饰语，我加的是：给予了生命的血液，见证了悲欢的泪水，记录了奋斗的汗水。

师：我们看看韩少功是怎么说的。

师生（齐读）：（屏显）你没法重新选择……你就再也不可能与它分离。

师：血、泪、汗水见证了我们的悲欢离合，见证了我们的成长，所以我们的生命再也不能与它分离。

请全班男同学齐读：（屏显）但那种失望不同于对旅泊之地的失望，那种失望能滴血。血沃之地将真正生长出金麦穗和赶车谣。

请一名女同学点评并示范，师生再次齐读。

师：现在小组合作，讨论两个问题：（1）为什么那种失望能滴血？（2）血沃之地能不能改为血流或血滴之地？

生1：含有肥沃的意思，这块土地被我们的血液和生命浇染，所以很肥沃。

师：有人说，这句话有语病——血沃之地只能长出金麦穗，不能长出赶车谣。你认为呢？

生1：不是语病，这是他家乡的特点，金麦穗是农民最喜欢的事物，而赶车谣在生活中经常能听到。

师：那么这两个词语代表了什么？

生1：故乡。

生2：金麦穗，秋天时才有，赶车谣，丰收赶车，收成大好才有金麦穗和赶车谣。

师：你的意思是说，金麦穗象征物质的丰收，赶车谣是一种……

生2：喜悦的心情，它们表达了作者对故乡美好的期望。

师（总结）：其实，作者在三个句子中用"血、泪，还有汗水"这样的语言的丰富性来表现出他语言的生动性和形象性。那种失望能滴血，正如同学所说，对故乡有一种爱，如艾青所说"为什么我的眼里常含泪水？因为我对这土地爱得深沉"，泪水源于对故乡深刻的爱。这种失望含有一种爱，这种爱又含有一种期待。我们的作者就是这样的人。

（屏显）汨罗是韩少功的血地，韩少功，笔名少功、艄公等，湖南长沙人。韩少功初中毕业后曾到湖南汨罗县农村插队，2000年从海南搬到汨罗市过上了隐居生活，2002年获法国文化部颁发的"法兰西文艺骑士奖章"。

师：有一种血叫生命，有一种血叫失望，有一种血叫期待，有一种血叫作爱。而故乡之于韩少功，更是汨罗的那片江水的爱，两千多年后，人们竟然在喧嚣、浮躁、功利的时代，迎来了一位清醒的思考者和坚守者。韩少功初中毕业后曾到湖南汨罗县农村插队，2000年从海南搬到汨罗市过上了隐居生活。韩少功成就了一种逆时代而行的生存美学，他转过身去，在汨罗这片土地上踩出了深深的凹痕，割草、种植、写作，他匍匐在汨罗这片土地上，做一位汨罗江水里长养的民族精神之根的守望者。

五、归处如何？探析故乡的文化内涵：心灵的故乡

师：其实，汨罗并不是韩少功的出生地，作者为什么要这样做呢？我们一起读一读最后一个自然段。

师生齐读最后一个自然段。

（下课铃响起）

师：今天的课由于时间的关系我们就上到这里，其实我还有一些想和大家交流的东西。最后一个自然段就能解答我们的问题。最后一个自然段中的故乡，已经由地理意义的故乡变成了心灵的故乡。正如海德格尔所说，我们怀着永世的乡愁去寻找心灵的故乡，而故乡永远在大陆的中央。假如若干年后，当我们离开家乡的时候，我们要记得韩少功的这篇文章，也希望今天这节课能在大家的心里种上生命的希望。

（屏显）作业：小组合作，自选角度或从以下专题中任选一题，展开探究，要求形成研究性小论文。

1. 美的事物总是含着悲的。

2. 出国热的今天，我们如何看待韩少功的寻根文学。

3.《我心归去》人称变化之我见。

4. 试论韩少功散文语言的犀利与温情。

（屏显）推荐阅读篇目：

柯灵《乡土情结》

刘亮程《今生今世的证据》

韩少功《月亮是别在乡村的一枚徽章》《阳台上的遗憾》《山南水北》

孔见《韩少功评传》[1]

袁老师在这节课上，利用韩少功的《我心归去》为学生创造了有意义的人文素养学习经历。从"创造有意义的人文素养学习经历的评价要点"来看，袁老师主要在个人和家国两个方面满足了学生人文素养的发展需求，兼顾了品读、感悟和转化三种发展人文素养的方式，给学生提供了反复品读、感悟和转化家国情怀的机会与环境，学习条件质量高。在过程质量方面，袁老师不但和学生一道挖掘了《我心归去》的人文内涵，而且拓展了大量的富有家国情怀的材料，不同时代、不同地域的作家在课堂上"来来去去"，为学生的品读与感悟创设了很好的材料情境。在"过程"方面，袁老师引导学生反复品读，在品读中不断追问，落实了品读与感悟两个环节；在课堂结束时，"正如海德格尔所说，我们怀着永世的乡愁去寻找心灵的故乡，而故乡永远在大陆的中央。假如若干年后，当我们离开家乡的时候，我们要记得韩少功的这篇文章，也希望今天这节课能在大家的心里种上生命的希望"，这一段富有感染力的引导话语为学生把韩少功的家国情怀转化为自己的"生命种子"奠定了基础；研究小论文与拓展阅读的作业，则有利于学生从心底寻找深藏于心的家国情怀，既丰富了学生的人文世界，也改善了学生对待家国的态度。

五、创造有意义的关心维度的学习和学会学习的经历

关心维度的学习主要体现为三个方面的关注：首先，是对自我发展

---

[1] 刘敏，袁耀林. 教的艺术 [M]. 成都：四川师范大学电子出版社，2016：273-282.

的关注，在语文学习方面有积极向上的追求，希望自己成为一名优秀的语文学习者；其次，是对语文和语言学习的关注，对语文学科始终充满浓厚的兴趣；最后，是对语文学习活动的关注，全力投入语文学习，使语文学习过程充满活力。从这三个方面学会了"关心"，才能提高学生对自我的语文素养、语文学科和语文学习的关注度，只有提高了这三个方面的关注度，语文学习质量才能真正提高。但这三个方面的关心维度的学习，不是凭空进行的，而是依托语文知识、语言应用、综合性学习、人文素养发展等诸多方面进行的，它伴随语文知识的丰富、语言应用能力的发展、语文综合性学习水平的提高、人文素养的丰厚而增强。因此，创造有意义的关心维度的学习经历，需要整合知识、应用、综合、人文多个方面，形成具有语文内涵的学习过程。此外，还必须强化学会学习的经历，只有学会了学习，才能在"三个关注"中获得切实有效的发展。所以，创造有意义的关心维度的学习经历，也是创造有意义的学会学习的经历。

学会学习，是学生面向未来的必修课。学会学习的实质，是提高学习能力，让自己成为一个会学习的人。学习能力评价包括基本学习能力评价和学习能力倾向两个方面。基本学习能力评价包括观察力（观察的目的性、观察的持久性、观察的精确性、观察的概括性）、记忆力、思维力和想象力等，"所谓能力倾向，是指一个人获得新知识或新技能的潜力或可能性"[1]。无论是观察力、记忆力、思维力、想象力，还是学习的潜力与可能性，都是学习力的一种表现，所以，学会学习的重要目的，是提高学习力。"学习者只有把知识中凝聚的所有精神成果由观念力量通过学习转化为自身的实践力量——学习力时，才能使知识产生多元价值。其实，真正的学习活动就在于能把握和领悟知识本身的意义，并能把它们转化为自身的实践力量。"[2]"学习力主要由认知和情意两个方面的能力相互交融而成。一方面是对外在学习内容的认知活动能力，也就是吸收信息和加工信息的能力，另一方面是促进学习内在过程的情意方面的能力。从引导与促

［1］田友谊. 当代学生评价的理论与实践［M］. 武汉：华中师范大学出版社，2012：156-161.

［2］吴也显. 教与学：课堂文化重建及走势［M］. 南京：南京师范大学出版社，2013：228.

进学习力的生成来看，大致有以下三方面的工作：第一，学习者的自我心理调节与引导……（1）诱发多方面的爱好与兴趣，帮助小学生强化学习动机……一是满足儿童的好奇心；二是满足儿童的归属心理；三是满足儿童的趋美冲动；四是满足儿童的趋优本能。（2）运用情感活动的特殊机制，帮助小学生在充满积极情感的状态中学习……（3）引导价值判断和选择，帮助儿童逐步提高自我处置学习情境的能力……第二，信息的吸取、加工过程及其引导……第三，总结学习过程，反省自控的学习及其引导。"[1]

学习力的生成过程融合了关心维度的学习和学会学习的核心要素，这些要素的核心是自主学习与合作探究。没有自主学习，就没有外在信息的输入与转化，也难以有效地发展观察力、记忆力、思维力、想象力与学习潜力；没有合作探究，就难以"把握和领悟知识本身的意义，并把它们转化为自身的实践力量"，无法满足儿童的"趋美冲动"与"趋优本能"。从这一角度看，创造融合关心维度和学会学习两个方面的有意义的学习经历，应是兼顾了自主学习与合作探究等多种学习方式的学习过程。

因此，创造有意义的关心维度的学习与学会学习的经历，必须选择合适的学习方式。澳大利亚人彼格斯（Biggs）"研究发现，学生的学习方式（learning approach）与学习动机、学习策略紧密相关，学习动机决定学习的总体方向，而学习策略则帮助实现学习的总体目标。简言之，学习动机＋学习策略＝学习方式"，"根据所涉及的动机和策略的不同，Biggs 把学习的方式分为表层式学习方式（surface approach）、深层式学习方式（deep approach）和成就式学习方式（achieving approach）"。"表层式学习方式是基于外部动机的。在这种情况下，学生学习是为了实现其他目的而不是为了认知兴趣，适当的学习策略就是尽可能地发现最重要的话题并精确地再现它们，他们会将学习看作是一种可以分开来的一系列亚任务（sub-tasks），而不是一个整体。表层式学习直接采用表层式

---

[1] 吴也显，刁培萼. 课堂文化重建的研究重心：学习力生成的探索 [J]. 课程·教材·教法，2005（1）：19–24.

编码。深层式学习方式是基于内部动机的，其动机指向最大限度地满足学习者的好奇心与探究兴趣，这样的学习是基于任务的，学习者会将任务与总体编码、个人对文本意义的理解联系起来，将任务理论化、系统化并形成假设。深层式学习往往包含或者导致复杂的、情意的满足，而这样的满足也是非常重要的学习结果。成就式学习方式是基于成就动机的，采取成就式学习方式的学生会考虑如何充分地利用时间与空间，这种学习策略被称作是学习技能（study skill）。"[1]根据学会关心、学会学习、学习力、学习方式的内涵与要求的上述分析，要创造有意义的关心维度的学习和学会学习的经历，需要关注以下评价要点（见表2-16）。

表2-16　创造有意义的关心维度的学习和学会学习的经历评价要点

评价维度	评价要点
条件质量评价	1.学生的发展需求 ●需要提高对自我语文素养、语文学科还是学习活动的关注度 ●需要提高观察力、记忆力、思维力、想象力还是发展潜力 ●需要提高领悟知识本身意义的能力还是把知识转化为实践力量的能力 ●需要提高自主学习能力还是合作探究能力 ●需要运用表层式学习方式、深层式学习方式还是成就式学习方式 2.创造的学习条件 ●基础：学生是否具备一定的学会关心与学会学习的意识和能力基础 ●机会：是否给学生提供了学会关心和学会学习的机会 ●环境：是否给学生提供了学会关心和学会学习的环境
过程质量评价	●内容：是否关注了学习能力和学习力的多个要素 ●方式：是否根据需要选用了恰当的学习方式 ●活动：是否有效整合了学习内容与学习方式 ●引导：是否对学会学习和学会关心进行了有意义的引导
结果质量评价	●是否发展了学习能力，提高了学习力 ●是否提高了自主学习与合作探究的能力 ●学习方式是否由表层走向了深层

[1]史丁丁.对学习方式的过程性评估［J］.黑龙江教育学院学报，2009（10）：63-64.

　　分类创造有意义的语文学习经历，是为了突显不同类型的有意义的语文学习对学习内容、学习方式与学习过程的不同要求。这些不同要求指向了不同的语文核心素养，要帮助学生在不同类型的学习中发展核心素养，需要有针对性地确立评价点，并把评价点与评价表中的核心要素整合起来，提升评价的意义，让评价成为创造有意义的语文学习经历的重要手段。

第三章　语文学习质量评价的理念创新与实践转型

核心素养的发展，离不开有意义的语文学习经历。

创造有意义的语文学习经历需要回答三个问题：何为"有意义"？是谁的意义？怎样才能把平淡的学习过程变得有意义？

"杀鸡取卵"式的语文学习，缺乏持续发展的意义；没有生命底色的语文学习，缺少内生发展的意义；没有真实的探究过程，缺乏有效发展和创造性发展的意义。

语文学习的"有意义"，是走出质量危机的意义，是促进学生内生发展、有效发展、持续发展和创造性发展的意义。

语文学习的"有意义"，是学生生命发展的意义，是"学生"的意义，是"生命"的意义，只有把语文学习的过程变成生命洗礼的精彩乐章，才能让语文学习的过程变得有意义。

质量评价的最大意义，是让语文学习过程变得有意义，是激活动力，优化生命，促进学生增值的意义。这才是语文学习质量评价理念创新和实践转型的灵魂。

第一节　外源与内生：语文学习质量评价的动力意义

语文学习质量评价的首要任务，是激活学生的学习需求，让学生产生学习语文的动力与愿望，提高对自我语文素养、语文学科和语文学习活动的关注度。因此，语文学习质量评价的理念，首先是突显学生学习语文和发展生命的动力意义。动力意义，是指学习与发展动力对未来成长的价值，这种动力集中体现在持续性与正向性上。持续性是学生的学习与发展动力具有持久性与恒定性，不是忽冷忽热、一曝十寒；正向性是学生的学习与发展动力具有积极向上的价值，它催人奋进，促使学生积极寻找向上向善的发展力量。有效的语文学习质量评价，应是促进学生形成具有持续性与正向性的动力的过程。

语文学习质量评价要提升学生的动力意义，必须从外源式评价走向内生式评价，树立"外源为辅，内生为主"的评价理念。外源式评价，是把评价作为一种外在力量，通过分数、等级等的评定，促使学生明确自己的发展现状与优劣，并据此改进的过程。这种评价的基本思路是以教师评价促进学生发展，评价是促进学生成长的一种外源形式。这种评价对学生的学业成就与生命发展具有一定的积极意义，但难以形成学生持续性、正向性的发展动力。内生式评价，是把评价作为学生持续发展的手段，通过激活学生的内在动力，引导学生认识自我、激发自我潜能与趋优本能，不断生发新的积极向上的学习与成长愿望的过程。这种评价的基本思路是深入学生的内心，唤醒学生强大的自我，在激活学生自我的基础上促进学生的主动发展。由于这种评价根植于学生的内心，评价产生的发展力量是由内而外的力量，因而具有持久性与正向性。"外源为辅，内生为主"，是指以内生式评价为主，根据学生的发展需要，适当采用外源式评价，外源式评价为内生式评价服务。

要推进内生式评价，需要以建构主义学习理论为依据。教与学理论的发展，主要经历了行为主义、认知主义和建构主义三个阶段。行为主义"强调反复练习和复习的重要性，主张用外部的奖励与惩罚来控制学习过程。在教育教学上，主张教育者把环境安排好，以便学习者能够对刺激做出适当的反应，以尽可能在最大限度上强化学习者的合适行为"，"认知主义教学理论注重把握情境中事物的联系与关系，强调积极思考和理解的作用，重视学习动机与学习态度的培养。反映在教育教学上，就是教育者应着重考虑学习者对自己及学习环境的知觉，让知识变得有意义，同时，要根据学习者已有的心理结构，提供适当的问题情境，在解决问题的过程中掌握一般的原理，以便能把所学的知识用于解决新的问题"。建构主义强调，"每一个学习者都有一个个人的经验世界。他们可以从各自的经验背景出发，形成对问题的解释"，因此，"学习是意义的主动建构过程"，"教学是创设学习环境和建立学习共同体"[1]。以不同学习理论形成的评价观和评价思路也有较大的差异，行为主义强调对学生的认知发展情况进行定量评价，主要属于外源式评价；建构主义强调对学生的素养进行综合性的定性评价，主要属于内生式评价。研究和实践内生式评价时，要把握建构主义学习理论的核心要素，在评价目的、内容、方式、主体等方面，形成符合建构主义理论的评价方案，才能在评价中促进学生的自我建构与内生发展。

一、激活内心：内生式评价的行动准则

要推进内生式评价，需要首先提高评价的人性化程度，让评价产生穿透人心的力量。评价的人性化首先是评价载体或工具的人性化。劳勤莉主张创编人性化试卷，"例如，在试卷起始位置写上亲切温馨、热情洋溢的卷首祝语：亲爱的小朋友，这学期很快就要和我们说再见了！在这个学期中，我们又学到了许多新知识，增长了许多新本领。今天，就让我们尽情表现自己的才能，老师相信你一定能成功！可别忘了认真、仔细，把字写端正哦！好，赶快开始吧！"。她认为这样的语言可以让学生忘却紧张与恐惧，能滋生浓浓的师生情。在题目形式上，要尽量活泼有趣，如"请你选择合适的音节写在小鸟休息的树墩上"（见图3-1）：

---

[1]刘慧云，吴庆华.论教学质量的概念体系［J］.黑龙江高教研究，2008（8）：62-65.

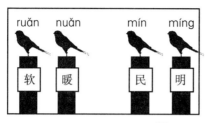
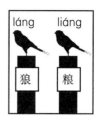

图 3-1

她认为这样的题目创设了"小鸟休息"的情境，把题目变"活"了。再如"根据声母帮助迷路的汉字找到自己的家"（见图 3-2）：

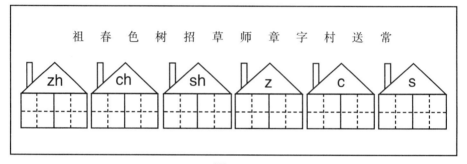

图 3-2

她认为，这一题目既巧妙地传达了善和美，渗透了"爱家"的理念，也把知识考查寓于生动的形式中，提高了人文性，提升了试卷穿透内心的力量。她为此提出了三种策略：

策略一，试卷语言亲近儿童。

（1）增设"祝语"。例如，学生完成一半试题以后，老师写上几句加油鼓劲的话：你已经完成了一半试题，你真棒！加油，继续努力！

（2）改变"要求"。多一些商量，少一些命令；多一些关照，少一些苛求。例如：用"摘苹果"代表"选字填空"，用"打假行动"代表"改错别字"，用"送字宝宝回家"代表"数笔画写字"，用"句子克隆"代表"照样子写句子"，等等。

例如可以这样写：古人常以诗赠友，表达离愁别绪，请你从本册课本选择一首送别诗，认真、规范地默写下来。你还知道别的送别诗吗？试一试能不能再默写一首。加油啊！

例如这样写：从下面表示人体器官的词语中选择合适的填写在括号中，使成语完整、正确。仔细些，可别张冠李戴闹笑话哦！

策略二，题目形式活泼多样。

（1）题型丰富。听、说、读、写、画、圈、连（线）、点等形式都可出现。

（2）图文并茂。可以用活泼可爱的动物、水果、几何图形等图案代替题目中的数字序号；可以用彩色试卷代替黑白试卷；可以用活泼的儿童化形式代替严肃的成人化形式。例如可设计这样一道题——摘苹果（选字填空）：

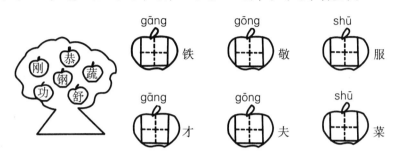

还可以在试卷的开篇、中间、结尾，以及阅读题、作文题旁边等合适的位置插入相关画面。例如，在作文题下面插入少年伏案潜心写作的动人画面，使插图与试卷相得益彰。

策略三，题目内容生动有趣。

（1）与现实生活整合。基础题中的字词句练习应选择学生喜闻乐见的、熟悉的事物，不要偏难、偏怪、偏生，以免学生望而生畏。例如这样出题目：10月15日，航天英雄杨利伟叔叔＿＿＿＿＿＿＿＿＿＿。（请你把句子补充完整）

（2）与其他课程整合。例如，可以设计这样的题目：新年的钟声即将敲响，请你设计一张精美的贺卡，送给你的亲朋好友，别忘了写上你深深的祝福！[1]

为了增强评价的人文性，测试题可适当增加幽默感。如台湾地区2001—2002年度的大学招生考试，以"语文能力表达"代替了作文，命制了这样一道题目："写作时适度而精确地使用口语与成语，可使文章增色，但若滥用、误用，反而不可取，下面是一封情书，有错误成分，请改正：'上个礼拜六在校刊编辑会议首度看到你，就被你杀得很惨。你长得可以称得上是闭月羞花，声音也像莺啼燕啭。从此，你在我心中音容宛在，害我卧薪尝胆、形容枯槁。我老妈看不下去，斥责我马齿徒长，尸位素餐，不知奋发图强，难道要等到名落孙山、墓木已拱才甘心吗？……如果你能给我机会让我向你表达我自己，你一定会恍然大悟，我是一个很善良的

---

[1] 劳勤莉.让语文试卷走向人性化［J］.中国教育学刊，2004（6）：26-28.

人……"写作题目则要求学生把自己当成一位老太太，体会老人苍凉的心境，把老人的日记补充完整。日记内容为："客厅隔壁漏水，三十年老屋，不知如何修起？昨晚得知老友逝，心肌梗死……料吾去之期亦不远矣！"

要激活内心，还可采用"赞赏—建议"型评价。"赞赏—建议"型评价，是在充分肯定学生优点，挖掘学生优势经验的基础上树立学生自信，在树立学生自信的过程中提出改进建议。学生处于肯定自我的状态，才能生成继续发展的希望和信念，产生积极向上的内在动力。

一次听写词语后，我惊奇地发现，有一个学生听写的词语竟然没有一个是对的，我感到非常气愤，不假思索地在听写本上画上一个大大的"0"，但又觉得不妥，随后在上面写道："希望你从零开始，获取知识和智慧。"一句话，竟使一个语文成绩一塌糊涂的学生燃起了希望之火。通过不断努力，这位学生竟然进入了中等生的行列。一次谈话中，他激动地说："老师，那一次听写词语您给我的鼓励和鞭策，我永远不会忘记，是您给了我自尊和自信，让我找回了自我。"[1]

这位老师的"违心"赞赏，点燃了学生继续发展的动力。王永明在《那两次改变我一生的微笑》一文中回顾了自己的真实经历：

上小学的时候，我的语文成绩很不好，原因是我不喜欢语文课，而不喜欢语文课的原因，是因为我不喜欢我的语文老师。

我的语文老师是位年轻的男教师……我从小学一年级起就在他的班上，感觉他从来就没有笑过。

我不喜欢他，也就不喜欢他的课。四年下来，我的语文成绩一直排在班里的倒数。我因此很自卑。

那天一上课，坐在教室窗边的我就开起了小差。"王永明，你起来回答……"突然，老师向我提问了。可怜的我连什么问题都没有听清楚啊。我战战兢兢地站了起来，准备挨一顿臭骂。可是，意料之外，当我抬起头来时，发现老师竟对我深情地微笑了一下。

我真是不敢相信，四年来，老师从没有对我微笑过啊！我受宠若惊。老师对我微笑了，说明老师是看得起我的，老师并不嫌弃我的成绩差。想到这里，我挺直了腰板，认真听起课来。

不一会儿老师的脸又转到我这边来了。大概是看到我听课认真的缘故吧，

---

[1] 张春莉. 走向多样化的评价——小学生学习能力评价的理念、方法与实践 [M]. 上海：上海教育出版社，2005：358.

老师又给我热情的一笑。我明白，老师这是在鼓励我。那天，我的心情从来没有这么好过。从此以后，我的语文成绩突飞猛进。只一年时间，我从班里的倒数猛升到全班前五名。在这期间，虽然老师再也没有对我微笑过，但我想，老师是对我严格要求，老师的心里是喜欢我的。我能看到老师的心在对我微笑。

时间过得飞快，我小学毕业了，中学毕业了，师范毕业了。我无怨无悔地回到家乡当了一名传道授业解惑的小学老师，并成了家乡一名小有名气的作家。

在一篇自述性的文章里，我特别提到了我小学的语文老师，提到了老师的那两次微笑。我说，当年如果没有老师的那两次微笑，就没有我今天的成就。文章发表在家乡的一份报纸上。

几天后，我意外地收到了一封信。拆开一看，竟然是那位小学语文老师写给我的，他的突然来信，给了我巨大的惊喜，然而最让我心灵震撼的却是信的内容，它使我深深懂得了为师之道。信里这样写道："永明同学你好，看了你的文章，首先祝贺你取得的成就。我很惭愧，因为我清楚地记得当年的那两个微笑并不是给你的。原因是当时我的女朋友和校长正在你的身后听课……读了你的文章，我感触很深。两个并不是给你的微笑，却改变了你的一生，那我为什么不把微笑献给所有的学生呢……"[1]

"两个并不是给你的微笑，却改变了你的一生，那我为什么不把微笑献给所有的学生呢"，这位老师的晚年感悟，给语文学习质量评价赋予了新的内涵："微笑"就是最好的评价。祝新华教授对"找错—批评"型评价和"赞赏—建议"型评价做了如下比较：

表3-1 "找错—批评"型与"赞赏—建议"型评估的比较[2]

	找错—批评	赞赏—建议
特点	寻找错误/缺点，负面评估，严厉批评（批评性评语）	欣赏进步/优点，正面评估，提出建议（建议性评语）
编题	学生未掌握、易错的内容	以教学目标为依据，既了解已达成、未达成的目标，又发现学生可能存在的问题
评分	严加扣分：学生在问答题、造句、写作方面一般不可能得高分，更没有满分	谨慎扣分：欠完美但不错的，不扣分，注意给适当的高分，甚至满分

[1] 王永明. 那两次改变我一生的微笑 [J]. 教育发展研究，2005（7）：106.
[2] 祝新华. 促进学习的语文评估：基本理念与策略 [M]. 北京：人民教育出版社，2014：78-79.

续表

	找错—批评	赞赏—建议
功能	重在准确评定：对学生统一要求，客观区分不同表现，找出问题，从批评中引导学生学习	重在促进教与学：注意学生的个别差异，从已有的成功出发，激发学生努力学习
影响	可能会打击信心，压抑动机，学生在担心失败及避免再次失败中学习（痛苦）	有利于保护信心，激发动机，在体验成功及追求更大的成功中学习（愉快）
可能结果	学生有挫败感，笼统地知道存在问题，但不知如何改进	学生有成就感，有学习信心，并知道具体如何改进

但是，赞赏不是不加区分地一味说"好"，而是要恰到好处地赞扬，在赞扬中指明继续前进的方向，这样才能真正激活学生的内心。一些研究者提出了有效赞赏的如下特征：

表3-2　反馈中有效赞赏的特点[1]

标准		说明
赞赏的频率		赞赏的最佳频率随着学生的年龄和能力水平的不同而变化。年幼的学生较年长的学生需要更频密的赞赏，低成就学生也需要较多的赞赏。但是，过度使用赞赏会降低它的效能
赞赏的分布		研究发现，最需要赞赏的学生，即低成就学生，他们并没有得到适当的赞赏。相反，高成就学生较其他学生得到更多的赞赏，且不一定因为他们较常答对问题。即使能力较差的学生答对了，与能力较强的学生相比，他们也较少得到教师的赞赏。这是因为教师经常觉得低成就学生对课堂的贡献较少，所以较少赞赏他们
赞赏的质素	1. 偶然性	赞赏应该伴随着理想的行为，以产生强化的作用。不过，很多时候，教师容易变换标准，即使学生的回答错误，教师也会赞赏，尤其是对低成就学生。事实上，这些学生会看穿教师的赞赏是虚假的，因而会有被贬低或沮丧的感觉
	2. 具体性	教师的赞赏是具体而明确的
	3. 可信性	教师的赞赏必须是有根据的、有证据支持的

---

[1] 祝新华. 促进学习的语文评估：基本理念与策略［M］. 北京：人民教育出版社，2014：82.

续表

标准		说明
赞赏的质素	4.真挚性	有时候，教师的言语赞赏与他们的非言语表达相矛盾，尤其是对那些被他们视为有行为问题的学生。当教师不诚实地赞赏学生时，强化的功效会消失

　　为了在评价中发现和巩固学生的优点，不少教师根据学生需求、学科特性和学习特点设置了诸多奖项，以激发学生持续而正向的学习内驱力。如下面这位老师就采用了多种方法：

作业明星奖

　　我们规定，在平时批改作业当中，对学生出错的地方，不能画"×"号，只是根据事先跟学生说好的符号对学生的作业进行判定。如，全对打"√"，并判为100分，且在该作业的号码正上方画一颗"☆"。若第一次没做对，错题用"＼"表示，错字处用"Ⅱ"标出，根据对错比例，判给一定的分数，然后在该分处画"→"（如"95→"），表示需订正，如果学生在规定的时间内能主动订正，并且全对，"＼"变"√"，"Ⅱ"封上口，95→100，然后在旁边画上一颗星；如果不订正，就不画星，两周总结一次，学生只要翻看自己的作业本，就能知道本单元是否获得了作业明星奖，如果获奖就可以将自己的名字写在全班作业明星记录栏里（见表T-3）。

表T-3　第X单元作业明星记录栏

内容	第一次全部得"☆"者	时间	改错后得"☆"者	时间

背诵、朗读能力奖

　　我们采取了如下评价方法：不管学生何时背会，何时朗读好，只要该背的会背，该读好的读好，学习小组长就给他（她）画三颗"☆"，并签上日期，两周总结一次。如果达到要求，学生都可以把自己的名字签到朗诵、背诵一览表中（见表T-4）。

表T-4　第X单元学生朗诵、背诵一览表

课文题目				
姓名				

"重考"和"免考"

　　"重考"旨在充分挖掘学生的差异资源，开发学生的内在潜力，通过对其知识与能力等方面的延迟评价，帮助他们认识自我，树立信心，促使其主动学习，提高能力。凡在学期末或单元测试中，对某一学科或某一方面考试成绩不理想者均可以申请"重考"，"重考"又分为"即时重考"和"延时重考"。学生在两次考试结果中选择自己认为较理想的作为评价结果。

　　"免考"旨在全面了解学生的学习历程，关注他们在学习过程和学习活动中表现出来的情感与态度，进而帮助其认识自我，增强自信心，使其勇往直前，攀登高峰。凡是平时表现突出、学习成绩优秀或某一方面特别优秀者均可申请"免考"，凡被批准者由学校向家长发送喜报。

　　"重考""免考"不是教师的一家之言，而是由学生根据自己的学习情况以及"重考"和"免考"的条件提出申请，由老师、同学、家长进行评定，同意之后生效，申请人则以此为奋斗目标，努力去实现。[1]

二、唤醒自我：内生式评价的实践指向

　　教师采取众多激励措施，都是为了提高学生的自主管理与自我评价能力，即唤醒学生强大的自我。只有唤醒了学生强大的自我，学生才会产生可持续发展的动力。因此，引导学生唤醒自我，是内生式评价的实践指向。波兰尼认为："在说、读、写当中使用语言，是对我们的身体性装备的延长，进而成为具有智力的人类……这种对我们自身的延长，发展了我们的新机能。我们的整个教育就是以这样的方式展开的，随着我们中的每一个人内化了我们的文化遗产，他就成为一个按照这样一种世界观来看待世界、体验生活的人。"[2]任何一个人要在内化中发展新机能，让说读写成为自己的身体性装备的延长，都需要发展自主评价与监测能力。《欧洲语言共同参考框架》为此制订了语言能力的自我评价表：

---

[1]张春莉.走向多样化的评价——小学生学习能力评价的理念、方法和实践［M］.上海：上海教育出版社，2005：295-298.

[2]转引自：郁振华.人类知识的默会维度［M］.北京：北京大学出版社，2012：129-130.

表3-3　自我评价表[1]

		A1	A2	B1
理解	听	如果说话人语速慢，口齿清楚，我能听懂关于自己、家庭以及我身边具体环境的熟悉词语和非常通用的表达法	我能听懂与自己有密切关联的表达法和常用词汇，例如我自己和家庭的情况、购物、周边环境、工作等。能理解简短、清楚的通知和留言的主要内容	如果谈论的是工作中、学校里和休闲时遇到的熟悉主题，而且说话人讲话清楚、标准，我能听懂要点。在说话人语速比较慢并且清楚的情况下，我能听懂很多广播电视的时事节目要点，以及其他自己感兴趣的个人话题或有关工作的主要内容
	读	我能读懂通知、布告和产品目录单中的常用名词和简单句子	我能阅读非常简短的文章。能在诸如广告、宣传手册、菜单和时刻表等日常阅读材料中找出可预知的特定信息。能读懂简短的私人信件	我能读懂主要用日常语言写的或者是与自己的工作有关的文章。能读懂私人信件中讲述事情、情感和愿望的内容
说	口语会话	如果对话者愿意重复，或者愿意以更慢的速度改述，如果对话人能就我想说的帮助我表达，我则可以进行简单的交际。我能就我熟悉的主题或切身需求的话题提问和作答	我能在只需简单和直接交流的活动中，就熟悉的主题和任务进行交际。即使在不能完全听得懂，难以持续交谈的情况下，我也能完成简短的沟通	我能在目的语国家和地区旅游时，用所学语言应对遇到的绝大部分情况。我能在无准备的情况下谈论我熟悉的、自己感兴趣的和日常生活的话题，例如家庭、休闲、工作、旅游、时事等

---

[1] 欧洲理事会文化合作教育委员会. 欧洲语言共同参考框架：学习、教学、评估 [M]. 刘骏，傅荣，等译. 北京：外语教学与研究出版社，2008：26-27.

续表

		A1	A2	B1
说	连贯口语表达	我能用简单的表达法和句子描述自己的居住地和我认识的人	我能用一连串的句子或表达法描述自己的家庭、他人情况、自己的生活状况、本人学历，以及自己目前或最近的工作	我能简单地讲述自己的经历、自己的梦想、希望或目标。能简单阐述自己的观点和个人打算，并做出解释和说明。我能讲述一本书的故事内容、一部电影的情节并发表个人的看法
写	写	我能写简单的明信片，如有关度假的。填写调查表时，我能详细写明本人情况。填写酒店登记卡时，我会写本人姓名、国籍和地址	我能写简短的便条和留言。会写简单的私人信件，如感谢信等	我能就自己熟悉的或个人感兴趣的主题写出有逻辑的简短文章。会写私人信件，叙述自己的经历和感受

		B2	C1	C2
理解	听	我能听懂较长的报告会和演讲。如果是自己比较熟悉的主题，我甚至能听懂复杂的论证。我能看懂大部分电视新闻节目，能看懂大部分标准外语电影	我能听懂长篇大论，虽然演讲的结构不好，上下文的衔接也很含蓄。我能比较轻松地看懂电视节目和电影	我能很好地理解生活中的或是广播中的任何口语表达，不论讲本族语人的说话速度如何。对带口音的口语，经过一段时间后也会熟悉
	读	我能阅读有关当代问题的文章和报告，其中的一些作者立场独特，有一定的思想。我能看懂现代散文体的文学文章	我能看懂长篇复杂的写实性或文学性文章，并能鉴赏其不同的写作风格。我能看懂专业论文和较长的技术说明书，即使内容不属于本人的专业领域也无碍	我能轻松阅读各类文章，无论其内容和形式是抽象或是复杂的，如教材、专业论文或者文学作品等

续表

		B2	C1	C2
说	口语会话	我的口语表达已达到一定程度的自如流畅，足以同讲本族语的人进行正常的互动交际。我能在熟悉的环境下和谐参与讨论，发表和捍卫自己的观点	我能自如、流利地讲话，几乎不需刻意寻找词语。能在社会和职业交往中灵活有效地应用语言，精确表达自己的思想和观点，并能有机地接续谈话者的话题	我能轻松参与任何会话与讨论，非常熟悉各种口语和惯用语。表达流利、精确，能传达语义的细微差别。遇到困难，会灵活补救，而且做法几乎不为人所察觉
	连贯口语表达	对自己感兴趣的广泛话题，我能清楚、详尽地发表自己的看法。我能就时事主题阐述自己的观点，并能对各种可能性陈述其利弊	我能就复杂的话题进行明确而详细的阐述，融入与之相关联的主题，推演自己的观点，并能恰到好处地结束发言	我能以适当的语气明确而流畅地展开叙述或论述，讲话有逻辑，并能帮助听众注意和记住重点
写	写	我能就自己感兴趣的广泛话题写出清楚和详细的文章。我会写评论和报告，传达信息，或者就某一观点提出赞同或反对的理由。我会写能充分反映自己对相关事件和经历有所看法的信件	我能写出观点明确、结构完整的文章，知道阐释自己的观点。在书信、评论或报告中，我能就复杂的主题，提出自己认为重要的观点，并能根据受众对象采用相应的写作风格	我能写出清楚、流畅和文风相宜的文章。我写的信件、报告和有一定难度的文章结构清楚，能使读者抓住并记住要点。我能对专业著作或文学作品进行书面综述和评论

《欧洲语言共同参考框架》在听说读写四个方面列出了六个等级的自我评价表，强化了语言学习的自我评价，其自我评价标准的确定思路与方法具有借鉴意义。河南省濮阳市第三小学将语文学习的知识点细分为识字、阅读、朗读、交际和写作五大方面，并根据以下标准制订了学习记录表（见表 3-4）。

表3-4　X年级语文学习情况记录表[1]

第　　　单元　　　测试时间：　　　　人数：　　　　班级：

内容与目标		未达标者	时间	经过学习达标者	时间	"棒极了"获得者
识字方面	①读准字音，写出音节 ②熟练说出生字的部首和结构 ③熟练数出生字的笔画数、说出笔画名称 ④熟练组词、造句					
阅读方面	①能找出文章中共有几个自然段，每个自然段中有几句话，大概意思是什么 ②能根据要求在文章中找出相关的词语和句子 ③能根据上下文理解文中的部分词语					
朗读方面	①不丢字、不添字地读出句子 ②基本上能按节奏读出句子（断句正确） ③有感情地朗读或背诵					
交际方面	①能大胆地说出完整的句子 ②能大胆、流利地说出符合要求的句子 ③能完整地讲述一件事情					
写作方面	①能写出流畅、通顺的句子 ②能根据要求写出通顺的句子 ③能具体生动地写出符合要求的片段或篇章					

上述表格的"评价的主体主要是学生个人、学习组长、教师和家长，

---

[1]张春莉.走向多样化的评价——小学生学习能力评价的理念、方法与实践［M］.上海：上海教育出版社，2005：297-298.

每单元总结一次,对进步者和'棒极了'获得者发喜报",这一评价方式"注重了每个学生的差异,使他们在学习中能够按照目标,寻找到自己的不足,然后通过自身的努力和老师、家长的关心,不断得到提高",这就增强了学生的学习自信,提高了学生学习语文的积极性。

为了进一步激活学生的学习内动力,一些老师采用了分层作业与学生自主设计作业的方式。如一位老师根据《美丽的小兴安岭》设计了三个层次的作业:

A类:根据课文中描写的小兴安岭进行一次奇异的游历,如果你是作者,在游历后,想说些什么呢? 请把你的想法写下来。

B类:读读课文中作者展开丰富想象和联想的句子,由此你还想到哪些景象、哪些相关的成语?

C类:抄写词语,摘录描写景色奇异、物产丰富的句子。

"A类题型灵活多样,偏重于理解、想象、运用;B类题型较A类要低一层次;C类多为比较简单的巩固性作业。这样的作业设计让学生根据自己的情况选择,使不同层次、不同水平的学生都能体会到成功的乐趣"[1],有利于激发学生学习语文的内驱力。在学习了《登鹳雀楼》后,一位老师将作业的布置权下放给学生,让学生自己设计作业,不同学生设计出了不同的作业:

生1:我打算抄写这首古诗,进行背诵和默写练习。

生2:我打算把这首古诗的意思说一说,并把其中蕴含的道理写下来。

生3:我想根据这首古诗的内容画一画。

生4:我想收集这位诗人的其他的诗来吟诵。

生5:我想收集整理其他说明一定道理的古诗。[2]

自己设计评价题目自己完成,极大地调动了学生学习的积极性。Diana在《五种读书笔记》中记录了美国小学生的如下作业形式:

评星式笔记

作业单上的内容为:

日期:_____ 书名:_____ 作者:_____

---

[1]方臻,夏雪梅. 作业设计:基于学生心理机制的学习反馈 [M]. 北京:教育科学出版社,2014:131.

[2]同 [1] 61.

我给这本书☆ ☆ ☆ ☆ ☆星。

我喜欢这本书，因为＿＿＿＿＿＿＿＿＿＿＿＿＿＿＿＿＿＿＿＿＿＿＿

我不喜欢这本书，因为＿＿＿＿＿＿＿＿＿＿＿＿＿＿＿＿＿＿＿＿＿

复述式笔记

任务一：

记录每天所读的书名（如果一天没读完，可以记下页码）和作者名，以及所花的阅读时间。目标是每天 15 分钟，自由选择书本，不限多少本书。

一张表格是一周 7 天的记录（从上周五到本周四），一周评估一次。评估标准分为两个部分。

1. 学生自我评估（在选项前打勾）。

我保证了功课的质量：书写整齐，拼写正确（因为是抄写而已），资料完整，进行检查。

我有合作性：我和家长一起回顾了以上的功课。

2. 教师评估（Rubric Score，一种描述过程指标的评分标准，广泛用在阅读和写作的评估上）。

+，达成 7 天阅读 6 到 7 本书的目标，以及完整准确地完成各项记录内容。

v+，达成 7 天阅读 4 到 5 本书的目标，以及或没有完整准确地完成各项记录内容。

v，达成 7 天阅读 1 到 3 本书的目标，以及或没有完整准确地完成各项记录内容。

任务二：

选取一本书进行故事复述，分别用 3 句话概括故事的开始、发展和结局，还提供了一个详细的示范例子。也是一周完成一次，星期五上交。

评估标准也分为两个部分。

1. 学生自我评估（在选项前打勾）。

我保证了功课的质量：书写整齐，使用二年级水平的拼写，资料完整，进行检查。

我有合作性：我和家长一起回顾了以上的功课。

2. 教师评估（也是用 Rubric Score，+ 表示达到要求，v+ 表示基本达到要求，v 表示仍需提高）。

儿子的读书笔记之一。

书名：*Arthur Meets the President*

作者：Marc Brown

故事的开头：Arthur 在"我怎样帮助美国变得更好"的作文比赛中胜出，被邀请到白宫。老师说他要在总统面前讲这篇作文，所以他一定要把讲稿记下来。

故事的中间：Arthur 有些紧张，他在飞机上、酒店里和去白宫的路上都不断练习，但一阵强风把他的讲稿吹走了。

故事的结尾：Arthur 开始了演讲，但站在总统旁边，他脑子一片空白。他妹妹爬到一棵树上，把新的讲稿展开给 Arthur 看。Arthur 放松了，顺利做完了他的演讲。

联系实际式笔记

这种笔记第一个任务和复述式笔记相同。第二个任务则是记录在读到文章某个段落或情节时的联想：当我读到_____，我联想起_____，这两种情形是相似的，因为_____，这样的联系让我明白了_____。

为了帮助学生完成这个任务，表格背面有"联系实际"的指引：

1. 在你本周读的书里，找一本你能够联系实际的。注意，在有些书里比较容易找，另一些则不然。

2. 你所做的联系要适当，能够帮助你在某种程度上更好地理解故事的某个方面。

3. 你所做的联系要前后呼应，使读你笔记的人一目了然。

评估标准也分为两个部分。

1. 学生自我评估（在选项前打勾，这一项与前面的基本相同）。

2. 教师评估（也是用 Rubric Score，＋表示达到要求，v+ 表示基本达到要求，v 表示仍需提高）。

儿子的读书笔记之二。

书 名：*Frankenstein Takes the Cake*

作者：Adam Rex

当我读到"噢，婚礼上能有竖琴师吗？我听说竖琴师很好吃……"时，我想到自己第一次问"我能嚼口香糖，我也能吞它喽"的情景。这两个情形很相似，因为 Frankenstein（故事的主角）和我都是在问一些让我们感到很糊涂的东西。这样的联系让我明白了人在第一次做一件事的时候，有时会感到困惑，就像我和 Frankenstein 这样。

判断重点式笔记

这种笔记第一个任务也和复述式笔记相同。第二个任务则是记录所读故事的几大要素。

人物：＿＿＿＿＿　　场景：＿＿＿＿＿　　冲突：＿＿＿＿＿＿

解决方法：＿＿＿＿＿＿　　作者想表达的意思：＿＿＿＿＿＿＿＿

为了帮助孩子完成这个任务，表格背面有"判断重点"的指引：

1. 在你本周读的书里，找一本叙述性的故事书。有些书比较容易帮我们完成这个练习。

2. 用整齐的字体、完整的句子来表述你阅读故事后所判断的重点。

3. 你只需要记录最重要的信息，比如，你不需要把所有的人物都罗列出来，但要把起重要作用的主要人物列出来。

评估标准也分为两个部分：

1. 学生自我评估（在选项前打勾，这一项与前面的基本相同）。

2. 教师评估（也是用 Rubric Score，＋表示达到要求，v+表示基本达到要求，v 表示仍需提高）。

儿子的读书笔记之三。

书名：*Hoppy Goes To School*

作者：Dawm Bentely

人物：这个故事的主要人物是 Hoppy（一只兔子），Goode 医生和孩子们。

场景：故事的主要场景是学校。

冲突：兔子不知道自己的新家是否足够安全，所以不敢离开它的笼子。

解决方法：全班孩子都来照顾 Hoppy，为它清洁笼子，给它喂食，替它梳毛，给它喝清洁的水。

作者想表达的意思：用你想被对待的态度来对待动物。

记录时间式

前段时间，孩子们加入了一个名为 Ozzie's Reading Program 的读书活动，这个活动是由一个本地棒球队赞助的。活动持续 8 周，孩子们记录自己的课外读书时间，目标是每周 200 分钟，每两周进展的象征就是在无形的棒球场上的进垒。每进一垒，孩子们就能在学校用一种开心的形式进行庆贺，棒球队赞助小礼物、热狗、饮料和球赛门票。

以下是这项读书活动的时间表：

一垒：2 月 5 日 Ozzie Day——穿球队颜色的服装或球队的服装来上学。

二垒：2 月 19 日 P. J. Day——穿你的睡衣来上学！（儿子说，一整天喔！）

三垒：3 月 5 日 Spirit Day——穿学校颜色的服装来上学。

本垒：3 月 19 日 Crazy Hair Day——整最疯狂的发型来上学。（还可以喷颜色，平时不可以）[1]

以上美国学生的作业及其评价作业的方式有利于提高学生的自主学习能力，唤醒学生的生活经验、阅读经验与强大的自我，并能帮助学生生成新的阅读与生活经验，体现了内生式评价的理念，为学生创造了有意义的语文学习经历，突显了语文学习质量评价的动力意义。

---

[1] DIANA.五种读书笔记［J］.上海教育，2013（17）：54–55.

第二节　低阶与高阶：语文学习质量评价的生命意义

语文学习质量评价要实现内在价值和外在价值的有机统一，需要在评价内容的选择上提高生命意义，突出发展生命和成全生命的评价功能。教育是成全生命的事业，教育质量在本质上是成全生命的质量，教育质量评价的最大意义是促进生命发展的意义。语文学习质量评价在激发起学习者学习语文的动力之后，必须解决什么样的质量评价才能成全学生生命，提升学生生命发展意义的问题。语文学习质量评价的生命意义，是指语文学习质量的条件评价、过程评价与结果评价关注和引导学生的生命成长，以成全和优化学生生命为前提，思考语文素养的评价内容与形式，在学生提高语文素养的过程中引导他们更好地发展生命和提升生命价值。从语文素养的评价转向促进学生生命发展的评价，需要评价双方从只关注语文学业的评价，转向关注语文素养、语文学科、语文学习对生命成长价值的评价，实现学业评价与生命发展评价的统一。

一、"低阶""高阶"的内涵与分类

学业评价与生命发展评价的统一需要在评价内容的选择上确立"从低阶到高阶"的评价理念。从低阶到高阶，是指以低阶内容评价为主转向以高阶内容评价为主的评价内容选择思路与要求，其目的是解决评价什么的问题。低阶内容，是指处于较低认知层次的内容，如识记、理解等能力层级的内容，这些内容的思维含量较低，不需要复杂的认知活动。高阶内容，是指处于较高认知层次的内容，如分析综合、鉴赏评价、表达应用、探究等能力层级的内容。

雅斯贝尔斯认为："教育活动关注的是，人的潜力如何最大限度地调动起来并加以实现，以及人的内部灵性与可能性如何充分生成，直言之，教育是人的灵魂的教育，而非理智知识的认识与堆积。"[1]在雅斯贝尔斯看来，理智知识的认识与堆积，即一般性的识记与理解，属于低阶内容，

---

[1]雅斯贝尔斯. 什么是教育［M］.北京：生活·读书·新知三联书店，1994：1.

这不是教育的根本目的；内在灵性以及灵性的生成，能激活潜能以及各种思维与认知，属于高阶内容，教育的目的就是培育学生的高阶能力，高质量的评价需要对学生高阶能力的发展情况进行评价。学生只有把握了高阶内容，才能激发自身潜能，保持发展灵性，生成有益于发展生命和成全生命的智慧。因此，只有在语文学习质量评价中增加高阶内容的分量，才能提升语文学习的生命意义。

在评价中增加高阶内容的分量并不是排斥低阶内容，而是根据不同的发展阶段和学生的发展实际，处理好低阶内容与高阶内容的关系。学生语文素养的有效发展和生命的不断成长离不开低阶内容，必须以一定的基础知识与基本能力为基础。学生语文素养的发展与有价值的生命成长，需要具备三个方面的基础："其一，具有扎实的学科基础知识。人对知识的驾驭能力和创造潜力首先来自完整的学科体系和科学的知识结构，并不是首先来自某种方法，因此愈是信息多元和创新要求高的时代，愈是要重视学科知识体系的建构。其二，具有良好的思维素质。良好的思维素质主要表现在思维的系统性、思维的综合性和思维的创造性……其三，具有批判意识和实践技能。批判意识和实践技能是学习潜质和创造力的主要体现。"[1]扎实的学科基础知识属于低阶内容，思维素质、批判意识和实践技能属于高阶内容，这两个方面都必不可少，但小学阶段的评价应以"低阶内容为主，高阶内容为辅"，初中阶段的高阶内容要不断增加，高中阶段则以"低阶内容为辅，高阶内容为主"。

不同研究者对语文能力结构的不同认识，形成了划分低阶内容和高阶内容的不同标准。祝新华教授对语文能力结构的研究成果做了如下梳理：

"语言—智力"二维结构说

典型的做法是把语文能力划分为听说、识字、阅读、作文、思维和观察能力（耿法禹，1989）。认为语文能力直接受思维和观察力的制约，因此考虑语文能力必须顾及智力因素。

---

[1] 戴家干.改造我们的考试［M］.北京：高等教育出版社，2008：24.

"内容—操作—产品"三维结构说

这里的"内容"包括语音、词汇、语法、修辞、逻辑、篇章6个因素，实为语文知识；"操作"包括认知、理解、记忆、发散思维、聚敛思维、评价6个因素；"产品"包括听、说、读、写4个因素。每一维度的任何一项都可任意与另两个维度的一项结合，构成一种新的能力因素，这样就得出114种独特的语文能力因素（吴昌顺，1988）。

"兴趣与习惯—能力与操作—策略与自学"三维结构说

国家教委"七五"重点科研项目"中学学科能力目标"科研组从广义的范围提出语文能力结构（刘显哉，1990）：（1）学习兴趣与习惯；（2）语言运用能力、知识和技能的操作；（3）学习策略和自学能力。这三大因素中，语言运用能力居于重要地位，起主导作用。

"认知—技能—知识"三维结构说

把语文能力分成多个层次，每个层次分为若干因素（耿法禹，1989）。第一个层次是各学科共有的一般能力因素，如理解、分析、记忆等能力。第二层次是语文基本能力因素，即听说读写能力。第三层次是语文单项能力因素，如使用工具书、拼音、识字、书写、用字、造句、说话、朗读、阅读、语法、修辞、作文、文言等。语文单项能力还可再分解，如：识字解析为正音、正字、解意，作文解析为审题、立意、选材和谋篇，等等。[1]

从"语言—智力"二维结构看，识字属于低阶内容，其余均为高阶内容；从"内容—操作—产品"三维结构看，语音、词汇、语法、修辞、逻辑、篇章主要属于低阶内容，其余为高阶内容；从"兴趣与习惯—能力与操作—策略与自学"三维结构看，知识和技能的操作主要属于低阶内容，其余属于高阶内容；从"认知—技能—知识"三维结构看，语文单项能力中的多个因素属于低阶内容。针对不同阶段的学生选择评价内容时，可根据其体系发展与学生的学习实际合理配搭低阶与高阶内容。

林语堂在《论读书》中说："学校所教非慎思明辨之学，乃记问之学。记问之学不足为人师，《礼记》早已说过。书上怎么说，你便怎样答，一字不错，叫作记问之学。倘是你能猜中教员心中要你如何答法，照样答出，便得一百分，于是沾沾自喜，自以为西洋历史你知道一百分，其实西洋

---

[1] 祝新华. 促进学习的语文评估：基本理念与策略［M］. 北京：人民教育出版社，2014：103-104.

历史你何尝知道百分之一。学堂所以非注重记问之学不可，是因为便于考试。"[1]从这段文字看，林语堂主张考查学生的高阶内容。周国平认为，"语言是一个人的整体文化修养的综合指数。凡修养中的缺陷，必定会在语言风格上表现出来"，"无论写什么，哪怕只是写信，写日记，写一个便笺，下笔绝不马虎，不肯留下一行不修边幅的文字。这样做的人必能写一手好文章"[2]，这段论述也隐含着对语文高阶能力的评价要求。

二、高阶内容的评价要点与方法

要评价学生的高阶内容，需要首先明确有意义的学习目标，然后根据有意义的学习目标选择有意义的评价内容。为了不断发现和提升课程学习的意义，L.迪·芬克建议在确立有意义学习的目标时，可追问以下问题：

用来明确有意义学习的目标的问题

基础知识：

●什么关键的信息（事实、术语、概念、关系……）是学生应该理解并在将来还能记住的？

●什么关键点是学生在本课程中应该理解的？

应用：

●什么样的思考是学生在本课程中应该学会的？

　　学生用来分析、评价的批判性思考；

　　学生用来想象、创造的创造性思考；

　　学生用来解决问题、进行决策的实践性思考。

●什么样的重要技能是学生应该学会的？

●什么样的复杂项目是学生应该学会管理的？

综合：

●学生应该认识、进行哪些联系（相同点和互动关系）？

　　课程内的观点之间；

　　本课程和其他课程或领域内的信息、观点和看法之间；

---

[1]林语堂.论读书［M］//梁启超，胡适，等.清馨民国风：先生的读书经.北京：首都经济贸易
　大学出版社，2014：32—33.

[2]周国平.人与永恒［M］.北京：作家出版社，2013：129.

本课程材料和学生个人生活、社会生活、工作之间。

人文维度：

●学生对自己能够或者应该有哪些了解？

●学生对他人以及与他人的交往应该有哪些了解？

关心：

●就学生所关心的东西来说，你希望学生在情感、兴趣、价值观上有哪些变化？

学会学习：

●你希望学生在以下哪方面能学到什么？

　　如何在这样的一门课程中成为一名优秀的学生；

　　如何在课程范围内进行探究和知识建构；

　　如何成为该课程的自主学习者？也就是对自己应该学习、想要学习的东西有一个学习日程安排，并有一个相应的学习计划。[1]

L.迪·芬克在六类学习中确立有意义的学习目标时，始终在追问这门学科在这类学习中对学生生命发展的意义是什么。对学生生命发展的意义在哪里，学习目标就确定在哪里，即使是基础知识的学习，也要围绕其对学生生命发展的意义追问关键信息和关键点，以提升低阶内容的生命意义。在不同类型的学习中评价语文学习质量时，也应根据L.迪·芬克的追问思路，形成如下用于反思和追问的问题。

用于明确"有生命意义的评价内容"的反思性问题

语文基础知识：

●学习的语文知识是否属于关键信息？学生是否应该理解并在将来还必须记住？

●是否抓住了理解和记住这些语文知识的关键点？这些关键点对语文知识的应用是否具有重要作用？

语言技能应用：

●确定的思维训练重点是否是学生在听说读写的过程中应该学会的？

　　学生用来分析、评价的批判性思考；

　　学生用来想象、创造的创造性思考；

---

[1]芬克.创造有意义的学习经历——综合性大学课程设计原则[M].胡美馨，刘颖，译.杭州：浙江大学出版社，2006：58.

学生用来解决问题、进行决策的实践性思考。

●确定的语言技能训练重点是否是学生在语文学习和生命成长中应该学会的？

●确定的语言应用项目是否是学生应该学会应用的？

语文综合性学习：

●确定的综合内容对提高学生的语文素养与生命成长质量是否有价值？

　　听说读写的各种知识与能力之间；

　　语文学科和其他课程或领域内的信息、观点和看法之间；

　　语文学习材料和学生个人生活、社会生活、工作之间。

人文维度的语文学习：

●确定的学习与评价重点，是否是学生对自己能够或者应该了解的？

●确定的学习与评价重点，是否是学生对他人以及与他人的交往中应该了解的？

关心维度的语文学习：

●选择的学习重点，是否能够促进学生在情感、兴趣、价值观上有某种变化？

学会学习：

●确定的学习与评价重点是否能促进学生在以下方面学到什么？

　　如何在语文这门课程的学习中成为一名优秀的学生；

　　如何在语文课程范围内进行探究和知识建构；

　　如何成为语文课程的自主学习者。

使用上述反思性问题审视评价内容是否具有生命意义时，可与第二章的相关内容结合起来考查，同时还要明确每一个反思性问题的意图，才能在反思中不断调整评价内容。如评价语文基础知识的学习质量时，追问和反思第一个问题的意图是所学的语文知识是否具有现实意义与未来价值，该不该学，以此评价学习内容的选择是否具有生命意义；追问和反思第二个问题的意图是学习这些有生命意义的语文知识时，是否抓住了如何才能更好地应用这一语文知识的关键，是否在应用中学习语文知识，以此评价学习方法的选择是否具有生命意义。对其他类型的学习进行评价时，可采用这一追问思路明确每一个问题的意图，此处不再赘述。

其次是将评价内容聚焦在语文核心素养的发展上。语文核心素养的发展不是纯学科的封闭式的发展，而是在社会生活中的应用能力的发展，语文学科听说读写素养的实质是学生的社会交往能力和语言应用能力。《欧洲语言共同参考框架》在确立"面向行动的外语教学理念"时，"把语言使用者和学习者首先定性为社会人"，提高语文素养的目的，是"在某一具体的社会行动范围内，根据特定的条件和环境，完成包括语言活动在内的各项任务"，"语言使用，包括语言学习是作为个体的人，或者作为社会人完成的行动"。根据这一思路，他们对语文能力做了如下界定：

能力：完成某种活动所必需的学识、才干和情绪。

语言能力：所有语音、词汇、句法，以及语言系统的其他应知应会知识与技能，也就是独立于社会语言学及其衍变、独立于语用学功能的纯语言能力。作为语言交际能力的一个组成部分，语言能力不仅指交际者掌握语言知识的广度和质量，如辨音能力、词汇量及其准确性，也包括交际者对语言知识的认知组织能力和记忆储存方式。

社会语言能力：语言使用中的社会文化因素。社会语言能力对社会规约相当敏感，所以强有力地影响着代表各种文化背景者之间的语言交际，尽管这种影响常常不为当事人所知。所谓社会规约，亦即社会日常运转中通过语言实现的许多基本规范，涉及人的言谈举止、礼仪、辈分、性别、身份、社会团体等。

语用能力：根据互动式交流进程和语境，功能化地使用语言的能力。它包括对说话、语篇、语法、结构和语义连贯的把握，识别文本的题材与体裁、讽刺与戏谑的效果。跟语言能力相比，语用能力的建构显然更受交际双方的互动及其文化环境的强烈影响。

综合能力：指进行各种活动所需要的基本能力，包括语言能力。[1]

从《欧洲语言共同参考框架》来看，语文素养包括语言能力、社会语言能力、语用能力与综合能力，这些能力相互关联但各有侧重。把语文素养作为评价重点，应同时兼顾上述四个方面的能力，但随着学段的升高，后三种能力应逐步占据主导地位，因为后三种能力对学生的未来发展具有更大的影响力，特别是综合能力的评价，是对学生智力、能力与技能的整合性考查，属于语文素养中的高阶内容。

章熊在语文测试研究中区分了智力、能力和技能的关系。他认为，从教育测量的角度看，智力、能力、技能体现了智能结构的三个不同层次，关系如下图：

---

[1] 欧洲理事会文化合作教育委员会.欧洲语言共同参考框架：学习、教学、评估［M］.刘骏，傅荣，等译.北京：外语教学与研究出版社，2008：9-14.

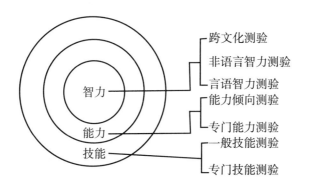

图 3-3　智力、能力、技能与相应测验关系示意图[1]

"智力的高低几乎影响到人的一切活动领域，能力影响到一个人在某一职业活动中多种活动的效率，而技能仅仅影响某一有限或具体的活动"[2]，所以智力居于核心位置，技能处于最外层。"任何一份语文试卷，都会含有智力因素，因为语言是思维的直接现实；但智力也是其他学科所具有的因素，并不构成语文试卷的一个独立部分，它体现于语文试题之中，而不是游离于试题之外。构成语文测试的核心的，是语文专门能力的测试。语文的专门能力就是读、写、听、说能力"，"语文技能技巧的操作性测试构成语文测试的另一个环节。语文课要培养学生的专门技能，例如标点、书写、在一定语境中的词语运用、句式的修辞性变化等，这些技能技巧具有相对独立性，可以通过有针对性的操作题进行测试"，"知识性测试构成语文测试的第三个环节。语文课中有一些内容是属于反映型的，例如文化常识、文学知识等，这些知识是形成个人文化教养的有机组成部分，也属于语文测试的范围"，"专门能力的测试、技能技巧性操作、知识的检测，这三者构成了语文测试的总体间架。其内部比例和难度的调整、考核的内容与题型，即随考试的性质、目的、要求而变化"[3]，这些变化集中体现在低阶内容与高阶内容的增减上，增减的主要内容应聚焦在语文素养的发展与评价上。但语言素养的内核是思维，决定智力高下的也主要是思维，因此，语文素养的评价必须强化思维能力

［1］章熊. 中国当代写作与阅读测试［M］. 成都：四川教育出版社，2000：30.

［2］同［1］.

［3］同［1］30–31.

的评价。有研究者认为，学生的思维发展大多要经历四个阶段。

阶段1：在任何学科领域的最初阶段，其特点都是模糊的思想、错误的概念和初级知识。当我们教给学生更多的信息后，他们逐渐将他们先前的知识转化成新的事实、概念和结论。

阶段2：在学习的第二个阶段，学生的知识不断增长，变得更加有组织性，他们所具有的程序性知识让他们的表现更为顺畅。

阶段3：在学习的第三个阶段，学生逐渐变得善于监控认知策略的使用。运用这些策略，他们开始懂得如何进行问题解决、辩证性思维和做决策。

阶段4：学习的第四阶段的特点是能有效运用陈述性知识和程序性知识，灵活运用认知策略，特别是进行元认知，也就是对他们的思维活动及其改进方式进行思维的能力。[1]

当学生进入第3和第4阶段时，就进入了高阶思维阶段，就能够整合智力、能力和技能等各要素。语文学习质量评价强调第3、第4阶段的评价，其重要目的是提高学生的发展智慧，使学生成为具有未来影响力的"智慧学生"。贾尼丝·萨博对聪明的孩子和智慧学生进行了如下比较：

表3-5　聪明的孩子和智慧学生的不同特点[2]

聪明的孩子	智慧的学生
1.能够知道答案	1.能够提出问题
2.带着兴趣去听	2.表达有力的观点
3.能理解别人的意思	3.能概括抽象的东西
4.能抓住要领	4.能演绎推理
5.完成作业	5.寻找课题
6.乐于接受	6.长于出击
7.吸收知识	7.运用知识
8.善于操作	8.善于发明
9.长于记忆	9.长于猜想
10.喜欢自己学习	10.善于反思、反省

根据智慧学生的这些特点，可以勾勒出智慧型语文课堂的特征、评价要点和具有生命发展意义的语文试题特点。

---

[1]博里奇，汤伯里.中小学教育评价[M].国家基础教育课程改革"促进教师发展与学生成长的评价研究"项目组，译.北京：中国轻工业出版社，2004：26.

[2]方展画.基础教育的价值追问[J].教育发展研究.2006（8）：1-4.

表3-6　智慧学生、智慧课堂、具有生命意义的语文试题的评价要点

智慧学生的评价要点	智慧课堂的评价要点	具有生命意义的语文试题的评价要点
1. 能够提出问题 2. 表达有力的观点 3. 能概括抽象的东西 4. 能演绎推理 5. 寻找课题 6. 长于出击 7. 运用知识 8. 善于发明 9. 长于猜想 10. 善于反思、反省	●引导和激发学生提出有价值的问题 ●引导学生利用多种推理方法与思维方式获得结论 ●学生主动应用语文知识与能力探究新问题，获得新结论 ●学生大胆想象与合理猜想 ●学生大胆表达自己的想法，有说服力与感染力 ●学生善于自我评价和反思	●学生能根据试题任务提出有价值的问题 ●完成试题任务需要调动多种思维方式与推理方法 ●在综合性的任务中强调了语文知识与能力的应用 ●具有较为广阔的思考与表达空间 ●促进学生反思自己的回答过程与结论

在日常教学中，具有生命意义的语文试题的评价要点可体现在日常作业中。陈建华对低水平作业和高水平作业做了如下比较[1]：

表3-7　课堂作业分析（低水平作业）

作业类型	要求
1. 惩罚性作业	例如，写出6条理由说明为什么不准在教室里跑来跑去
2. 勤杂性作业	例如，搬移教室的课桌椅以腾出更大的空间；整理教室设备
3. 描画或涂色作业	从地图册中描几幅地图，给课本插图上色
4. 抄写标题	教师经常对学生说："把标题抄下来。"这也包括直接抄黑板或教科书
5. 朗读	各科教师都喜欢要求全班学生读课文，包括一齐唱歌，跟着录音机复述词语，或在演奏乐器时注意模仿教师
6. 默读、聆听或观察	教师要求学生对录音或示范实验做被动的旁观者，学生也默默地念读着，并且常常放慢速度让反应稍慢的学生跟得上
7. 记忆	学习一个词表或一个史实材料
8. 订正或进行订正测验	当教师在描述作业时用了"订正"这一词的场合下，才使用这一方法
9. 跟着示范做一次实验，或对结果做一个简单的观察	许多自然科学课都从教师的示范实验开始，然后学生既要观察结果，又要准确地重复一次实验

[1] 陈建华. 对新课程背景下中小学作业改革的探讨 [J]. 教育科学研究，2006（1）：5-9.

续表

作业类型	要求
10. 简单地填充、理解或做笔记	这些作业要求学生理解或概述已由教科书、作业问卷或教师提供的简单材料
11. 强化	布置的作业要求实际运用已学会的技能。例如上个星期学了关于分数的知识后，给学生20道分数加法题进行练习。这一方法还包括诸如记录实验结果，订正先前做过的作业等
12. 查询信息	这个方法仅用于查询简单的事实信息，如找出一则材料，或在一个特殊事件中发生的事情。如果这一方法运用恰当，相当于高水平的作业

表3-8 课堂作业分析（高水平作业）

作业类型	要求
1. 想象性作业	这个范畴包括常被人们认为具有创造性水平的写作，最典型的一个例子是写一首关于火的形象诗，或是写一篇名叫"伟大的历险记"的系列性故事
2. 收集证据、解决问题、演绎和推理作业	设计一些问题，例如：温度能够引起变化吗？哪一种清洁剂洗东西效果最好？
3. 应用性作业	要求学生运用已获得的知识，以便在新的情景中进行操作
4. 分析性作业	要求学生在事实和假设之间做出区别，找出范型和弄清关系
5. 综合作业	把观念组织起来做出一个新的陈述，检验观念，发现关系，或提出更改措施
6. 交换作业	要求学生客观地做出评价、鉴别或批评，包括写影评、书评或评述一部小说中的某个人物

从具有生命意义的语文试题的评价要点看，想象性作业，收集证据、解决问题、演绎和推理作业，应用性作业，分析性作业，综合作业，交换作业等，把智力、能力、技能等结合了起来，有利于考查和培养学生的语文素养和成长智慧。

为了合理评价高阶内容，博里奇等人制订了高阶思维和问题解决核查表。

表3-9　高级思维和问题解决核查表[1]

检查下面每一列来确定：（1）你的课程要求学生在多大程度上达到这种目标；（2）你教会学生在多大程度上达到了目标。

在目标中写的"5"代表"在极大程度上"，"4"代表"在相当大程度上"，"3"代表"在一定程度上"，"2"代表"在很小程度上"，"1"代表"根本没有"。每种行为实施情况的得分减去其重要程度的得分，得到的数值即可以看出你注重的方面。

	重要程度 下列目标在你的课程要求中的重要程度					实施情况 为达到以下目标，你在教学过程中的实施情况				
	（选择一个）					（选择一个）				
	5	4	3	2	1	5	4	3	2	1
知识的应用										
1. 从他/她的记忆中搜索与问题有关的知识										
2. 绘制一张图或表来表示所学的或所观察到的知识										
3. 建构图表，并对之进行解释										
4. 根据事物的主要特征对其进行分类										
5. 交流从口头和书面报告中获取的结果										
6. 利用提供的规则组织结论										
7. 从各种不同的资源获取信息										
分析技能										
8. 确定各个成分间的相似性和差异性										
9. 将这个问题与先前遇到的问题进行比较										
10. 理解问题中的每一个成分与整个问题的关系										

[1] 博里奇，汤伯里.中小学教育评价［M］.国家基础教育课程改革"促进教师发展与学生成长的评价研究"项目组，译.北京：中国轻工业出版社，2004：156-159.

续表

	重要程度 下列目标在你的课程要求中的重要程度					实施情况 为达到以下目标，你在教学过程中的实施情况				
	（选择一个）					（选择一个）				
	5	4	3	2	1	5	4	3	2	1
11. 通过观察或者对资料的分析得出合理的结论										
12. 找出并清楚地说出自身或者他人思维中的错误										
13. 解释一个结论的原因										
14. 根据你掌握的信息对未来进行预测										
15. 提出一种验证预测的方法										
16. 找出一个问题最重要的因素										
17. 以逻辑的方式组织一个结论										
18. 为评价问题解决方案设定标准										
19. 收集信息和证据解决问题										
20. 从不同渠道收集支持性证据										
21. 判断证据的可靠程度										
22. 在一种常见的情境中解释问题										
综合／创造性										
23. 以一种非常规的目光审视问题										
24. 重新组织一个问题，使其易于操作										
25. 头脑风暴法提出内容的新应用途径										
26. 预期潜在的问题										
27. 准确地总结你所阅读的别人所说的观点，包括口头的和书面的										

续表

	重要程度 下列目标在你的课程要求中的重要程度					实施情况 为达到以下目标，你在教学过程中的实施情况				
	（选择一个）					（选择一个）				
	5	4	3	2	1	5	4	3	2	1
评价／元认知										
28. 忽视妨碍目标达成的分心刺激										
29. 根据反馈做出适当的调整										
30. 评价一种问题解决方案中存在的危险										
31. 监控结果，并适当调整策略										
32. 判断证据的可信程度										
33. 评价并修改书面内容										
34. 质疑自己不确定的方面										
35. 寻找错误和相互矛盾的地方										
性情										
36. 对他人的行为表现进行有意义的评价										
37. 分享与交流										
38. 在完成任务的过程中保持互助										
39. 在需要的时候对他人提供帮助										
40. 在任务答案或者解决方案不是很确定的情况下也执行任务										
41. 追求精确										
42. 灵活地改变自己的观点以符合事实										
43. 抑制冲动行为										
44. 提出草案并进行尝试以解决问题										

第二节　低阶与高阶：语文学习质量评价的生命意义

续表

	重要程度　下列目标在你的课程要求中的重要程度					实施情况　为达到以下目标，你在教学过程中的实施情况				
	（选择一个）					（选择一个）				
	5	4	3	2	1	5	4	3	2	1
45. 在完成困难任务时表现出坚定性										
46. 以一种建设性的态度与他人进行协商										
47. 对学习有热情										
48. 当需要时寻求反馈										
49. 在小组工作中与他人合作										
50. 在需要时给他人提供帮助										
51. 在完成一个项目时展现独立性和自主性										
52. 积极倾听他人的观点										
53. 忽视那些影响目标达成的分心刺激										
54. 对自己达到重要目标的过程进行记录										
55. 客观评价自己的表现										
56. 设定在某个时间段要实现的目标										
价值观										
57. 关注道德问题和冲突										
58. 坚持行为规范										
59. 展现解决道德难题和冲突的能力										
60. 在应对困难的情境中保持自我约束力										
61. 在行为中表现出对他人的关心与关注										
62. 在完成任务和与人交往的过程中对行为负责										

博里奇列出的上述核查表，与《欧洲语言共同参考框架》的观点，以及章熊、贾尼丝·萨博等的认识有许多相似之处。使用这张核查表时，要根据评价的具体内容和目前需要解决的重点问题，选用或增添评价项目，使之更简易，更便于操作。同时，上述核查表也可以成为学生的自我核查表，促进学生提高自我评价能力。

最后，通过评价促进深度学习。"深度学习是学习者根据自己的学习兴趣和需求，在理解的基础上主动地、批判性地学习新思想和知识，运用多样化的学习策略来深度加工知识信息，建立多学科知识、多渠道信息、新旧知识信息等之间的联系，建构个人知识体系并有效迁移应用到真实情景中来解决复杂问题的学习"，"深度学习是学习者利用深度学习法来获得高质量学习结果、实现有意义学习的一种高阶学习，其最终目标是促进全面学习目标的达成和高阶思维能力的发展"[1]。不同研究者对深度学习的本质与特征有不同的认识，但就高阶内容的评价而言，应重点强化三个方面。

一是评价学生的结构化能力。结构化能力，是指学生形成语文知识、能力和经验等结构的水平。具有这种水平的学生能够在语文学习的过程中不断形成和完善自己的语文知识结构、语文能力结构、解决问题和学习语文的经验等结构。结构化能力是语文学习的高阶能力，只有把语文要素和学习语文的各种能力条理化、结构化，才能提高学生在不同的生活场景中运用语文的能力。"区分专家和新手的知识的重要标志是他们的知识结构"，"这种知识结构有两大优势：它比单纯一连串的断续的事实要更为实用和概括，在工作记忆中进行问题解决时需要随时提取大量信息，这种知识结构更容易提取"，"任何领域的优秀思考者都具有广泛的条理化的知识基础，并且他们会思考他们学习了哪些知识以及是怎样学习这些知识的"[2]。要通过高阶内容的评价促进深度学习，就要对学生的结构化能力进行评价。

---

[1]张浩，吴秀娟，王静.深度学习的目标与评价体系构建［J］.中国电化教育，2014（7）：51-55.

[2]博里奇，汤伯里.中小学教育评价［M］.国家基础教育课程改革"促进教师发展与学生成长的评价研究"项目组，译.北京：中国轻工业出版社，2004：11.

　　二是评价学生的策略化能力。策略化能力，是指学生提炼和运用各种语文学习方法的能力。具有高阶学习能力的学生，"除了具备条理化、易提取的知识基础，在处理本领域的问题时喜欢质问自己的知识和假设，提醒自己用特定的方式思考和进行问题解决，对解决问题所用的特定策略进行反思，如果策略有效还要对其做出评价。他们了解自己的思维强度，能够在问题解决过程中进行观察并自我监控，最后对结果进行评价"[1]。这些能力就是策略化能力，只有在评价中强化这些能力，才能提高学生的学习能力，培养出"会学语文"的学生。

　　三是评价学生的深层理解能力。"深层理解（deep understanding）很独特，要求有能力建构和组织新知识来解决新问题。用平常的话来说，深层理解就是指真的懂得了某件事情"[2]，"深层理解一般用扩展性反映论文题来评价"[3]。扩展性、反映性的评价多采用表现性评价方式，"设计表现性评价的目的在于测试学生的高级思维或解决问题的能力。在这个阶段，必须弄清楚你想要测试哪种高级思维或解决问题的能力。一般来说，表现性评价测查的是获得和组织信息时的认知过程、问题解决策略的应用以及表达能力"[4]，后文对此有专门阐释，此处不再赘述。

　　有意义的学习目标、语文能力与智慧、促进深度学习，是语文学习质量评价从低阶转向高阶的三个关键点，只有抓住这三个关键点，才能在评价内容的选择上突显语文学习的生命意义，帮助学生走出内生发展、有效发展、持续发展和创造性发展的质量危机。

---

［1］博里奇，汤伯里. 中小学教育评价［M］. 国家基础教育课程改革"促进教师发展与学生成长的评价研究"项目组，译. 北京：中国轻工业出版社，2004：12.

［2］同［1］177.

［3］［4］同［1］186.

第三节　结果与过程：语文学习质量评价的发展意义

评价是为了促进发展，"为了发展而评价"已成为多数人的共识。学生面临的内生发展、有效发展、持续发展与创造性发展的质量危机，需要通过发展性评价来解决；从语文学习质量评价的价值追求看，创造有意义的语文学习经历，是为了提高语文学习过程的学生发展价值、社会发展价值，以及学生和社会和谐发展的互动价值；从语文学习质量评价的功能看，要让不同类型的学习变得有意义，需要提升学习过程的发展价值。要走出质量危机，实现语文学习质量评价的价值追求与功能，需要彰显语文学习质量评价的发展性意义。

同时，要激活学生的学习动力，突显语文学习的生命意义，也需要提升语文学习过程的发展意义。语文学习过程的发展意义，是指语文学习的每一个环节、每一次活动都能促进学生在某方面的点滴进步，这些点滴进步累积起来，就能发展学生的语文素养，促进学生生命发展。语文学习质量评价，其重要目的是引导学生在语文学习过程中发现自己的进步，促进自己的真实成长。但是，传统的语文学习质量评价更多地看重学生的发展结果，而不注重过程性的评价引导，在语文学习活动中"有教无评"或"有学无评"，这种只顾"埋头拉车"不顾"评价引路"的学习活动，降低了学习效益。因此，要提高语文学习质量评价的动力意义和生命意义，必须提高评价的发展意义，树立"在过程中引领学生发展"的评价理念，才能促进学生的有效发展。

一、过程评价的立足点：评价与教学相结合

从单纯的结果评价转向以过程评价为主体的基本思路是：评价与教学相结合，评价为改进教与学服务。

首先，评价与教学相结合，在教学中评价，在评价中把教与学引向深入。过程质量评价的核心是形成性评价。"有效的形成性评价要包括以下特征：教师对评价证据做出教学调整的反应；学生得到他们学习的反

馈与他们进行什么样的建议；学生参加到自我评价的过程中。概括地说，评价，只有在其信息是用于调整教学以满足学生需要时才是形成性的。"[1] 过程质量评价的重要作用是为师生的教与学及时做出反馈，并提出改进建议。从这一角度看，教学和评价密不可分。格伦隆德就教学与评测的关系做了如下比较：

表3-10　教学与评测的关系[2]

教学	评测
具备下列条件时，教学最有效： 1. 直接指向一系列界定清晰的预期学习成果 2. 教学方法和教学材料与所欲达到的学习成果相一致 3. 教学设计与学生的特征和需要相匹配 4. 教学决策的依据是有意义的、可靠的、相关的信息 5. 定期告诉学生他们的学习进展情况 6. 为那些没能获得预期学习成果的学生提供补救 7. 定期审查教学有效性，根据需要修正预期学习成果和教学	具备下列条件时，评测最有效： 1. 评测的设计针对一系列界定清晰的预期学习成果 2. 评测的性质和功能与所要评测的学习成果相一致 3. 评测的设计与相关的学生特征相匹配，并且对每个人都公平 4. 评测提供有意义的、可靠的、相关的信息 5. 及时给学生提供关于评测结果的反馈 6. 利用评测结果，揭示出具体的学习弱点 7. 评测结果为评价教学目标、教学方法和教学材料提供适当有用的信息

　　格伦隆德认为，有效的教学和评测取决于四个因素：一是预期的学习成果；二是教学与评价过程和预期成果相匹配；三是教学与评测设计都应与学生的发展特征相一致；四是为学生的学和教师的教及时提出有针对性的改进建议。这四个因素将教学和测评联系起来，使教学和测评难以截然分开。换句话说，好的教学需要好的测评来辅助，好的测评需要在教学过程中实现，这是过程质量评价需要遵循的基本准则。瑞查德赞同格伦隆德的观点，他为此列举了评价与教学相统一的教师自评指标：

————————
[1] 刘学智，栾慧敏. 美国基础教育视域下的SBAC学业评价体系的框架与特征 [M] //杨向东，黄小瑞.教育改革时代的学业测量与评价.上海：华东师范大学出版社，2013：62.
[2] 格伦隆德，沃.学业成就评测 [M].杨涛，边玉芳，译.北京：教育科学出版社，2011：4.

评价与教学整合推进的教师自评指标

●我理解并能够在具体教学开展之前制订出我希望学生达到的学业目标。

●我不断地用学生能够理解的方式让他们熟悉那些学业目标；就是用学生能够理解的语言去解释那些学业目标。

●我把那些学业目标转换为课堂评价，而且确信它们能够准确地评价学生的成绩。

●我理解课堂评价和学生学习动机之间的关系，在我的课堂上，我们使用评价来树立（而不是破坏）学生的信心。

●我会根据需要使用课堂评价的结果来调整我的教学计划，也就是，我们根据学生当前的成绩来制订下一步的学习目标。

●对学生的反馈是经常性的、描述式的（相对于偶然性的或者论断式的），以促进他们的进步。

●我的学生积极参与对自己成绩的评价。

●我的学生就他们的学业现状和进步与他人进行积极的交流。

●我的学生清楚地了解他们需要达到的学业目标，尽管他们还没有达到。[1]

瑞查德将评价与教学的整合分为四个步骤：一是师生确立并明晰学习目标；二是将学习目标转化为评价目标，并据此设计评价的内容与方式，实施评价；三是发挥评价结果的作用，帮助学生树立自信，促进教师改进教学；四是引导学生自我评价，明确发展目标，交流学业进步，及时进行自我调整。PISA2009（上海 2009 年国际学生评估项目）在调查影响阅读课堂质量的因素时，也设置了如下调查项：

PISA2009 影响阅读课堂质量的调查项目

●老师预先说明希望学生做什么。

●老师检查学生做阅读课堂作业时是否全神贯注。

●老师在学生完成阅读课堂作业后会讨论这些作业。

●老师事先告诉学生作业的评分标准。

●老师询问是否每个学生都理解了应该怎样去完成阅读课堂作业。

●老师为学生的作业打分。

●老师会给学生机会问有关阅读课堂作业的问题。

---

[1]斯蒂金斯.促进学习的学生参与式课堂评价（第四版）[M].国家基础教育课程改革"促进教师发展与学生成长的评价研究"项目组,译.北京：中国轻工业出版社,2005：32.

●老师会提出鼓励学生积极参与的问题。

●阅读课堂作业做完后，老师立即告诉他们做得如何。[1]

PISA2009 的上述调查项目也突出了评价与教学整合的四个要素：一是学生明确学习目标与评价标准；二是通过多种方式帮助学生投入学习活动，使他们具备完成任务的知识、方法与态度；三是及时对学生完成任务的质量进行评价；四是及时提出改进建议。

从不同研究者或组织提出的观点看，过程质量评价要与教学相结合，需要在四个方面下功夫：一是用学习目标统整教学与评价内容；二是把教学任务作为课堂评价的重要素材，在完成教学任务的过程中引导学生自我评价，或对学生完成任务的表现进行评价，提出改进建议；三是在多种学习活动或学习形式中随机评价，把学习现场作为评价的主要阵地；四是把评价隐藏在教与学的过程中，用评价的理念和思路推进教学。如北京市安贞里第一小学邓波老师针对不同环节的朗读提出了如下评价目标与内容：

环节一：初读课文的朗读

初读课文的朗读，重在评价学生朗读的正确、流利。正确即学生是否读准字音，流利即学生是否丢字多字。评价目的是促进学生将课文读准、读熟。评价时可以说："你读得很认真，如果把某某字读正确就更好了，希望你继续努力。"

环节二：精读课文的朗读

精读课文的朗读，也就是对课文内容感悟的朗读，重在评价学生朗读的情感程度。学生在学习课文时，通过朗读感悟语言文字。评价的目的是促进学生读出自己的感受，读出文章的思想感情。评价时可以说："你进步很大，基本上能够读出语气，可是你发言时声音太小了，你能大声地再读一遍吗？他们还想向你学呢！"

环节三：学习课文后的朗读

学习课文后的朗读，重在评价学生的诵读程度。评价的目的是促进学生熟读成诵，丰富学生的语言积累。评价时可以这样说："书上没有要求背诵的课文，你都能有感情地背诵下来，真棒！"[2]

[1] 国际学生评估项目中国上海项目组.质量与公平——上海2009年国际学生评估项目（PISA）研究报告 [M].上海：上海教育出版社，2013：187.

[2] 张春莉.走向多样化的评价——小学生学习能力评价的理念、方法与实践 [M].上海：上海教育出版社，2005：55-56.

　　不同阶段提出朗读的不同要求，用朗读目标统整评价与教学内容，把朗读作为重要的教学任务，在朗读活动中随机评价，既引导学生提高朗读水平，也促进学生不断深入地理解文章内容，实现了评价与教学的有机结合。格伦隆德认为，要促进评价与教学的有机结合，评价应贯穿于教学的不同环节，但是不同环节的教学评价，其内容和作用应该有所不同，他为此做了如下区分：

　　教学开始时的评测，称为安置性评测、起点评价、定位评价或基线评价，教师通过评价回答下面两个问题：

　　1. 对开始教学所必备的技能和能力而言，学生已经掌握了多少？在多大程度上具备开始教学所需的技能和能力？

　　2. 对教学所预期的学习成果而言，学生已经掌握了多少？在多大程度上已经达到了教学计划的预期学习成果？

　　在教学过程中的形成性评价和诊断性评价主要回答以下两个问题：

　　1. 在哪些学习任务上学生的进展令人满意？在哪些任务上他们需要帮助？

　　2. 哪些学生有严重的学习困难以至于需要补课？

　　教学结束时的总结性评测要回答以下问题：

　　1. 哪些学生较好地完成了学习任务，并且应该开始一门新课或下一个教学单元？

　　2. 每个学生各应打多少分？[1]

　　格伦隆德认为，在教学起始时的评测要解决的主要问题，是对学习的条件质量进行判断；在教学过程中的形成性评价，是对学习的过程质量进行判断；在教学结束时的评价，是对学习的结果质量进行判断。评价贯穿于教学的全过程，整合了条件质量、过程质量与结果质量三种评价，强化了学习条件、过程与结果对学生的发展意义。

　　其次，让评价为改进教与学服务，发挥促进学习的功能。祝新华教授曾对不同学者提出的促进学习的评价（估）做了如下对比：

---

　　[1] 格伦隆德，沃. 学业成就评测 [M]. 杨涛，边玉芳，译. 北京：教育科学出版社，2011：9.

表3-11　不同学者提出的促进学习的评估特征[1]

	Assessment Reform Group （2002）促进学习的评估的十大特征	Wiliam & Thompson （2007）评估融入教学的重要策略	OECD（2005）进展性评估的六个特征	丁邦平（2005）指导学习性评估的要素	Moss& Brookhart （2009）进展性评估的要素
评估目标	用评估来提示学生的学习；让学生知悉评估的标准	向学生说明学习目标和教师对他们的期望	订立学习目标，以追寻和评定个别学生的学习进度	提高教学品质，促进师生发展；注重课程与教学的形成性或发展性	分享学习目标及成功的标准
评估时机	评估必须与教学相联系；在学习过程中不断地评估学生		建立互动式教学和运用评估工具的课堂文化；运用多元化教法配合学生的学习需要	评估与有效教学是密不可分的同一过程；评估的对象是教与学的整个过程	
评估主体	重视同事间的合作；允许学生参与评估过程	学生为自己的学习负责；学生成为彼此学习的资源	学生积极参与学习过程	评估主体是教师和学生	学生自定目标；学生自我评估
评估方法	使用多元评估方法；选择便于学生评估的方法	运用有效的课堂讨论、提问、活动和任务，以收集有关学习进度的信息	运用多元化的评估模式评估学生的学习		
评估结果	分析和报告学生的学习结果，提供反馈以促进学生的学习	提供有助于学生改进的反馈	对学习表现提供反馈，并调整教学以满足学生的发展需要		

　　从上表看，促进学习的评价要具备四个条件：一是评价目标的清晰度与知晓度；二是评价与教学的结合度，在教学中评价，利用评价改进教学；三是评价主体与评价方法的多元性；四是评价结果的建设性，评

---

[1] 祝新华.促进学习的语文评估：基本理念与策略［M］.北京：人民教育出版社，2014：6.

价结论具有快速反馈和帮助学生改进的价值。对此，祝新华教授进一步对促进学习的评价（估）和（对）学习的评价（估）进行了比较。

表3-12　促进学习的评估与（对）学习的评估的区别[1]

类别	促进学习的评估	（对）学习的评估
目的	重视学习，了解现在的学习情况是为了学生以后的改进，求得更好的发展，以达到学习目标	重视表现，以等级和排名来评估学生的课业
学生地位	学生作为主体之一参与评估，如自评学了多少、进步了多少，对自己的学习负责	学生作为客体，处于被动状态，学习表现被评核
人际关系	体现评估过程开放、平等、民主、协商的特点；创造机会让学生展现合作精神	不太注重学生的感受和是否认同评估结果，加剧了竞争，学生的自信心和自尊心得不到保护，评估氛围和人际关系紧张
反馈信息	提供建设性反馈，引导学生采取后续行动	提供评价性反馈，使学生对自己的潜能持有恰当的看法
评估程序	根据当时的具体情况形成优先次序、适当的步骤	有固定的程序，很少根据实际情况调整
评估方法	方法多元，强调日常、动态、过程评估；评定的问题具有真实性、情景性；重视考查学生分析与解决问题的能力	评估方法较为单一，以纸笔测试为主；重视结果评估
评估标准	评估的题目、标准都是公开的，亦可由老师和学生共同制订	评估的题目、标准不公开，由老师制订

表3-12在两种评价的比较中，提供了促进学习的评价（估）的操作思路与策略，这些操作思路与策略强调学生的内生发展与持续发展，评估的基本原则是调动学生自我评价、自我反馈与自我发展的积极性，所以学习目标与评估标准是公开的，评估方式是多元与协商的，评估过程是灵活的，评估结果是能够帮助学生持续改进的。（对）学习的评价（估）是以纸笔测试为主要载体，以分数、等级和排名为主要手段，其目的是对学生的学习与发展状况进行结论性评定。因此，两种评价在信息处理上存在较大差异。

[1] 祝新华.促进学习的语文评估：基本理念与策略［M］.北京：人民教育出版社，2014：9-10.

表3-13 促进学习的评估与（对）学习的评估信息处理过程的比较[1]

信息处理过程		促进学习的评估	（对）学习的评估
收集信息	1.收集信息	重视	重视
解读信息	2.判断表现	重视	重视
	3.诊断原因	重视	欠重视
运用信息	4.反馈 分数与等级	少用	多用
	陈述	少用	少用
	批评	少用	多用
	赞赏	多用	少用
	建议	多用	少用
	5.改进教学	重视	欠重视

语文学习的过程质量评价，就是收集、解读和运用学科要求、学习需求和学生发展等方面的信息。信息处理过程的差异决定了评价的质量，只有遵循促进学习的评价（估）的信息处理要求，才能利用评价这一手段提高学生的内生发展、有效发展、持续发展和创造性发展的质量。

二、过程评价的理想追求：在评价中发展核心素养，走出质量危机

在教学中评价，以评价改进教学，其理想追求是在过程性评价中发展核心素养，走出内生发展、有效发展、持续发展和创造性发展的质量危机。但是，不少老师在语文学习的过程性评价中缺少促进内生发展、有效发展、持续发展和创造性发展的意识，弱化了过程性评价的价值与功能。

一些老师在课堂上对学生进行的及时性评价难以让学生发展核心素养，提高内生发展的质量。一位老师执教《徐悲鸿励志学画》中的一段："徐悲鸿的生活十分清苦。他只租了一间小阁楼，经常每餐只用一杯白开水和两片面包，为的是省下钱来购买绘画用品。"师生间有这样一段对话：

师：请同学们细心品读这一段文字，说说你从中体会到了什么。（一名学生举手，教师让其回答）

生1：我想问个问题，徐悲鸿每餐只吃那么一点东西，他不会饿出毛病来吗？

师：（露出失望的神情）你听清楚老师刚才的问题了吗？坐下去！（生不好意思地坐了下去，整节课再也没有吭声）

---

[1] 祝新华.促进学习的语文评估：基本理念与策略［M］.北京：人民教育出版社，2014：10.

生2：我觉得徐悲鸿生活十分清苦。

师：（表情严肃地追问）仅仅是生活清苦吗？（生语塞，其他学生没人举手了）

师：徐悲鸿为了提高自己的画技，宁愿过着清苦的生活。你们感受到了徐悲鸿为祖国勤学苦练的精神了吗？[1]

生1提出的问题和生2的回答都源自他们的内心，教师只要稍加引导，就能激发出他们进一步思考的热情与潜力。面对生1提出的"徐悲鸿每餐只吃那么一点东西，他不会饿出毛病来吗"这一问题，教师可以顺势追问：会饿出毛病的，徐悲鸿也知道这一点，可他为什么还是每餐只吃一点点？然后让学生回到课文中去仔细品读，生1就不会"不好意思地坐了下去，整节课再也没有吭声"。面对生2回答的"我觉得徐悲鸿生活十分清苦"，可以换一种方式追问：他为什么乐于过这种清苦的生活呢？学生在这样的追问下，就能调动自己的思维，让自己投入到课文中去，在发展思维素质的过程中提高内生学习的质量。而这位老师却"露出失望的神情"，用否定式的反问句对学生的提问和回答进行了简单评价，伤害了学生的自尊心，扼杀了他们的学习热情。而另一位老师则采用了不同的评价方法：

一个平时不太发言的学生A竟然在迟疑之下举起了手，老师在惊异的同时，微笑着鼓励她站起来朗读课文。这是一个学习基础不太好的学生，当她怯怯地不太流利且又不够准确地读出指定的段落后，小朋友们早就纷纷高举小手要给她指出缺点（有个别性急的孩子已经叫出口："她读错了！"）。认识到自己要成为小朋友们批评的众矢之的，生A是那样局促不安。

师：（走到她身边，抚着她的肩，亲切地面对孩子）在小朋友提意见前，老师先要表扬这位小朋友（小朋友们满脸的疑惑），生A是这个学期才从别的学校转到我们班的，她原来的书和我们的不一样，刚来的时候可是有好多字不认识。今天她第一次在这么多同学的面前勇敢地站起来发言，大家觉得她是不是很有勇气呢？

（老师的话音刚落，教室里响起一阵热烈的掌声。生A满脸通红，激动地坐下）

师：（不失时机地追问）这位新同学读了，你想夸夸她吗？你觉得她的哪些方面值得大家学习呢？

---

[1] 刘旭，李文星. 义务教育阶段基于新课标的语文学科评价研究 [M]. 天津：南开大学出版社，2014：121.

生：她胆子真大，声音很洪亮！

师：她在哪些地方做得不错，还有什么方面需要大家提个醒呢？你想对她说些什么？你能送她一些小点子吗？让她进步得快些？

（接下来当小朋友们真诚地为生A指出朗读中的不足时，她已没有了刚才的难堪，很愉快地接受了同学的帮助）

师：（不忘鼓励）老师相信，有这么多小朋友的热情帮助，她一定会进步得很快。

师：有哪位同学愿意谈谈你在这节课中的学习感受？

（孩子们争先恐后地发言）

生1：发言的感觉真好。因为我感觉大家都在帮助我。

生2：我喜欢当评论员，当我夸同学时，他会对我笑，我也很开心。

生3：这节课中，我还学到了小朋友之间要互相帮助，不能随便笑话别人。[1]

这位老师用赞赏和鼓励的评价理念，和同学们一道帮助这名学生发现优点，寻找继续前进的小方法，既激发了学生的学习动力，也教会了学生如何学习和与人相处的技巧，有利于帮助学生发展核心素养，走出内生发展的质量危机。

好的过程性评价，既要帮助学生走出内生发展的质量危机，也要帮助学生走出有效发展的质量危机，才能引导学生切实提高核心素养。一些老师在学习过程中的评价忽略了学生的有效发展，如一位老师执教《美丽的丹顶鹤》，在学生整体感知课文后，出现了以下教学场景：

师：同学们，你们想对丹顶鹤说什么？

（随即出示了一个补充句子：丹顶鹤，你真＿＿＿＿＿＿！）

生1：丹顶鹤，你真美丽！

生2：丹顶鹤，你真高雅！

（突然，一位小男孩站起来）

生3：老师，我……我觉得……

师：（还没等他说完，教师就立即示意）嗯，想好了再按老师给你的句式说。[2]

这位老师对生1、生2的回答没有进一步引导，学生在原有回答的基

---

［1］刘旭，李文星. 义务教育阶段基于新课标的语文学科评价研究［M］. 天津：南开大学出版社，2014：135-136.

［2］同［1］120.

础上没有任何提升，降低了学习的有效性；对思维速度较慢、表达不流畅的学生缺少必要的等待，没有给学生提供思考的时间，更没有对这类学生进行提升性引导。"还没等他说完，教师就立即示意"的专横式评价，既不利于提高内生发展的质量，也不利于提高有效发展的质量。而于永正老师在执教《草》时，就克服了这一弊端，下面是他教学的一个片段：

师：小朋友，回到家里，谁愿意把新学的古诗《草》背给妈妈听？（找一名学生到前面来）

师：好，现在我当你妈妈，你背给我听好吗？想想回到家里该怎么说？

生：妈妈，我今天学习了一首古诗，背给您听听好吗？

师：好。（生背诵）我的女儿真能干，老师刚教完就会背了。

师：谁愿意回家背给哥哥听？（找一名学生到前面来）现在我当你哥哥，你该怎么说？

生：哥哥，我背首古诗给你听听好吗？

师：背哪一首？（生答《草》）弟弟，这是唐代诗人李白写的。

生：哥哥，你记错了，是白居易写的。

师：反正都有个"白"字。（众笑）我先背给你听听：离离原上草，一岁一枯荣。野火烧……不尽……哎，最后一句是什么？

生：春风吹又生。

师：还是弟弟记性好，谢谢你。（众笑）谁愿意背给奶奶听？（指定一生到前面来）现在，我当你奶奶，你奶奶没有文化，耳朵有点背，请你注意。

生：奶奶，我背首古诗给您听好吗？

师：好。背什么古诗？（生答背《草》）

师：草？那么多花儿不写，为什么写草啊？

生：因为草有一种顽强的精神，野火把它的叶子烧死了，可是第二年春天，它又长出了新芽。

师：哦，我明白了。你背吧。

生（背）：离离原上草……

师：是什么意思？我怎么听不懂？

生：这句是说，草原上的草长得很茂盛。

师：还有什么"一岁一窟窿"？（众笑）

生：不是！是"一岁一枯荣"。枯，就是叶子黄了，干枯了；荣，就是茂盛。

师：后面两句我听懂了。看俺孙女多有能耐，小小年纪就会背古诗。奶奶像你这么大的时候，哪有钱上学呀？（众笑）[1]

于永正老师变换不同角色，营造快乐背诵课文的氛围。在不同角色的变换中，把作者、诗词意思等融进去，把背诵和理解有机结合起来，帮助学生提高了内生发展和有效发展的质量。

除了帮助学生走出内生发展和有效发展的质量危机，过程性评价还要帮助学生走出持续发展和创造性发展的质量危机。一位教师执教《钓鱼的启示》，读到"父亲划着了一根火柴，看了看手表，这时晚上10点，距离开放捕捞鲈鱼的时间还有两个小时，父亲盯着鲈鱼看了好一会儿，然后把目光转向了我：'孩子，你得把它放回湖里去。'"时，师生有如下对话：

师：请大家好好读读父亲说的话，看看从中你能体会到什么。

生1：我想问个问题，父亲明明知道离钓鲈鱼还有两个小时，为什么开始要同意"我"钓鱼呢？

师：（露出失望的表情）你听清楚老师刚才的要求了吗？坐下！

（生1不好意思地坐下，整节课再也没吭声）

生2：我觉得爸爸对"我"的要求很严格。

师：（表情严肃地追问）仅仅是要求严格吗？（生2语塞，其他学生再也不敢举手发言了，无奈地看着老师）

师：（无奈地）"我"在没有人看见，没有人知道的情况下钓到了从未见过的大鲈鱼，父亲却坚决要求放掉，表现了他自觉遵守社会公德、社会规定的高尚人格……[2]

生1提出的问题"父亲明明知道离钓鲈鱼还有两个小时，为什么开始要同意'我'钓鱼呢？"具有质疑精神和批判性思维，他发现了文章前后的矛盾点，值得高度肯定，可教师"露出失望的表情"，并用"你听清楚老师刚才的要求了吗？坐下！"这一评价语，否定了学生的批判性思维。批判性思维是持续发展与创造性发展的重要品质，这位老师在课

---

[1]转引自：刘旭，李文星. 义务教育阶段基于新课标的语文学科评价研究［M］.天津：南开大学出版社，2014：139.

[2]刘旭，李文星. 义务教育阶段基于新课标的语文学科评价研究［M］.天津：南开大学出版社，2014：119.

堂上的这一评价，扼杀了学生持续发展和创造性发展的热情。而另一些老师在课堂上热情地鼓励学生，看似保护了学生的批判性思维或求异思维，但他们的鼓励与赞扬不利于学生形成正确的思考习惯、阅读方法、情感、态度与价值观等，难以帮助学生走出持续发展和创造性发展的质量危机。一位老师执教《狐狸和乌鸦》一课,课要结束时出现了如下场景：

师：小朋友们,课文学到这里,狐狸和乌鸦在你的脑海里留下了怎样的印象？

生1：狐狸是个大坏蛋，它专门骗其他的动物，这次又把乌鸦的肉给骗走了。

生2：狐狸太狡猾了，三番五次地骗乌鸦。

生3：乌鸦应该好好想想，不能再被狐狸的花言巧语给骗了。

生4：（一直把小手举得高高的，即使在别的小朋友回答问题时，也不舍得放下。老师一点到他的名，他迫不及待）我认为狐狸很聪明，而且很有恒心，它想尽办法一次次地骗乌鸦嘴里的肉，失败了也不气馁，我们应该向它学习！

师：（很是欣喜）你的发言真精彩！

生5：我也觉得狐狸很聪明，而且我懂得了如果你想要得到别人的东西，而别人不给时，你要多动脑骗他高兴，让他主动送上门来。

师：你的想法有创意，能联系生活实际，真聪明。[1]

这位老师对生4和生5的鼓励，看似对学生的反向思考表示赞赏，似乎能激发学生的学习热情，但这种评价不利于学生形成正确的情感、态度和价值观，不能帮助学生形成正向的发展力量，降低了语文学习的"意义"和持续发展的质量。而下面这位老师引导学生识字的行为，则有利于帮助学生走出持续发展和创造性发展的质量危机：

师：我们了解了各个传统的节日,谁来说说你是怎么记这个"饺子"的"饺"的？

生1：我用部件相加法来记：左边一个食字旁，右边一个"交通"的"交"，合起来就是"饺子"的"饺"。

生2：我有补充，因为"饺子"是一种食物，所以它是食字旁。（老师为他竖起了大拇指）

生3：我跟他的方法不一样，我是用换部首的方法记这个字的，把"校"的木字旁改成食字旁就可以了。（老师随机进行了板书，让学生进行了形近字的

[1]刘旭，李文星.义务教育阶段基于新课标的语文学科评价研究［M］.天津：南开大学出版社，2014：118.

比较）

师：这几位小朋友的发言声音特别响亮，他们还告诉了我们记忆生字的好办法，其他小朋友听得也特别认真，相信大家都能记住这个字了，对吗？（孩子们信心十足地回答老师"对"）

师：那么我们大家都把掌声送给自己吧！（老师带头热烈鼓掌，脸上满是微笑，无形中感染激励了全体学生）

师：我们再来比一比谁能把这个字写得更好。（老师认真地范写，孩子们都睁大眼睛认真观察，无一人走神）

（受到教师言语的激励）每位学生均在认真描红、书写（教师及时对学生写得好的字画上了红圈圈）。[1]

这位老师引导学生自己总结识字经验，激励学生运用不同的识字方法有效识字，学生学会这些识字方法后，既能促进自己的持续发展，也有利于形成合理的新想法，提高创造性发展的质量。

外源与内生、低阶与高阶、结果与过程，是围绕语文学习动力、语文学习内容、语文学习过程三个方面提出的三条评价理念。语文学习质量评价的理念创新，需要从外源式评价转向内生式评价，解决语文学习的动力问题，这是提高语文学习质量的前提；需要从低阶内容的评价转向高阶内容的评价，解决语文学习内容的价值问题，这是提高语文学习质量的关键；需要从结果评价为主转向过程评价为主，解决评价的载体与效益问题，这是提高语文学习质量的保障。只有把这三条评价理念整合到语文学习与评价的实践活动中，促进评价实践的不断转型，才能为学生创造有意义的语文学习经历，实现语文学习质量评价的价值追求与多种功能。

---

[1]刘旭，李文星. 义务教育阶段基于新课标的语文学科评价研究［M］. 天津：南开大学出版社，2014：140.

第四章 语文学习的条件质量评价

创造有意义的语文学习经历，需要高质量的条件做保障。

从外源到内生，从低阶到高阶，从结果到过程，不是凌空虚行，而是脚踏实地。

脚踏实地地行走，需要高质量的条件做支撑。高质量的条件，亦即条件质量，是质量评价必须关注的内容。

条件质量评价，是对影响语文学习质量的各种因素进行全面审视，对有利条件加以利用，对不利条件加以判断和改善的过程。

条件质量评价，是寻找语文学习起点，夯实语文学习基础，做强语文学习保障的过程。

没有一定的条件，就可能缺失有意义的学习过程，就会缺少有价值的学习结果。

条件，影响着语文的核心素养，成就着语文学习的质量。

第一节 语文学习条件质量评价的实践框架

1994年3月，美国国家成人素养研究院在34个州选择了1500位成人，询问他们影响自身发展的关键因素，最后筛选出了四个最为重要的要素：一是接触与获取信息和资源的通道，如果没有这样的通道，既难以走出封闭的自我，也难以站在巨人的肩膀上找到前行的方向；二是具有表达自我想法的条件，如果缺乏表达想法的条件，就难以体验发展的成就感；三是具有发现问题、做出决策与解决问题等行动的条件，没有行动条件，一切想法都只能付诸东流；四是具有持续跟上世界发展脚步的条件，只有具备这些条件，才能有效地连接未来，为将来的发展奠定坚实的基础。资源通道、表达空间、行动环境、连接未来等条件，决定了内生发展、有效发展、持续发展和创造性发展的质量。语文学习也一样，如果没有广泛阅读的通道，没有自由表达的空间，没有听说读写的环境，没有连接未来的条件，其学习质量必定会大大降低。

一、语文学习条件质量的评价内容

语文学习的条件质量评价应包含哪些内容，如何把这些内容变成评价指标，是进行条件质量评价时必须首先解决的问题。国际学生评估项目（Programme for International Student Assessment，简称PISA）十分重视条件质量的评价，它从教育系统、教育机构、教学环境和受教育者四个层面对评价对象的学习环境进行了较为全面的评估，"在每个层面内均包括前提和约束条件、环境和过程、结果和产出三个维度，这样就构成了PISA十二个方面的环境因素指标框架"[1]，其指标框架的具体内容如下：

---

［1］郭思文，李凌艳.影响学生学习素养的环境因素测评：PISA的框架、内容及政策影响［J］.比较教育研究，2012（12）：86-90.

表4-1 PISA环境因素测评框架[1]

	前提和约束条件	环境和过程	结果和产出
教育系统	宏观经济和人口学背景 如：GDP；基尼系数；移民所占比例	教育政策和组织 如：教育组织（学校自主权、课程结构）；教师资格和培训要求；入学年龄、就学年限	系统的结果和产出 如：阅读、数学和科学成就的系统水平结果；与学科内容相关的习惯；情感态度；生存技能和学习策略；与教育结果相关的公平
教育机构	教育机构的特征 如：家长参与；社会经济；教育资源（资金、地点、规模等）；教育提供者的类型（校外教育、媒体教育）	教学政策和实践 如：包括物质和人力资源在内的教学支持；包括测验和入学政策在内的相关政策和实践；促进学生学习的活动	机构的结果和产出 如：阅读、数学和科学成就的机构水平结果；与学科内容相关的习惯；情感态度；生存技能和学习策略；不同背景的学生在教育结果上的差异
教学环境	教学环境的特征 如：教师资历；班级规模	学习环境 如：能力分组；教学风格；学习时间	班级的结果和产出 如：班级学习的动机；班级整体表现
受教育者	学生个体背景 如：父母职业地位；父母受教育水平；家庭教育资源；种族和语言；年龄和性别	个体学习过程 如：学科学习卷入和态度；与学习有关的自我概念和自我效能感；学习动机	个体的结果和产出 如：阅读、数学和科学成就；情感态度

PISA在考察和评价学习质量时，首先分析学习者所在区域的经济与人口构成，教育系统的组织结构、教师队伍、入学政策，区域学习氛围、态度与整体水平等，分析这些因素可以明确学习者所处宏观环境的质量。除了考察教育系统的质量，PISA还从教育力量、资源、类型，教与学活动的支持，评价政策，整体发展水平等角度考察教育机构的条件，这些内容构成了学习者中观环境的质量。在此基础上，对学习者的班级环境和家庭环境进行考察，以判断学习者的微观环境质量。PISA从宏观、中观、微观三个层面考察学习环境，能较为全面地反映一个区域的学习条件质

[1] 郭思文，李凌艳. 影响学生学习素养的环境因素测评：PISA的框架、内容及政策影响 [J]. 比较教育研究，2012（12）：86-90.

量。但 PISA 条件质量的测评项目非常广泛，任何一次测评都不可能涵盖所有项目，所以不同年度的测评根据本次测评的不同需求，对测评项目进行了调整。

表4-2　PISA2000—2009环境因素测评的基本内容[1]

	学生问卷	学校问卷
PISA2000	●学生基本背景信息 ●家庭背景和社会经济地位 ●学生对教学过程的描述 ●学生对阅读的态度和阅读习惯 ●学生可获得的校外资源 ●学生参与的教育形式 ●学生对职业和教育的期望	●学校基本特征 ●学校政策与实践 ●学校氛围 ●学校资源
PISA2003	●学生特征 ●家庭背景 ●教育背景 ●与学校相关的内容 ●学生的数学学习 ●学生所接受的数学课程	●学校基本特征 ●学校资源 ●学校学生组成 ●学校教师 ●学校教学实践 ●学校管理结构
PISA2006	●学生特征 ●家庭背景 ●学生对科学的看法 ●学生对环境问题的看法 ●学生对科学相关职业的看法 ●学生学习时间 ●学生对科学教学和学习的看法	●学校结构和组织 ●学校员工和管理 ●学校资源 ●问责和招生政策 ●科学和环境问题的教学 ●对学生的职业指导
PISA2009	●教育背景 ●家庭环境 ●阅读活动 ●学习时间 ●学校特征 ●班级和学校氛围 ●图书馆的可获得性和使用情况 ●阅读策略	●学校结构和组织 ●学校的学生和教师组成 ●学校资源 ●学校课程 ●教学和评估实践 ●学校氛围 ●学校政策与实践 ●校长特征

[1]郭思文，李凌艳.影响学生学习素养的环境因素测评：PISA的框架、内容及政策影响[J].比较教育研究，2012（12）：86-90.

从上表可以看出，PISA根据评价重点的变化，对环境质量的评价项目进行了调整。"以PISA2009为例，其环境因素深入测查的内容包括：教育系统特征、学校效能和学校管理、教育公平性、投入的有效性。其中，'教育系统特征'主要探查教育分权、评估和问责、高中学校结构等对教育结果的影响；'学校效能和学校管理'主要用以了解不同的校长活动与行为、学校目标、教师特征、课程、教学、学校氛围和学生评价对学校效能产生的影响；'教育公平性'主要考察各类学生在教育资源、教育机会、教育结果等方面是否处于公平的地位；'投入的有效性'则主要探讨教育分权、学校结构、学校选择、教师筛选、班级规模、教学策略、学校中的种族隔离等教育政策是否有效。"[1]PISA2009的问卷框架如下：

表4-3　PISA2009学习环境的评价指标框架[2]

教育系统层次	指标	指标描述或示例
教育系统层面	国家（地区）的收入和财富 教师总体地位 社区参与 决策层级 公办与民办学校 社会不公量度标准 问责形式	人均GDP 与同等学力职业相比的教师工资和福利 家长和校董会对决策的影响力 在人事、预算、教学内容和评价上有决定权的政府或选民层级 学校是公办还是民办（私立）的 收入分配的总体量度标准 是否将成绩数据用于问责制度的监测
学校层面	学校领导力 学生构成 课程重点 课外活动 学校规模 对教和学的支持	校长的活动和行为 母语不是测试所用语言的学生百分比 特定学科的教学时间 学校向学生提供的活动目录 在校生数 校长的教学活动和行为

[1]郭思文，李凌艳.影响学生学习素养的环境因素测评：PISA的框架、内容及政策影响［J］.比较教育研究，2012（12）：86-90.
[2]国际学生评估项目中国上海项目组.质量与公平——上海2009年国际学生评估项目（PISA）研究报告［M］.上海：上海教育出版社，2013：9.

续表

教育系统层次	指标	指标描述或示例
教学环境	班级规模	语文课上的学生数
	班级学生构成	学生报告的家庭背景汇总
	师资质量	学生描述的教师教学行为
	学习机会	不同阅读活动的频率
	有序的课堂纪律	课堂秩序混乱和学生破坏课堂的频率
	支持性的教学环境	学生所感受到的教师的关心和支持
学生层面	学生的社会经济背景	父母最高受教育程度
	学生的移民背景	学生及父母的出生地
	学生学习风格	学生如何学习的信息
	学生态度和阅读行为	学生在特定阅读活动中的偏好和行为

PISA 除了从宏观、中观、微观三个层面考察学习的条件质量，还对学校开展的课外活动进行了调查，如 PISA2009 就学校提供的各类课外活动调查了如下项目：

● 通俗乐队、管弦乐队或合唱团

● 学校戏剧演出或学校音乐剧

● 学校年鉴、校报和校刊

● 志愿者活动或服务，例如"交通文明志愿者""特奥会志愿者"

● 读书活动小组

● 学校举办的外语、数学、自然科学方面的竞赛或兴趣小组

● 美术社团（兴趣小组）或美术活动

● 运动队或体育活动

● 讲座和研讨会（例如，邀请作家或记者来演讲等）

● 与当地报纸合作开展活动

● 研究性（探究性）学习活动或职业技能竞赛活动[1]

在 PISA 看来，课外活动有利于营造语文学习的良好氛围，能让语文学习在不同类型的活动中不知不觉地进行，特别是通俗乐队、管弦乐队或合唱团，学校戏剧演出或学校音乐剧，学校年鉴、校报和校刊，志愿者活动或服务，读书活动小组，讲座和研讨会，与当地报纸合作开展活动等课外活动，对提高语文学习质量具有很好的促进作用。

[1] 国际学生评估项目中国上海项目组. 质量与公平——上海2009年国际学生评估项目（PISA）研究报告 [M]. 上海：上海教育出版社，2013：189.

　　一些国际组织在考察某一地区的语文学习条件时，还从五个方面对该地区的语文课程标准或教学大纲进行了考察：一是课程标准或教学大纲规定的内容是否覆盖了语文学科的主要领域；二是各领域的学习目标是否清晰、明了，具有可检测性；三是语文学习的途径与方法是否有明确提示；四是是否开发了相互配套的语文学习资源；五是课程标准或教学大纲的知晓度与执行情况。只有做好这五个方面，当地政府或教育系统才能为本区域的学生营造良好的语文学习氛围，创造较高质量的语文学习条件。如中国澳门地区的初中语文教学大纲规定了如下内容：

表4-4　澳门初中语文大纲的有关规定[1]

知识维度目标	（1）扩大识字量和词汇量；正确运用标点符号
	（2）辨识形声字、同音字、形似字、多音多义词，避免读错音、读错字、写错字
	（3）正确理解词语的含义，辨析同义词、反义词，注意词语的感情色彩
	（4）掌握常用的修辞方法
	（5）学习并掌握基本的文言句式
	（6）学习记叙文、描写文、抒情文、说明文、议论文和应用文的基本写法；尤其重点学习记叙文、描写文、抒情文
	（7）了解和掌握简明实用的文学常识；了解重要作家及其作品
阅读能力目标	（1）培养学生讲普通话的能力和习惯
	（2）阅读现代语文能正确理解文章词句的含意，理解思想内容，分清段落层次，了解各段落层次之间的逻辑联系及基本的写作技巧
	（3）能读懂浅易的文言文；能借助工具书和注释，读懂一定数量的课外浅显的文言文
	（4）能背诵一定数量的课文或其中的片段
	（5）阅读一定数量的课外读物，开拓视野，积累材料；掌握基本的阅读方法，并培养写读后感或做简单评析的能力
写作能力	（1）培养学生初步的观察能力，积累材料，能写五百字以上的记叙文、描写文、抒情文，间或写一些说明文、议论文，做到内容具体，中心明确，条理清楚，重点突出，能运用常用的表达方式
	（2）具有用词准确、语句通顺的能力
	（3）会写一般的应用文
	（4）逐步消灭错误字

　[1]转引自：杜少凡.澳门初中语文大纲评介［J］.语文教学通讯，2012（8）：46-48.

　　澳门的初中语文教学大纲所描述的学习目标覆盖了语文学科的主要领域，以上仅列举了语文知识、阅读和写作三方面的目标。这三方面的目标清楚、明了，具有可检测性，为澳门地区的语文学习指明了方向，提供了标准，创造了良好的区域环境。在明确了学习目标后，澳门的初中语文教学大纲还规定了范文、写作、语文知识、普通话等主题板块的内容，明确了具体学习内容，并建设了配套的学习资源。如范文阅读的主题板块规定了如下内容：

表4-5　澳门初中语文范文板块的主题内容[1]

板块	内容	类别
范文	记叙文	（1）游记；（2）传记；（3）故事
	描写文	（1）人物描写；（2）景物描写；（3）事物描写
	抒情文	（1）直接抒情；（2）间接抒情（附于叙述、附于议论、附于描写）
	说明文	（1）具体事物的说明文；（2）抽象事物的说明文
	议论文	（1）立论式议论文；（2）驳论式议论文
	寓言、童话	（1）寓言；（2）童话
	小说	（1）外国小说；（2）中国古典小说；（3）中国现代小说
	诗歌	（1）古诗；（2）近体诗（绝句、律诗）；（3）新诗；（4）词与曲
	戏剧	（1）杂剧传奇；（2）现代戏剧

　　为了给师生的语文学习创造更好的条件，澳门的初中语文教学大纲还对某些篇目的教学内容与方法提出了建议，如：

表4-6　澳门初一年级的小说范文《少年笔耕》的教学要求[2]

范文	目标	工作建议
《少年笔耕》	1. 体验父母子女间的互相谅解与关怀，明了父子之间沟通的方法 2. 学习表现人物的心理描写 3. 辨别句子的语气（陈述、疑问、祈使、感叹） 4. 分析小说情节的发展	1. 通过小说典型形象的分析，学习主人公的好品格 2. 加强结构的分析，让学生了解小说的特点 3. 让学生讨论什么叫代沟，如何解决代沟

[1][2]转引自：杜少凡. 澳门初中语文大纲评介［J］. 语文教学通讯，2012（8）：46-48.

澳门初中教学大纲的上述内容与规定满足了条件评价中有关课程标准或教学大纲的要求，从一个侧面提高了语文学习的宏观条件质量。

除了宏观条件质量，语文学习还需要提高中观条件质量，中观条件集中体现在学校这一层面，包括教师确定教学目标的能力。如格伦隆德提出了如下教学目标表述要求：

高质量的教学目标

下面的步骤为表述出对教学和评测有用的教学目标提供了指导。

1.按下面的方式表述一般性目标

（1）把每个目标写成一个预期学习成果。

（2）用表现术语表述出每个目标。

（3）用动词（例如，"记忆""理解"）来开始每个目标。

（4）写时要使每个目标足够广泛，以使其可以包括一系列具体学习成果。

2.按下面的方式列出并表述具体学习成果

（1）用一系列有代表性的具体学习成果来明确每个一般性目标。

（2）每句都用动词开始，这些动词应表示可观察到的学生表现（例如，"选择""描述"）。

（3）要包括足够数量的具体学习成果，以表明确实达到了一般性目标。

（4）检查以确保具体学习成果适切于一般性目标，而一般性目标也与学校目标一致。[1]

从上述不同组织确定条件质量评价内容的思路来看，他们几乎都关注了宏观、中观、微观三个层面的条件质量。按照这一思路，结合有效提升语文核心素养的质量要求，根据本书第二章表2-3中的语文学习质量评价的整合性操作框架，可以在操作过程中不断细化质量标准，开发具有可操作性的条件质量评价指标。

---

[1] 格伦隆德，沃.学业成就评测［M］.杨涛，边玉芳，译.北京：教育科学出版社，2011：34.

表 4-7 语文学习的条件质量评价指标

质量标准		指标框架	指标意图
内容标准	宏观条件	1. 社区环境 ●所在区域的机构组成（类别、特点、对文化和语文能力的需求） ●所在区域的居民构成（年龄、职业、文化、经济、来源地） ●所在区域的读书氛围（居民读书热情、支持程度、文化氛围等） ●所在区域公共活动的数量与种类 …… 2. 社区资源 ●所在区域的文化遗产 ●所在区域的图书馆 ●所在区域的信息化程度 ●所在区域的媒体数量与种类 ●所在区域的自然景观 ……	除国家政策以外，社区是学生学习语文的宏观环境，利用好社区环境和资源，有利于提高语文学习质量
	中观条件	1. 学校氛围 ●学校的阅读与讨论氛围 ●学校对语文学科的重视程度 ●学校提高师生语文素养的制度和措施 ●学校提供的语文素养展示平台和机会 ●学校语文社团的数量、种类及活动开展情况 ●学校开展的语文活动种类与数量 …… 2. 学校资源 ●学校人均图书量 ●学校杂志订阅的种类与数量 ●学校图书的更新速度 ●学校阅览室的利用率 ●学校图书与杂志的借阅率 ●学校网络（有线与无线）的覆盖面与使用率 ●学校数字图书的建设与开放情况 ●家长对学校阅读与写作资源的贡献率 ●校友对学校阅读与写作资源的贡献率	学校是学生学习语文的中观环境，学校氛围、资源、课程和教师构成了语文学习的中观条件质量评价指标

续表

质量 标准		指标框架	指标意图
内 容 标 准	中 观 条 件	●学校对社区（社会）阅读与写作资源的利用率 …… 3. 学校课程 ●语文必修课程的改革力度与学习效益 ●语文选修课程的结构与实施效益 ●语文必修课程、语文选修课程、学校语文活动、语文社团的整合情况 ●语文学科与其他学科的整合情况 ●语文学科与学校团队活动、班会活动、学校大型活动的整合情况 ●学生的选课率与选课结构 …… 4. 学校教师 ●学校教师阅读的广度与深度 ●语文教师的敏锐度与课程、课堂改革能力 ●语文教师与学生共同阅读、写作的情况 ●语文教师引导学生提高听说读写能力的水平 ●语文教师的课程与课堂理念 ●语文教师的多元表达能力 ……	学校是学生学习语文的中观环境，学校氛围、资源、课程和教师构成了语文学习的中观条件质量评价指标
	微 观 条 件	1. 家庭条件 ●家长的文化程度 ●家长的读书情况 ●家长对子女的期望 ●家庭购买书籍的能力 ●家庭储存的适宜学生阅读的书籍量与种类 ●家长与孩子交流读书心得的情况 ●家长为孩子读书提出建议的能力 …… 2. 自我条件 ●喜欢读书的情况 ●主动读书的情况 ●每天阅读课外书的时间 ●所读课外书的数量和种类	家庭、自己与伙伴共同构成了学生学习语文的微观环境，三个方面的指标共同决定着学生学习语文的微观条件质量

续表

质量标准		指标框架	指标意图
内容标准	微观条件	●喜欢阅读的杂志 ●阅读后表达自我感受的情况 ●阅读成果和同学分享情况 ●阅读遇到困难后的态度 ●阅读时喜欢做的事情 ●最喜欢的表达看法的方式 ●发表作品的主要形式 ●与人交流时的感受与做法 …… 3.伙伴关系 ●有特别喜欢阅读的朋友 ●能和朋友同读一本书 ●能和朋友讨论读后的感受 ●有和朋友不一样的观点，能坚持自己的观点 ●能和朋友一起探讨如何提高语文表达能力 ●有特别喜欢参与多种语文活动的朋友 ●能和朋友一起参加语文活动 ●能向语文能力优异的朋友学习／能帮助语文能力不如自己的朋友 ……	家庭、自己与伙伴共同构成了学生学习语文的微观环境，三个方面的指标共同决定着学生学习语文的微观条件质量
方法标准	宏观条件	●有多条获取社区（社会）资源的通道 ●有充分利用社区（社会）资源的方法 ●有在社区（社会）发表学习成果的途径 ●有在社区（社会）发表学习成果的技巧 ……	当社区、学校和家庭具有一定的语文学习条件后，必须提高学生利用这些条件的质量；否则，再好的学习条件也会被白白浪费
	中观条件	●有利用学校语文学习资源的意识、途径和方法 ●能通过多种途径和方法表达阅读感受 ●能通过多种途径和方法发表自己的学习成果 ●能有目的地选择语文选修课程 ●能通过多种途径和方法参与学校的语文学习活动 ●能通过多种途径和方法参与学校的语文社团 ……	

续表

质量标准	指标框架		指标意图
方法标准	微观条件	●具有利用家庭学习资源的方法 ●具有必备的语文学习习惯 ●知晓并能运用必备的语文学习方法 ●懂得并能运用与伙伴合作学习语文的方法 ……	当社区、学校和家庭具有一定的语文学习条件后，必须提高学生利用这些条件的质量；否则，再好的学习条件也会被白白浪费
价值标准	宏观条件	●社区条件有利于提高学生目前的语文素养 ●社区条件能为学生的未来学习与发展铺垫基础	当各种条件都具备时，学生必须学会选择对自己现在和未来有价值的条件加以利用，才能把优良的学习条件变为自我发展的助推器
	中观条件	●学校条件有利于提高学生目前的语文素养 ●学校条件能为学生的未来学习与发展铺垫基础	
	微观条件	●家庭、自我、伙伴条件有利于提高学生目前的语文素养 ●家庭、自我、伙伴条件能为学生的未来学习与发展铺垫基础	

二、语文学习条件质量的评价方法与步骤

在确立了条件质量评价的指标框架后，可以根据本地、本校情况，明确各项指标的具体内容及其应该达到的程度，形成具体的条件质量标准。然后采用多种方式观察、记录和描述条件质量。如要评价学生的"自我条件"，既可采用观察法，也可使用如下核查清单让学生进行自我评价：

表4-8　学生学习语文的"自我条件"核查清单

核查内容	实现程度				
	不清楚	未达到	达到	充分达到	其他
1. 喜欢阅读各类书籍					
2. 能够主动找书阅读					
3. 每天阅读课外书的时间在1小时以上					

续表

核查内容	实现程度				
	不清楚	未达到	达到	充分达到	其他
4. 每学期能阅读10本课外书					
5. 每学期能阅读5种以上不同杂志					
6. 喜欢阅读文质兼美的杂志					
7. 喜欢写读后感					
8. 阅读书籍后喜欢在QQ、微信、博客等新媒体上发表自己的想法					
9. 读后感在书籍、报刊上发表					
10. 喜欢和同学讨论读书感受					
11. 经常和同学举办读书会					
12. 阅读过程中遇到困难时能主动想办法解决					
13. 阅读时喜欢勾画					
14. 阅读时喜欢思考					
15. 阅读时经常做摘录卡片					
16. 与人交流时很愉快					
17. 与人交流时有自信					
18. 能专心倾听别人的发言					
19. 能针对别人的观点提出自己不同的意见					
20. 能吸收别人有益的观点					
21. 能领会和运用别人的思考方法与表达方式					
22. 能整合别人的观点，形成自己的新观点					

备注：请根据自己的感受和实际情况，在"实现程度"的相应栏目内画"√"。若勾选"其他"栏目，请填写你想表达的具体内容。

以上核查项目只是"自我条件"的一部分，在评价某一学生群体的语文学习条件质量时，可根据学生的实际情况和引导学生的需要，增减评价项目，形成具有针对性和引领力的核查清单。学生核查清单完成后，可对"实现程度"的不同情况赋分，如"不清楚"1分，"未达到"2分，"达到"4

分，"充分达到" 5分，选填"其他"栏目的，可根据情况判断学生与前面哪个"实现程度"大致相当，并给予相应的分数。然后给定一个平均基准分，如3分为条件质量合格，3.5分为良好，4分为优秀。最后计算每名学生或某一团队的平均分，与给出的基准分对照，以此判定某个学生或团队的条件质量水平，并根据核查项目对学生或团队的各项条件进行客观描述。

对学生的条件质量进行描述，并根据质量标准判定其学习条件的水平后，要对各项条件进行价值判断，据此明确条件的优劣对发展语文素养的影响。如"喜欢阅读各类书籍"和"能够主动找书阅读"这两个条件，属于语文学习的态度范畴，其实现程度影响语文学习的内在动力，决定着语文学习的内生发展和持续发展质量。依此类推，可逐一分析各项条件质量水平对学生学习语文的影响，为提出改进建议奠定基础。

除采用观察法和"自我核查清单"等方法以外，还可采用问卷调查法。如PISA2009认为阅读参与度与学生使用阅读策略的能力是提升阅读素养必不可少的条件，"学生的参与度和学习策略的重要性不仅在于它们与成绩的关系，实际上它们本身就是重要的学习结果，能够影响学生在青少年时代的生活质量，并且能够影响他们追求进一步教育的决定或他们捕捉劳动市场机会的能力"[1]。因此，阅读参与度和阅读策略也可以作为条件质量评价的内容之一。"PISA2009将阅读参与度定义为阅读的动机特性和行为特征，包括对阅读的兴趣和喜爱，对所阅读内容的控制感，阅读中的社交维度，以及广泛而多样的阅读实践。PISA2009还把阅读参与度分为个人阅读参与度和学校阅读参与度两个方面，前者指出于个人兴趣而投入的阅读情况，后者指为了完成学校布置的课堂作业和家庭作业而投入的阅读情况。PISA2009把个人阅读参与度分成了喜爱阅读、阅读材料的多样性、网上阅读活动和趣味性阅读时间四个指标。"[2]在这四个指标中，喜爱阅读是阅读参与的基础，阅读材料的多样性体现了阅读参与的广度，网上阅读体现了阅读参与的及时性与互动性，趣味性阅读时间是阅读参与的保障。

---

[1] 国际学生评估项目中国上海项目组. 质量与公平——上海2009年国际学生评估项目（PISA）研究报告 [M].上海：上海教育出版社，2013：105.

[2] 同 [1]106.

对"喜爱阅读"这一指标，PISA 确定了如下调查项目：

●我只在不得已时才阅读；

●阅读是我最喜欢的一项爱好；

●我喜欢与别人谈论书；

●我发现很难把书看完；

●如果收到一本书作为礼物，我会很高兴；

●对我来说，阅读是浪费时间；

●我喜欢去书店或图书馆；

●我阅读只是为了找到我需要的信息；

●我无法连续几分钟安静地坐着看书；

●我喜欢对我读过的书发表自己的看法；

●我喜欢与朋友们交换书籍。[1]

PISA 对"喜爱阅读"的调查主要集中在阅读的主动性、对阅读价值的认识、对待阅读和书籍的态度、阅读的持续性、阅读的分享意识与能力等方面。对阅读价值或功能的认识，决定着阅读的内驱力；阅读的主动性、对待阅读和书籍的态度，是喜爱阅读的直接表现；阅读的持续性、阅读的分享意识与能力，是喜爱阅读的深层次表现。阅读的内驱力、直接表现和深层表现，构成了 PISA "喜爱阅读"的评价指标和调查的主要项目。在 PISA 看来，学生阅读的参与度还表现在阅读材料的多样性上，包括学生阅读报纸、纪实类、虚构类、漫画、杂志等不同材料的基本情况。在信息化时代，学生的阅读参与度还表现在网上阅读与网上资源的运用上，如看电子邮件、网上聊天、看网上新闻、用网上字典或网上百科全书、为学习了解一个特定主题而在网上搜索信息、参加网上集体讨论或网上论坛、在网上搜寻实用信息等。PISA2009 对"趣味性阅读时间"的调查分为"我不进行趣味性阅读""每天不超过 30 分钟""每天 30 到 60 分钟""每天 1 到 2 个小时""每天 2 个小时以上"等选项。PISA2009 评价学生个人阅读参与度的主要内容如下表：

[1]国际学生评估项目中国上海项目组.质量与公平——上海2009年国际学生评估项目（PISA）研究报告［M］.上海：上海教育出版社，2013：111.

表4-9 PISA2009关于个人阅读参与度的主要评价内容[1]

评价指标	评价的主要内容与问卷调查纲要
喜爱阅读 （阅读参与的基础）	● 对阅读价值或功能的认识 ● 阅读的主动性 ● 对待阅读和书籍的态度 ● 阅读的持续性 ● 阅读的分享意识与能力
阅读材料的多样性 （阅读参与的广度）	● 阅读报纸的情况 ● 阅读纪实类文章的情况 ● 阅读虚构类文章的情况 ● 阅读漫画的情况 ● 阅读杂志的情况
网上阅读 （阅读参与的及时性与互动性）	● 看电子邮件情况 ● 网上聊天情况 ● 看网上新闻情况 ● 用网上字典或网上百科全书的情况 ● 为学习了解一个特定主题而在网上搜索信息的情况 ● 参加网上集体讨论或网上论坛的情况 ● 在网上搜寻实用信息的情况
趣味性阅读时间 （阅读参与的保障）	● 我不进行趣味性阅读 ● 每天不超过30分钟 ● 每天30到60分钟 ● 每天1到2个小时 ● 每天2个小时以上

PISA2009的学校阅读参与度有4个评价指标：

● 解释文学文本，学生多大程度上为了完成作业而看小说，解释文章的意图、事件原因和人物行为方式；

● 运用非连续文本材料，学生多大程度上为了完成作业而阅读包含各种图表的文章，查找和理解图表中的信息；

● 传统文学课阅读活动，学生多大程度上为了完成作业而背诵诗文以及了解文学史知识；

---

[1] 国际学生评估项目中国上海项目组. 质量与公平——上海2009年国际学生评估项目（PISA）研究报告 [M].上海：上海教育出版社，2013：110-116.

●运用功能性文本，学生多大程度上为了完成作业而阅读应用文。[1]

PISA2009 根据这 4 个评价指标，结合学校语文教学的主要功能与基本状态，确定了如下调查项：

表4-10　PISA2009关于学校阅读参与度的评价指标与调查项[2]

评价指标	调查项
解释文学文本	●解释一篇文章的意图 ●解释文中的人物行为方式 ●解释文中事件的原因 ●看小说
运用非连续文本材料	●描述表或曲线图中信息的组织方式 ●在曲线图、图示或表格中查找信息 ●阅读包含图示或地图的文章 ●阅读包含表或曲线图的文章
传统文学课阅读活动	●了解一位作家的生平 ●了解一篇文章在文学史中的地位 ●背诵文章 ●读诗歌 ●介绍作家或书籍的说明性文章
运用功能性文本	●阅读广告宣传材料 ●阅读如何做某事的说明书或手册 ●看新闻报道和杂志文章

学校阅读参与度，主要评价学校以作业形式引导学生参与阅读活动的广度和深度。从 PISA2009 制订的学校阅读参与度的评价指标与调查项看，学校的阅读参与度应注意两个方面：一是引导学生阅读多种类型的文本，如连续性文本和非连续性文本，文学类文本和实用类文本等，确保阅读的广度；二是引导学生筛选、整合文本信息，解释、描述、介绍和评价文本等，确保阅读的深度。只有促进学生在阅读的广度和深度上

［1］国际学生评估项目中国上海项目组. 质量与公平——上海2009年国际学生评估项目（PISA）研究报告［M］. 上海：上海教育出版社，2013：107.

［2］同［1］117-120.

不断发展，才能有效提高学校的阅读参与度，为语文学习走出质量危机创造良好条件。为了提高学生的阅读参与度，PISA2009还对教师激发学生阅读参与度的情况进行了调查。

PISA2009教师激发学生阅读参与度的调查项目

● 老师要求学生解释课文的意思。

● 老师会提出具有挑战性的问题，使学生能更好地理解课文。

● 老师给予学生充分的时间思考问题的答案。

● 老师向学生推荐一本书或某个作者的书。

● 老师帮助学生将所读的故事与他们的生活相联系。

● 老师告诉学生，课文中的信息是怎样建立在他们已有的知识基础上的。[1]

在学习策略和学习方法方面，PISA2009主要从两个维度进行评价。"一是对学习策略的运用，主要包括：运用监控策略确保学习者达到自己的学习目标，包括在学习时检查已经学过了什么，什么还需要进一步学习，使自己的学习适应手头的任务需要；运用记忆策略逐字再现记忆中存储的知识，不需要或只需要很少的进一步加工过程；运用精致策略把新材料和知识、校外背景和个人经验联系起来，通过探索在其他情境中学习的知识如何与新材料联系起来，学生获得了比简单记忆更深入的理解。二是对阅读策略的认知，称为阅读元认知策略，了解学生在多大程度上认识到哪些是有效的阅读策略，包括：概括信息的策略，指的是学生在多大程度上了解哪些策略对概括信息或给文章写摘要最有用；理解和记住信息的策略，指的是学生在多大程度上了解哪些策略对理解和记住（回忆）一篇文章的内容最有用。"[2]PISA2009评价学生学习策略的内容框架如下：

［1］国际学生评估项目中国上海项目组. 质量与公平——上海2009年国际学生评估项目（PISA）研究报告［M］.上海：上海教育出版社，2013：186.

［2］同［1］108.

表4-11　PISA2009关于学习策略的评价与调查项[1]

评价维度	评价指标	评价内容与调查项
运用学习策略	运用监控策略	●学习时，我会首先找出我确实需要学习的内容 ●学习时，我会检查我是否理解了我所看的内容 ●学习时，我会努力找出哪些概念是我仍然没有真正理解的 ●学习时，我确信我记住了课文的重点 ●学习时发现不理解的内容，我会寻找其他信息来弄清楚这些内容
	运用记忆策略	●学习时，我会努力记住课文中的所有内容 ●学习时，我会尽可能多地记住细节内容 ●学习时，我会把课文读很多遍，直到我能背诵 ●学习时，我会一遍遍地反复读课文
	运用精致策略	●学习时，我会努力将新的信息与以前在其他学科中掌握的知识相联系 ●学习时，我会思考这些信息怎样才能在课外有用 ●学习时，我通过联系自身的经验来更好地理解材料 ●学习时，我会思考课文信息如何才能与现实生活中发生的事情相适应
阅读元认知策略	概括信息的策略	●我先写一篇摘要，然后我再检查摘要是否涵盖了每一段的内容，因为各段内容都应该包含在内 ●我试图准确地抄下尽可能多的句子 ●在写摘要之前，我尽可能地多读几遍文章 ●我仔细检查文章中最重要的事实是否体现在摘要中 ●我通读文章，画出其中最重要的句子。然后我用自己的话把这些句子写出来，作为摘要

[1] 国际学生评估项目中国上海项目组. 质量与公平——上海2009年国际学生评估项目（PISA）研究报告［M］.上海：上海教育出版社，2013：131-135.

续表

评价维度	评价指标	评价内容与调查项
阅读元认知策略	理解和记住信息的策略	●我将注意力集中在文章中容易理解的部分 ●我快速地把文章读两遍 ●读完文章，我与别人讨论文章的内容 ●我画出文章的重要部分 ●我用自己的话总结文章 ●我大声地把文章朗读给另一个人听

无论采用哪种方法评价条件质量，都应首先确定评价内容与标准，然后根据评价内容与标准选用恰当的评价方法，并对评价项目进行客观描述和价值判断。在完成价值判断这一任务后，要提出具体的改进建议。提出具体改进建议时，要注意三个方面：一是改进建议与质量标准、条件描述、价值判断紧密结合，前后一致；二是语言简明，措施具体，表述明确，不能含糊其辞或空洞无物；三是要有归类概括，不能零散琐碎地一一列举。如上述学生学习语文的"自我条件"核查清单共有22个核查项目，提出改进建议时要对这些项目进行归类，如第1—6条核查指标属于阅读态度，第1—2条直接表述阅读态度，第3—6条以阅读时间和阅读数量、种类具体说明阅读态度，是对第1—2条的补充和具体化；第7—11条属于阅读成果的表达，第7条是总括，第8—11条是表达的具体形式；第12—15条是阅读习惯；第16—22条属于学习交流的范畴，涉及交流的心态、习惯与改进三个方面。其中，阅读态度属于语文学习的动力条件，影响内生发展和持续发展的质量；阅读表达和学习交流属于语文学习的能力条件，影响有效发展和创造性发展的质量；阅读习惯属于语文学习的方法条件，影响有效发展和持续发展的质量。根据这一分类，可以分三个方面提出改进建议：一是动力条件改进建议，二是能力条件改进建议，三是方法条件改进建议等。

综合上述内容，可形成语文学习条件质量的评价报告，评价报告可采用以下文本格式：

语文学习条件质量评价报告的常用文本格式

×××语文学习条件质量评价报告

【引言】

一、评价对象

二、评价时间

三、评价目的

【评价准备】

一、评价标准

二、评价工具

【评价过程】

（简要介绍评价活动的基本情况）

【评价结论】

一、总体结论

（一）优势条件

（二）需要发展的条件

二、分项描述

（一）项目—评价结论

1. 优势条件

2. 需要发展的条件

……

【改进建议】

一、改进方向

二、改进目标

三、改进的具体项目与建议

……

条件质量是近年来质量评价领域高度关注的内容，特别是元评价兴起以来，人们开始探究质量差距背后的原因，发现教育条件或学习条件是影响教育质量和学习质量的重要因素，在某种情况下，条件质量具有决定性意义。因此，以条件质量评价为抓手，促进区域、学校和师生改进语文学习的条件质量，才能更好地帮助学生走出语文学习的质量危机。

第二节　语文学习活动中的学生条件质量评价

学生条件质量，是指学生学习语文的基础与需求，基础越好，需求越旺，条件质量越高。从本章第一节可知，语文学习条件质量尽管包含很多内容，但环境条件质量、学生条件质量和教师条件质量构成了语文学习条件质量的主体内容。学生条件质量对语文学习具有很大影响，基础较好、需求较旺的学生，能发掘环境中的有利资源，能转化环境中的不利条件，能与教师较好地互动，能主动积聚多种资源提高语文学习质量。

语文学习活动中的学生条件质量也包含了许多内容，但学生在听说读写能力方面的基础、自主学习与评价的能力、合作学习的技能与评价能力，构成了学生条件质量的主体内容。学生具备一定的听说读写能力，才能持续推进语文学习活动；具备一定的自主学习与评价能力，才可能具有旺盛的语文学习需求，才能在语文学习的过程中正确定位自我并主动调整，提高内生发展与有效发展的质量；具备一定的合作学习技能，才能借助和利用各种资源持续提高语文学习质量。

一、语文学科的基础性能力评价

语文学科的基础性能力评价，是对学生听说读写能力的现状进行评价，以明确学生的学习起点与学习需求。《欧洲语言共同参考框架》提供了一整套听说读写能力的自我评估表，虽然这些评价标准主要针对第二语言的学习者，但制订自我评价标准的思路值得借鉴。如针对阅读理解能力，共同参考框架提供了如下评价标准。

表4-12　阅读理解能力的自我评估标准[1]

A1	我能理解包含信息和简短描述的简单文章的大意，特别是在有图片帮助理解的时候 我能运用熟悉的单词和句子并通过重读部分段落理解非常简短的文章 我能理解简短的说明，特别是带有插图时

---

[1] 欧洲理事会文化合作教育委员会.欧洲语言共同参考框架：学习、教学、评估［M］.刘骏，傅荣，等译.北京：外语教学与研究出版社，2008：221.

续表

A1	我能识别日常生活中最常见的告示里的名字、单词和简单的通俗表达法	
	我能理解简短的信件，比如明信片	
A2	我能理解简短的文章，其中使用的是最常用的词句，包括国际通用的一些词语	
	我能理解用普通日常语言书写的简短文章	
	我能理解与我工作相关的简短文章	
	我能在广告、小册子、菜单、时刻表等日常文件中找到特定信息	
	我能在信件、折叠式说明书、描述事件的报刊短文当中辨别特定信息	
	我能理解简短的私人信件	
	我能理解关于常见主题的规范信件和传真	
	我能理解日常生活设备的使用说明，如公用电话的说明	
	我能理解街道、饭店、火车站，以及我工作的场所张贴的招牌和告示	
B1	我能理解我感兴趣的明白易懂的文章	
	我能在日常文章中找到并理解我所需要的一般信息，如信件、小册子、简短公文等	
	为完成任务，我能在一篇长文章或是多篇短文章中寻找我需要的特定信息	
	我能读懂关于常见主题的、明白易懂的报刊文章的要点	
	我能找出明白易懂的议论文的主要结论	
	我能明白文章论证的要点，但不一定能懂得细节	
	我能很好地理解朋友和熟人在通信中对事件、情感及其愿望的表述	
	我能理解明白易懂的物品使用说明书	
B2	我能阅读我感兴趣的不同文章，并轻松理解基本内容	
	借助字典查阅某些专业术语，我能理解非自己领域的专业文章	
	我能根据阅读目的和文章类型，用不同速度和方式轻松地阅读不同文章	
	我拥有丰富的阅读词汇，但有时生词和不常用的表达法会妨碍我理解	
	我能迅速辨别许多行业的主题信息、相关文章和报告内容，以及它们的重要性，进而判断是否应该深入研究	
	我能理解关于现实问题的文章与报告，以及作者在文中表现出的个人立场和观点	
C1	我能理解不同文章，偶尔需要查字典	
	如果允许重读部分难点，我能理解一台新机器的复杂技术说明及其操作方法，哪怕不是自己领域的	
C2	我能理解并解释各类文章，包括内容抽象、结构复杂和常见的文学作品或文献	

《欧洲语言共同参考框架》拟制出的这一自我评价表，从词语、句子、文章等不同层次的阅读，从专业领域内、专业领域外、日常生活等不同

领域的阅读，从实用文、议论文、文学作品、文献等不同类型文章的阅读，制订了从低到高六个能力等级，学生可以根据不同等级的不同标准，衡量自己的阅读理解能力等级，判断出自己的阅读能力基础，并根据自身基础定位自己的学习需求，选择适合自己的学习内容与目标。《欧洲语言共同参考框架》除拟制阅读理解的自我评价标准以外，还拟制了书面表达能力的自我评估标准。

表4-13 书面表达能力的自我评估标准[1]

A1	我能给朋友写简单信件 我能描述我居住的地方 我能填写关于个人情况的表格 我能使用简单的表达法和单句 我能写简单的明信片 我能借助字典写信或便条
A2	我能简单描述事件与活动 我能写简单的私人信件，表达感谢或致歉 我能写关于日常生活的有限的简短笔记和信件 我能描述计划并书面确定要采取的措施 我能解释喜欢或不喜欢某物的原因 我能描述我的家庭、环境、就学经历、现在或以前的工作 我能描述我过去的活动和个人经历
B1	我能写简短的报告，说明发生的一般事情，解释某一行为 我能写详细描述我经历、情感、事件的私人信件 我能描述突发事件的基本细节，如事故等 我能描述我的梦想、愿望和理想等 我能理解表达请求、陈述问题等内容的信件 我能叙述一本书或一部电影的情节，讲述我的感想 我能简要论证和阐释我的观点、计划和行动
B2	我能评价不同观点或某一问题的解决方案 我能对信息和不同来源的论据进行综合 我能论证推理 我能分析因果，并就假设的情况进行论证

[1] 欧洲理事会文化合作教育委员会.欧洲语言共同参考框架：学习、教学、评估 [M].刘骏，傅荣，等译.北京：外语教学与研究出版社，2008：222.

续表

C1	我能发表和捍卫自己的观点，给出其他适当论据、理由或例子 我能有条理地进行推论，突出要点，证据充分 我能就复杂主题提供清晰详细的信息 我通常可以不使用字典写作 除重要文章以外，我一般不需要请人检查或修改自己写的东西
C2	我能用适当的方法建构我的文章，帮助读者掌握要点 我能写报告、文章和内容复杂、逻辑性强、思路清晰的论文，包括对文学等作品的评论性文章 我能很好地进行书面表达，无须讲本族话的人帮助 我书面表达水平很好，写的文章不需要重大修改，特别不需要请专业写作人士修改

在书面表达能力的自我评价上，《欧洲语言共同参考框架》从叙述、描述，解释、阐释，论述、论证，评价、评论，写作策略、修改策略等方面设置了进步阶梯。在写作内容上，从简单的日常表达到较为复杂的专业性的书面表达；在语言运用上，从简单的表达法和单句到"内容复杂、逻辑性强、思路清晰"的表达；在写作策略的运用上，从无技巧的写作到有技巧的写作；在表达效果的优劣上，从写得明白、清楚到"书面表达水平很好"……一步一个阶梯，引导学生明白自己的写作条件。除了在阅读理解能力和书面表达能力方面制订自我评价标准以外，《欧洲语言共同参考框架》还制订了听力理解能力的自我评价标准。

表4-14　听力理解能力的自我评估标准[1]

A1	我能听懂日常生活中短而具体的话语，但说话人要讲话清晰，语速缓慢，必要时进行重复 我能听懂语速缓慢、用词规矩、停顿较长的讲话 我能听懂提问和要求，能听懂简短的指示 我能听懂数字、价格、时刻
A2	我能比较轻松地听懂对方讲话，完成一般的交际 我一般能理解我听到的清晰而缓慢的讨论主题 我一般能听懂用规范语言进行的普通话题的对话，虽然在真实情境中，我可能需要请求他人重复或变换表达方法

---

[1]欧洲理事会文化合作教育委员会.欧洲语言共同参考框架：学习、教学、评估［M］.刘骏，傅荣，等译.北京：外语教学与研究出版社，2008：223-224.

续表

A2	如果说话人语言清楚，语速不快，我能够听懂，与其进行日常交流
	我能听懂与我的需求相关的句子和表达
	我能应对商店、邮局、银行等简单场景
	我能听懂别人告诉我的简单的步行路线和乘公交车路线
	我能听懂可预见的日常话题的简短录音，但录音语速要较慢、发音要清晰
	我能重复电视新闻中讲述事件、事故等内容的主要话题，能够听懂有图像的新闻评论
	我能听懂简明信息和通知的主要内容
B1	我偶尔能在语境的帮助下猜出生词的意思，能在熟悉的话题中听懂一句话的意思
	我能听懂较长时间讨论的主要观点，但发言者要讲话清晰，用语规范
	我能听懂清楚的对话，虽然在真实的情境中可能需要别人重复某些单词和表达法
	我一般能听懂关于日常生活和工作的话题包括细节，但说话人一定要语言清晰，没有特别的口音
	在讲话人发音清晰、用词规范的情况下，我能听懂他关于常见主题发言的主要观点
	我能听懂自己专业领域的讲座和发言，但其主题一定是我熟悉的，而且发言要清晰、结构要完整
	我能听懂简单的技术说明，比如家用电器的说明
	我能听懂主题熟悉、相对清晰和慢速的电视、广播或录制的新闻内容
	我能听懂许多故事情节简单、语言清楚、有图像和动作的电影
	在语速较慢而且清晰易懂的情况下，我能理解自己熟悉或感兴趣的节目的基本内容
B2	即使有噪音，我也能完全听懂别人用标准口语对我说的话
	我能听懂现场或广播里的标准口语，包括个人、学习、职业生活中所遇见的熟悉或不熟悉的主题。只有在环境非常嘈杂、讲话人语句不清楚或语言过于通俗的情况下才觉得理解困难
	我能基本听懂语言规范的深度讲话，不论内容是具体还是抽象，包括自己专业领域的技术性讨论
	我能听懂长篇讲话和复杂的论述，但一定是比较熟悉的主题，而且讲话要清楚，目的要明确
	我能基本听懂语言及内容都有深度的讲座、讲话和报告
	我能听懂正常语速下、用规范语言发布的、具体和抽象的通知或信息

续表

B2	我能听懂用规范语言播送或录制的几乎所有文本，而且能够把握讲话人的情绪和语气 我能听懂大部分语言标准的电视新闻和时事节目，如纪录片、访谈、辩论、戏剧和绝大多数电影等
C1	我能听懂讲本族语的人之间的热烈讨论 我能听懂自己专业领域之外的、内容抽象复杂的长篇讲话或谈话，但偶尔需要明确细节，特别是在不熟悉口音的时候 我能听懂很多成语和俗语，能够听出讲话人风格的变化 我能听懂长篇大论，即使结构不够完整、各个观点之间的关联只是隐性的 我能比较轻松地听懂大部分讲座、讨论和辩论 我能从低质量的通知中听出特定、准确的信息 我能听懂复杂的技术信息，如机器的使用说明或是常见产品与服务的说明 我能听懂很多录音资料，即使语言不够标准也能够听出其中的细节，比如对话人不明朗的态度及其相互关系等 我能看懂包含有大量行话和俗语的电影
C2	我能听懂用地方语言和陌生语汇进行的专业讲座或讲话

二、自主学习能力的评价

自主学习能力是学生条件质量的重要组成部分，自主学习能力的提高必须以一定的学习能力为基础。从语文学科看，听说读写等不同学习活动需要学生具备不同的学习能力，这种能力不是一般性的泛泛而谈的学习能力，而是与听说读写能力密切相关的语文能力。因此，评价学生的自主学习能力时，应首先评价学生的语文学习能力。欧洲语言测评中心协会（ALTE）形成了如下语文学习能力评价量表：

表4-15 欧洲语言测评中心协会（ALTE）关于"语言学习"方面的能力量表[1]

ALTE分级	听/说能力	阅读理解力	笔头表达能力
5级	能听懂玩笑、常见的言外之意和文化影射	能迅速、准确地找到资料	能准确、完整地在报告会、讨论课或辅导课上做笔记

---

[1]欧洲理事会文化合作教育委员会.欧洲语言共同参考框架：学习、教学、评估［M］.刘骏，傅荣，等译.北京：外语教学与研究出版社，2008：242.

续表

ALTE分级	听/说能力	阅读理解力	笔头表达能力
4级	能听懂抽象的论证,如对所持观点的介绍以及从中得出的结论	能快速阅读,应对大学课程	能撰写论文,展示交际能力,不会给读者造成大的困难
3级	能对已知的主题进行清楚的口头连贯叙述并回答可预知的、事实性的提问	能浏览文章,找到所需要的信息并抓住大意	能做简单的笔记,并能基本恰当地应用于撰写论文或进行复习
2级	能听懂教师或报告人关于课程和作业的要求	能在帮助下读懂基本指令和信息,如图书馆信息化目录	能在上课时记录教师口述的信息
1级	能使用简单的表达法说出自己的观点,例如:"我不同意"	能以很慢的速度读懂课文或缩写文章的大意	能写描述性的文字或简短的故事,如《我的上个假期》
入门	能听懂关于课程的时间安排、教室和要做的作业等初级指令	能读懂初级指令和通知	能抄写黑板上或通告栏里的时间、日期和地点等信息

只有当学生在听说读写能力方面具备相应的等级,才有能力参加相应的学习;如果没有达到相应等级,就不具备相应的学习条件。ALTE 还认为,不同的兴趣点、学习活动与环境,对学生的语文学习能力也提出了不同要求。

表4-16 欧洲语言测评中心协会(ALTE)关于"语言学习"方面的能力量表[1]

兴趣点	活动	环境	所需能力
报告、口头连贯叙述、介绍和演示	1. 参加报告会、口头连贯叙述、介绍和演示 2. 做报告、做口头连贯叙述、介绍或演示	报告厅、教室、实验室	听/说/写(记录)
讨论课和指导课	参加讨论课和指导课	课堂、自习室	听/说/写(记录)
教材、文章等	收集信息	自习室、图书馆等	读/写(记录)

---

[1]欧洲理事会文化合作教育委员会.欧洲语言共同参考框架:学习、教学、评估[M].刘骏,傅荣,等译.北京:外语教学与研究出版社,2008:243.

续表

兴趣点	活动	环境	所需能力
论文	撰写论文	自习室、图书馆、考试室等	写
报告	撰写报告（如关于某段经历的报告）	自习室、实验室	写
查找资料	查找信息（利用电脑、图书馆、字典等）	图书馆、资料中心等	写（记录）
学习管理	做好准备（如跟教师约定交作业的时间）	报告厅、教室、自习室	听/说/读/写

　　学生要改善自身的条件质量，除了要具备一定的语文能力，还需要具备一定的自主学习习惯与能力。根据这一评价思路，萨特勒为学生制订了完成家庭作业的自我监测表：

表4-17　完成家庭作业的自我监测表[1]

姓名：_____　　日期：_____

班级：_____　　教师：_____

说明：在每个问题后画Y（"yes"）、N（"no"）或NA（不适合我"not applicable"）。

问题	画圈
1. 你在课堂上看了老师留的家庭作业纸了吗？	Y　N　NA
2. 你在课堂上把家庭作业纸放到你的笔记本里或记在笔记本上了吗？	Y　N　NA
3. 当你不懂家庭作业时，你提问了吗？	Y　N　NA
4. 你把家庭作业纸或者记着家庭作业的笔记本带回了吗？	Y　N　NA
5. 你把做家庭作业要用的书带回家了吗？	Y　N　NA
6. 你在家完成了家庭作业吗？	Y　N　NA

　　（如果你对问题6回答"Y"，就越过问题7和问题8。如果你对问题6回答"N"，就继续回答问题7）

7. 如果你完成了家庭作业，你把它带到课堂上了吗？	Y　N　NA

　　（如果你对问题7回答"N"，就越过问题8。如果你对问题7回答"Y"，就继续回答问题8）

8. 如果你把家庭作业带到了课堂上，你把它保存到作业夹中了吗？	Y　N　NA

---

[1] 萨特勒，等. 儿童评价［M］.陈会昌，等译校.北京：中国轻工业出版社，2008：310.

这一家庭作业自我监测表，从细节方面引导学生养成良好的处置家庭作业的习惯，有利于培养学生良好的自主学习习惯。一位老师为了提高学生自主预习的质量，分层制订了如下自主预习卡：

表4-18　自主预习卡样表（四年级）[1]

班级：_____　姓名：_____　学号：_____　家长签名：_____

课题	（包括作者、体裁、对课题质疑等信息）
读	读正确、读通顺、读流利
写	不认识的生字，难理解的词语，好词、好句的积累
悟	概括大意、读文体会
问	提出不懂的问题，带着问题边读边思考，尝试在书上做好批注
查	与课文相关的背景资料、作家生平
	自评：★★★★★　师评：★★★★★

根据这一样表，这位老师制订了分层预习卡，基础较为薄弱的学生使用基础型自主预习卡，问题的数量、难度和要求处于"合格"水平；中等水平的学生使用提高型自主预习卡，问题的数量、难度和要求处于"居中"水平；基础较好的学生则使用研究型自主预习卡，思考难度有所增加。

表4-19　基础型自主预习卡[2]

班级：四（4）班　姓名：×　×　学号：　2　家长签名：_____

课题	31　一幅名画的诞生　　体裁：记叙文
读	我朗读了3遍
写	1.我不会读的字：纤夫　褴褛　蠕动　涅瓦河 2.我圈出的好词：难以磨灭　肮脏褴褛　阴沉沉　凝重 3.我查字典理解了三个词语： 纤夫：以拉船为生的人 褴褛：指衣服破烂，不堪入目 蠕动：像昆虫爬行那样移动 4.我喜欢课文中的这句话：他仔细地观察着蕴藏着无穷力量的身体，长久地注视着那些善良的眼睛和脸，抚摸着那些铁铸般粗壮的手……
悟	
问	

---

[1]方臻，夏雪梅.作业设计：基于学生心理机制的学习反馈［M］.北京：教育科学出版社，2014：71.

[2]同［1］73.

续表

课题	31　一幅名画的诞生　　体裁：记叙文
查	我上网收集了列宾的资料： 列宾是19世纪后期俄国伟大的批判现实主义绘画大师
	自评：★★★★★　　师评：★★★★★

表4-20　提高型自主预习卡[1]

班级：四（4）班　姓名：×　×　学号：__8__　家长签名：_____

课题	31　一幅名画的诞生　　体裁：记叙文 想问：谁画的？画的是什么内容？画了多久？
读	我默读了1遍，朗读了2遍
写	1.我积累的好词有：凝重　诞生　蕴藏　蠕动 2.我查字典理解了这个词： 纤夫：以拉船为生的人
悟	我能概括主要内容：1868年夏天，在涅瓦河畔，一群衣衫褴褛的纤夫给列宾留下了难以磨灭的印象。于是，他用了三年的时间潜心绘画，在1873年终于创作了名画——《伏尔加河上的纤夫》
问	1.我在书上做了1处批注 2.我想问：为什么列宾要在两年以后，才动笔去画这幅画？
查	我上网收集了当时写作的背景资料： 19世纪60年代正是俄国历史上最黑暗的年代。沙皇的残酷统治，官吏的剥削压迫，使得俄国人民生活在水深火热之中
	自评：★★★★★　　师评：★★★★★

表4-21　研究型自主预习卡[2]

班级：四（4）班　姓名：×　×　学号：__15__　家长签名：_____

课题	31　一幅名画的诞生　　体裁：记叙文 质疑：这幅画是怎么诞生的？用了多长时间完成？
读	我默读了2遍，朗读了1遍
写	句子积累：每个人的脸都是阴沉沉的，流淌着亮晶晶的汗珠；在乱蓬蓬的头发下面，流露出凝重的神情
悟	我的读文体会：一幅名画的诞生需要这么长时间，可见画家列宾做事非常认真。同时，我还感受到了列宾非常同情这些纤夫，所以要把他们的生活场景画下来

[1]方臻，夏雪梅.作业设计：基于学生心理机制的学习反馈［M］.北京：教育科学出版社，2014：74.
[2]同［1］75.

续表

课题	31　一幅名画的诞生　　体裁：记叙文 质疑：这幅画是怎么诞生的？用了多长时间完成？
问	1. 读了课文后，我在文中做了2处批注 2. 我有疑问： "诞生"是指人出生。为什么这幅名画的完成能称为"诞生"？"天哪，为什么他们这样肮脏，这样褴褛呀！"作者用的是感叹号，而不是问号，是不是作者用错了？
查	我收集到的资料： 列宾是19世纪后期俄国伟大的批判现实主义绘画大师。列宾在充分观察和深刻理解生活的基础上，以其丰富、鲜明的艺术语言创作了大量的历史画、肖像画，他的画作如此之多，如此广阔和全面地展示当时俄国的社会生活，是别的画家难以比拟的
	自评：★★★★★　　师评：★★★★★

三、合作学习能力的评价

学生要提高自身的语文学习条件，还必须具备从同伴或他人身上获取语文学习资源与经验的能力，这一能力通常被称为合作学习能力。博里奇等人制作了如下合作技能评分量表：

合作技能评分量表

场景：＿＿＿＿＿＿＿＿＿＿＿＿＿＿　日期：＿＿＿＿＿＿＿

总观察时间：＿＿＿＿＿＿＿＿＿＿＿＿

指导语：依照下面的评分标准，就下面这些技能给小组每个成员的表现进行评分。

5= 能力非常好

4= 能力较好

3= 能力一般

2= 能力较差

1= 缺乏这种能力

1. 基本的互动技能。喜欢且尊重组织内其他成员。

2. 与人相处的技能。能和组内其他成员交朋友并保持友好的关系。

3. 辅导别人的技能。能帮助组内其他成员，并为他们提供解释。

4. 完成某个具体任务的技能。能完成分配给她/他的任务。[1]

他们从合作中的互动、与人相处、辅导别人、完成具体任务所需要的基本技能入手，确定了简要的评价指标，形成了如上量表。为了有效使用这一量表，他们还提供了如下范例：

合作技能评分量表范例

场景：_____　　　日期：_____

总观察时间：_____

指导语：阅读下面的话，按照下面的评分标准，对每个小组成员在这些技能上的表现进行评分。

5= 总是会这样

4= 通常会这样做

3= 一般会这样做

2= 很少这样做

1= 从来不这样做

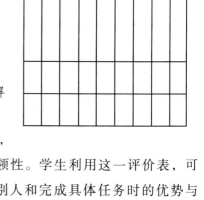

1. 与小组成员说话时语气很合适。

2. 接受同伴的表扬。

3. 在别人需要帮助时给予恰当的帮助。

4. 在别人有疑问时，能清楚地向别人解释怎么做。[2]

在这一范例中，评价的指标更加具体，具有可观察性、可操作性和对学生的引领性。学生利用这一评价表，可以检视自己在与他人互动、相处，辅导别人和完成具体任务时的优势与不足，为自我改进提供具体参照。使用博里奇等人开发的合作技能评价量表时，要根据每次训练的具体任务，围绕成员互动、与人相处、辅导别人、完成具体任务等方面，确定具体的评价指标。为了更好地发挥这一评价量表的作用，博里奇等人还提供了总结合作技能的轶事报告范例：

---

[1] 博里奇，汤伯里. 中小学教育评价［M］. 国家基础教育课程改革"促进教师发展与学生成长的评价研究"项目组，译. 北京：中国轻工业出版社，2004：188.

［2］同［1］189.

总结合作技能的轶事报告范例

学生姓名：<u>布兰登（Brandon）</u>　　　日期：<u>＿＿＿＿</u>

评分人：<u>安托万（Antoine）夫人</u>　　场景：<u>小组合作</u>

　　　　　　　　　　　　　　　总观察时间：<u>10 分钟</u>

描述：

　　今天小组阅读活动时，我对布兰登进行了 10 分钟的观察。在这段时间里他帮助了两名同学，但是当其中一个同学不明白他所说的话时，他明显地表现出沮丧的情绪。在进行小组陈述时，他认真听取其他同学的报告，但是没有主动提供信息或提问。当我让布兰登讲讲某件事或解释某件事时，他讲得非常清楚，比起一个月以前，他在这个方面有很明显的进步。

解释：

　　布兰登在向有疑问的同伴提供指导时需要更加耐心一点，在没有被提问的情况下要争取主动发言。他在完成小组任务时还是很负责的。[1]

　　这一报告围绕评价指标的四个方面，描述了一名同学在合作学习中的主要表现及其优点和不足。以此为基础解释了原因，提出了建议，有利于促进学生提高合作学习能力，为创造有意义的学习经历奠定了基础。除了直接开发合作学习能力的评价指标，瑞查德等人为了提高学生的小组讨论质量，制订了以下评价规则。

小组讨论的自我评价规则

要素 1：我对讨论题目的理解

我理解得很好——我完全明白我们在讨论什么内容。

●我理解所使用的"专业"术语的含义。

●我很清楚要进行讨论自己需要哪些信息。

●我可以举例解释我的意思。

●我可以证明我的观点。

我基本上理解——我想我理解我们所讨论的大部分内容。

●我理解一些观点，但不是全部。

●我理解大部分"专业"术语的含义，但不是全部。

●我有时能举例解释我的意思。

---

[1] 博里奇，汤伯里. 中小学教育评价［M］. 国家基础教育课程改革"促进教师发展与学生成长的评价研究"项目组，译. 北京：中国轻工业出版社，2004：189.

●我能使用一些重要的信息，但也会遗漏另外一些信息。

我不太理解——我不确定自己是否理解我们所讨论的内容。

●我不确定自己是否知道其他人在说什么。

●有许多"专业"术语的含义，我都不理解。

●我不知道该举哪些例子来解释我的意思。

●我不知道自己使用的信息是否正确。

要素 2：我对集体讨论的理解

我理解得很好——我了解集体讨论的目的，也知道如何完成这项工作。

●我努力确定自己已经了解了集体讨论的目的——我们这个集体想实现什么目标。

●我想办法让讨论围绕中心议题展开。

●我了解许多让集体讨论有效进行的方法。例如，我知道什么时候适合做出总结，什么时候需要额外的信息或帮助，什么时候需要一个负责人，什么时候需要确保所有的观点都呈现出来，以及什么时候需要更清晰地阐释观点。

●我知道讨论中需要了解哪些信息。

●我知道集体讨论应该何时结束。

●我努力帮助集体讨论完成既定的任务。

●我知道什么时候适合使用集体讨论的形式，什么时候不适合使用这种形式。

我基本上理解——我正在试着了解集体讨论的目的和如何完成这项工作。

●我有时了解集体讨论的目的，有时又不了解。

●如果有人要求我就加入集体讨论，没人要求我就不参加。

我不太理解——我不确定自己是否了解集体讨论的目的和如何完成这项工作。

●我觉得我不明白为什么我们有时需要合作，我也不知道集体讨论能达到什么目标。

●我不知道如何让集体讨论有效地进行。

●我通常不参加这种活动。

●我经常分心，不注意其他人在做什么。

●我只是让其他人承担完成工作的任务。

要素 3：我如何与他人互动

我做得很好——我知道在集体讨论中如何与人共处。

●我倾听他人发表看法。我不会打断他们。

●如果我持不同意见，我知道该如何处理，而不会伤害任何人的感情。

●我确保每个人都有机会发表自己的见解，只要他愿意。

●我表现得很礼貌。

我做得一般——我有时在集体讨论中能和别人处好关系。

●一般来说我都在倾听他人发表看法，但有时我会分心。

●我有时会打断别人。

●我尽量不伤害其他人的感情，但是有时很难做到。

●我知道怎样做才是礼貌的，但有时我不那样做。

我做得不好——我不知道该如何在集体讨论中与他人处好关系。

●我觉得我可能因为持不同见解而伤害了其他人的感情，但我不确定。

●我试图一直发表意见。

●我尽量一句话都不说。

●我根本不听别人在讲什么。

●我不知道怎样对待他人才是礼貌的。

●我不理解为什么每个人都要发表意见。

要素4：我在讨论中的表达

我做得很好——我知道应该如何讲述才能让别人明白我的意思。

●小组里其他人都能明白我的意思。

●我从来不多说废话。我知道怎样能够表述清楚。

●我试着使用别人能够理解的表达方式。我知道应该何时使用不同的词句，以使我表达得更清楚。

我做得一般——我有时能让别人明白我的意思。

●我觉得自己有时说得太多了，并不切题。

●我觉得自己有时说的话，别人不明白。

我做得不好——我不知道别人是否能够理解我的意思。

●我试图用夸张的词句来吸引别人的注意。

●我不知道怎样表述别人才能理解我的意思。

●我并没有意识到需要注意自己的表达方式。[1]

瑞查德认为，学生合作学习或小组讨论学习的效益主要取决于学生对讨论题目的理解，对小组讨论目的和小组合作方法的理解，与他人互

---

［1］斯蒂金斯. 促进学习的学生参与式课堂评价（第四版）［M］. 国家基础教育课程改革"促进教师发展与学生成长的评价研究"项目组，译. 北京：中国轻工业出版社，2005：212-213.

动的方法和在讨论中表达的能力与方法等。为了提高学生小组合作或讨论学习的能力，他将每一要素的发展分为三个等级，每一等级列出了具体的行为表现，学生可以根据自己的行为表现，判断自己在每一个要素中所处的位置，以及进一步发展的方向，这就为学生改善自己的行为，提高这方面的学习能力提供了参照标准。

为了发展学生的自主学习与合作学习能力，改善语文学习活动中的学生条件，一些老师在评价中注重激发学生的学习积极性，并有意识地提高学生的自我评价能力。如河南省濮阳市第三小学的老师们采用了以下两种评价策略：

《留住童年》——学生成长记录册

"《留住童年》——学生成长记录册"，主要包括"我的小档案""我的足迹""我的辉煌""学期总评""用心编织美好的回忆""校园留言""让我们为你喝彩"等栏目。《留住童年》每学期每生一本，既有日常记录，又有期末总评，贯穿学生学习的整个过程，内容丰富。其中"我的足迹"一项，每周一评，一部分是学生在老师的指导下对自己的在校表现和社会表现开展自评和互评，一部分是家长对学生的在家表现进行评价；评价既可以选择所有项目，也可以选择其中的一项或几项进行阶段性重点评价。"用心编织美好的回忆"一项，既有学生对自己说、教师对学生说、家长对学生说、学生对学生说，还有学生对老师说、学生对家长说、老师对家长说、家长对老师说。"让我们为你喝彩"一项为学生的最佳作品袋，学生可将获奖证书、认为最好的作业等放入其中，每周更换一次；学期末，可将这学期中认为最值得骄傲和自豪的作品等放入其中。

教师寄语力求写出"这个人"

以往评语主要面对家长，而不是面向学生，忽视对学生的教育意义；在评语结构中，偏重对学生行为的评价，忽视对学生个性的评价；评语程式化，不符合学生实际，不同学生的评语之间差别甚小；评语用语贫乏，流于俗套，不足以打动学生。为此，我们在把评语改为教师寄语的基础上，提出了撰写寄语的三条原则：一是写给学生看，只考虑对学生个人的影响，不考虑别人的印象；二是写出"这个人"，让学生知道他（她）自己以及自己在集体中的位置；三是写这个人新的起点和生长点，即在他（她）的过去、现在与未来的联结点上对他（她）做出评价。学生增加了学生的自我评价、学生的互评、来自朋友的鼓励及家长的评价。撰写时，既可以是"教师撰写→学生审阅→教师填写"，也可以是"学生自撰→教师审阅→学生填写→教师签字",还可以是"学生自撰→学生互评→教师审阅、填写"。[1]

这两种策略都指向了学生个体的发展,有利于夯实学生的学科基础,提高学生的自主与合作学习能力。为了进一步提升语文学习活动中的学生条件质量,一些老师在作业设计上下足了功夫,力求通过具体的评价或训练活动,逐步提高学生的语文学习能力。如一位老师对小学三年级的《天鹅的故事》的作业调整,就体现了这一追求。

表4-22 《天鹅的故事》的作业设计调整[2]

	原先的作业设计	改进后的作业设计	调整说明
课前预习	1. 认真、通顺地朗读课文,不会读的字查字典后标上拼音,想一想课文讲了什么事 2. 在文中圈出部首相同的词语,想想它们的意思,并抄写在下面的横线上 例:呼啸_____ 3. 重点朗读第3、4小节,在不理解的地方标上问号	1. 读通课文,不会读的字查字典后标上拼音 2. 课文中有哪些你不理解的词语,请标上问号 3. 想一想,课文讲的故事你读懂了吗?	课前预习环节放手让学生自己思考、理解词语,对学生来说是有困难的,况且此题中还有找到词语后抄写的要求,这也就意味着让学生独立地自学字词,这样的任务量是很大的,而一般来说三年级初期,预习的策略以读和想为主,写的部分应避免
课堂练习	1. 根据课文内容完成填空 这篇课文讲述了一群天鹅( )战胜恶劣环境的感人故事。在( )的带领下,天鹅群用( ),最后脱离了困境 2. 联系上下文,想想天鹅三次啼叫仿佛在说什么	1. 根据课文内容完成填空 一年春天,寒潮突然降临,湖面又上冻了。( )最后摆脱了困境 2. 联系上下文,想象天鹅们第三次啼叫仿佛在说什么	经过精减以后,题目的表述更加规范,出题的意图也更加明确,就是要学生概括地写出故事的经过,即老天鹅和众天鹅是怎么做的。而尝试用

[1]张春莉.走向多样化的评价——小学生学习能力评价的理念、方法与实践[M].上海:上海教育出版社,2005:299-300.

[2]方臻,夏雪梅.作业设计:基于学生心理机制的学习反馈[M].北京:教育科学出版社,2014:153-154.

续表

	原先的作业设计	改进后的作业设计	调整说明
课堂练习	（1）一群天鹅落在湖面上，"克噜——克哩"地啼叫着，好像在说_____ （2）湖面上传来阵阵"克噜——克哩——克噜"的叫声，仿佛在说_____ （3）天鹅不时发出胜利的欢呼声："克噜——克哩——克噜！"好像在说_____		简洁的语言把老天鹅和众天鹅做的事说清楚也正是本课的教学重点。这样一来，课堂作业能更好地为教学服务
课后练习	1. 读句子，圈出括号里正确的字 （1）只听到（各 咯）吱一声，木板上（裂 列）开了一条小缝 （2）今年冬天格外寒冷，一阵阵北风呼（肃 啸）而过 （3）轰（隆 窿）一声，地面塌陷了，出现了一个很大的窟（窿 隆） （4）听到这个消息，大家一下子都（证 怔）住了 2. 写出描写风的词语 例：北风呼啸_____	1. 读词语，选出描写风的词语抄写在横线上 春风满面　春暖花开 凉风习习　烈日炎炎 寒风刺骨 _____ 你还知道哪些描写风的词语？把它们写在横线上 _____ 2. 联系上下文，想象天鹅们第三次啼叫仿佛在说什么，把句子写在横线上 天鹅不时发出胜利的欢呼声："克噜——克哩——克噜！"好像在说 ____ _____	这些题是课堂作业的延续。学生在这堂课中进行了说话训练，但这仅仅是口头表达，在课后作业中要让学生把自己想象的语言写下来，这就提高了要求，不仅要合理想象、规范表达，更要关注书写和标点的正确使用。这也是对学生写话能力的一种锻炼

上述作业的调整，既考虑了三年级学生的学习条件，也强化了学生的自主学习能力，对提高语文学习活动中的学生条件质量具有促进作用。

第三节 语文学习活动中的教师条件质量评价

教师条件质量，是指教师在引导学生学习语文的过程中具备的职业态度、专业知识、专业能力、人文情怀等的整体水平。学生的自主学习能力虽然在较大程度上决定着语文学习质量，但没有教师的引导，则难以获得实质性发展。因此，语文学习活动中的教师条件质量对语文学习质量也有着不可估量的影响。

一、教师条件质量的评价内容

评价教师专业水平与教学能力的内容非常丰富，此处无法一一细究，但教师效能及其评价素养是影响语文学习质量的重要因素，本书仅从这两个方面探讨语文学习活动中的教师条件质量评价。

首先是教师效能评价。教师效能，是指教师对自身发展及对学生积极影响力的预期程度。影响教师效能的因素很多，一些研究者如孙志麟在1991年提出了教师效能的三元评价模式：

表4-23 教师效能三元评价模式[1]

教师具备的效能指标	特征	衡量指标
特质指标	人格、心理、态度等	教育热诚、喜爱学生、风格幽默、具有吸引力、具有变通性、情绪稳定、认真负责等
行为指标	教学活动过程中的计划、内容、方法、策略、管理、评价等	内容讲解清楚、表达清晰、形式多样、方法适当、良好的学习气氛、评价多元和公正等
思考指标	教师知识、信念、认知、反思等	学科内容知识、一般教学知识、学科教学知识、课程知识、学生知识、教育目标知识、一般教学自我效能感、个人教学自我效能感、教育信念、专业角色信念、教学反思、批判思考等

教师效能的三元评价模式涵盖了教师发展的各个方面，实际上是对

[1]郭蕊.教师效能评价模型概述[J].教育测量与评价，2012（5）：18-21.

教师发展水平的全面评价，未能突出效能的特点，既无法判断教师的发展空间及其对学生的积极影响力，也难以从一个侧面评价语文学习活动中的教师条件质量。由于不同教师有效发展的方式、空间和对学生的影响存在较大差异，一些研究者又提出了教师效能的不同模型。

表4-24　教师效能的多重模型[1]

模型	假定	应用的限制条件
目标和任务模型	若一名教师能够完成与学校目标相一致的目标和任务，他或她就是有效的	1. 指派给教师的目标和任务是清晰而明确的 2. 教师任务执行的结果是易观察和能够客观评价的 3. 教师效能的标准是清楚界定的和可利用的
资源利用模型	教师若能在工作过程中最大限度地利用所分配的资源，以及获得必要的支持来克服困难和完成具有不同的，甚至相互抵触的目标或任务，即被认为是有效的	1. 在工作过程中资源利用的效率与结果之间的关系是清楚的 2. 有限的资源对教师达到规定的目标和指定的任务而言是至关重要的
工作过程模型	教师若能保证教学过程的质量，就被视作是有效的	教师的工作过程与教育成果之间存在明确的关系
学校赞助者满意度模型	若教师的表现至少最低限度地使大部分的赞助者感到满意，那么他们就是有效的	大多数赞助者的需求是一致的
责任制模型	教师需要在教学活动中显示出他们的能力和责任	公众要求教师呈现责任的证据，或学校赞助者行使他们的权利来监控和评价教师表现和学校成果
问题缺失模型	若教师在履行职责的过程中不存在问题、过错和弱点，他们就基本上是有效的	教师效能的标准过于模糊或不适于应用

---

[1] 卢谢峰，韩立敏. 教师效能的多重模型及其对研究的启示 [J]. 外国中小学教育，2004（11）：28-32.

续表

模型	假定	应用的限制条件
继续学习模型	若一个教师能够适应和改善其所处的环境，那么他或她就是有效的	教师工作在变化的教育环境中，并需要适应变化与面对内在和外在的挑战

上述模型仅从教师工作的有效性探讨教师效能的基本模式及其应用环境，未能抓住效能的内核和教师效能的特殊性，以此评价教师效能，依然难以改善语文学习活动中的教师条件。教师效能包含两个方面：一是对自身发展的有效性及发展空间的预期程度，即对自我现实发展的满意程度和对未来发展的自信心；二是对学生积极影响力的预期程度，即对所教学生的良好发展和自我教学效果的满意程度与发展期待。根据这两个方面和语文教师的特殊性，可以确定语文教师效能评价的如下内容框架：

表4-25　语文教师效能评价的内容框架

评价维度	评价内容		实现程度			与条件质量的关系
			达到	未达到	不清楚	
自我发展效能	对自我现实发展的满意程度	对拥有的语文知识量和更新速度满意				决定了语文学习活动中的教师引导质量，是影响教学质量的重要条件
		对自身的听说读写能力和不断发展的状况满意				
		对自己生活的敏感度和利用生活资源的能力满意				
		对利用校内外资源发展自我专业水平的情况满意				
		对自我的阅读量与阅读面满意				
		对自我发表作品的质和量满意				
	对自我未来发展的预期程度	未来发展的方向清晰				对改善教师条件的可能性与潜能具有重要影响
		未来发展的程度清楚				
		未来发展的方法与途径明确				
		未来发展的资源聚集能力强				

续表

评价维度	评价内容		实现程度			与条件质量的关系
			达到	未达到	不清楚	
影响和发展学生的效能	对学生发展语文素养的影响预期	对语文知识的学习有积极影响				对在语文学习活动中体现语文学习的固有特性有重要影响
		对发展语言应用能力有积极影响				
		对语文综合性学习有积极影响				
		对人文维度的语文学习有积极影响				
		对关心维度的语文学习有积极影响				
	对学生提高语文学习能力的影响预期	对提高内生学习能力有积极影响				对体现语文学习活动的固有特性，改变学习需求，走出学习质量危机具有重要作用
		对提高有效学习能力有积极影响				
		对提高持续学习能力有积极影响				
		对提高创造性学习能力有积极影响				

　　除教师效能对教师条件质量产生重要影响以外，教师评价素养也对教师条件质量具有重要影响。同时，要提高语文学习质量评价的水平，也必须提高教师的评价素养。教师的评价素养是教师多种能力的综合反映，在较大程度上代表着一个教师的整体水平。很难想象，一个缺乏良好职业境界、专业水平与发展效能的教师，能在语文学习活动中出色地评价学生。从这一角度看，语文学习活动中的教师条件质量在较大程度上取决于教师的评价素养。

　　鉴于教师评价素养的重要性，美国教师联盟、美国全国教育测验协会、美国全国教育协会共同拟定了《学生教育评测所需教师能力标准》，对教师的评测提出了如下要求：

　　1. 教师应善于选择适合于教学决策的评测方法。善于选择适当的、有用的、便于实施的、技术上充分的、公平的评测方法是妥善使用信息来支持教学决策的必要前提。

　　2. 教师应善于发展适合于教学决策的评测方法。虽然教师经常使用公开发表的或其他外部评测工具，但他们用于决策的大量评测信息来自他们自己发明并应用的方法。

3. 教师应善于实施外部设计的或教师自己设计的评测方法，计算得分，并解释结果。教师只会选择和发展好的评测方法是不够的，他们还必须能恰当地应用那些方法。

4. 教师应善于在参与有关学生个体、备课、课程发展、学校改进等方面的决策时使用评测结果。在各个层面上制订教育决策时都可以用到评测结果。在课堂层面可以做关于学生的决策；在社区层面是关于学校和学区的决策；在社会层面更宽泛地说，是关于教育事业的目的和成果的决策。教师参与每个层次的决策制订时都扮演关键角色，他们必须能有效使用评测结果。

5. 教师应善于发展基于学生评测的有效的学生评分程序。给学生评分是教师职业行为的重要部分。评分的意思是，一方面表明学生的表现有多好，另一方面表明教师对该方面的表现有多重视。人们已经了解如何通过评测来得出有效的分数，教师应善于使用相关原理。

6. 教师应善于向学生、家长、其他普通听众及其他教育者沟通评测结果。教师必须定期向学生、家长或监护人通报评测结果。另外，他们经常需要将评测结果报告给其他教育者和各种普通听众或与他们进行讨论。如果评测结果未能得到有效沟通，它们可能会被误用或不被使用。要有效地与其他人沟通学生评测相关问题，教师必须能够恰当地使用评测术语，还要能清楚说明评测结果的含义、局限与蕴意。

7. 教师应善于识别不道德的、非法的及其他不恰当的评测方法或对评测信息的使用。从开始的规划和收集信息到解释、使用和沟通评测结果，整个学生评测活动都要尊重公平性、所有相关者的权利，以及遵守职业道德规范。[1]

上述能力标准对教师选择、发展和应用评测方法与评测结果等提出了明确要求，基于这些要求，美国教师专业标准对教师的评价素养做了如下规定：

1. 知识（essential knowledge）

（1）理解形成性和总结性评价在评价中的不同运用，并知道如何合理运用；

（2）理解评价类型的范围和评价的各种目的，并知道如何设计、调整或是选择合适的评价来处理特定的学习目标和个体差异，从而减少偏差来源；

---

[1]格伦隆德，沃.学业成就评测［M］.杨涛，边玉芳，译.北京：教育科学出版社，2011：12-13.

（3）知道如何分析评价数据来理解学习中的模式和差距，指导计划与教学，并给所有的学习者提供有意义的反馈；

（4）知道何时与如何使所有的学习者参与分析他们自己的评价结果，帮助他们为自己的学习设定目标；

（5）明白有效的描述性反馈对学习者的积极影响，并知道各种传达这种反馈的策略；

（6）知道何时与如何评价和汇报学习者的进步；

（7）知道如何使学生为评价做好准备，如何布置测试环境，特别是为有障碍和有语言学习需要的学习者。

2. 能力（performances）

（1）在适当时平衡形成性评价和总结性评价的运用，以支持、证实和记录学习；

（2）设计与学习目标相匹配的评价，使评价结果的偏差来源最小化；

（3）能够独立或与其他教师合作，来检查测试和其他表现性数据，了解每位学习者的进步，并给予指导；

（4）使学习者理解并能界定有效任务，给他们提供有效的描述性反馈以引导其进步；

（5）作为评价过程的一部分引导学习者以多种方式来展示知识和技能；

（6）使过程模式化和结构化，指导学习者检验他们自己的思维方式、学习和表现；

（7）有效地使用多种、合适的评价数据来确定每位学生的学习需要，开发差异化的学习经验；

（8）使所有的学习者为特定的评价形式做好准备，安排舒适的空间与测试环境，特别是为有障碍和有语言学习需要的学习者；

（9）不断地寻求合适的方法与技术来支持评价实践，使学习者更投入学习，评价和关注学习者的需要。

3. 意向（critical dispositions）

（1）致力于使学习者积极地参与评价过程，开发每位学习者审视和交流自己进步和学习的能力；

（2）有责任使教学、评价和学习目标保持一致；

（3）致力于给学生提供有关他们进步的及时有效的描述性反馈；

（4）致力于运用多种评价方式来支持、界定和记录学习；

（5）致力于安排好评价和测试环境，尤其是为有障碍和有语言学习需要的学习者；

（6）致力于合乎伦理道德、使用各种评价及其数据来确定学习者的长处和需求，以促进学习者的成长。[1]

美国把教师的评价素养落实到教学与测评的全过程，知识、能力和意向三个维度的标准构成了较为详细的评价内容。和其他国家相比，美国对教师的评价素养要求更高、更细，其他国家提出的教师评价素养内容更多地关注了教育教学改革的核心环节，如：

表4-26　中国等国家教师专业标准中评价领域的内容

国家	评价领域的内容
中国	1. 对学生日常表现进行观察与判断，发现和赏识每一名学生的点滴进步 2. 灵活使用多元评价方式，给予学生恰当的评价和指导 3. 引导学生进行积极的自我评价 4. 利用评价结果不断改进教育教学工作
澳大利亚[2]	1. 开发、选择并运用正式和非正式、诊断性、形成性和总结性的方法来评价学生的学习 2. 向学生提供与他们学习目标相关的学业成就反馈信息，且做到及时、有效、适切 3. 理解并参与评价调适工作，支持有关学生学习的一致性和可比较的判定 4. 运用学生评价数据来分析、评估学生对学科／内容的理解程度，确定干预事件，并调整教学实践 5. 使用准确、可靠的报告单清晰、准确、有礼貌地向学生、家长／监护人报告有关学生学业成就的信息

[1][2]转引自：周文叶，周淑琪．教师评价素养：教师专业标准比较的视角［J］．比较教育研究，2013（9）：62-66．

续表

国家	评价领域的内容
英国[1]	1. 有效地运用一系列合适的观察、评价、监控和记录策略，作为设定有挑战性的学习目标和监控学习者进步和成就水平的基础 2. 给学习者、同事、家长或监护人提供关于学习者学业成就、进步和发展领域的及时、准确和富有建设性的反馈 3. 支持并指导学习者反思他们的学习，确定他们已经取得的进步，设定积极的提升目标，使其成为成功的独立学习者 4. 将评价作为教学的一部分来诊断学习者的学习需求，设定实际的和有挑战性的提升目标，并规划以后的教学
新西兰[2]	1. 收集、分析和使用评价信息改进学习，并将信息用于调整教学规划 2. 知道如何适当地与学生及其家长或监护人、学校员工沟通评价信息

　　上述国家对教师素养提出的不同要求，从整体上勾勒出了有关国家对学习质量评价的基本理念与主要做法，其评价的主体内容与要点具有参考价值。语文教师要通过评价这一手段帮助语文学习走出质量危机，需要具备促进内生发展、有效发展、持续发展和创造性发展的评价意识与能力，评价素养的评价内容框架如下：

表4-27　语文教师评价素养的评价内容框架

评价维度	评价内容	与条件质量的关系
确立评价目标的意识与能力	●让评价创造有意义的语文知识学习经历 ●让评价创造有意义的语言技能应用经历 ●让评价创造有意义的语文综合性学习经历 ●让评价创造有意义的人文素养学习经历 ●让评价创造有意义的关心维度学习和学会学习的经历	是实现"创造有意义的语文学习经历"这一评价目标的基本条件
选择和落实价值追求的意识与能力	●能否提升学生发展的内在价值 ●能否提升社会发展的外在价值 ●能否提升内外和谐发展的互动价值	是提升评价意义的首要条件
选用合适的评价理念的意识与能力	●整合外源和内生评价的意识与能力 ●整合低阶和高阶评价的意识与能力 ●整合结果和过程评价的意识与能力	是提升评价的生命意义的重要条件

［1］转引自：周文叶，周淑琪. 教师评价素养：教师专业标准比较的视角［J］. 比较教育研究，2013（9）：62-66.

［2］郭宝仙. 新西兰教师资格与专业标准及其启示［J］. 外国中小学教育，2008（9）.

续表

评价维度	评价内容	与条件质量的关系
进行条件质量评价的意识与能力	●能对语文学习环境进行评价，并提出改进建议 ●能对学生条件进行评价，并提出改进建议 ●能对教师条件进行评价，并提出改进建议	是顺利推进语文学习活动的前提性条件
进行过程质量评价的意识与能力	●能在教学过程中及时评价，并提出改进建议 ●能利用评价手段改进教与学	是深入推进语文学习活动的关键性条件
进行结果质量评价的意识与能力	●能采用多种方式对学生的学习结果进行评价 ●能对评价结果进行阐释，并与学生和家长沟通 ●能提出改进建议	是提升语文学习质量的促进性条件
元评价的意识与能力	●能运用、发展、开发和评价新的测评工具 ●能监控和反思评价过程 ●能监控和反思评价策略 ●能反思和提高评价效果	是提高语文学习质量评价品质的保障性条件

这一内容框架，只是提出了评价的主要项目，在具体评价活动中，要根据教师的发展需要和语文学习活动的具体内容，确定具体的评价细目与指标，才能有效促进教师评价素养的良性发展。

二、教师条件质量的评价方法

"评价应该是一个理解儿童的系统过程"，"评价技术应该使儿童得到好处"[1]。教师对学生的评价要满足这一基本原则，需要强化学习现场的有效引导与评价。因此，对教师条件质量特别是评价素养的评价，最基本的方法是观察其现场效能与评价情况。萨特勒描述了教师评价行为的观察编码样例：

表4-28 教师评价行为的观察编码系统样例[2]

编码系统	样例
Ⅰ.二类别	
1. 言语认同反应（对一个任务行为的评论） 2. 言语不认同反应（对一个背离任务行为的评论）	"鲍勃，你的拼写提高得相当快。" "同学们，安静下来。"

[1]萨特勒，等.儿童评价[M].陈会昌，等译校.北京：中国轻工业出版社，2008：8.
[2]同[1]279.

续表

编码系统	样例
Ⅱ. 三类别	
1. 表扬（表明教师对学生行为非常满意的言语信息）	"约翰，你的阅读非常棒。"
2. 提示（传达了额外信息或者提示学生保持对任务的注意力的言语信息）	"解决问题的第一步是要根据大量购买项目来划分商品的价格。"
3. 批评（表示教师对学生的行为不满的言语信息）	"玛莉，在阅读的时候不要说话。"
Ⅲ. 六类别	
1. 学习认同 2. 学习不认同 3. 社会认同 4. 社会不认同 5. 不恰当的认同或不认同 6. 无认同或不认同	"你的成绩提高了很多。" "你的学习习惯不令人满意。" "我对你和海伦一起工作的能力感到满意。" "你和你们小组成员的关系非常差。" 没有明显证据的时候，告知儿童的行为是令人满意的或令人不满的 没有什么行为可以记录为满意或不满的时候

　　萨特勒将教师的评价行为分成了不同类别，在这些类别中，认同（赞扬）、不认同（批评）、提示、置之不理，构成了教师评价的主要类型。在不同的类型中，教师应有不同的言行，才能恰当评价学生的学习行为，并对学生的学习活动与成长产生积极影响。在教师的评价行为中，聆听是非常重要的行为，美国的梅里尔·哈明对教师的聆听提出了如下建议：

　　（1）用温和、接纳的眼神去维护学生不可亵渎的自身价值。

　　（2）运用"我欣赏""我与你同在"的语句和"直截了当的对""直截了当的错"等策略对学生给予支持和鼓励。

　　（3）使用"铺垫"策略，特别是当学生需要鼓气时，铺垫有助于消除学习焦虑、保持信心。如："特里，今天你没做家庭作业，是吗？好，你记得有句'真理启示语'说的是什么吗？我们每个人都有自己的学习方式，有各自的时机表，因此在学习中有时免不了会遇到点麻烦。明天你能完成家庭作业吗？"

　　（4）使用"激励自我管理"策略。如："你没有汇报作业。请花点时间问问自己是否愿意完成明天的家庭作业。"不管学生回答"行"还是"不行"，都应回答如下："谢谢你那么考虑,明天就看你的了。""你把每天的家庭作业都做得很好。拒绝引诱你分心的事情对你来说难不难?"如此应对学生回答："谢谢,我很好奇。"在执行此策略时,梅里尔·哈明强调:"听取汇报的重心不是对学生的作业打分评级,而是表明你对学生所做的家庭作业表示尊重。"[1]

观察教师聆听的态度与处置方式,能对教师效能和评价素养同时做出评价。此外,分析教师在课堂上的常用评价语,也可以判断教师效能和评价素养。如果教师常使用以下评价语,就能对学生产生积极影响:

"你是怎么想的?"

"你能讲给大家听吗?"

"希望你能再为大家带来一份惊喜。"

"你的思维很独特,咱们再来听听其他同学的意见。"

"这是答案的一部分,但不是全部,你的思路是正确的。"

"我们对你的想法很感兴趣,你能再给大家说一遍吗?"

"你的想法很有道理,老师已经明白了你的意思。如果说得更明确些,那么大家都能明白你的意思了,试试看。"

"好!有创意!老师也从你的想法中长了见识。"……[2]

除此之外,还应观察教师的课堂教学行为,由此判断教师效能与评价素养,进而推断出语文学习活动中的教师条件质量。一位老师执教《猪八戒吃西瓜》时,出现了如下场景:

师:课文中的猪八戒给你留下了什么印象?

生1:猪八戒把那么大的一个瓜吃完了,他真是个美食家,他的肚量也很大。

生2:猪八戒不拘小节,很潇洒。饿了,找到西瓜就吃,管那么多干吗。

生3:猪八戒爱师父。有一次,妖怪抓住了唐僧师徒,要煮唐僧吃,猪八戒拦着,让妖怪先煮自己。

生4:猪八戒顾全大局。唐僧把孙悟空赶走了,猪八戒不计较个人恩怨,到花果山请回了孙悟空。

生5:猪八戒很勇敢,在保护师父去西天取经的路上,打死了很多妖怪。[3]

---

[1] 转引自:许世红. 基础教育学生评价研究——历史沿革、现实状况与未来走向 [M]. 广州:广东高等教育出版社,2014:57-58.

[2] 张春莉. 走向多样化的评价——小学生学习能力评价的理念、方法与实践 [M]. 上海:上海教育出版社,2005:169-170.

[3] 《四川教育》编辑部. 找回失落的主导 [J]. 四川教育,2005(4):18-22.

教师提出问题，并引发了学生的热烈讨论，但教师对学生的发言没有及时提示和进行引导性评价。后三位学生的发言已经偏离了教师提出的问题，远离了文本，但教师并没有及时评价和引导，看似"自由"的课堂氛围降低了课堂效益与教师效能。一位老师执教《望梅止渴》时，有学生提出"前面到底有没有梅林"的质疑，同学们展开了如下讨论：

生1：前面有梅林。荒无人烟的地方，并不代表没有花草树木。没有花草树木就表明没有空气，人就不能生存。因此，如果没有梅林，他们就不能活着出去。

生2：不对，应该没有梅林。刚才他说有梅林，那我请问，"荒无人烟"是什么意思呢？

生3：有句话叫"站得高，看得远"。曹操站在高处，就看得到前面的梅林；战士们纷纷躺在地上，当然看不到了。

生4：我认为没有梅林。我从插图上看出他们休息的地方没有草，没有树，都是石头。你想想，连草、树木都不能生长，梅林怎么能生存呢？

生5：我也认为没有梅林，因为梅子是在秋天长的，课文里的故事发生在夏天，所以，根本不可能有梅林。

生6：不对。如果没有梅林，大家大步向前走去，等走了这段路后，又会重复刚才危急的情况，而且曹操也会失去威信。由此可以看出梅林是有的，曹操不可能说假话。

生7：我查过词典知道，曹操是骗他们的。

生8：对，成语故事中的"望梅止渴"讲的就是"用空想来安慰自己"。[1]

这位老师面对学生提出的问题与热烈争论，显得不知所措，不知如何收场，"只是任由学生各抒己见，直至下课"；课后懊恼不已，觉得这不是"以学生为主体"的课堂的理想境界。如果观察到教师在课堂上有这样的行为，可判断出教师的评价素养还需要大幅度提高。一些老师把自己的弱项让位于多媒体，用多媒体代替自己教学生，一位老师执教北师大版小学语文第一册儿歌《大家都说普通话》时，出现了如下教学场景：

师：小朋友们读得很好，要是能把"风"字写正确就更能干了！咱们先来看看"风"字的写法。

---

[1]《四川教育》编辑部.找回失落的主导［J].四川教育，2005（4）：18—22.

（多媒体演示，学生观察）

师："风"字中有一个咱们没有学过的笔画，哪个亮眼睛的小朋友发现了？

生：横折弯勾。

师：来，一起来写写这个新笔画。

（多媒体演示笔画"横折弯勾"，学生跟着书空。屏幕上反复出现"风"字的第二笔"横折弯勾"，教师始终没在黑板上演示）

师：现在咱们可以说说"风"字是怎么写出来的了。

（播放多媒体，教师和学生一起跟着多媒体演示说笔顺，学生书空。屏幕上反复出现"风"字的写法，教师没有对"风"字进行具体的书写指导）

师：咱们会写"风"字了，能不能把它写漂亮呀！请孩子们仔细看看田字格，注意每一个笔画的位置。

（学生读帖，教师巡视）

师：现在请孩子们在作业本上用心写两个"风"字。

（学生埋头写，教师仍未板书示范。接下来，教师将孩子们写的字一一通过实物投影仪投影在屏幕上。有的歪歪扭扭，有的窄小，有的超出了田字格……教师也未做任何点评）[1]

这位老师没有用自己的书写给学生示范，也没有对学生的书写进行有效评价，学生只是观察多媒体上的完美展示，既影响了学生写字的效果，也降低了教师效能，教师条件质量由此可见一斑。

因此，要提高语文学习活动中的教师条件质量，需要强化教师的学习。"学习性是教师的基本属性，这是教师的社会角色及社会要求共同决定的。但是，很长时间以来，对于'没有分数就过不了今天'的教师来说，生存权是其心头大患，教学功利性似乎成了教师的根本属性，学习性则严重退化，'对考试有没有用'成为教师衡量是否参加学习、培训或接受指导的砝码……教师在课堂评价实践上表现出的'去技能化'与学习上表现出的'去深入化'又使教师专业发展陷入另一个怪圈"[2]，只有彻底打破这一怪圈，才有可能真正提高语文学习活动中的教师条件质量。

[1]《四川教育》编辑部.找回失落的主导［J］.四川教育，2005（4）：18-22.

[2]卢臻.教师专业发展：教学与评价的罪与赎［C］//杨向东，黄小瑞.教育改革时代的学业测量与评价.上海：华东师范大学出版社，2013：276.

第五章　语文学习的过程质量评价

过程即经历，创造有意义的语文学习经历，就是创造有意义的语文学习过程。

有意义的语文学习过程，是满足学生发展核心素养与生命增值等需求的过程。

语文学习的过程质量评价，是对语文学习过程是否符合语文学习的固有特性，是否满足学生的发展需求进行判断的活动。

从外源到内生，是一个由外而内再由内而外的过程；从低阶到高阶，是从知识到能力、从认知到素养的不断提升的过程；从结果到过程，是从终点转向航程，从直达目的地转向欣赏沿途风光的经历。质量评价的所有理念都是植根于过程，让过程变得更有意义的评价思想。

没有扎实行走的过程，就没有终点的厚重；没有科学有效的过程质量评价，就难有核心素养的真实发展与生命的有效增值。

第一节　语文学习过程质量评价的内容框架

过程质量评价的内容框架，主要解决在语文学习过程中评价什么的问题。在确定语文学习过程质量评价的内容框架时，要遵循"创造有意义的语文学习经历"的评价要求，突显评价的动力意义、生命意义与发展意义。

一、语文学习过程质量评价的内容框架

语文学习的过程质量评价主要包含三方面内容：一是判断语文学习活动的展开过程是否具有语文学习的固有特性，是否符合语文素养发展的基本要求，即学习过程体现语文学科要求的程度；二是语文学习过程是否能满足学生学习语文的多种需求，即学习过程体现学生学习需求的程度；三是语文学习过程是否促进了学生语文素养的发展，即学习过程促进学生发展的程度。只有同时考察这三个方面，才能对语文学习的过程质量做出合理判断。语文学习过程质量评价的内容框架如下表：

表5-1　语文学习过程质量评价的内容框架

评价维度	学科要求	学习需求	学生发展
主要内容	1.学习内容 ●聚焦语文学科的核心知识 ●聚焦语文学科的核心能力 ●聚焦语文学科的基本方法 ●聚焦语文学科的基本思想 2.活动方式 ●符合语文知识的习得特征 ●符合核心素养的发展要求 ●符合语文方法的形成与运用特点 3.其他要素 ●学习内容与活动方式匹配 ●学习内容、活动方式、学习资源、学习时空匹配	1.动力发展需求 ●学习过程有吸引力 ●有主动参与的机会 ●有自由表达的氛围 ●有继续学习的愿望 2.语文核心素养发展需求 ●有提高语言运用能力的机会 ●有发展思维能力的机会 ●有提高审美能力的机会 ●有提高文化传承能力的机会 3.语文学习能力发展需求 ●能丰富和运用语文学习方法 ●能进一步养成好的语文学习习惯 ●能提高自我评价与改进的能力	1.现实发展 ●优势有发展 ●弱项有提升 2.长远发展 ●广度有拓展 ●深度有强化 ●角度有增加 ●结构有完善 ●综合运用能力有提高 ……

在语文学习过程中选择的学习内容，确定的活动方式，以及活动内容与活动方式的匹配程度等，构成了过程质量评价的"学科"内容框架。在这一内容框架中，源自语文学科的核心内容与活动展开的"语文味"是评价的关键。在学习过程是否能够满足学生学习需求的评价中，主要考查学习内容与活动形式是否有利于激发学生的学习动力，能否满足学生发展语文素养与学习能力的要求，动力发展、语文素养发展和学习能力发展等方面的需求构成了过程质量评价中"学习需求"的内容框架。有效的语文学习过程是促进学生不断发展的过程，在评价语文学习的过程质量时，必须关注学生在学习过程中的发展状况。在语文学习过程中考查学生的发展状况时，可从两个维度来分析。一是学生在语文学习过程中的及时发展或现实发展。学生在学习语文的优势和劣势中，哪些优势获得了一定程度的发展，哪些弱项得到了一定程度的弥补，让学生在学习过程中"看见"自己的现实进步。二是这一阶段的活动为学生今后的语文学习和生命成长做好了哪些铺垫，为学生提高内生学习、持续学习和创造性学习质量提供了哪些条件。一般情况下，学生涉猎的广度，思考的深度，分析的多角度，语文知识、能力等的结构化程度，综合运用语文知识的能力等，在较大程度上决定着学生的内生发展、持续发展和创造性发展质量。现实发展和长远发展是判断学生发展的两个关键点。在学科要求、学习需求和学生发展三个评价维度中，学科要求是评价过程质量的前提性要素，学习过程不具备学科特性，过程质量就无从谈起；学习需求是评价过程质量的关键性要素，开展评价活动时既要考察语文学习过程满足团队需求的程度，也要考察满足团队内不同学生不同需求的程度；学生发展是过程质量评价的保障性要素，没有促进学生现实与长远发展，学习过程的质量就会大幅度降低。因此，学科要求、学习需求、学生发展三个方面相辅相成，彼此渗透，无法截然分开，只有将其作为一个整体，形成过程质量评价的内容框架，才能合理判断语文学习的过程质量。

二、语文学习过程质量评价的内容选择

上述内容框架是针对所有语文学习活动的过程质量评价设计的，覆

盖范围较广，评价项目较多，针对具体的语文学习活动设计评价内容时，不宜一一对应，而应根据这一内容框架，结合具体的语文学习活动，确定更加具体的有针对性的评价内容。针对具体活动设计评价内容时，要考虑四个因素：一是学习内容包含的特定语文知识、能力和素养，评价内容要落实到具体的语文知识、能力和素养上，评价才具有针对性；二是特定的语文知识、能力和素养对活动形式的具体要求；三是学生对具体的语文知识、能力、素养的发展需求；四是具体的语文知识、能力转化为学生的语文素养时有何表现。

下面以周俐设计的《雷雨》微型学习活动为例，谈谈如何针对具体的学习活动确定学习过程中的评价内容。

《雷雨》的微型学习活动设计

学习目标

1. 感知人物的矛盾冲突。

2. 品味戏剧语言，揣摩人物心理，把握人物形象。

学习重难点

品读戏剧语言"哦"，把握人物形象。

学习时间

9分钟

活动过程

（一）教师解题

（教师提示语：请看标题"雷雨"两个字，字中共有8个点。一场雷雨，也毁灭了2个家庭，8个人。3个年轻人周萍、周聪和四凤死了，两位母亲侍萍、繁漪疯了。曹禺以尖锐的矛盾冲突展示了一幕人生大悲剧）

（二）整体感知

教师：戏剧主要靠矛盾冲突来推动情节的发展，展现人物的性格。可以说，没有矛盾就没有戏剧。如果把矛盾比作雷雨，你觉得文章写了谁是谁生命中的雷雨呢？请大家默读全文，思考节选部分主要展现了几组矛盾，分别是谁与谁的矛盾。

学生默读、思考，回答老师提出的问题。

教师在学生回答问题的过程中相机引导。

（教师预设的引导语：文章写了周朴园与鲁侍萍的矛盾，这是男女之间的矛盾，是情人之间的矛盾；还写了周朴园与鲁大海的矛盾，这是父子矛盾。还能不能挖掘得深一些？从他们所属的阶层看，周朴园与鲁大海的矛盾还是资本家与工人之间的矛盾。周朴园与侍萍之间的矛盾呢？周朴园与鲁侍萍的矛盾还是资本家与劳动人民的矛盾，侍萍就是一个下人、侍女的形象。曹禺先生的精妙之处就是把各种伦理矛盾、阶级矛盾交织在一起，让这些矛盾在最后爆发出来，化作一场倾盆雷雨，产生无比强烈的舞台效果）

（三）具体研读

教师：我们来看看第一组矛盾——周朴园与鲁侍萍的矛盾。鉴赏戏剧人物很重要的手段就是从人物语言入手，请同学们两个一组，对话朗读。

学生分组朗读对话。

教师：你们在朗读时发现哪个字出现的次数最多啊？——是"哦"这个字。它在第一部分出现了 19 次，周朴园讲了 11 次，鲁侍萍讲了 8 次！戏剧语言特别讲究个性化，每个人物的用语、语气都各有特色，可文中为什么会有这么多重复的"哦"字呢？它们的含义和语气相同吗？

学生自由回答。

教师：看来大家对这个问题很感兴趣，那就认真思考周朴园的 11 个"哦"字，待会我请同学们自由发言。

学生思考后自由发言。

教师相机引导。

（教师预设的引导和总结内容：大家的发言非常踊跃，也碰撞出了思维的火花。11 个"哦"，每一个的意思好像都不太一样，它们也揭示了周朴园不同的心理活动。老师从中选出了这几个："哦？你说说看。""（苦痛）哦！""（汗涔涔地）哦。"我们一起来品读品读。这位同学选取的第一个"哦"，先说说周朴园是在怎样的情景中说出这个"哦"的？是周朴园听到侍萍说"我倒认识一个年轻的姑娘姓梅的"。那"哦"体现了周朴园的什么心理？很吃惊，这个概括很准确。因为周朴园问过也打听过很多人，大多不知道三十年前无锡的往事。这时听到眼前这个人知道姓梅的小姐，他很吃惊。还有吗？我们看看前面周朴园还说了"梅小姐是忽然地投水死了"，实际上她是怎么死的？——是被周朴园抛弃，被周家赶出去才投河自尽的。那这吃惊中是不是还包含了周朴园害怕事情真相被曝光呢？既然是吃惊，标点为问号，大家觉得该怎么读？再看后两个"哦"，它们前面各有舞台说明——"苦痛""汗涔涔地"。先请大家来模拟苦痛的"哦"，为什么这一处是苦痛的"哦"呢？我们联系语境来看看。周朴园说姓梅的是贤惠、也很规矩的小姐，侍萍说"她不是小姐，也不贤惠，并且不大规矩"。"哦"是周朴园在谎言被当面揭穿时，不由自主发出来的，可以重读，加强舞台效果。

大家一起来读读。再看第三个"哦"，这是周朴园在怎样的情景中说出的？请女同学读："忽然周少爷不要她了。大孩子就放在周公馆，刚生的孩子她抱在怀里，在年三十夜里投河死的。"注意这话是侍萍没有表明自己身份时说的，不宜读得悲伤，尽量客观冷静些。周朴园为什么会汗涔涔？是因为他没想到自己抛弃侍萍的事居然有人知道，所以他汗涔涔的，胆怯神惊。我们在上课之前已观看了《雷雨》的电影：为了迎娶门当户对的小姐，周朴园遵从母亲的旨意，抛弃了侍萍。侍萍走投无路，跳河自杀。周朴园对于自己在三十年前犯下的罪恶，原以为知道的人"不是老了就是死了"，现在活着的人"多半是不知道的，或者忘了"，他以为可以瞒天过海了，没想到有人知道得这么详细，这么清楚，使得他"汗涔涔地"，紧张惶恐到了极点。谁来读一读第三个"哦"。这位同学读得很重，大家觉得合适吗？想一想这件事周朴园想让人发现吗？不想？那语气应该轻、短，让人难以听清最好。可见同一个字，显现出的人物心态也大不相同。但无论是哪一个"哦"，都体现了周朴园的矛盾性：一方面他怀念、美化侍萍，另一方面他却害怕侍萍出现。我们从"哦"这个词里读出了言外之意，这就是戏剧语言的潜台词。学习戏剧文学，要善于挖掘潜台词，潜台词挖掘好了，也就理解了人物的感情）

教师：同学们认为周朴园对侍萍的感情是真诚的还是虚伪的？我们分男女生阵营来回答。

男女生思考、回答、争辩。

教师小结。

（教师预设的小结语：家具是旧的摆放，雨衣衬衣也喜欢旧的，关窗的旧习惯还保留着，还顾念旧情提出要去修墓，同学们找到的这些，足以表明周朴园对侍萍的真诚。但也有同学找到了反例：当周朴园认出鲁侍萍后，厉声责问"你来干什么？""谁指使你来的？"；接着为稳住侍萍，又说"现在你我都是有子女的人，'旧事'又何必重提呢"；然后采用软化的手段，表白"你的生日，每年我总记得"；最后，拿出五千元的支票来打发鲁侍萍。这些又足以证明周朴园爱得虚伪。真诚还是虚伪，这确实是个问题！我们来看看作者曹禺是怎么说的："一个人对初恋总是难以忘怀的，何况侍萍还为他生下两个孩子，最后又因为被他遗弃而投河自尽。特别是他以后的婚姻并不美满，这更加深了他对侍萍的怀念。"但也有人认为："他周朴园经过几十年的变化，心狠起来了。"老师认为：《雷雨》之所以具有经久不衰的魅力，重要的一点就是塑造了一个复杂立体的周朴园形象。周朴园有资本家的冷酷无情，有上层人物的道貌岸然，有儿子面前的封建专制，还有对侍萍怀旧的温情。但周朴园的主导性格毕竟是与他的阶级地位和资本家的身份相一致的。所以当侍萍的身份被认定以后，他的第一反应是侍萍要来敲诈他了。可见，他怀念的是对自己没有任何威胁的侍萍。周朴园心理的变化是符合其性格内在逻辑的，他既有真诚的伪善，又有伪善的真诚，所以这个人物才能成为艺术经典）

板书：

雷　雨
曹禺

周朴园

　　↗?

哦 →!

　　↘。

鲁侍萍[1]

这是周俐就《雷雨》设计的 9 分钟微课学习活动，要评价这一学习活动的质量，必须首先确定具体的评价项目。从这一活动的学习内容看，教师以"矛盾冲突""具有典型性的戏剧语言""人物语言的潜台词"和"人物形象"为切入点，引导学生学会阅读戏剧，矛盾、语言、潜台词和人物形象是周俐选择的戏剧的核心知识，把握和运用这一核心知识是本次活动的目标。从选用的活动形式来看，主要采用了默读、思考、讨论、个人品读、角色朗读、辩论和教师的提升性引导等。从学生对现代戏剧的学习需求来看，在视听媒体日益丰富的情况下，学生还有阅读文字戏剧的动力吗？如何把观赏舞台剧的需求转换为阅读剧本的需求，这是选择学习内容与活动形式时需要关注的；从阅读戏剧的素养来看，引导学生读什么、怎么读才能满足学生提高戏剧的阅读素养的需求，这是设计和实施学习活动的关键性内容；从语文学习能力的提升来看，如何引导学生养成阅读戏剧的习惯，学会阅读戏剧的方法，满足学生独立阅读戏剧的需要，也是活动设计的重要关注点。从学生发展来看，品读"矛盾冲突""具有典型性的戏剧语言""人物语言的潜台词""人物形象"四个方面，学生已具备了哪些优势，还存在哪些问题，这次活动能为学生今后更好地阅读现代戏剧做好什么铺垫等，也应是评价的重要内容。根据

---

[1] 刘敏，袁耀林. 教的艺术 [M]. 成都：四川师范大学电子出版社，2016：238-242.（上述设计引入本书时有改动）

上述分析可知，本次学习活动的过程质量评价内容应主要集中在四个方面：一是活动内容是否抓住了戏剧的核心知识和阅读戏剧的核心素养；二是活动形式是否符合品读现代剧本的需要；三是学习内容与活动形式能否满足学生学习现代戏剧的需要；四是学生阅读戏剧的意识与能力是否得到了一定程度的发展。据此，可以设计如下调查与评价表：

表5-2　学生戏剧学习需求调查表

学生姓名：＿＿＿＿＿＿　　班级：＿＿＿＿＿＿

（填表说明：第1—9题请在最符合你想法的栏目内画"√"，第10题请自由作答）

1. 你喜欢阅读现代戏剧的剧本吗？　　　　　　　□喜欢　　　　□不喜欢
2. 你读（或观赏）过现代戏剧吗？　　　　　　　□有　□没有
3. 你能发现和分析戏剧中的矛盾冲突吗？　　　　□能　□不能　□不清楚
4. 你能发现和赏析戏剧人物的标志性语言吗？　　□能　□不能　□不清楚
5. 你能发现和赏析戏剧语言中的潜台词吗？　　　□能　□不能　□不清楚
6. 你能从看似矛盾的言行中概括人物特点与品质吗？□能　□不能　□不清楚
7. 你能运用自己认为有效的阅读戏剧的方法吗？　□能　□不能　□不清楚
8. 你认为自己养成了阅读剧本的好习惯了吗？　　□养成了　　□没有
9. 你了解曹禺和他的剧作吗？　　　　　　　　　□了解　　　□不了解
10. 学习曹禺的《雷雨》时，你希望收获什么？

　　教师可根据学生需求的调查结果，对学习内容与活动方式做适当调整，使学习过程更能满足学生的学习需求。在学习过程中或学习活动完成后，可确定如下评价内容，制作学生自我评价表。

表5-3　《雷雨》微型学习活动过程质量评价表
（供学生自我评价时使用）

学生姓名：＿＿＿＿＿＿　　班级：＿＿＿＿＿＿　　评价时间：＿＿＿＿＿＿

评价项目	实现程度		
	达到	未达到	不清楚
1. 我逐步感受到了《雷雨》的精妙			
2. 我能在人物对话中理解戏剧的深层次矛盾			
3. 我能在矛盾的发展脉络中读懂人物的潜台词			
4. 我能从看似矛盾的言行中概括出人物特点与品质			
5. 我很快进入了戏剧情境			

续表

评价项目	实现程度		
	达到	未达到	不清楚
6.我很快走进了不同角色的心里，能感同身受			
7.现代戏剧对我有吸引力			
8.我想和同学一道把《雷雨》搬上舞台			
9.我想阅读或观赏曹禺的其他戏剧			
10.我还想阅读其他现当代作家的戏剧			
11.我学会了发现、分析和概括戏剧矛盾的方法			
12.我学会了赏析人物潜台词的方法			
13.我学会了戏剧人物的分析方法			
14.我养成了在矛盾处勾画和旁批的习惯			
15.我养成了勾画和旁批人物潜台词的习惯			
16.这节课满足了我学习戏剧的需求			
17.这节课我收获很大			
自我评价			
改进方法			

根据语文学习过程质量评价的内容框架和上述微型学习活动的具体内容，确定了 17 个自我评价项目，1—4 主要评价学习内容是否紧扣了学习目标、阅读戏剧的核心素养与基本方法；5—7 主要评价活动方式是否符合戏剧的文体要求，是否能促进学生快速进入戏剧角色，感受戏剧人物的喜怒哀乐，提高正确把握戏剧矛盾与人物的能力；8—10 主要评价学习内容与活动方式是否满足了学生的动力发展需求，是否发展了阅读戏剧的优势，是否提升了阅读戏剧的弱项，是否拓展了阅读戏剧的广度；11—15 主要评价学习内容与活动形式满足学生阅读戏剧时发展思维能力、审美能力、阅读方法和阅读习惯等需求的程度，以及阅读戏剧的深度是否有所强化等；16—17 对学习需求的满足和发展程度进行整体判断。上述 17 项自评内容，既源于过程质量评价的内容框架，也指向了剧本阅读和《雷雨》学习的具体内容，有利于帮助学生较为准确地判断自己在剧本阅读方面的发展情况。

除学生自我评价以外，教师也可以对自己的活动设计与实施进行评价，为改进教学提供依据。教师自我评价内容与学生评价内容大致相当，但具体项目有一定差异。

表5-4　《雷雨》微型学习活动过程质量评价表
（供教师自我评价时使用）

教师姓名：_____　评价班级：_____　评价时间：_____

评价项目	实现程度		
	达到	未达到	不清楚
1. 我了解现代戏剧的特点和发展概况			
2. 我读过其他现当代作家的戏剧作品			
3. 我了解曹禺和他的剧作			
4. 我阅读了有关《雷雨》的评论			
5. 我阅读了有关《雷雨》教学的多种方案			
6. 我对《雷雨》及其教学有我自己的想法			
7. 我了解学生学习现代剧本的需求			
8. 我选择的学习内容满足了学生需求			
9. 我选择的学习内容属于现代戏剧的核心知识与能力			
10. 我选用的活动形式与剧本的对话形式、矛盾冲突相匹配			
11. 我设计的活动紧紧围绕戏剧的矛盾冲突展开			
12. 我的引导围绕戏剧矛盾、语言、潜台词、角色展开			
13. 我激发了学生阅读戏剧的兴趣			
14. 我帮助学生学会了阅读戏剧的方法			
15. 我培养了学生阅读戏剧的习惯			
16. 学生阅读戏剧的优势有所发展，弱项有所弥补			
自我评价			
改进计划			

在上述 16 个项目中，1—6 是对教师的学科素养进行判断，只有高素质的学科教师，设计和实施的学习活动才能满足语文学科的特定要求，使学习活动过程具有真正的"语文味"，这几个项目属于教师条件质量评价的范畴；7—12 是对学习过程满足学习需求与学科要求的判断；13—16 是对学生的发展情况进行判断。教师从这三个方面评价自己，有利于找到自我前进的方向。

如果是第三方观察、记录和评价师生学习《雷雨》的微型活动，则可以进一步简化评价内容，抓住关键性要素对学习活动进行描述和分析。

表5-5 《雷雨》微型学习活动观察、记录、分析表
（供课堂观察者使用）

观察教师姓名：_____ 观察班级：_____ 观察时间：_____

观察维度	观察点	观察记录	效果分析	改进建议
学科要求	1. 是否强化了现代戏剧的核心知识与能力 2. 是否抓住了《雷雨》的主要特征品读现代剧本			
学习需求	1. 学生主动投入的程度 2. 学生学习热情的持续时间			
学生发展	1. 是否激发了学生阅读现代剧本的兴趣 2. 是否形成了学生阅读现代剧本的方法和习惯			

　　这一观察表虽只有 6 个观察点，但这 6 个观察点是决定过程质量的关键。《雷雨》无非是学生学习现代戏剧的例子，只有在整体把握现代戏剧的核心知识与阅读戏剧的核心素养的基础上，通过《雷雨》这个例子培养学生把握现代戏剧核心要素的能力，形成解读现代戏剧的兴趣、方法和习惯，才能提升《雷雨》学习效益。学生的学习需求是否满足，可通过投入度和参与热情的持续度来分析。学生主动投入的程度越高，参与的持续度越好，学习内容与活动形式满足学习需求的程度就越高。观察点既决定了记录的重点，也是分析学习活动和提出改进建议的聚焦点，这些观察点和聚焦点既要符合过程质量评价的内容框架，也要体现具体学习活动的特定要求，才能提高过程质量评价的针对性。

第二节　语文学习质量评价准则的编制与使用

评价准则，"是一种用文字说明的评分指引，与其他评价工具最大的不同点在于，它明确列出了学习表现的每一项评价标准（或称'要素'，如写作中的要素'主旨、组织、细节、语句、用词、常规'），并清晰地表述了每项标准的不同层次水平，从高水平一端延续到低水平一端。因此，它不但可以帮助教师考察学生的学习过程（process of learning）、学习进展（progress of learning）以及最终的学习结果（product of learning），同时还清楚地告知了学生定义学业表现优异的具体评价标准"[1]。因此，要有效地进行语文学习过程质量评价，必须首先编制有效的评价准则。

一、语文学习质量评价准则的编制思路

语文学习的过程质量与结果质量评价都需要编制评价准则，其编制思路和要求大致相当。如果过程质量评价准则在时间跨度和内容选择上兼顾了一段时间的学习，而结果质量评价也主要检测这一时间段的学习，其评价准则就可以共用。因此，编制评价准则时，没有严格的过程质量评价与结果质量评价之分。编制语文学习质量评价准则要遵循两条基本思路：一是要素兼顾，二是分类编制。

（一）要素兼顾

要素兼顾，是指编制评价准则时，要综合考虑和兼顾评价准则的内容要素，使评价准则具有可评价性、可参照性和可引导性。从评价准则的内容看，一则有效的评价准则至少包含三个要素：一是评价内容的分解和细化，即把要评价的内容分解成更为具体的要素，使之具有可评价性；二是对每一要素的不同发展水平进行描述，使之具有可参照性；三是描述每一要素的发展水平时，要明确从低到高的发展轨迹，学生既可以从中定位自己的发展现状，也可以明确下一步的发展重点，具有可引导性。如下面这一写作评价准则表，就符合可评价性、可参照性与可引导性的

---

[1] 钟媚, 高凌飚. 评估准则：一种有效的课堂学习评价工具 [J]. 全球教育展望, 2006 (3): 71-74.

要求。

表5-6 写作评价准则表[1]

标准＼等级	A	B	C	D
主旨	文章紧扣主题，富有想象力，引人入胜	文章紧扣主题	文章涉及主题，但没有紧扣主题	文章几乎没有涉及主题
组织	文章布局漂亮，段落过渡自然，意思表达顺畅	文章布局漂亮，段落连接有序，意思表达顺畅	意思表达不清，某个时候在表达一个观点时，会突然跳到其他观点	语句完全没有条理，表达混乱
细节	能够用丰富的细节描述充分地表达主题	能够用充分的细节描述表达主题	能够用一些细节描述表达主题	没有提供细节描述，或者提供的细节描述与主题不相符
语句	句式富于变化，表达意义丰富、有趣	部分句子形式有变化，如类型、长度	能够用完整的句子表达，但句式单一	不能用句子的形式表达
用词	能够用描述性的、具体的词语表达主题	选用的词语切合主题	选用的词语陈旧，冗词很多	选用的词语与主题不符
常规	极少有语法、书写、标点符号错误	存在一些语法、书写、标点符号错误，但不影响阅读	语法、书写、标点符号上的错误造成某些内容的阅读障碍	很多语法、书写、标点符号错误，导致文章很难理解

　　这一评价准则首先将"写作"这一评价内容分解为主旨、组织、细节、语句、用词、常规等多个要素，这些要素把写作这一评价对象具体化，使之具有可评价性；然后对每一个要素在不同层次上的水平表现进行了描述，学生既可以根据某一层次的水平表现定位自己目前的发展水平，也可以找到下一步的发展点，具有可参照性与可引导性。

---

[1] 钟媚，高凌飚.评估准则：一种有效的课堂学习评价工具［J］.全球教育展望，2006（3）：71-74.

（二）分类编制

分类编制，是指编制评价准则时要考虑不同类型评价准则的主要特征与编制要求。"从结构上看，评价准则可以分为整体型评价准则（holistic rubric）和分析型评价准则（analytical rubric）两种类型。整体型评价准则强调将学习过程与学习结果看作一个整体进行评价，在此基础上得出一个总分。相反，分析型评价准则首先将学习表现分解成基本的要素，对它们分别做出评价，然后综合起来给一个总分。"[1]如《欧洲语言共同参考框架》采用整体型评价准则，对总体语言能力进行了如下描述：

表5-7　《欧洲语言共同参考框架》总体语言能力评价准则[2]

C2	全面而娴熟地驾驭题材非常广泛的话语，能准确表达自己的思想，会使用强调句和区分句式避免歧义，完全能畅所欲言
C1	能在丰富的表达法中选择恰当语句不受限制地表达自己想说的话
B2	表达清楚，看不出因受语言的限制而不能畅所欲言
	语言表达比较丰富，能进行清晰的描述、表达自己的观点和论证。会使用复杂句式，基本看不出需要寻词造句
B1	语言表达比较丰富，能描述即刻出现的情境，比较准确地解释一个问题或观点的主要内容；能就抽象话题或文化话题，如音乐、电影等发表自己的观点
	拥有足够的语言表达手段，足以应付诸如家庭、兴趣爱好、工作、旅行和时事等话题，但有时显得迟疑，会用一些迂回说法，而且因为词汇量有限，导致重复，有时甚至表达困难
A2	拥有基本的语言表达手段，足以应付日常生活中常见的话题，但表达时一般需要现找词汇，而且会因为不能完全如愿表达自己的想法而不得不长话短说
	能进行通常的简短表达，应对具体、简单的需求，如：处理自己的个人琐事和日常生活，表达自己的愿望和需求、问讯等
	会用初级句式讲话，能用预先背诵的句子、词组和固定表达法跟别人谈论自己和他人，以及他人的活动和好处
	会讲一些数量有限且背诵好的简短语句，内容为最基本的日常生活需求；遭遇突发事件时，表达常不连贯，误解误会频繁发生
A1	能用简单和初级的语句讲述自己和日常需求

这一整体型评价准则把语言学习者和使用者的语言能力分为6个等级，对每一等级的行为表现进行了总体描述，采用的是把学习过程和学

---

[1] 钟媚，高凌飚. 评估准则：一种有效的课堂学习评价工具 [J]. 全球教育展望，2006（3）：71-74.

[2] 欧洲理事会文化合作教育委员会. 欧洲语言共同参考框架：学习、教学、评估 [M]. 刘骏，傅荣，等译. 北京：外语教学与研究出版社，2008：106.

习结果结合起来进行评价的思路。除制订整体型评价准则以外，《欧洲语言共同参考框架》还采用了分析型评价准则的制订思路，对语言学习者的语言能力进行分解，根据语言能力的不同要素确定评价准则。他们认为学习者的话语能力可从其灵活性、话轮、主题陈述和话语的协调性等层面进行评估，于是根据这 4 个要素分别制订了评估量表。如话语能力之灵活性评估量表确定了以下能力层级。

表5-8　《欧洲语言共同参考框架》话语能力之灵活性评估量表[1]

C2	能运用各种语言形式非常灵活地重述观点，强调重点，并能根据情境和对话人的反应指明差异，答疑解惑
C1	同B2
B2	懂得调整说话的内容和方式，以适应交际情境和对话人；能根据语境采用适当的说话语体
	能在对话中适应各类话题、风格和语气的变化
	能变换句型表达自己想说的内容
B1	面对特殊情境，甚至是非常困难的局面，也能及时调整话语，灵活表达
	能机动灵活地应用丰富的简单词汇表达自己想说的主要内容
A2	能根据具体情境，借助有限的可替换词汇，换用经过准备的和背诵的简单表达法
	能通过重组，扩展已学过的表达法
A1	暂无描述

《欧洲语言共同参考框架》在灵活表达方面，主要围绕表达者根据交际情境和说话对象的变化，在表达内容、方式、重点、风格、词汇选用等方面的灵活变化程度，确定其灵活表达的能力层级，将灵活表达能力分解为多个方面，综合多个方面形成了能力层级，遵循了分析型评估准则的编制思路。

要编制一份具有可评价性、可参照性和可引导性的评价准则，需要首先明确所制订的评价准则的类型，因为不同的准则类型，其制订思路和表现形式不同。确定准则类型后，要根据分类编制的思路编制评价准则。

二、语文学习质量评价准则的编制程序

语文学习质量评价准则的编制，主要经历两个环节。第一个环节是

---

[1] 欧洲理事会文化合作教育委员会. 欧洲语言共同参考框架：学习、教学、评估 [M]. 刘骏，傅荣，等译. 北京：外语教学与研究出版社，2008：118.

根据学习目标，确定评价内容，细分内容要素。为促进教学与评价的有机整合，制订评价准则时必须首先研读学习目标，根据学习目标确定评价内容、细分内容要素。细分内容要素时，要考虑实现特定学习目标所需要的条件、所应展开的过程、需要追求的结果等，这些条件、过程和结果等具体内容就构成了具体的评价项目。如民航广州子弟学校为培养学生的自主学习能力，从自主学习能力的培养条件、过程和结果等角度，细化自主学习能力的培养与表现要素，形成了以下评价准则。

表5-9 民航广州子弟学校中高年级课堂评价表（试验稿）[1]

班级：＿＿＿＿＿ 年级：＿＿＿＿＿ 姓名：＿＿＿＿＿ 学号：＿＿＿＿＿

评价内容		周	周	周	周	评价目的
学习的参与状态	全神贯注地听老师讲课					自我对学习过程的体会
	认真倾听同学的发言					
	积极举手发言、不懂就问					
	积极提出问题并发表自己的见解					
学习的交往状态	善于和他人讨论、交流					自我对交往的体会
	注意吸取同学的方法					
	能诚恳地说出同学学习中的优点与建议；虚心接受同学的评价					
	大胆尝试、完善他人的发言					
学习的思维状态	能有条理地表达自己的意见					自我对学习过程的体会
	解决问题的过程清楚					
	用不同方法解决问题、独立思考					
学习的达成状态	我的收获、体会					自我对学习结果的体会
	我的遗憾					
学习的情感状态	学习过程中感到快乐、满足					学习情感体验
同学评价		★★★★★	★★★★★	★★★★★	★★★★★	
老师评价						

[1] 张春莉.走向多样化的评价——小学生学习能力评价的理念、方法与实践［M］.上海：上海教育出版社，2005：37-38.

改变学生的课堂学习状态是学校确定的学习目标，老师们根据这一学习目标，把"学习状态"细分为参与状态、交往状态、思维状态、达成状态和情感状态等多个方面，再把这些方面细化为学生的课堂学习行为，每一个行为就变成了一条评价准则。如果这一评价表能呈现出从低到高的发展轨迹，能引导学生不断进步，就具备了较好的可引导性，如郁恩广编制的评价准则，增加了"你真棒""很不错""加油啊"三个发展层次，就具备了可引导性。

表5-10　学生课堂学习状态评价表[1]

评价领域	评价目标	你真棒	很不错	加油啊
参与状态	乐于学习，积极参与到学习之中			
	能约束自己，合理安排时间			
	能独立思考，独立完成作业			
	不仅自己学，而且能帮助别人学			
合作交流状态	有目的地与人交流并选择合适的交流方式			
	与人交往具有良好的合作氛围			
	把自己当作集体一员约束管理自己			
	解决交往中发生的分歧、冲突			
思维状态	敢于发表见解			
	选择有效的解决问题的方法与策略			
	有独特的实验方法和发现方法			
情绪状态	有自我调节能力			
	把情绪投入到学习之中			
	有自信心，有成就感			
发展状态	运用已有知识获得新知			
	多学科融合学习，解决问题			
	学习中思维得到锻炼，潜能得到发挥			

第二个环节是根据细分的内容要素确定评价标准。评价标准"可以分为两个维度：一个是质的维度，一个是量的维度。第一个维度构成标准的内容，又称为指标，即决定评价什么，不评什么，并分解为具体的评价要素；第二个维度构成标准中各要素所占的比例和发生变化的程度，即确定各要素的相对重要性，以及达到什么程度才是合格的，或是优良的，又称为权重"[2]。从这两个维度出发可以建构三种评价标准：一是内容标

[1]郁恩广. 小学语文课中的学生课堂学习状态评价研究［J］.上海教育科研，2002（7）：55-57.
[2]苏启敏.价值反思与学生评价［M］.北京：北京师范大学出版社，2010：23.

准，"反映的是评价标准制订者在评价内容和方式上的价值选择"；二是表现标准，"也就是希望通过评价学生的学习表现了解他们掌握了哪些知识、获得了何种技能、养成了什么品质"；三是成就标准，"也就是如何把学生的学习成绩以一定的方式呈现在人们面前"[1]。

在描述评价标准时，要"使用具体的描述性语言说明不同的学习表现"，要"尽量避免使用概括性的、含糊不清的词语，如'有创造性''有趣''沉闷'等"[2]。钟媚等对此做了如下区别：

含糊：演讲的开头富于创造性。

具体：以有趣的事实，或提出一串问题，或简短的说明，或生动的视觉辅助，或说明个人原因的方式作为演讲的开头。

含糊：演讲很沉闷。

具体：演讲者的语调单一，没有变化。[3]

把"富于创造性"变为"以有趣的事实"开头，"或提出一串问题"开头，"或以简短的说明"开头等，就变得具体，具有可操作性了。广州市在描述小学二年级学生的写字行为表现时，用语较为具体，具有可评价性和可参照性。

表5-11 广州市二年级学生写字评价表[4]

评估项目	权重	评估标准要点	评估等级及分值			得分	项目总分
			A	B	C		
书写字体	60	1.笔画准确到位	20	15	10		
		2.写在田字格中间	20	15	10		
		3.能正确地书写标点符号	10	8	5		
		4.版面整洁	10	8	5		
书写姿势	40	1.握笔姿势正确，握笔处离笔尖约有一寸的距离	10	8	5		
		2.眼睛离桌面约有一尺的距离	10	8	5		
		3.坐姿端正，胸口离桌面约有一拳的距离，腰骨挺直	10	8	5		
		4.双脚平放在地面	10	8	5		

[1]苏启敏.价值反思与学生评价[M].北京：北京师范大学出版社，2010：33-39.

[2]李长吉.教育硕士教育教学实践活动指导[M].杭州：浙江大学出版社，2012：97.

[3]钟媚，高凌飚.评估准则：一种有效的课堂学习评价工具[J].全球教育展望，2006（3）：71-74

[4]广州市教育局教学研究室.广州义务教育阶段学科学业质量评价标准——语文[M].广州：广州教育出版社，2009：82.（略有改动）

续表

评估项目	权重	评估标准要点	评估等级及分值			得分	项目总分
			A	B	C		
总分		等级	A（100—90）		B（90—80）		C（80以下）

描述评价标准时，要区分每一个评价标准的不同层次水平。"若为整体型评估准则，则以整合的方式，从'优'到'差'描述各学习水平的表现特征。若为分析型评估准则，则以独立的方式，从'优'到'差'分别描述每一个特征在不同学习水平的具体表现。"[1]ALTE 根据语言学习者初学阶段、独立阶段和精通阶段的不同表现，以整合的方式分六个层级描述了学生语言能力在不同阶段的表现特征，形成了如下整体型评价准则。

表5-12　ALTE语言能力测评总表[2]

精通阶段	C2	能轻松理解几乎所有读和听的内容。能连贯地概述各类口、笔语信息，不漏内容及论据。表达自如、精确、流畅。能把握复杂主题中细微的含意差别
	C1	能理解广泛领域的高难度长篇文章，并能抓住文中的隐含之意。表达自如、流畅，几乎无须费心遣词造句。在社会、职业或学术生活中，能有效、灵活地应用语言。对复杂主题表述清楚，结构合理，表现出对篇章的组织、衔接和逻辑用词方面的驾驭能力
独立阶段	B2	能理解一篇复杂文章中的具体或抽象的主题和基本内容，包括学习者专业领域的技术性讨论课题。能比较自如流利地跟讲本族语的人进行交际，双方都不感到紧张。能清楚、详细地谈论广泛领域的话题，能就时事发表自己的观点，并能对各种可能性陈述其利弊
	B1	对工作中、学校里和休闲时遇到的熟悉事物，能理解别人用清楚和标准的语言讲话的要点。在目的语国家和地区旅游时，能用所学语言应对遇到的大部分情况。能就一些熟悉的主题和自己感兴趣的领域发表简单而有逻辑的看法。能叙述一起事件、一次经历或者一个梦。能介绍自己的期待和目的，并能对计划和想法做简单的解释和说明

［1］钟媚，高凌飚.评估准则：一种有效的课堂学习评价工具［J］.全球教育展望，2006（3）：71-74.

［2］欧洲理事会文化合作教育委员会.欧洲语言共同参考框架：学习、教学、评估［M］.刘骏，傅荣，等译. 北京：外语教学与研究出版社，2008：25.

续表

初学阶段	A2	能理解最切身相关领域的单独句子和常用词语，如简单的个人与家庭信息、购物、四周环境、工作等。能就自己熟悉或惯常的生活话题完成简单而直接的交流。能用简单的词语讲述自己的教育经历、周边环境以及切身的需求
	A1	能理解并使用熟悉的日常表达法和一些非常简单的句子满足具体的需求。会自我介绍和介绍他人，并能向他人提问，例如：住在哪里、认识什么人、有些什么东西等，也能就同样的问题作答。在对话人语速慢、口齿清楚并且愿意合作的情况下，能与之进行简单的交谈

上述测评总表描述了语言使用者在与人交往中的不同言语表现，这些不同表现体现了不同层级的语言水平，从 A1 到 C2，勾勒出了学生语言发展轨迹和从"差"到"优"的进步阶梯。而在 ALTE 评估语言能力总表中，欧洲语言测评中心协会则把语言能力分解为听说能力、阅读理解能力和笔头表达能力，每一类能力分别描述了不同层级的发展水平，体现了分析型评价标准的编制思路与特征。

表5-13　ALTE评估语言能力总表[1]

ALTE 分级	听 / 说能力	阅读理解能力	笔头表达能力
5级	能就复杂、敏感的观点发表意见，给出建议；能听懂常见的影射，并能自信地处理不友好的提问	能读懂文件、通讯和报告，包括复杂文章中最细微的部分	能撰写任何主题的信函；能准确使用恰当的词句做会议和讨论会记录
4级	能实质性地参加自己专业领域的会议和研讨会，能以令人满意的自如程度和抽象的表达方法进行非正式的交谈	能以较快的速度阅读，应对大学课程；能阅读媒体报道，获取资讯或读懂非常规的通信	能准备或起草文书；能基本准确地做会议记录；会写有一定交际能力的论文
3级	能听懂或进行常见主题的口头连贯叙述，或就较广泛的主题进行交谈	能浏览文章并找出相关资讯；能读懂详细的指示或建议	能在他人讲话时做笔录；会撰写信函，提出非常规的请求

[1] 欧洲理事会文化合作教育委员会. 欧洲语言共同参考框架：学习、教学、评估 ［M］. 刘骏，傅荣，等译. 北京：外语教学与研究出版社，2008：237.

续表

ALTE 分级	听/说能力	阅读理解能力	笔头表达能力
2级	能在一定范围内，就抽象的、文化的主题表达自己的意见，或对一个熟悉的领域表达自己的观点，并听懂公共指示和通知	能读懂日常信息或文章，能抓住熟悉领域中不常见信息的主要意思	能就已知或熟悉的主题撰写信件或做笔录
1级	能在熟识语境中表达简单的意见或请求	能读懂熟识领域简单、直接的信息，如产品介绍、路牌以及关于熟悉主题的简单手册或报告	能填写表格，撰写关于个人情况的简单的信件或明信片
入门	能听懂基本信息，参加关于可预知主题的、只涉及事实的简单对话	能读懂通知、指示或基本信息	能填写简单表格，记录日期、地点和时间

为了较为准确地描绘出不同层级的学习水平表现，格伦隆德拟制了整体性评分指标的编制指南。在这一指南中，格伦隆德列举了不同层级的基本表现与常用术语，运用这些常见术语，就可以描述相应等级的表现水平。

表5-14　整体性评分指标的编制指南[1]

水平标号	类别标签	陈述标准时的常用术语	
4	●模范性的 ●出众的 ●杰出的 ●优秀的	●精通的 ●全面的 ●综合性的 ●独特的 ●清晰的	●彻底的 ●有深度的 ●优美的 ●有洞察力的 ●高效的
3	●令人满意的 ●足够的 ●胜任的 ●好的	●合适的 ●一致的 ●相关的 ●可接受的 ●细节性的	●大多数的 ●清晰的 ●正确的 ●广泛的 ●多样性的

[1]格伦隆德，沃.学业成就评测［M］.杨涛，边玉芳，译．北京：教育科学出版社，2011：191.

续表

水平标号	类别标签	陈述标准时的常用术语	
2	●最低限度的 ●界限的 ●临界的 ●一般的	●语言混乱的 ●浅薄的 ●有限的 ●弱的 ●最低限度的	●不一致的 ●不完整的 ●基础的 ●次要的 ●俗套的
1	●未达标的 ●不充分的 ●不完整的 ●差的	●琐碎的 ●不清晰的 ●模糊的 ●总体上的 ●不正确的	●不连贯的 ●有欠缺的 ●组织混乱的 ●不相关的 ●肤浅的

　　运用格伦隆德的上述词语时，不能机械对应，简单照搬，要根据评价的具体内容灵活使用描述语言。如 ALTE 在描述入门阶段的"听说"能力水平时，所用的"能听懂基本信息，参加关于可预知主题的、只涉及事实的简单对话"表述，就综合运用了"1"中的"肤浅的"和"2"中的"最低限度的"等表述，"只涉及事实的简单对话"是"肤浅的"另一种表达形式；"能听懂基本信息"即"最低限度的"意思。

三、阅读能力评价准则的编制思路与要求

　　编制阅读能力的评价准则也需要根据学习目标细分内容要素，确定评价指标，然后描述每一个指标在不同能力层次上的行为表现。早期具有代表性的阅读测试准则是非正式阅读测查表（Informal Reading Inventory），简称为 IRI，"该测试把阅读水平划分为三个等次：一是独立性阅读水平——朗读正确率为90%，理解率为90%，该等次意味着学生的单词识别率和理解能力都很高，已经能够读懂该年级课文的大部分内容；二是教学性阅读水平——朗读正确率为90%，理解率为75%，该等次意味着学生虽然不能独立地读懂课文，但经过教学或教师的帮助可以读懂；三是受挫性阅读水平——朗读正确率不到25%，理解率不到50%，该等次

意味着即使在教学或教师的帮助以后，学生仍然不能理解"[1]。

但要在学习过程中有效提升学生的阅读能力，还需要对阅读能力的构成要素进行分析，才能建构具有可评价性、可参照性与可引导性的阅读能力评价准则。关于阅读能力的构成要素分析，章熊在《中国当代写作与阅读测试》中列举了以下具有代表性的观点：

英国中小学联合会的阅读技能分类

英国中小学联合会的研究项目"阅读有效使用"把阅读理解技能划分为八个因素：

（1）词义——孤立的。

（2）词义（上下文）——使用在某一特定上下文中的词义。

（3）字面理解力——只需要字面反应的能力。

（4）简单推断——由一个词组成一个单句所得出的推断。

（5）综合推断——由许多词组或句子中获得信息从而得出的推断。

（6）隐喻——对一段不能做字面上解释的文字材料的意义理解。

（7）重点——捕捉文中关键点的能力。

（8）评价——在斟酌了文中的内容并且将其与自己已有的知识相对照以后，做出评价或得出结论的能力。

H. P. 史密斯和 E. V. 迪钱特的阅读技能分类

●独立识词。

●理解的正确性。

●默读速度。

●词汇扩展与累积。

●评价能力。

●泛读、精读与阅读的灵活性。

●搜集、选择、记录资料的能力。

●认识和理解所读材料的结构。

●推断、联想和分析。

●学习文字技巧。

●判断作者的目标和文章的整体感及风格的能力。

●帮助他人理解书面材料的能力。

---

[1] 章熊. 中国当代写作与阅读测试 [M]. 成都：四川教育出版社，2000：317.

●接受启发的能力。

●研究材料，领会主要观点、判断阅读目的的能力。

●选择适当的读书方法的能力。

●使用图表、地图和其他图解资料的能力。

●利用图书馆和参考资料的能力。

●掌握和应用所学知识的能力。

●流畅地朗读。

●阅读教科书。

●学习技能的掌握和应用。

●阅读专业书籍的能力。

●发展读书兴趣和鉴赏力。

A.J.哈里斯三种阅读类型的阅读技能

发展性阅读

1.掌握基本的阅读技巧

（1）掌握大量熟悉的词汇。

（2）发展识别生词的能力。

（3）形成良好的眼动习惯。

（4）养成正确的阅读姿势和捧书习惯。

（5）发展有一定速度的、流畅的默读能力。

（6）发展朗读技能，如分段、句读、表情、音调、音量、清晰度等。

2.培养阅读理解能力

（1）拥有丰富、广泛和准确的词汇量。

（2）领会逐步扩大的意义单元（短语、句子、段落和文章）的能力。

（3）寻求指定问题的答案的能力。

（4）选择和理解文章主要思想的能力。

（5）理清事情发展顺序的能力。

（6）记录和回忆细节的能力。

（7）把握作者安排文章结构的能力。

（8）正确地遵循指导语的能力。

（9）对阅读内容做评价的能力。

（10）记忆已读的文字材料的能力。

功用性阅读

1. 根据需要而检索阅读材料的能力

（1）应用索引。

（2）应用目录。

（3）应用词典。

（4）应用百科全书。

（5）应用图书卡片档案。

（6）使用文献目录等其他工具。

（7）以略读方式寻找信息。

2. 情报资料的理解能力

（1）应用上述"发展性阅读"中的一般阅读理解能力。

（2）发展适应具体专业材料的阅读能力，如：a. 阅读算术题目；b. 看地图和图表等。

3. 选择自己所需的材料的能力

4. 对所读材料内容的组织能力

（1）根据能力。

（2）列提纲能力。

消遣性阅读

1. 激发阅读的兴趣

（1）欣赏书籍作为自由闲暇时间的一项活动。

（2）熟练选择娱乐性的读物。

（3）阅读的兴致和阅读鉴赏的满足感。

2. 增进和提高读书兴趣

（1）形成更广泛阅读的兴趣。

（2）形成更成熟的阅读兴趣。

（3）通过阅读促进个性发展。

3. 评价和鉴赏作品的精益求精

（1）建立一个区别小说和非小说作品、散文和诗歌，以及剧本的标准。

（2）发展对语言风格和优美性的欣赏水准。

（3）学会发掘更深的符号信息。

章熊的阅读能力分类

1. 认知能力

认知能力指对词、句语义的辨析能力，它包含以下五个方面：

（1）具备基本识字量和词汇量——这是阅读理解的基础。

（2）能了解在特定语境中的特定语义——特定语境既指上下文语境，也指情境语境；了解特定语境中的语义，要求读者能辨析词语之间在语义方面的内在联系，这种能力也是理解字里行间隐含信息的前提。

（3）能推断陌生词语的近似语义——推断的依据大体上来自两个方面，一是上下文，二是词语中所含的语素。对陌生的词语或概念进行推断，把握其近似意义，这是消遣性阅读和自学中的常见现象，也是独立阅读中一种积极、能动的因素。

（4）能辨析结构复杂的长句。

（5）能迅速、准确地理解图表和其他常用的非文字符号。

2. 筛选能力

筛选能力指从文字材料中迅速捕捉关键性词、（短）语、句、段的能力，它是阅读能力趋向成熟的标志，也是提高阅读效率的必要条件。阅读中的筛选又可分为两类：

（1）理解性筛选——这类筛选的目的在于正确地把握文字材料的内容，读者的着眼点往往在于各层或各段的中心句、关键词语、与全篇主旨密切相关的语段，等等，这是日常阅读所习见的方式。

（2）检索性筛选——这类筛选的目的是根据特定的要求从书面材料中找出所需要的内容。在这种筛选中，读者甚至不一定了解所阅读材料的全貌，例如到图书馆查阅索引，从参考书中寻找所需要的资料等。检索性筛选就是通常所说的带着问题读书，去寻找答案。阅读测试的答题有许多属于此类。

3. 阐释能力

阐释能力指把读物中的词语转化成自己的语言的能力。对读物内容的阐释，其正误和深浅是阅读理解的重要质量指标。

（1）概括——把具体的材料抽象化，这是阅读教学中最常见的方式，例如对全篇主旨或作者观点的概括，对各部分、各层次、各段中心的概括，等等。这是阅读测试的常用方式。

（2）解释——对抽象的内容加以解说，这也是阅读教学中一种常见的方式。这种解释，有的利用一定的知识加以诠说（独立阅读时，常常需要查找工具书或图书资料），有的是利用具体的经验加以阐发。无论是上述哪种，都需要读者具有相关的背景知识或经验,并且在阅读过程中,有自身知识、经验系统的积极参与。

（3）开掘——有的文字材料含有丰富的潜在信息,有的语句由于情境、修辞的需要,采用了委婉、曲折、含蓄的表述方法,这些都需要读者按照自己的理解使隐含信息明示化。对于作者没有明白说出来的结论或观点,往往需要推理;对于蕴意丰富的内容,往往需要分析。因此,这种开掘往往含有较为复杂的思维过程。

4.组合能力

阅读就是读者和作者一起来思考,因此从读物中获取的信息必须纳入读者原有的知识、经验系统,才能成为读者自己的认识。这样,就会发生读物原有的思想材料之间逻辑关系在读者头脑中的变化。

（1）综合、归纳——把分散在读物各处的材料加以合并或归类,这是阅读理解中常见的现象。这种综合与归纳,有时候需要按照新的逻辑线索进行梳理,有时候需要读者用自己的语言加以概括。阅读测试中的答题往往需要这样的思维过程。

（2）调整——指读物中原有思想材料间顺序的变化,这也是阅读理解中常见的现象。这种调整一般有两种方式。一种是原思想材料的重新排列,例如文学作品中把倒叙、补叙改为顺叙,把设置的悬念改为直述,再如论说性文字把"提出问题——分析问题——结论"改为直接论述,或者改变角度重新表述。另一种是把原有的思想材料分类纳入自己原有的知识系统。后者在学习性阅读中是经常发生的,在这种情况下,读者会对读物中的材料进行取舍,重新归类,分别纳入自己原有知识系统的逻辑间架之中,从而使读物中材料的排列顺序发生面目全新的变化。

5.鉴赏、评价、创造能力

鉴赏、评价、创造都是阅读理解中对原读物的扩展。鉴赏虽然属于阅读理解的较高层次,但并不是只有对较高年级的学生才能够做此要求。低年级小学生对儿童读物也有一定鉴赏能力,只是鉴赏的水平不同而已。鉴赏可以是对读物的整体而言,也可以是只对局部或一个细节而言,这就大大扩展了阅读鉴赏的活动领域。

评价指对读物是非、优劣的辨析,它兼及读物的内容和表现方式两个方面。评价也不是只有高年级学生才能具有的能力,但它需要学生具有更多的背景知识和阅读经验,因此不是所有的学生对所阅读的所有读物都能进行评价的,在阅读测试中,它往往是较高年级的测试内容。

创造指读者运用读物所提供的信息，产生超越读物原有内容的新颖、独特的见解或思路。[1]

根据阅读能力的不同分类，结合具体的学习目标与内容，就能够细化不同层级的能力表现，编制评价准则。如朱诺小学根据学习目标和本校教学实际，确定了如下连续评定列表：

表5-15　朱诺小学生阅读连续评定列表[2]

	形成中的（emergent）	刚刚起步的（beginning）	发展中的（developing）	提高中的（expanding）	过渡中的（transitional）
理解	●依靠记忆来阅读 ●对故事情节有反应 ●可能在图片上找内容 ●可以看图说话 ●可以假模假样阅读 ●可能会用书中的语言编故事 ●主要通过图片而不是文字来理解	●阅读简单的、文字重复的书（释义的帮助很大），显示出如下理解： ——能回忆一些散乱的细节 ——当读物没有意义时，能够辨别 ——知道文字是有含义的	●阅读不同句式结构的材料（释义有一定的帮助作用）；显示出如下理解水平： ——能够叙述有序的事件 ——总结故事大意 ——预测下面要发生的事情 ——用书中的内容支持观点 ——把日常经验和读到的内容联系起来	●阅读有大段描述和生词的书（释义的帮助作用很小）；显示出如下理解水平： ——能够回忆起有序的事件 ——总结故事大意 ——预测下面要发生的事情 ——用书中的内容支持自己的观点 ——联系上下文并得出结论 ——根据先前的知识和文中的相关信息，形成一种观点 ——把日常经验和读到的内容联系起来	●阅读有大段描述和生词的书（释义几乎没什么作用，或者没用）；显示出如下理解水平： ——能够回忆起有序的事件 ——总结故事大意 ——预测下面要发生的事情 ——用书中的内容支持自己的观点 ——联系上下文并得出结论 ——根据先前的知识形成一种观点 ——把日常经验和读到的内容联系起来 ——评估/判断人物、作者、书 ——口头发表深刻的见解，并开始向写作发展

---

［1］章熊.中国当代写作与阅读测试［M］.成都：四川教育出版社，2000：300-310.

［2］斯蒂金斯.促进学习的学生参与式课堂评价（第四版）［M］.国家基础教育课程改革"促进教师发展与学生成长的评价研究"项目组，译.北京：中国轻工业出版社，2005：346-347.

续表

	形成中的 （emergent）	刚刚起步的 （beginning）	发展中的 （developing）	提高中的 （expanding）	过渡中的 （transitional）
技能/策略	●认识自己的名字 ●知道看书是"怎么一回事"，比如，从上到下，从前到后地看	●知道字母是有音调的 ●开始利用背景知识、语法、和/或语音线索，并通过图画反复核对内容 ●把读出的话和文字相匹配 ●找到认识的字 ●理解印刷体的概念，如目录、句子、单词、字母、空格、开头、结尾	●对背景知识、语法、和/或语音线索的运用更熟练和准确，并开始反复核对，自我修正 ●朗读时开始适时地停顿 ●知道句号、问号和感叹号的含义 ●遵循单步骤的书面指导	●使用多种方法反复核对，自我修正 ●朗读中有适时的停顿，有表现力 ●知道引号和逗号的作用 ●遵循两步骤的书面指导	●自发进行自我修正 ●朗读时的情绪表现力恰到好处 ●遵循多步骤的书面指导 ●开始提出关于语言结构的问题
态度/行为	●对日常环境中的文字很好奇 ●可以口头朗读熟悉的故事	●愿意阅读 ●利用图画来认识文字 ●能出声读	●独立选取要读的书 ●开始熟悉书名和作者 ●开始默读	●能够根据自己的兴趣选取合适的书 ●可以从作者、主题或某一个特定信息的角度选择读物 ●通常默读，有时出声朗读困难的部分 ●阅读更长的材料	●根据不同的目的选读不同的材料 ●与其他活动相比，更喜欢阅读 ●长时间的默读 ●向其他人推荐书籍

说明：根据一个孩子在指导阅读水平下，习惯性地、自然地阅读不同材料

的方式，选取最符合他／她阅读水平的一列描述。（指导阅读材料要有一定的难度，但不要对正常的课堂教学形成干扰）

四、写作能力评价准则的编制思路与要求

写作能力评价准则的编制思路和要求与阅读能力评价准则大体一致，但写作能力需要一个较长的发展过程，如何根据学生语言表达、内容选择、内容组织、思考等能力的发展过程，确定写作能力的发展等级并描述其行为表现，是一个难点。要突破这一难点，需要分解写作能力，把握每一能力要素的发展过程与节点，然后在写作能力发展的节点上确立评价标准，才能提高写作能力评价准则的可评价性、可参考性和可引导性。章熊对在校学生语言发展的特点与阶段进行研究，形成了如下研究成果：

在校学生语言发展的特点与阶段

一、青少年的言语变化时期

从幼儿到青年，个体言语的发展通常有两个比较重要的时期：一个是 3 岁到 6 岁，语言材料的积累速度很快，可以称为"学话时期"；另一个多发生于中学，它的表征是语言的运用出现变化，称为"言语变化时期"。在言语变化时期，作文中句子的平均字数增加很快，连接词语的使用频率也增加很快，与此同时，语病发生率也明显增加。下面的调查数字可供参考：

（一）句长变化

年　级	初一	初二	初三	高一	高二	高三
平均数字	20.69	24.62	30.62	35.16	35.47	35.72

从数字可以看出，各年级的句子平均长度是不等的，年级越高，句子平均长度越大，但是拉长的速度并不均匀，初一至高三依次为：3.93 个字，6 个字，4.54 个字，0.31 个字，0.25 个字。高一至高二、高二至高三的句子长度变化微小，相差不到 1 个字。句子变化最大的是初三和高一年级。

（二）连接词语出现频率

年级	初一	初二	初三	高一	高二	高三
频率	14.5	16.1	22.1	23.9	23.4	24.1

连接词语出现的频率也是随年级升高而升高的，与句长的变化虽然不存在

一一对应的关系，但也可以看出一般趋势，即句子变化幅度大时，连接词语出现频率的变化幅度也大，最显著的仍是初三和高一年级。

（三）语病发生率

语病发生率指书面材料总字数与语病出现总次数之比，即平均多少字出现一次语病。

年级	初一	初二	初三	高一	高二	高三
字数	74.5	91.87	88.47	88.78	119.76	134.62

初一学生平均每74.5个字出现一次语病，到了高三年级，平均134.2个字出现一次语病，总的趋势是年级由低到高，语病出现次数越来越少。但是初三年级出现了反常，语病突然增多，到了高一仍然没有降低，形成了书面语发展中的"低谷"现象。

（四）性别差异

研究中学生的语言发展，还必须注意性别差异。上述三项比较结果如下：

1. 句长变化

年级	初一	初二	初三	高一	高二	高三
男生	18.89	23.5	28.1	34.85	35.11	35.63
女生	21.57	25.99	33.24	35.47	35.67	35.76

句长差比较

男生	3.61	4.6	6.75	0.26	0.52
女生	4.42	7.25	2.23	0.2	0.09

从句长差可以看出，女生变化较大的是初三年级，男生是高一年级；最大的句长字数差男生是6.75，女生是7.25，句长变化的高峰，男生比女生大约要晚一年。

2. 连接词语出现频率变化

年级	初一	初二	初三	高一	高二	高三
男生	13.8	15.1	18.4	25.5	24.1	24.9
女生	15.1	17.1	24.5	22.7	23.1	23.7

频率差比较

男生	1.3	3.3	7.1	-1.4	0.8
女生	2	7.4	-1.8	0.4	0.6

数据显示，连接词语使用频率和频率差最大的时期，男生发生在高一，女

生发生在初三，女生仍比男生早一年。

如表所示，男女生在频率最高峰值之后都出现回降现象，这是因为汉语具有很浓的意会特色，当语言用得纯熟时，许多连接词语是自然省略的。因此，频率增长是句长增加的标志，而回降又是语言技巧成熟的标志（参阅下文）。从峰值和回降后的数值也可以看出女生的语言技巧优于男生。

3. 语病率比较

年级	初一	初二	初三	高一	高二	高三
男生	70.64	88.04	93.14	77.19	105.24	129.47
女生	78.34	95.7	83.8	100.37	134.37	134.71

数据表明，女生的语病率一直低于男生，但初三出现了例外。由此可见，女生的语言发展同样存在这种波浪式现象，而这种起伏出现的时间也比男生早一年。另一方面，统计表明：男生的峰值落差为 15.95 个字，女生为 11.9 个字，落差幅度女生比男生小；女生谷底比男生要高出 6.61 个字；所形成的曲率，女生比男生小。这说明女生语言发展的过渡期要比男生平稳。

二、不同发展期的主要语病表现

如果把这一变化以前称为"少年期"，把进入这一变化的时期称为"青年期"，两个时期的语病各有其主要表现。

（一）少年期

少年期在语体方面的主要特点是口语色彩较浓，其语病也常常反映了口头表达的习惯性缺点。常见的有以下一些：

（1）不恰当的停顿。口语可以断断续续，不一定考虑全句的意义。小学生说话几乎是七八个音节就有一个停顿，他们不大遵守语言结构规则，随意性很大。进入初中以后，这种现象在书面表达中仍有所反映。

（2）连贯性差，表现在句与句之间脱节。他们不大善于组织句序，也不善于在句间用语言来衔接和过渡。

（3）兴之所至，随意粘连，表现为常常逸出话题，从一点上任意扯开、扯远。

（4）不会使用始发句，把话说得没头没脑，这种现象即使在高年级也常出现，特别是在提供材料作文的时候。

（5）与上述一点有联系的是，这个时期他们还很少能使自己从别人的角度看事物，因此在概念的使用上不注意其确切的意义，也不懂得做必要的交代。

（6）省略了不该省略的成分。说话时由于谈话双方的共同理解以及手势、表情等体态语的辅助，可以有多种省略而不影响交际；把这种现象直接移植到书面表达，就常常会形成语言的残缺。

（7）语言的冗余信息多，即通常所说的"废话"。口头表达缺乏书面表达时那种推敲的条件和习惯，所以常常有多余的成分，使语言啰嗦、拖沓。

（二）青年期

这个时期学生的语病具有和前一时期不同的性质，值得注意的有以下几点：

（1）由于表述内容复杂，层次增多，再加上有的学生好使用长句和抽象的词语，一些学生作文中句子纠缠不清的现象增加了。

（2）由于同样的原因，关联词语使用不当的问题也逐渐突出。

（3）语言的连贯性方面出现新的问题。

（4）伴随着生理成熟的旺盛精力，常常促使学生进行广泛的社会试探，其中也包含对新颖语言形式的追求。但这时许多学生还没有形成良好的语感，他们还不善于分辨语言的文与野、优和劣、美和丑，容易萌生文风不正的影响，为华而不实的语言所吸引，有时语句不通或者破坏了语言的清晰性。[1]

言语能力是写作能力不可或缺的内容，在写作能力的训练过程中编制言语能力评价准则，可根据不同年级学生的语言发展特点和训练重点提出不同要求。如初学写作时，可根据学生在少年期容易出现的语病拟制言语能力的评价准则，如：

表5-16 初学写作者的言语能力自评表

评价指标	实现程度			自我评价	改进想法
	达到	未达到	不清楚		
1.语句没有断断续续					
2.句与句之间不脱节					
3.一句话表达了一个意思					
4.运用了有提示作用的起始句					
5.所写句子的意思清楚					
6.所写句子没有出现不该省略而省略的情况					
7.所写句子没有"废话"					

训练和评价初中生或高中生的言语能力时，可根据句长和语言表达的不同要求确定评价项目与达到程度，编制具有发展层级的评价准则。除言语能力的评价准则要体现阶段特征以外，其他能力的评价准则也要体现阶段发展特点。章熊对学生作文的能力变化做了研究，形成了如下

---

[1] 章熊.中国当代写作与阅读测试［M］.成都：四川教育出版社，2000：173-186.

研究成果：

学生作文内容的变化

概括地说，随着年级的升高，中学生作文内容的变化有以下几点：

（1）从取材范围来看，一般是从个人身边现象转向社会现象。

（2）从材料的来源看，是从直接经验扩展到间接经验。

（3）从所反映的思想来看，是道德评价和理想的色彩日益深厚。

学生分析能力的发展

青少年全面考虑问题的能力可以划分为三类水平：

（1）第一类是以一次印象和个别现象为依据，以一点代替全面，这反映作者的全面观点是不足的。

（2）第二类是结论正确，但所依据的理由或事实并非出自全面考虑。

（3）第三类是能够多角度考虑，依据充分的理由或事实做出全面的评价。

青少年通过现象揭露本质的能力变化

（1）第一类表现为仅能对事物进行复述，未能指出事物的实质；或者把非本质特征当作本质特征来分析。在这样的认识水平上，对事物的分析有时会出现较大的甚至原则性的错误。

（2）第二类水平表现为能够在一定程度上指出对象的本质，但现象与本质之间的关系比较模糊。这一类分析已经接近事物的本质方面，但还未能充分地揭露对象的本质。

（3）第三类水平表现为，能经过较深刻的分析，抓住对象的最本质的特征，不受各种表象的束缚，把对象的本质揭露出来，并且能够运用正确的、比较抽象的概念。

分清主次的能力变化

分清主次的能力也有三类水平：

（1）第一类误把次要当成主要，对主要的问题没有做出应有的反映。

（2）第二类，主要和次要在头脑中都得到了反映，作文中都提到，但没有分出哪一个是主要方面。

（3）第三类，主要和次要都得到应有的反映，并明显地分清了问题的主次。

学生作文中心的发展层次

"中心"测评的操作性目标可以定为两项：（1）中心的清晰度；（2）中心的

质量。"中心的清晰度"指的是通常所说的"中心突出""中心明确""中心不明确""没有中心"等。

中心的质量差别习惯称为"深度"。为了便于评估，下面根据青少年心理和思维发展规律提供几条参考标准。（1）针对现实的优于泛泛而谈的；（2）概括性、综合性、理论性程度高的优于就事论事的。概括是抽象思维的起点，对社会生活的概括面越广，说明学生抽象思维的能力越强，综合性强反映学生具有多端思维的能力，而且能够比较全面地思考问题。

学生的材料处理能力

"材料"的评估目标可以概括为三项：（1）材料与中心的一致性；（2）材料的处理；（3）材料的质量。

（1）材料与中心的一致性

只考察作者所使用的材料与其自身中心的相关程度。

（2）材料的处理

"材料的处理"指学生是否能够根据中心的需要对材料进行加工，也就是材料的典型化过程进行得怎么样。

（3）材料的质量

材料的质量指标是典型性、现实感、新颖度。

典型性是指能够揭示事物的本质。青少年作文不同于文艺创作，也不宜对他们做过高的要求，但典型性强的材料往往只适用于某个观点而不能到处移植。关于材料的典型性要求是针对"泛"而言的。

现实感是针对"陈旧"而言的，它要求作者应该尽量立足现实，从现实中取材。这并不是说不能从史实中取材，但如果同时有若干材料能够说明作者的观点，则立足于现实的材料往往更具有说服力，更能使读者感到作文内容与当代生活的联系。从这方面，可以了解学生的视野、观察力和思维的敏捷性。

新颖度是针对"人云亦云"而言的。读者对文中材料的印象，其强度是与材料的新颖度成正比的。某一材料用得过滥，会使人失去新鲜的感觉。选材是否新颖，往往反映了学生知识面的宽窄，也反映了学生的思维是否具有独创性和灵活性。

学生作文结构的发展层次

一篇文章的结构，既反映了作者对所谈事物的认识水平和思维的条理性，也反映了作者对谋篇布局的熟练程度。思维条理性在结构方面的表现，就是作者如何把写作内容划分出相应的层次，并且合理化、有秩序地加以排列；篇章组织技巧表现为如何使中心更为突出，怎样才能给读者留下最深刻的印象，以及各层次间的衔接、过渡语呼应。这样，"结构"项的评估指标就可以简化为三点：（1）段的划分；（2）段的排列；（3）段的技巧性处理。

段的合理排列包含两方面的要求：（1）服从中心的需要；（2）合乎逻辑要求。文章的层次安排要有合理的顺序，层次顺序反映内容间的逻辑联系。层次间的脱节、重复、跳跃、交叉，表现学生思维条理化的程度是比较低的。

段的技巧性处理。操作性指标具体地归纳为两个方面：（1）段的衔接、过渡、呼应和特殊处理；（2）段间关系的紧凑和策略性调整。

段的特殊性处理是指为了一定的修辞目的而把本来不是段的语句提行书写。它们只有段之形而无段之实，这就是强调段和对话。强调段多数是一句自成一段，从文章的层次来说，它应该附属于其他段而不应独立成段；从修辞效果来说，它起到加深读者印象的作用。

为了使结构紧凑，有时需要在表达顺序方面做某种策略性调整。所谓"策略性调整"，是指记叙文字中倒叙、插叙、补叙的灵活运用，论说性文字中故设敌论、以退为进、引出矛盾等手段。[1]

章熊的这些研究，把写作能力细化成了不同方面，并且明确了每一方面的评价点以及发展层次。编制评价准则时，要在某一写作能力的发展关键点上确立评价标准，引导学生不断攻克写作难点，实现自我突破与超越。如台湾地区相关教育部门于2006年在中学生学能测试中，以等级方式对学生的写作能力进行定位，形成了如下评分等级与标准。

六级分　六级分之文章十分优秀，此种文章明显具有下列特点：

●立意取材：能根据题目及主旨选取适当之材料，并能进一步阐述说明，以凸显文章之主旨。

●组织结构：文章结构完整，段落分明，内容前后连贯，并能运用适当之连接词连贯全文。

●遣词造句：能精确使用词语，并有效运用各种句型，使文句流畅。

●错别字、格式及标点符号：几乎没有错别字及格式、标点符号运用上之错误。

---

[1] 章熊.中国当代写作与阅读测试［M］.成都：四川教育出版社，2000：147–207.

五级分　五级分文章在一般水平之上，此种文章明显具有下列特点：

● 立意取材：能依据题目及主旨选取相关材料，并能阐述说明。

● 结构组织：文章结构大致完整，但偶有转折不流畅之处。

● 遣词造句：能正确使用语词，并运用各种句型，使文句通顺。

● 错别字、格式及标点符号：少有错别字及格式、标点符号运用上之错误，不影响文意表达。

四级分　四级分之文章已达一般水平，此种文章明显具有下列特征：

● 立意取材：能依据题目及主旨选取材料，但不能有效地阐述说明主旨。

● 结构组织：文章结构稍嫌松散，或偶有不连贯、转折不清之处。

● 遣词造句：能正确使用词语，文意表达尚称清楚，但有时会出现冗词赘句，句型较无变化。

● 错别字、格式及标点符号：有一些错别字及格式、标点符号运用上之错误，但不至于造成理解上太大的困难。

三级分　三级分之文章是不充分的，此种文章明显具有下列特点：

● 立意取材：尝试依据题目及主旨选取材料，但选取之材料不够适切或发展不够充分。

● 结构组织：文章结构松散，且前后不连贯。

● 遣词造句：用字遣词不够精确，或出现错误，或冗词赘句过多。

● 错别字、格式及标点符号：有一些错别字及格式、标点符号运用上之错误，以致造成理解上之困难。

二级分　二级分之文章在各方面表现都不够好，在表达上呈现严重问题，除了有三级分文章之缺点，并有下列缺点：

● 立意取材：虽尝试依据题目及主旨选取材料，但所选取之材料不足或未能加以发展。

● 组织结构：结构本身不连贯，或仅有单一段落，但可区分出结构。

● 错别字、格式及标点符号：不太能掌握格式，不太会使用标点符号，且错别字颇多。

一级分　一级分之文章显现出严重缺点，虽提及文章主题，但无法选择相关题材组织内容，并且不能于文法、字词及标点符号之使用上有基本之表现。此种文章具有下列缺点：

● 立意取材：仅解释提示，或虽提及文章主题，但无法选择相关材料加以发展。

●结构组织：没有明显之文章结构，或仅有单一段落，且不能辨认出结构。

●遣词造句：用字遣词有很多错误或甚至完全不恰当，且文句支离破碎。

●错别字、格式及标点符号：完全不能掌握格式，不会运用标点符号，且错别字极多。

0级分　离题、重抄题目或缺考。[1]

台湾地区制订的写作能力评价准则，把写作能力细分为立意取材，结构组织，遣词造句，错别字、格式及标点符号四个方面，每个方面列出了不同层次的表现标准，既涵盖了章熊提出的写作能力的主要方面，也具有可评价性、可参考性与可引导性。

［1］转引自：李坤崇.学业评价的发展趋势［C］//杨向东，黄小瑞.教育改革时代的学业测量与评价.上海：华东师范大学出版社，2013：221–222.

第三节 语文学习过程质量评价的主要方法

语文学习过程质量的评价方法主要有两种：一是表现性评价；二是档案袋评价。这两种方法交错运用能较好地推进语文学习的过程质量评价。

一、表现性评价

美国教育评定技术处将表现性评价界定为："通过学生自己给出的问题答案和展示的作品来判断学生所获得的知识和技能。""它有三层含义：（1）学生自己必须创造出问题的解决方法，或用行为表现来证明自己的学习过程和结果，而不是选择答案。表现性评价侧重于评价学生的实际操作的能力，要求学生建构各自独特的答案，且答案不存在对错之分，只存在程度之别；不提供备选答案，以便学生有充分作答的自由。因为若提供备选答案，会限制学生的思维，抹杀学生的创造性。（2）评价者必须观察学生的实际操作或记录学业成果，以此评价学生的操作能力。（3）使学生在实际操作中学习知识和发展能力。表现性评价很重视学生参与评价的过程，重视学生在教师的帮助下自定目标、自我评价、自我调整，从而促进学生学习，发展实际操作能力，获得全面发展。"[1]

表现性评价，"有时也被称为真实性评价（authentic assessment）或替代性评价（alternative assessment），并在某些情境下与二者互用。但三者强调的侧重点不同：其中替代性评价主要突出了其对传统的纸笔测验的'替代性'，真实性评价则强调了评价任务的实施情境的'真实性'"[2]。有研究者认为，"表现性评价主要有如下特点：（1）表现性评价既可以是一种课堂活动，又可以是一种测验形式；（2）表现性评价是对学习的直接测量，它关注的是学生在进行学习活动时产生的实实在在的成果或表现；（3）表现性评价既测量学习结果又评价学习过程；（4）表现性评价可以嵌套在课堂活动中；（5）表现性评价能评价学生的社会技能，

---

［1］许世红. 基础教育学生评价研究——历史沿革、现实状况与未来走向［M］.广州：广东高等教育出版社，2014：104.

［2］张雨强，冯翠典. 开放题编制的理论与技术研究［M］.上海：华东师范大学出版社，2009：7.

如合作能力、交际能力等"[1]。祝新华对表现性评价和纸笔测试做了如下比较：

表5-17 语文真实性评估（表现性评价）与标准化考试（纸笔测试）比较[2]

	真实性评估	标准化考试（纸笔测试）
核心	评估并提高真实的能力	控制误差，提高信度
目的	评估较复杂的认知成果，要求学以致用，解决实际问题	评估掌握知识的广度、技能的多少
任务	近似现实情境出现的复杂的、综合的任务	在人为情境中的细小的、间接的、孤立的分点式任务
完成途径	计划、行动，有时还要合作，自己探究问题，创造性地完成任务	常常选择答案，通过回忆、再认和区分相关内容完成任务
评分方式	视能否积极思考、解决实际问题评分，答案只有程度高低之别	很多题目只有唯一正确的答案，非对即错
评估结果	以事实或具体描述显示学习成果，如优缺点、改进建议	以抽象的数目、笼统语言显示学习成果
参与评估者	学生主动地参与评估活动，如有学生自评、互评等环节	教师控制整个过程，学生是被动的，且有很大的心理负担
评估标准	学习时即提供评估标准，通过标准来判定学生所达到的水平	通过学生之间的相互比较，判定学生的发展水平
优缺点	学以致用，主动探索，有较高效度，但可能忽视基本功的学习	评分客观，信度较高，但容易导致机械操练，学生忽视综合学习

从上述区分看，语文学习的过程就是学生语文能力不断外化与学习行为不断优化的过程，外化与优化的基本方式体现在上表中的各个方面。因此，语文学习过程质量评价的有效方法之一是不断使用和优化表现性评价。

使用和优化表现性评价的第一步是根据编制评价准则的要求制订表现标准。制订表现标准的基本方法与编制评价准则大致相当，但要特别强调的是，表现性评价标准一般集中在学生的言行上，要具有可表现性和可观测性。如下文中拟制的议论文评分规则，就具有可表现性和可观测性。

[1]张雨强，冯翠典.开放题编制的理论与技术研究［M］.上海：华东师范大学出版社，2009：7-8.
[2]祝新华.促进学习的语文评估：基本理念与策略［M］.北京：人民教育出版社，2014：121.

表5-18　学生议论文的评分规则[1]

评分标准 \ 等级水平	4	3	2	1
论点	我提出了论点，并解释了其引起争论的原因	我提出了论点，但并未解释其引起争论的原因	我的论点模糊不清，且令人费解	我没有提出论点或主张
正面论证	我对提出的观点进行了清晰、准确的论证	我对提出的观点进行了论证，但遗漏了重要方面	我从1或2个角度进行了论证，但未能令人信服	我对提出的观点没有进行论证
反面论证	我从反面对提出的观点进行了论证。	我从反面分析了提出的观点，但未证明之	我从反面提出了反对的观点，但未对其进行分析	我没有从反面对提出的观点进行分析和论证
结构和逻辑	我的文章具备了凤头、猪肚和豹尾的特征	我的文章结构完整	我的文章结构粗略，但能说明问题；有时跑题	我的文章结构混乱，且行文无目的性
措辞	词语生动，词汇丰富，且很自然	词语优美，但用词单调	词语单调且不生动，生硬且难懂	词语单调乏味，且令人费解
语句的流畅性	句子完整、清晰，长句和短句运用合理	句子结构合理，句式缺少变化	句子冗长，晦涩难懂，结构不完整	冗长且残缺的句子使得文章难以理解
文法规则	语法、标点和单词拼写正确	语法、标点和单词拼写有些许错误，但基本正确	语法、标点和单词拼写错误较多，以致妨碍对文章的理解	语法、标点和单词拼写错误随处可见，以致文章难以阅读

使用和优化表现性评价的第二步是设计和确定表现型任务。"表现型任务主要包括限制型任务和扩展型任务两类：限制型任务主要考查学生对课程所要求的某些技能的掌握程度；通常对完成任务所要求的表现做出明确描述，相对比较简单，完成任务需要时间少，测量的覆盖面较大。扩展型任务从任务完成过程和方式，到最后结果的总结形式，都没有明确的规定，因而相对较复杂。任务完成过程中更多地涉及多种技能

[1] 张向众，李永珺.真实性评价中的评分规则 [J].外国教育研究，2004（12）.

或能力以及较复杂的认知过程，一般包含了对理解能力、问题解决等深层能力的评价。在完成任务的过程中，学生可以自由展示他们选择、分析、综合和评价各种信息的能力，以及对探究结果的判断、组织和创造能力。"[1]表现型任务主要有两个来源："第一，学生在家庭或社会中会碰到的真实语言任务。如听广播、看电视、听电话。第二，有意义的语言学习任务。对学生来讲，现实生活不仅是日常生活，也包括语文学习生活，如阅读课文或文学作品、搜集并整理数据、写阅读报告、完成专题研习报告。这里需要区分的是，有意义的语言学习与无意义的语言学习。有意义的语言学习强调学习材料本身具有逻辑意义，学生的学习重在真实的听说读写、语言的实际应用。无意义的语言学习是机械式的学习，表现为：（1）孤立地死记零碎的知识，不要求理解事物间的相互关系；（2）很多无意义的语言学习活动是人造的语境，在现实语言生活中罕见；（3）不把学习内容转入有意义的语境中使用，如大量地死记词语手册中的句子、词义等，学习起始是'背'，终极仍是'背'。"[2]在确定表现型任务时，要选择有意义的表现和评价语境。

表5-19 有意义的语境与无意义语境举例[3]

	有意义的学习语境	有意义的评估语境	无意义的学习语境	无意义的评估语境
字词理解	在篇章语境中理解	在篇章语境中评核	孤立地解释、记忆字词意义	孤立地评核解释、记忆字词意义的能力
字词运用	在说话、写作等语境中学习	在说话、写作等语境中评核	孤立地造句、背诵句子	孤立地评核造句、背诵句子的能力

在有意义的语境中必须提出高质量的表现型任务，才能较为真实地检测出学生的语文能力是否达到了表现标准。为了提出高质量的表现型任务，瑞查德制订了评估表现型任务的评分规则。

评估表现型任务的评分规则

要素1: 内容

指我们希望学生做出的表现。指明了完成任务的具体要求。

[1]许世红.基础教育学生评价研究——历史沿革、现实状况与未来走向［M］.广州：广东高等教育出版社，2014：104-105.

[2]祝新华.促进学习的语文评估：基本理念与策略［M］.北京：人民教育出版社，2014：126.

[3]同［2］126.

可以使用（ready to use）

●与期望的学业目标相符合，学生的表现能够展现所期望具备的能力水平。

●这个任务向学生说明了所有的相关期望。

●它能够激发学生的充分表现。

需要修订（needs revision）

●与表现的重要标准或关键要素的一致性还不够，需要改进。

●不能充分激发学生的表现力。

不能使用（do not use）

●任务与评价标准显然不太符合。

●任务的要求不明确，学生不知道该做什么或者该创建什么。

●学生可能感觉不到任何吸引人的地方。

要素 2：清晰度

使用者对任务的细节没有任何异议。

可以使用（ready to use）

●任务说明清晰、明确，所有人都能看懂或听懂任务的要求。

●学业期望（表现的种类，要实现的目标）清楚地反映在表现性准则中。

●实施表现的条件（时限，要使用的资源，等等）规定得很清楚。

需要修订（needs revision）

●说明不够清晰，你或你的学生不明白有些地方的意思。

●表现性期望描述得不够清楚，你或你的学生可能会产生不理解。

●实施条件不完整或者容易让人混淆，但是可以改进。

不能使用（do not use）

●没有任何说明或者根本没说清楚。

●没有解释关键术语。

●没有对要应用的表现性准则做出任何提示。

●没有提到实施条件，或者指出的条件不清楚。

要素 3：可行性

正如表现性规则必须实用一样，表现性任务也必须具备课堂实施的可行性。

可以使用（ready to use）

●学生有足够的时间和资料来完成这项任务。

●任务要求不会对学生或其他人造成危险。

●所有必要的资源都已经准备完毕。

●从结果信息来看，在完成任务和观察上所花的时间是值得的。

需要修订（needs revision）

●不能确定学生能否利用现有的资源完成这项任务，稍做调整可以增加可行性。

●对既定任务的调整可以提高评价的效率。

不能使用（do not use）

●完成规定的任务会给学生或其他人带来危险。

●利用现有的资源很难达到任务的要求。

●从评价结果提供的信息来看，所花的时间和精力都是不值得的。

要素4：可信度

要保证任务中没有可能导致不准确结论的因素。所有学生都有平等的表现机会。

可以使用（ready to use）

●如果是多重评价任务，它们只是站在不同的角度上，但都是以同样的标准来考查某种能力。

●没有当众展示能力的压力或焦虑感，因为这会影响学生的表现水平。

●对存在学习障碍或语言困难的学生，会相应地调整任务的要求。

●任务的要求不会偏向或不利于某种特定文化或语言背景下的学生。

需要修订（needs revision）

●只要稍做调整，就可以利用多重任务评价同一种能力表现。

●只要稍做调整，就可以消除由于学习障碍或语言困难造成的评估焦虑或困难，就是说，每个学生都有平等的表现机会。

不能使用（do not use）

●由于缺乏重心和清晰的表述，不同评价者对不同能力会产生不一致的方法。

●存在学习障碍或语言能力不足的学生可能会得到不准确的评价。

●一些亚文化背景的学生在这个评价体系中将处于不利地位。[1]

使用和优化表现性评价的第三步，是选用表现途径与方法。语文能力的表现途径和方法主要有演示、口头表述、模拟表现任务、实验和调查、作品选集、完成研究项目等，可以根据表现型任务的完成需要与评价内

[1] 斯蒂金斯. 促进学习的学生参与式课堂评价（第四版）[M]. 国家基础教育课程改革"促进教师发展与学生成长的评价研究"项目组，译. 北京：中国轻工业出版社，2005：179-180.

容的特殊需求，选用表现途径与方法。如下面的作文修改课，就在多种活动方式中完成了表现性评价。

表现型任务

1.培养修改作文的好习惯，进一步学习有顺序、写具体的写作方法。

2.通过欣赏作文让学生分享写作的快乐，激发写作的自信心。

表现情境

读评语、赏佳作、修改自己的作文。

表现过程

1.欣赏成功

师：同学们，前几天的作文"××的早晨"大家写得真棒，请大家打开作文本，当着同学们的面读读老师的评语，谈谈自己的感受。

生自读评语，然后踊跃发言。

生1（自豪地）：字体漂亮，文从字顺，老师欣赏你的结尾，简洁、明快，如果能在人物活动部分写具体，那一定是一篇了不起的好文章。

生2（响亮地）：你没有照搬课堂的内容，而是自己独立地观察，写出自己的独特感受，老师相信你一定是有个性的创新型人才，如果按从景到人的顺序调整一下，这篇文章就是一篇成功的作文了。

生3、生4、生5……

师：为了进一步品尝自己成功在哪，请大家细读自己的作文，画出最精彩的片段，想想自己为啥获得成功？

生边读边画，然后汇报。

生1：我最精彩的部分是对早晨的小草的描写，（读……）我觉得自己抓住早晨小草、小露珠的特点来写，发挥了自己的想象，写得很形象，所以很成功。

师：我最欣赏的就是这一段，你的自我评价很准确。（在黑板上写上"成功秘诀……"）

生2：我最喜欢的是我对"校园的早晨"升旗仪式的描写，因为我注意观察了师生的穿着、动作、神态，这一部分写得比较具体，所以很成功。（读……）

师：把人物的活动写具体的确很重要，我也有同感。

生3：我觉得整篇文章都比较成功，（读……）因为我按照老师的要求，先写早晨的景物，再写人物的活动，最后写对早晨的感受，做到按顺序、写具体。

师：老师欣赏你的自信，也为你下了功夫而取得的成功感到高兴，大家为他的成功鼓掌。

2. 自感自悟

师（指着黑板）：对照大家成功的地方，根据黑板上的"成功秘诀"，你有信心通过努力争取更大的成功吗？怎样争取呢？

生1：我的语言不够通顺，我准备一句一句地读，把它改通顺。

生2：我觉得我的结尾很啰唆，我想像刘嘉懿那样换个简洁的结尾。

生3：我觉得自己最大的毛病是没有按顺序写，只要调换一下顺序，这篇作文就会更好。

生4：……

师跟生复习修改符号（略）

3. 自改作文

（略）

4. 分享成果

师：刚才，大家都按照黑板的提示和老师教的方法认真地修改作文。谁来汇报一下你修改的成果？

生1：我把早晨师生迎接同学们上学的情景补上。（读……）

师：这样内容就充实多了，这是校园早晨一道亮丽的风景线啊，补得好。（教师在孩子的本子上盖上了红花，红花的朵数代表成绩）

生2：我把一些不够流畅的语句改了，把写到后面的景物放到前面去。（读……）

师：这样一改，整篇习作就大不一样了，有点脱胎换骨之感。来，我把两朵红花给你贴上去。

生3：……

生4：……

（同学们争着发言，习作前后对照进步十分明显）[1]

这位老师以课堂活动作为表现的渠道与载体，引导学生在活动中表现，在活动中评价，实现了评价与教学的有机结合，这是过程质量评价的常用方法。

使用和优化表现性评价的第四步是实施评价，记录表现；对学生完成表现型任务的过程和言行进行记录。如澳门地区规定了语文学科日常

---

[1] 张春莉. 走向多样化的评价——小学生学习能力评价的理念、方法与实践［M］. 上海：上海教育出版社，2005：400–402.

查考的评价项目与评价细则，这些规定既包括了途径与方法，也对实施评价、记录表现等提出了具体要求。

表5-20　澳门地区语文学科日常评价项目与细则[1]

日常查考的评价项目	日常查考的评价细则
态度	于平时随机查考，观察学生能否在上课时专注听课、认真投入、反应热烈、积极参与各种活动及准时上交各类作业功课等
语言表达	观察学生口头表达时是否应对流利、用词恰当、掌握重点、条理分明
书法	分硬笔书法及毛笔书法两方面查考：硬笔书法可从学生笔记、作业上查考。毛笔书法列为日常功课以作查考，要求字体端正、点画遒劲、墨色匀称
应用练习	于每课或单元结束后提供各项练习予学生，以巩固学生语文知识的学习成果
功课	除课堂上予学生的各项练习以外，可安排其他作业（如预习课文、搜集资料、习字及誊文、阅读理解、文言语译、整理笔记等），以作查考
背诵默写	于各单元内选取有价值之文章或诗词让学生背诵或默写
写作	根据本学年各类文体之分配百分比予学生练习写作，查考下列各项能力：无错别字、标点及文法正确、用字用词恰当、内容充实、具逻辑性、结构完整、层次分明、措辞优美、长短适中、无冗赘或残缺之毛病等
课外阅读	学生定期阅读课外读物后，教师查考读书报告，可从下列各方面加以评量：格式及做法、对材料之掌握、内容之重点摘要介绍、分析评论、阅读心得、结构及修辞等

使用和优化表现性评价的第五步是分析表现，寻找原因，提出改进建议，撰写质量评价报告。为了提高质量评价报告的撰写水平，萨特勒提出了撰写报告的如下原则。

原则1：寻找贯穿于评估结果中的共同主题、整合主要的结果、选取理论视角，从而对评估结果进行组织。撰写报告之前，先通览一遍你得到的所有信息，考虑如下几个问题：

（1）推荐评估的原因是什么？

---

[1]转引自：杜少凡.澳门初中语文大纲评介［J］.语文教学通讯，2012（8）：46-48.

（2）报告的目标读者的背景是什么情况？

（3）你想报告的主要结果有哪些？

（4）当前结果和过去的结果相比，情况如何？

（5）你要提出的主题有哪些？

（6）这些结果回答了哪些推荐评估问题？

（7）还有哪些问题尚未得到回答？

（8）你想要呈现的主要建议有哪些？

原则2：报告中只纳入有关的材料，而忽略那些与评估关系不大，有潜在破坏性的材料。

原则3：根据有限的行为样本进行分析时要极其慎重。

原则4：在形成假设、阐述解释、提出建议的过程中，要使用所有与被测验者有关的信息源。[1]

表现性质量评价报告除了追问和明确上述问题，还要做到用语明确、具体，为学生提出能够改进的建议。如加拿大不列颠哥伦比亚为学生提供了如下报告单：

四年级学生里拉的报告单

……本学期里拉的写作包括一个推理故事、一篇读书报告（小说《阿米什历险记》）、一封写给总理的信和几篇关于社会和科学课程的文字。我们注意到：（1）她根据不同目的要求（叙述故事、论述说明、概括观点等）写作的针对性增强了；（2）她现在可以使用许多不同的句式进行表达（这是里拉上学期确定的一个目标）；（3）她学会了商务信函的正确格式并知道如何就一个中心思想写一段话；（4）她的写作需要增加具体情节和例子；（5）她需要更仔细地校对她的单词拼写、标点符号和语法。她下学期的目标是能够更仔细地修改校对，交作文之前她要先见她的"编辑伙伴"（同伴互助策略）。

七年级学生杰里米的报告单

……杰里米和我商量了改善他学习管理的办法。从现在起他要用一个作业记录本记录每天的作业，这将帮助他记住交作业的截止日期，特别是对研究性学习等需要较长时间完成的作业。每天离开教室之前，我要检查他是否带了作业本并记了作业。如果家长能监督他完成家庭作业、每天交回作业本，那对他

---

[1]萨特勒，等. 儿童评价［M］. 陈会昌，等译校. 北京：中国轻工业出版社，2008：357-370.

的学习将会很有帮助。[1]

随着信息技术的发展和网络学习的兴起，网络学习中的表现性评价已成为新兴课题。赵蔚等对网络学习评价体系的建构进行了研究，设计了"动机、过程、效果"三位一体的网络学习评价体系，并设计了如下功能模块：

表5-21 基于学习动机激发的功能模块设计[2]

功能模块	方式	目的
调查问卷 测试 成绩排行	学前诊断 推荐学习榜样	明确当前水平与应达水平差距，激发学习动机 发挥榜样的力量，激发学习动机

表5-22 基于情感、态度、价值观的功能模块设计[3]

功能模块	方式	目的
学习圈	建立同伴互助的共同体	关注学习情感
话语鼓励	根据学习进展，实时动态地给予话语鼓励	关注学习者情感
登录次数	统计学习者登录次数	关注学习者态度
学习时间	统计学习者单次学习时间与总学习时间	关注学习者态度
积分奖励	分享资源，帮助别人解答问题等，给予积分奖励	关注学习者价值观

表5-23 基于多元化评价方式的功能模块设计[4]

功能模块	方式	目的
教师点评	教师根据学习进度、目前得分等给予相应的评价	从施教者角度进行评价
同学互评	学习者之间通过查看笔记、书签等给予相互评价	从学习者角度进行相互评价
自我评价	学习者对自己学习的自我反省	从学习者自身角度进行评价

［1］于立平. 加拿大中小学生学业成就评价报告制度之管窥及启示——以不列颠哥伦比亚为例［J］. 教育测量与评价（理论版），2012（9）：31-33.

［2］赵蔚，张赛男，裴晓杰. "动机、过程、效果"三位一体式网络学习评价体系构建研究［J］. 现代远距离教育，2012（4）：53-58.

［3］［4］同［2］.

在他们看来，网络学习中的评价内容，"主要不是通过纸笔测试学生最后达到的水平，而是针对学生个体内差异的进步情况的评价"[1]。他们设计了"学习进度、知识点等掌握情况的跟踪记录和测试等模块，了解学习者学习的发展状况；同时，根据具体的学科内容为学习者设计演讲比赛、综合实践、上交作业等多种有助于学习策略方法、解决问题能力、创新能力培养的学习活动，关注学习者在自主学习、交流合作中形成的非预期结果，充分关注学生的发展变化，发现和挖掘学生的潜能"，"设计成长记录袋、学习档案功能模块作为评价工具，记录并展示代表学习者的学习和成长历程"，"通过学习过程中学生的行为表现以及形成的结果，多方面、多角度来衡量学生，力求在自由的环境下，使学生充分地展示自己的才能"。在评价方法上，"通过填写日志、制订学习计划等多种学习行为对学习者的学习过程进行跟踪，并从同学、教师、自己三个角度对学习者的学习过程进行评价。学习过程中，学习者使用作为成长记录袋的我的日志进行自我评价反思，教师及同伴通过回复日志对学习者进行教师点评和学习者互评环节，同时，还可以通过查看同伴笔记，了解同伴学习情况，明晰自身不足，促进自己的不断反思、总结，不断改变自己的学习态度、调整自己的学习方法"[2]。

二、档案袋评价

过程评价的核心是形成性评价，"形成性评价可以为学生提供自身进步的证明，使其了解到自己是如何成为一个学习者和思考者的"[3]。落实"在过程中引领学生发展"的评价理念，除了表现性评价，档案袋评价也是一种非常重要的方法。档案袋评价，是以保存档案的方式，为学生的点滴发展提供证明，在收集、存入档案材料的过程中引导学生发展，促进学生点滴进步的一种评价方式。因此，档案袋是一种形式，利用这种评价形式，不是只收集学生的进步材料，而是在收集材料的过程中提

［1］［2］赵蔚，张赛男，裴晓杰．"动机、过程、效果"三位一体式网络学习评价体系构建研究［J］．现代远距离教育，2012（4）：53–58.

［3］博里奇，汤伯里．中小学教育评价［M］．国家基础教育课程改革"促进教师发展与学生成长的评价研究"项目组，译．北京：中国轻工业出版社，2004：1.

供发展指导。胡中锋对档案袋评价是什么和不是什么做了如下比较：

表5-24 档案袋是什么和不是什么[1]

档案袋是什么	档案袋不是什么
一种经过周密思考的目标、任务和标准的结构	一个所有事物或任何事物的存放处
一个使用更多变化的、真实的、基于表现的学生能力的标识机会	一个储存间接的、过时的读写任务的地方
一个连续的带有指导的评估过程	一个一年一次的、课堂之外的、为其他的人需要的评估结果
一个开放的、共享的、可达到的存放学生作品与进步记录的地方	一个累计的记录分数、等级和儿童不能接近的秘密信息的文件夹
一个积极地思考、赋予价值和评价教与学的过程	一个收集学生作品的样本的地方
一个对标准参照测验或标准考试的补充	一个避免学生的标准的判断

档案袋除了是为学生提供标识自我的机会与存放点滴进步的地方，更是"一种经过周密思考的目标、任务和标准的结构"，"一个连续的带有指导的评估过程"，"一个积极地思考、赋予价值和评价教与学的过程"。一个档案袋，就是一段指导学生发展的历程；一个档案袋，就是一段有意义的学习经历。以档案袋为形式的评价是促进学生成长、提高语文学习过程质量的评价。不同专家对档案袋有不同分类，不同类型的档案袋有不同的记录方法，如过程型成长记录袋中的内容可以按以下样例记录。

过程型成长记录袋样例[2]

年级：小学二年级

学科：语文

学习领域：阅读

目标：运用成长记录袋促进阅读水平的提高，培养课外阅读习惯；积累词汇量；促进词汇的运用；扩大知识面。

内容/特点：

（1）教师规定全班学生每周要读3—4篇课外文章，并按照教师设计好的格式做读书笔记。

---

[1] 胡中锋.教育评价学[M].北京：中国人民大学出版社，2008：115.

[2] 田友谊.当代学生评价的理论与实践[M].武汉：华中师范大学出版社，2012：234.

（2）学生按照教师的要求把写好的读书笔记放入自己设计的成长记录袋中。每周一，教师会利用一定的时间让学生交流他们学会的生字、好词、好句。因此，教师要求学生在周末时，对自己一周的读书笔记重新温习，找一找自己学会了哪些词汇及其表达方式、是否已经用于写作或口语交流中、想与同学交流的词汇与句子是什么，等等。这就是一个对自己学习的评估过程。

读书笔记

班级：_____ 姓名：_____ 学号：_____

读书时间：_____年 _____月 _____日

书名：_____ 文章题目：_____ 作者：_____

学会的生字：_____

学会的精彩短语：_____

你喜欢的好句：_____

过程型成长记录袋突出了过程指导，上述记录方式，能让学生看到自己在这一过程中的进步。如果是评估型成长记录袋，记录内容则发生了变化。

一位初中生成长记录袋中对自己阅读和写作进步的自我评估

姓名：_____ 日期：_____

自我评估

●你是否已成为一名热爱读书的读者？你有哪些长处和不足？

要成为一名读书的读者，我已为之努力了许多年。我唯一的不足是还没养成读书的习惯。但是我一旦读起来，我的优点就占了上风。我还是爱读书的。

●你是否已成为一名熟练的作者？你有哪些长处和不足？

要成为一名熟练的作者，我认识到还要做许多重写工作才能最终有一篇文章。描写是我的主要问题。句子结构和标点符号是我的长处。

●回顾自己的学习，你会为自己成为热心读者和熟练作者确定什么目标？

要成为一名读者，我要阅读更多的书；要成为一名作者，我打算更深入地检查我的工作。

自我反思

●当你看着自己的档案袋，作为一名作者，你感觉如何？为什么这样认为？

我对自己是一名作者觉得了不起。我开始得比较迟，但从开始的那年起，我已提高了95%。我要继续不断地努力。

●当你看着自己的档案袋，作为一名读者，你感觉如何？为什么这样认为？

我对自己是一名读者感觉格外好。我爱读书，我喜欢我在真正读完一本书后才有的这种感觉。[1]

无论是过程型档案袋还是评估型档案袋，无论是老师对学生的记录还是学生的自我评估，记录的过程都是不断明确学生优缺点的过程，都是寻找改进方向、内容与方法的过程，这样的档案袋记录与评价就有了过程性的发展意义。要提高档案袋评价的过程性发展意义，档案袋中的内容要能说明以下问题：

学生档案能够说明的问题

1. 随时间发展学习的进步。

2. 学生近期的最佳学习样本。

3. 最佳学习样本与过去学习样本的比较。

4. 自我评测能力的发展。

5. 反思性学习能力的发展。

6. 个体的工作水平和发展进程。

7. 可以作为展示给家长和相关人员的学习成果证明。

8. 所涉及的师生合作的数量。[2]

在档案袋中展现学生的进步轨迹，需要强化学生的自我评测能力和反思性学习能力，这对提高学生的自主学习能力具有极大的促进作用。为了实现这一功能，格伦隆德认为档案中应包含如下条目：

档案中应该包含的条目类型

1. 学生选择的条目（例如，学习样本、写作样本、图画、技能任务、项目和评测结果）。

2. 学生对这些问题的思考：

（1）为什么选择这些条目？

（2）怎样才能完成它们？

（3）能够从中学习到什么？

（4）怎样才能改进它们？[3]

"能够从中学习到什么？""怎样才能改进它们？"这是学生确定档

---

［1］陈鹏飞.新课程　新评价［M］.合肥：合肥工业大学出版社，2005：78-79.

［2］格伦隆德，沃.学业成就评测［M］.杨涛，边玉芳，译.北京：教育科学出版社，2011：182.

［3］同［2］185.

案条目必须思考的问题。思考这些问题的过程，就是不断明确学习点与发展点的过程。为了把上述条目和需要说明的问题在档案袋中清晰地呈现出来，档案内容的呈现顺序与详略必须有严谨而清晰的结构，这一结构展开的过程，既是学生学习经历与发展过程的意义突显过程，也是教师指导学生不断深入学习的过程，还是学生自我评价与反思的过程。格伦隆德为此制订了档案结构的评价标准：

评测档案结构的总体标准

1. 档案评测的主要目的是否被清楚地陈述。

2. 档案能否体现不同类型的学生学习成就水平。

3. 档案是否能反映真实情境中复杂的学习能力水平。

4. 为做出有效的判断，档案中每个领域上的项目数量是否足够多。

5. 档案中是否包括了学生的自我评测以及他们对于学习结果的反思。

6. 档案中的内容能否帮助学生确定他的学习进度和现阶段学习水平。

7. 档案是否为其使用者提供了关于学生学习能力的清晰证据。

8. 档案的设计是否考虑到了学生的参与性和责任心。

9. 档案是否为学生的参与提供了指导方针。

10. 档案内容是否以一个组织良好且方便使用的顺序排列。

11. 档案的评测标准是否基于陈述清晰的成功表现的标准。

12. 档案是否促进了教学和评测的相互作用。[1]

从格伦隆德拟定的评价标准看，好的档案袋能促进教学和评测互动发展，能够帮助学生确定学习进度和现阶段学习水平，促进学生对学习结果进行反思，并为自我改进找到切实可行的方法。为了进一步提高档案袋评价质量，博里奇制订了成长记录袋创建检核表，以帮助师生提高档案袋评价质量。

成长记录袋创建检核表[2]

1. 你的成长记录袋服务于什么目的？

[1] 格伦隆德，沃.学业成就评测［M］.杨涛，边玉芳，译.北京：教育科学出版社，2011：188-189.

[2] 博里奇，汤伯里.中小学教育评价［M］.国家基础教育课程改革"促进教师发展与学生成长的评价研究"项目组，译.北京：中国轻工业出版社，2004：233-234.

☐为下一任教师准备一份最优作品的样本

☐与家长进行交流

☐评估我的教学

☐评定等级

☐收集最优秀或最喜欢的作品

☐为分数提供支持性证据

☐提交给大学或雇主

☐表现在技能和个性方面的成长

☐其他（请写明）：＿＿＿＿＿＿＿＿＿＿＿＿＿＿＿＿＿

2. 每一收集起来的项目用来评价哪种认知技能？（请在横线上写出来）

☐认知策略：＿＿＿＿＿＿＿＿＿＿＿＿＿＿＿＿＿＿＿＿＿

☐深层次的理解力：＿＿＿＿＿＿＿＿＿＿＿＿＿＿＿＿＿

☐交流：＿＿＿＿＿＿＿＿＿＿＿＿＿＿＿＿＿＿＿＿＿＿

☐元认知：＿＿＿＿＿＿＿＿＿＿＿＿＿＿＿＿＿＿＿＿＿

☐程序性技能：＿＿＿＿＿＿＿＿＿＿＿＿＿＿＿＿＿＿＿

☐知识建构：＿＿＿＿＿＿＿＿＿＿＿＿＿＿＿＿＿＿＿＿

☐其他（请写明）：＿＿＿＿＿＿＿＿＿＿＿＿＿＿＿＿＿

3. 你要用收集起来的项目反映哪种个性品质？

☐灵活性　　　　☐反馈的接受　　　　☐坚持性

☐其他（请写明）：

＿＿＿＿＿＿＿＿＿＿＿＿＿＿＿＿＿＿＿＿＿＿＿＿＿＿＿＿

4. 要判断这些技能或个性是否发展起来，你使用什么样的标准或量规？

＿＿＿＿＿＿＿＿＿＿＿＿＿＿＿＿＿＿＿＿＿＿＿＿＿＿＿＿

5. 在对成长记录袋进行整体评分的时候，你将会追求：

☐项目的多样性　　　　☐反省能力的增长　　　　☐组织

☐技能或表现的进步　　☐呈现

6. 对整个成长记录袋进行综合评分，你会使用什么样的量表？

＿＿＿＿＿＿＿＿＿＿＿＿＿＿＿＿＿＿＿＿＿＿＿＿＿＿＿＿

7. 如何将各个分数合并成一个最终的等级？

＿＿＿＿＿＿＿＿＿＿＿＿＿＿＿＿＿＿＿＿＿＿＿＿＿＿＿＿

8. 在设计过程中将会有谁参与？

☐学生　　　　☐教师　　　　☐家长

9. 成长记录袋收集哪些种类的内容？

_____

10. 在选择内容时，学生是否有选择的机会？

□有　　　　□没有

11. 在每一内容领域，谁来决定具体收集哪些样本？

□学生　　　□教师　　　□家长

12. 在每一领域要收集多少样本？

□一个　　　□两个　　　□两个以上

13. 你有没有明确每一项目收集起来的最后期限？

□有　　　　□没有

14. 你有没有设计有关的表格，以用来给产品评分与合并分数？

□有（请写明）：_____

□没有

15. 学生的作品如何上交和返还？

_____

16. 成长记录袋将存放在哪里，谁能使用？

□哪里（请写明）：_____

□谁（请写明）：_____

17. 谁来策划、组织和参加最后的会议？

□学生　　　□家长　　　□其他教师　　　□其他（请写明）：

_____

要提高档案袋评价的针对性，可根据不同类型的学习任务和目标，确定档案记录内容与频率。一位老师根据特定时间内阅读和写作能力的培养要求，形成了较为具体的"学生的阅读和写作成长记录袋评价实施办法"。

表5-25　学生的阅读和写作成长记录袋评价实施办法[1]

学习目标	档案记录内容	进步档案记录的频率
（1）进行自己喜欢的、有意义的学习并确定评价什么	（1）①选几件作品 ②解释为何选这么几件	每年至少3次
（2）学生评价一段时间里的进步	（2）①回顾自己的档案目录 ②回答：自己是否像一个读者或作者	每年至少2次

[1] 田友谊. 当代学生评价的理论与实践 [M]. 武汉：华中师范大学出版社，2012：240.

续表

学习目标	档案记录内容	进步档案记录的频率
（3）阅读意义	（3）复述阅读内容或解释它的意义	每年至少2—3次
（4）选择各种材料	（4）两周内阅读书或文章的记录	每年至少2—3次
（5）用笔进行有效交流	（5）较长的写作样本	每年至少2—3次
（6）朝读者和作者的方向发展	（6）①学生的初稿、注释及其他由教师选择的作品 ②教师对学生进步的批注和评语	由教师决定

　　为了更好地实施以上策略，有的老师设计了学生阅读能力成长记录袋。每名学生拥有一张基本情况记录表，记录自己阅读的一些基本信息，如表5-26。

表5-26　阅读情况记录表[1]

姓名		性别		出生年月	
年级		班级		学号	
特长					
爱好					
阅读过的名著					
最喜欢的一本书					
座右铭					
备注					

　　除课外阅读需要简单记录以外，这位老师还让学生简要记录课内阅读情况（见表5-27），课外与课内的记录表共同勾勒出学生的阅读轨迹。

表5-27　学生课堂阅读记录与评价表[2]

阅读篇目	我的体会	
	主题	
	写作手法	
	我的简单体会	
	其他	

---

[1]许世红.基础教育学生评价研究——历史沿革、现实状况与未来走向［M］.广州：广东高等教育出版社，2014：115.

[2]同［1］116.

续表

阅读篇目	我的体会	
	主题	
	写作手法	
	我的简单体会	
	其他	
	主题	
	写作手法	
	我的简单体会	
	其他	
阅读情况自我评价		
阅读情况自我评分		
阅读情况教师评价		
阅读情况教师评分		

为了汇总课内外阅读成果，这位老师还让学生使用每周阅读精华记录表，汇总每周摘抄和应用的好词好句并进行评价（见表5–28）。

表5–28　学生每周阅读精华记录表[1]

我喜欢的句子和词语		
	出处	
	我觉得好的地方	
	我试着模仿	
	出处	
	我觉得好的地方	
	我试着模仿	
	出处	
	我觉得好的地方	
	我试着模仿	
摘抄情况自我评价		
摘抄情况自我评分		
摘抄情况小组评价		
摘抄情况小组评分		

除使用各种记录表记录学生的学习过程以外，使用档案袋这一评价方法时，还要选择恰当时的机引导学生评估自己的进步，把自我评估结

---

[1] 许世红. 基础教育学生评价研究——历史沿革、现实状况与未来走向 [M]. 广州：广东高等教育出版社，2014：116–117.

果放入档案袋中，学生可以据此检视自己的进步，并明确发展方向。引导学生进行自我评估时，可根据具体学习内容创造性地使用格伦隆德的自我评测表。

档案中，学生提高程度的自我评测

指导语：学生评测在下面每一项上的表现，并在相应的等级分数上画圈。不同的分数代表了不同的表现能力：4——卓越的进步，3——显著进步，2——令人满意的进步，1——不令人满意的进步。

在下列各项中，你表现出的进步在下面哪个等级上：

4　3　2　1　概念的理解

4　3　2　1　知识的应用

4　3　2　1　推理能力

4　3　2　1　写作技能

4　3　2　1　演说技能

4　3　2　1　问题解决能力

4　3　2　1　表演技能

4　3　2　1　操作技能

4　3　2　1　计算机技能

4　3　2　1　自我评测能力

4　3　2　1　反思能力

4　3　2　1　工作研究能力

4　3　2　1　独立学习能力[1]

格伦隆德设计的自我评测表是一个大的内容框架，使用这一评测表时，需要分解语文学习的具体目标，根据具体目标确定自我评测项目，才能提高自我评测的针对性和档案袋评价的效益。

---

[1]格伦隆德，沃.学业成就评测［M］.杨涛，边玉芳，译.北京：教育科学出版社，2011：189.

第六章 | 语文学习的结果质量评价

结果是过程的自然延伸。

结果质量评价，是在经历一定的学习过程后，对学生语文学习需求的满足程度和语文素养的发展程度进行阶段性判断的过程。

语文学习的结果质量评价与过程质量评价相辅相成。过程质量评价，关注学习过程中的表现与改进；结果质量评价，关注学生的成果及其阶段性水平。过程质量评价，重在观察与调整；结果质量评价，多用测试与考卷，测试题及其使用的效益决定了结果质量评价的水平。

考试就是育人。一张考卷，就是一份育人的方案。一次好的考试，就是一次有意义的语文学习经历。从外源到内生，从低阶到高阶，既对有意义的语文学习过程有引导，也是一份好试卷的基本特征。

从更大范围看，一个阶段的结果质量评价是另一学习过程的起点评价。有了高效益的过程，才有令人满意的结果；把令人满意或不满意的结果作为下一航程的风向标，才有另一段富有意义的语文学习经历。

在语文学习的航程中，每一个结果都开启了一段新的学习征程……

第一节　结果质量评价方案的编制与优化

结果质量评价主要包括三方面内容：一是判断学生产出的学习成果是否满足了学生对学习成果的期待，即从学生的立场评价语文学习质量的高低，简称"学生需求质量评价"；二是通过学习成果质量的判断，推测学生语文素养的发展状况与学习进展，即从学习进展的角度评价质量高低，简称"学习进展质量评价"；三是通过学习结果质量的综合判断，明确学生持续学习的优势与弱项，为继续学好语文提供有针对性的建议，即从未来发展的角度评价质量高低，简称"未来发展质量评价"或"学能评价"。

有效的结果质量评价，需要兼顾"学生需求质量""学习进展质量""未来发展质量"。兼顾这三种质量的基本思路，是将这三种质量的评价统一在学习目标上，根据学习目标确定学习成果的评价标准，根据评价标准选择合适的成果呈现内容与形式。在学生呈现成果的过程中，师生共同判断学习成果的优点与不足，学生据此判断自我需求的满足程度，教师据此推测学生语文素养发展的强项与短板，提出持续学习的改进建议。要有序推进这些工作，提高结果质量评价的有效性，需要编制和优化结果质量的评价方案。

一、结果质量评价方案的基本框架

评价方案，是对能力标准、评价内容、评价方式等的总体设计，是评价活动的实施蓝图。评价方案的质量高低，直接影响结果质量评价的有效性。因此，结果质量评价的第一步是制订有效的评价方案。结果质量的评价方案主要包括测试设计方案和测试实施方案，主要回答测试什么、怎么测试、怎么评阅和利用测试结果等问题。制订评价方案时，可参考如下文本格式：

结果质量评价方案的文本格式

×××语文评价方案

一、测试设计方案

（一）测试对象与目的

（二）测试能力与标准

（三）测试内容

（四）测试形式

（五）试卷构成（内容与题型比例，试卷总分，每道题的赋分）

（六）测试时间

二、测试实施方案

（一）测试

1. 测试时间

2. 测试地点

3. 测试要求

4. 测试组织

（二）评分

1. 分数形式（原始分数还是标准分？分数还是等级？）

2. 评分办法

3. 评分组织

4. 注意事项

（三）结果

1. 公布结果的时间

2. 公布结果的方式

3. 评价结果的使用建议

在上述内容中，测试设计方案对结果评价质量具有极其重要的影响，制订好测试设计方案，是每位老师的评价必修课。测试设计方案有两种类型：一是大面积的具有选拔意义的测试设计方案；二是校内或区域内的阶段性结果质量测试设计方案。

在制订大面积的具有选拔意义的测试设计方案时，要严格按照上述文本格式明确相关内容。如《2016年普通高等学校招生全国统一考试大纲的说明（语文）》就是一份规范的测试设计方案，内容如下：

2016 年普通高等学校招生全国统一考试大纲的说明（语文）

根据教育部考试中心颁布的《2016 年普通高等学校招生全国统一考试大纲》（以下简称《大纲》），结合基础教育的实际情况，制定了《2016 年普通高等学校招生全国统一考试大纲的说明》（以下简称《说明》）的语文科部分。

制定《说明》既要有利于语文新课程的改革，又要发挥语文作为基础学科的作用；既要重视考查考生对中学语文知识的掌握程度，又要注意考查考生进入高等学校继续学习的潜能；既要符合《普通高中语文课程标准（实验）》和《普通高中课程方案（实验)》的要求，符合教育部考试中心《大纲》的要求，符合本省（自治区、直辖市）普通高等学校招生全国统一考试工作指导方案和普通高中课程改革试验的实际情况，又要利用高考命题的导向功能，推动新课程的课堂教学改革。

Ⅰ.考试性质

普通高等学校招生全国统一考试是合格的高中毕业生和具有同等学力的考生参加的选拔性考试。高等学校根据考生成绩，按已确定的招生计划，德、智、体全面衡量，择优录取。因此，高考应具有较高的信度、效度，必要的区分度和适当的难度。

Ⅱ.考试内容

一、考核目标与要求

高考语文要求考查考生识记、理解、分析综合、鉴赏评价、表达应用和探究六种能力，这六种能力表现为六个层级。

A. 识记：指识别和记忆，是最基本的能力层级。

B. 理解：指领会并能做简单的解释，是在识记基础上高一级的能力层级。

C. 分析综合：指分解剖析和归纳整理，是在识记和理解的基础上进一步提高了的能力层级。

D. 鉴赏评价：指对阅读材料的鉴别、赏析和评说，是以识记、理解和分析综合为基础，在阅读方面发展了的能力层级。

E. 表达应用：指对语文知识和能力的运用，是以识记、理解和分析综合为基础，在表达方面发展了的能力层级。

F. 探究：指对某些问题进行探讨，有见解、有发现、有创新，是在识记、理解和分析综合的基础上发展了的能力层级。

对 A、B、C、D、E、F 六个能力层级均可有难易不同的考查。

二、考试范围与要求

根据普通高等学校对新生文化素质的要求，依据中华人民共和国教育部2003年颁布的《普通高中课程方案（实验）》和《普通高中语文课程标准（实验）》，确定语文科考试内容。

按照高中课程标准规定的必修课程中阅读与鉴赏、表达与交流两个目标的"语文1"至"语文5"五个模块，选修课程中诗歌与散文、小说与戏剧、新闻与传记、语言文字应用、文化论著研读五个系列，组成必考内容和选考内容。对必考和选考均可有难易不同的考查。

必考内容

必考内容及相应的能力层级如下：

（一）现代文阅读

阅读一般论述类文章。

1. 理解 B

（1）理解文中重要概念的含义。

（2）理解文中重要句子的含义。

2. 分析综合 C

（1）筛选并整合文中的信息。

（2）分析文章结构，把握文章思路。

（3）归纳内容要点，概括中心意思。

（4）分析概括作者在文中的观点态度。

（二）古代诗文阅读

阅读浅易的古代诗文。

1. 识记 A

默写常见的名句名篇。

2. 理解 B

（1）理解常见文言实词在文中的含义。

（2）理解常见文言虚词在文中的意义和用法。

常见文言虚词：而、何、乎、乃、其、且、若、所、为、焉、也、以、因、于、与、则、者、之。

（3）理解与现代汉语不同的句式和用法。

不同的句式和用法：判断句、被动句、宾语前置、成分省略和词类活用。

（4）理解并翻译文中的句子。

3. 分析综合 C

（1）筛选文中的信息。

（2）归纳内容要点，概括中心意思。

（3）分析概括作者在文中的观点态度。

4. 鉴赏评价 D

（1）鉴赏文学作品的形象、语言和表达技巧。

（2）评价文章的思想内容和作者的观点态度。

（三）语言文字运用

正确、熟练、有效地运用语言文字。

1. 识记 A

（1）识记现代汉语普通话常用字的字音。

（2）识记并正确书写现代常用规范汉字。

2. 表达应用 E

（1）正确使用标点符号。

（2）正确使用词语（包括熟语）。

（3）辨析并修改病句。

病句类型：语序不当、搭配不当、成分残缺或赘余、结构混乱、表意不明、不合逻辑。

（4）扩展语句，压缩语段。

（5）选用、仿用、变换句式。

（6）正确运用常用的修辞方法。

常见修辞方法：比喻、比拟、借代、夸张、对偶、排比、反复、设问、反问。

（7）语言表达简明、连贯、得体、准确、鲜明、生动。

（四）写作

能写论述类、实用类和文学类文章。

表达应用 E

作文考试的要求分为基础等级和发展等级。

1. 基础等级

（1）符合题意。

（2）符合文体要求。

（3）感情真挚，思想健康。

（4）内容充实，中心明确。

（5）语言通顺，结构完整。

（6）标点正确，不写错别字（注：每一个错别字扣1分，重复的不计）。

2. 发展等级

（1）深刻

透过现象深入本质，揭示事物内在的因果关系，观点具有启发作用。

（2）丰富

材料丰富，论据充实，形象丰满，意境深远。

（3）有文采

用词贴切，句式灵活，善于运用修辞手法，文句有表现力。

（4）有创新

见解新颖，材料新鲜，构思新巧，推理想象有独到之处，有个性色彩。

选考内容

选考内容及相应的能力层级如下：

（一）文学类文本阅读

阅读鉴赏中外文学作品。了解小说、散文、诗歌、戏剧等文学体裁的基本特征及主要表现手法。文学作品的阅读鉴赏，注重审美体验。感受形象，品味语言，领悟内涵，分析艺术表现力；理解作品反映的社会生活和情感世界，探索作品蕴含的民族心理和人文精神。

1. 分析综合 C

（1）分析作品结构，概括作品主题。

（2）分析作品体裁的基本特征和主要表现手法。

2. 鉴赏评价 D

（1）体会重要语句的丰富含义，品味精彩的语言表达艺术。

（2）欣赏作品的形象，赏析作品的内涵，领悟作品的艺术魅力。

（3）对作品表现出来的价值判断和审美取向做出评价。

3. 探究 F

（1）从不同的角度和层面发掘作品的意蕴、民族心理和人文精神。

（2）探讨作者的创作背景和创作意图。

（3）对作品进行个性化阅读和有创意的解读。

（二）实用类文本阅读

阅读评价中外实用类文本。了解传记、新闻、报告、科普文章的文体基本特征和主要表现手法。准确解读文本，筛选、整合信息。分析思想内容、构成要素和语言特色，评价文本产生的社会功用，探讨文本反映的人生价值和时代精神。

1. 分析综合 C

（1）筛选并整合文中的信息。

（2）分析语言特色，把握文章结构，概括中心意思。

（3）分析文本的文体基本特征和主要表现手法。

2. 鉴赏评价 D

（1）评价文本的主要观点和基本倾向。

（2）评价文本产生的社会价值和影响。

（3）对文本的某种特色做深度的思考和判断。

3. 探究 F

（1）从不同的角度和层面发掘文本所反映的人生价值和时代精神。

（2）探讨作者的写作背景和写作意图。

（3）探究文本中的某些问题，提出自己的见解。

Ⅲ. 考试形式及试卷结构

闭卷，笔试。试卷满分 150 分。考试时间 150 分钟。

试题类型：

单项选择题、多项选择题、填空题、古文断句题、古文翻译题、简答题、论述题、写作题等。选择题分值约为 30 分。

试卷结构：

试卷分阅读题和表达题两部分。阅读题分必考题和选考题。必考题要求考生全部作答，选考题考生只能从文学类文本阅读和实用类文本阅读中选择一类作答。必考题 125 分左右，约占全卷总分值的 83%；选考题 25 分左右，约占全卷总分值的 17%。

全卷 20 题左右，结构如下：

第Ⅰ卷阅读题
甲 必考题

（一）现代文阅读

考一般论述类文章，选取 1 则阅读材料。3 题左右，约 10 分。

（二）古代诗文阅读

7 题左右，35 分左右。分别为：

1. 文言文阅读 1 则，4 题左右；

2. 诗歌阅读 1 则，2 题左右；

3. 名句名篇默写，1 题。

乙　选考题

以下两类阅读题，考生只能选答其中一类。

（三）文学类文本阅读

阅读材料 1 则，4 题左右，约 25 分。

（四）实用类文本阅读

阅读材料 1 则，4 题左右，约 25 分。

第Ⅱ卷表达

（五）语言文字运用

4 题左右，约 20 分。

（六）写作

1 题，60 分。

Ⅳ.题型示例（内容略）

教育部考试中心颁布的上述考试说明，是根据课程标准和《普通高等学校招生全国统一考试大纲》的基本要求与精神制订的一份具有可操作性的测试设计方案，这份方案对为什么考、考什么和怎么考进行了较为详细的阐释，其结构和文本组织方式为大规模考试制订测试设计方案提供了样本。

如果是阶段性的校内考试，测试设计方案的制订要考虑四个因素：一是语文课程标准和考试大纲对这一阶段的学习要求是什么，根据学习目标和测试目标定位本次测试的主体内容与标高；二是结合学习过程选择考什么、怎么考，促进结果评价与过程评价的有机结合；三是根据不同类型的语文能力，选择合适的考试方式，如对朗读能力的考查，纸笔测试难以测出真实水平，可以改用专题活动等进行测试；四是根据学生的发展实际与需求，合理定位考试难度，使测试设计方案更好地体现学科、学习与学生的特点和需求。在测试设计方案的文本内容上，不需要像国家颁布的考试说明那样详尽，但测试对象与目的、测试能力与标准、测试内容、测试形式、试卷构成、测试时间等项目必须简要说明。其中，编制命题双向细目表是一种常见而有效的措施。双向细目表是指综合呈现考查能力和考查方式的表格，是试题命制和试卷组合的基本方案。马龙友对命题双向细目表的组成要素与拟制步骤做了如下概括：

命题双向细目表由三个要素组成：

（1）考查能力要求

考查能力要求，一般都是参照布鲁姆的认知能力的层次分类原则，并结合本学科的具体能力要求制订的。

（2）考查知识内容

将教学内容分为大、中、小三类知识单元，其中大知识单元为知识板块；中知识单元为知识层面，即为考查知识内容，作为编制命题双向细目表的依据；小知识单元为知识点，编制试题时使用。

（3）考查各部分知识内容和各能力要求所占的百分比

考查知识内容中所涉及的每一知识层面所占的百分比，可依据以下几点来确定：各个知识层面在整个学科领域中的重要性；分配给各个知识层面的教学时数的多少；哪些知识层面对以后学习具有较大的影响。一般来说，重点的综合知识所占的百分比大些，次要的基本知识占的百分比小些。

设计命题双向细目表主要采用以下步骤：

（1）将考查知识内容填写在表中最左边一列上。填写内容是确定的考查知识层面。知识层面可按章、节顺序填写，也可按大的知识单元（知识板块）编排顺序填写。

（2）将考查能力要求填写在表中顶端第一行表格内，能力要求排列顺序从低层到高层。

（3）考查知识内容中各知识层面所占的百分比填在表中最右边一列内。

（4）考查能力要求中各能力要求所占的百分比填在表中最下边一行内。

（5）根据表中纵横两个方向所占的百分比，确定出每一能力要求在每一知识层面上所占的百分比，即权重。此权重填写到表中相应的格子中去，这样就编制成了命题双向细目表。[1]

学生学完高中语文人教版必修第三册的小说单元后，为了检测学生小说阅读的发展情况，可编制如下命题双向细目表：

---

［1］马龙友.课程考试的编制与评价［M］.北京：中国轻工业出版社，2009：37-38.

表6-1　高中语文人教版必修三第一单元"小说阅读"能力测试题双向细目表

内容＼能力	理解	分析综合	鉴赏评价	表达应用	探究	总和（％）
外国长篇		5	6	6	8	25
外国短篇	2	6	8	9		25
中国古代长篇	6	6	6	6	6	30
中国现代短篇	6	6		4	4	20
总和（％）	14	23	20	25	18	100

制订好双向细目表后，再思考每一则阅读材料的长短和每一处题目的数量与形式，就为命制题目画好了蓝图，就形成了简要的测试方案。

二、测试设计方案的优化重点——明确测试的能力与标准

与过程质量评价一样，语文学习的结果质量评价也必须首先明确所要测试的能力，以及应该达到的标准。明确了测试能力才知道考什么；明确了每种能力应该达到的标准，才知道如何定位题目的难易程度。只有确定了考什么、考多难，才能确定每一类能力的权重和题型，才能优化测试方案。格伦隆德曾拟制出"评价测验计划的核查清单"：

评价测验计划的核查清单

1. 测验的目的清晰吗

2. 是否指明并定义了预期学习成果

3. 是否用表现术语（可测量的）对预期学习成果进行了表述

4. 是否准备了测验细目表以指明测验要包含的题目的属性和分布

5. 所确定的题目是否提供了成就领域所包含的所有任务的一个有代表性的样本

6. 题目的类型是否适合于要考查的学习成果

7. 题目的难度是否适合于要测验的学生和测验的性质〔例如，掌握程度测验还是调查测验（survey test）〕

8. 题目的数量是否适合于要测验的学生、测验的可用时间以及所要做的解释

9.测验计划是否植入了提高分数效度和信度的特征

10.是否制订了计划以在测验中编排题目、写出指示、评分和使用结果[1]

"测验的目的清晰吗""是否指明并定义了预期学习成果""是否用表现术语（可测量的）对预期学习成果进行了表述"，这三条要求都需要明确结果评价的能力内容及其发展程度。如香港地区初三中国语文科考试对表达能力做了如下规定：

按写作要求,拟定内容;能运用指定的表达方式（如叙述、描写、抒情、说明、议论、游说）;能组织素材,适当分段;能写大致通顺的文句;能写常用的简单实用文（如书信、启事、通告、报告）。

说话部分要评核的基本能力则是：能按讲题要求确定说话的内容，做简单而清楚的短讲;对话和讨论时，能抓住别人说话要点，并做出简单回应;说话能围绕主题，大致有条理;表情达意用语大致恰当;说话的速度和语气大致恰当。[2]

根据表达能力的这些规定，香港中文测试进一步细化了每种能力在不同层次上的行为表现，将其作为结果测评的衡量标准。如评价初中生的个人短讲能力时，香港提出了如下标准：

表6-2　香港初中个人短讲评价标准[3]

等级	内容	条理	表情达意	语速和语气
1	离题	条理欠清晰	词不达意，用语粗俗	说话速度过快（过慢），语气不恰当
2	未能根据题目做完整短讲，内容薄弱	条理大致清晰	用语大致准确，间有用词不当	说话速度快慢适中，语气恰当
3	大致能根据题目做完整短讲，内容一般	条理清晰，层次分明	用语准确，表意大致清楚明白	能因应需要，变化语速和语气
4	能根据题目做完整短讲，内容较充实		用语准确而生动，能表达情意	

[1]格伦隆德，沃.学业成就评测［M］.杨涛，边玉芳，译.北京：教育科学出版社，2011：80.

［2］［3］转引自：杨素军，颉静，冯生尧.香港初三中国语文科公开考试主观题的特色和启示［J］.教育测量与评价（理论版），2012（2）：59-63.

续表

等级	内容	条理	表情达意	语速和语气
5	能根据题目做完整短讲，内容丰富，有明确的主题或重心		用语准确生动而富于变化，能充分表达情意	

　　为了测试初中生短讲能力的发展状况，香港考试及评核局将短讲能力分为内容、条理、表情达意、语速和语气五个方面，每一个方面制订了评分等级，为测试评分提供了依据。香港考试及评核局除制订语文能力的评价标准以外，对学生学习能力的评价也制订了较为明晰的标准。

表6-3　香港初中运用汉语进行小组讨论的评分标准[1]

等级	内容	条理	表情达意	语速和语气
1	偏离讨论的主题，极少主动发言	条理欠清晰	词不达意，用语粗俗	说话速度过快（过慢），语气不恰当
2	内容空泛，未能恰当回应别人的言论	条理大致清晰	用语大致准确，间有用词不当	说话速度快慢适中，语气恰当
3	大致能承接别人的发言，简略表达个人意见	条理清晰，层次分明	用语准确，表意大致清楚明白	能因应需要，变化语速和语气
4	能围绕主题，承接别人的发言，恰当地表达个人观点		用语准确而生动，能表达情意	
5	能围绕主题，明确地表达个人意见，阐述观点；对别人的言论能做出恰当回应，扩展讨论空间		用语准确生动而富有变化，能充分表达情意	

　　运用汉语进行小组讨论，可检测学生的汉语交际能力。香港学校测查学生的交际能力时，一般给学生一个讨论话题，小组内的学生围绕这一话题展开讨论，既要能清晰地表达自己的见解，也要能听懂并回应别人的观点，其评价的能力要素和个人短讲一致，但不同层次的水平描述却有一定差异。除交际能力评价需要确定明晰的标准以外，写作技能的评价也需要制订明晰的评分标准，如格伦隆德提供了写作技能的评分指

[1] 转引自：杨素军，颉静，冯生尧. 香港初三中国语文科公开考试主观题的特色和启示 [J]. 教育测量与评价（理论版），2012（2）：45-49.

标样例。

写作技能的评分指标样例

4— ●作品引人入胜。

　　●过渡自然，行文流畅。

　　●组织紧凑。

　　●文章、句子结构组织良好。

3— ●多数时候，故事内容有趣。

　　●行文较流畅，但有的时候过渡不自然。

　　●内容组织基本良好，但是有一些缺点。

　　●有少量结构上的错误。

2— ●文章中心思想不明确。

　　●内容过渡上有较大的问题，导致行文不流畅。

　　●组织混乱，内容偏题。

　　●有较严重的结构错误。

1— ●无中心思想。

　　●行文散乱。

　　●组织混乱。

　　●较多的文章结构和句子构建错误。[1]

从上述评价标准看，要确定好结果评价的能力内容及程度，可采用三种思路。第一种思路是根据课程标准确定的学习目标拟制评价内容与需要达到的程度。如《义务教育语文课程标准（2011 年版）》对五至六年级学生的阅读目标做了如下规定：

1. 能用普通话正确、流利、有感情地朗读课文。

2. 默读有一定的速度，默读一般读物每分钟不少于 300 字。学习浏览，扩大知识面，根据需要搜集信息。

3. 能联系上下文和自己的积累，推想课文中有关词句的意思，辨别词语的感情色彩，体会其表达效果。

4. 在阅读中了解文章的表达顺序，体会作者的思想感情，初步领悟文章的基本表达方法。在交流和讨论中，敢于提出看法，做出自己的判断。

---

[1]格伦隆德，沃.学业成就评测［M］.杨涛，边玉芳，译.北京：教育科学出版社，2011：170.

5. 阅读叙事性作品,了解事件梗概,能简单描述自己印象最深的场景、人物、细节,说出自己的喜欢、憎恶、崇敬、向往、同情等感受。阅读诗歌,大体把握诗意,想象诗歌描述的情境,体会作品的情感。受到优秀作品的感染和激励,向往和追求美好的理想。阅读说明性文章,能抓住要点,了解课文的基本说明方法。

6. 在理解课文的过程中,体会顿号与逗号、分号与句号的不同用法。

7. 诵读优秀诗文,注意通过诗文的语调、韵律、节奏等体味作品的内容和情感。背诵优秀诗文60篇(段)。

8. 扩展阅读面。课外阅读总量不少于100万字。[1]

根据课程标准提出的上述学习目标,可以拟制五至六年级现代诗文阅读评价的如下标准:

表6-4 五至六年级现代诗文阅读能力测评框架表[2]

测评项目	测评内容	测评标准
读书	朗读	正确、流利、有感情
	默读	每分钟不少于300字,能浏览,能搜集信息
词语	词语意思	能根据语境推想
	感情色彩	能根据语境和积累辨别
	表达效果	能根据语境体会
文章	表达顺序	了解
	思想感情	体会和交流,有自己的看法
	表达方法	初步领悟
文体	记叙文	了解梗概,简单描述,说出感受
	诗歌	能把握诗意,想象情境,体会感情
	说明性文字	能抓住要点,了解说明方法
标点	顿号、逗号、分号、句号	能体会在文中的不同用法
积累	课内外优秀现代诗文	背诵、默写、运用
课外阅读	阅读量、了解内容的程度	不少于100万字,能复述大致内容,能说出自己的感受,能积累优美词句

---

[1] 中华人民共和国教育部. 义务教育语文课程标准(2011年版)[M].北京:北京师范大学出版社,2013:12-13.

[2] 张伟.语文学业成就有效测评技能训练[M].广州:暨南大学出版社,2012:67-69.

课程标准在"阅读"方面提出的学习目标较为笼统，制订评价标准时，要把学习目标中的相关要素及其要求分解出来，如上述评价标准表把五至六年级的阅读测评分成了读书、词语、文章、文体、标点、积累、课外阅读等几个方面，把学习目标分解到某个方面，形成了具体的评价内容与标准。进行结果质量评价时，必须以这一标准为依据选择评价内容、形式与难易程度。

第二种思路是综合课程标准、学生需求与发展实际，制订具有学校特色的评价标准。以这种思路拟制的评价标准，既要体现国家对语文课程的基本要求，也要体现学校特点，更要反映学生的语文学习需求。如上海市实验学校根据这一思路制订了小学一年级第二学期学习能力考核表。

表6-5 上海市实验学校小学一年级第二学期学习能力考核表[1]

能力项目	考核内容	需附资料及资料来源者
组织学习活动的能力	（1）在教师、家长的帮助下，制订学习计划	期中制订的学习计划表
	（2）能安排好早晨和放学后的时间，并形成习惯	参考"家长问卷"
	（3）与教师、家长配合，找出合理的学习方法	参考"家长问卷"
	（4）能阅读教师推荐的书	根据读书笔记卡评定
	（5）在小组讨论时能发表自己的看法	听取各科教师反映
	（6）能查出自己作业、试题中的错处，并能进行修改	根据各科教师及家长反映
阅读书本的能力	（7）能看懂课外阅读材料，并讲出材料的大意	根据故事台情况评定
	（8）能独立从教材中找到问题的答案	有关语文练习册
	（9）用简单的词语写出课文段落的主要意思	有关语文练习册
听记能力	（10）听完讲述内容后，能写出大意	有关测试纸
收集和使用资料的能力	（11）了解图书的概念及作用，有热爱书、热爱知识的热情	图书馆教师提供练习纸
	（12）能收集自己感兴趣的漫画、格言、文具、信息，学会剪贴	剪贴纸（最后一页作为考核依据）

续表

能力项目	考核内容	需附资料及资料来源者
智力技能	（13）学会有顺序地观察模型、实物，看出事物的外部特征，能填写最简单的实验报告	根据自然学科教师反映评定
	（14）能通过图形、形象化语言、情节形成表象的方法，加强记忆的正确性，提高记忆的自觉性和积极性	语文教师提供反馈意见
	（15）学习概括技能，能按事物特点归类	语文教师提供练习纸
	（16）根据图像形成表象，并能根据图像进行创造性想象	美术教师提供有关资料
	（17）对读过的文章能看出"问题"，提出不同看法，更换结尾	数学教师提供有关练习纸

　　上海市实验学校整合各个学科，借助多方面资源，把学生的学习能力分解为五个方面，五个方面分别提出了评价标准，并采用多种方式进行评价。这种评价标准和方式，能对学生的学习能力发展情况进行全方位评价和引领，有利于提高结果质量评价的有效性。

　　第三种思路是根据语文素养的发展要求，制订等级式的语文素养评价标准。以这一思路拟制评价标准时，要明晰语文素养的基本构成，以及不同阶段学生的发展程度。如祝新华根据语文能力的构成要素，确定了如下评价内容：

表6-6　语文能力评估项目[1]

范畴	主要因素	重要性
听说读写的基本能力	评核聆听、说话、阅读、作文能力、自学能力等	此为核心要求，其他能力往往是这些能力的综合运用，或在这些能力的运用中得到体现
解决问题的实际能力	体现学生今后在生活与工作中的实际能力	语文教学的终极目标，能预测学生未来的语文能力
较高层级的认知能力	体现分析、综合、评价、创新等能力	时代对人才的要求
显示特长的特别能力	根据学生个别差异，展示演讲、创作、表演等特长	个人专长甚至未来专业发展的基础，收生、招工部门十分关注

[1] 祝新华.促进学习的语文评估：基本理念与策略［M］.北京：人民教育出版社，2014：105.

祝新华认为，语文能力或语文素养的核心是听说读写能力，但这不能成为语文素养的全部，利用听说读写的知识与能力解决具体问题，提高分析、综合、评价、创新等能力，并在演讲、创作或表演等方面形成某种特长，才称得上具有较高的语文素养。在拟制评价标准时，也可采用过程质量评价中评价准则的"等级"呈现方式，让学生明白自己目前的发展水平处在哪一等级，下一阶段的发展目标是什么，这就把结果质量评价和过程质量评价结合起来了，如香港考试及评核局曾制订如下标准以评价学生的结果质量。

表6-7　香港语言能力发展等级的整体描述[1]

等级	整体描述
五	●听说读写及综合能力发展充分，具有较高的语文驾驭能力 ●分析、比较、推理、论证、批判思维、创意等能力表现优异 ●语言理解深入，运用娴熟 ●善用语言策略，透彻理解书面及口语材料；对作品内容及技巧评价鉴赏中肯允当，见解成熟、感受深切，并能深入拓展 ●书面及口语表达流畅、缜密、积极、灵活、自信，吸引读者／听众，对讨论活动有积极贡献 ●能选择与综合多元信息，并结合相关经验妥善完成工作
四	●听说读写及综合能力发展甚佳 ●分析、比较、推理、论证、批判思维、创意等能力良好 ●语言理解正确，运用恰当 ●语言策略运用良好，准确理解书面及口语材料；评论言而有据，并能适当拓展 ●书面及口语表达通顺切题、前后连贯；形式运用合宜；回应恰当 ●能选择与综合多元信息，并结合相关经验恰当完成工作
三	●听说读写能力发展尚佳 ●分析、比较、推理、论证、批判思维等能力表现中等 ●语言理解及运用一般，正确理解书面及口语材料；能做简单评论及推论 ●书面及口语表达大体通顺切题，有中心；能做必要的响应 ●能选择并粗略综合多元信息，基本完成工作

［1］转引自：祝新华. 促进学习的语文评估：基本理念与策略［M］. 北京：人民教育出版社，2014：226-227.

续表

等级	整体描述
二	●听说读写能力初步发展 ●初具分析、比较、推理、论证等能力 ●语言理解及运用可满足基本需要，能理解书面及口语材料的大意，并做粗略评说 ●能基本表达与问题相关的意念，词语尚可达意 ●能引用部分信息，概述相关见解
一	●略具听说读写能力 ●能进行最基本的辨认、分析及比较 ●能找出书面及口语材料中的明显事实，了解口语大意 ●书面或口语表达能传递零碎意念，有时词不达意 ●复述或概述部分信息，能做粗略回应。

　　香港考试及评核局把语言能力分为听说读写能力、思维能力、语言运用能力、语言策略运用能力、交际能力、解决问题能力等几个方面，每个方面由低到高描述了等级标准，等级标准的变化勾勒出学生的能力发展梯度，编制测试方案时，要根据不同阶段学生的学习要求确定要考查的能力层级，然后选择相应的内容与题型命制题目。如2010年香港初三语文考试的分卷一就形成了如下试题结构：

表6-8　香港系统评估中国语文科初三2010年分卷一试题的组成和比重[1]

	评估组成部分	任务类型	问题数量（个）	分数	比重	答题时间
客观题	聆听	聆听材料	15	15	15.46%	约20分钟
	视听资讯	视听材料	12	13	13.40%	约15分钟
	阅读	阅读材料	23	23	23.71%	30分钟
	总体		50	51	52.57%	约65分钟
主观题	写作和说话	实用文写作	1	30	30.93%	75分钟
		文章写作	1	16（两种题型二选一）	16.49%	准备时间：5分钟 说话时间：2分钟
		个人演讲	1			准备时间：5分钟 讨论时间：8分钟
		小组讨论	1			
	总体		6	46	47.42%	

[1]转引自：杨素军，颉静，冯生尧.香港初三中国语文科公开考试主观题的特色和启示［J］.教育测量与评价（理论版），2012（2）：45-49.

再如 2009—2011 年美国 AP（Advanced Placement Courses，又称大学先修课程）中文科目课程大纲规定："主观题要着重考核考生在人际沟通模式（interpersonal model）、理解诠释模式（interpretive model）、表达演示模式（presentational model）这三种模式下的语言能力。"然后确定了这三种模式的能力评价目标：

人际沟通模式下的评价目标有三种：

（1）个人在特定的社会文化背景中，对特定书面语和口语理解、推论和反应的能力；

（2）在各种文化场合与他人交流沟通的能力；

（3）运用批判性思维技能（如分析、比较、综合、评价等）从一定的语言或文字背景中建构意义的能力。

表达交流模式下的评价目标包括四种：

（1）能够提供当前环境（包括家庭、学校、社区和国家）发生的事件信息，展示即时应用语言的能力；

（2）能够以整体有序的方式描述某一事件或活动，且语言具有准确性；

（3）通过口头和书面方式展示一定文化适切性的能力；

（4）能够对一些现象进行比较分析，能够解释他人的偏好。

理解诠释模式下的评价目标相对比较单一，通常是在日常的社会文化背景中考核考生理解、解释口语和书面语的能力。[1]

AP 中文科目将学生的表现分解为任务完成、语言表达和语言运用三个维度，评价人员根据考生在每个维度上的达成程度予以评分。最后的成绩等级划分为 0—6 共 7 个等级，其中 6 级为最佳水平，5 级为较高水平，4 级次之，依次类推，0 级为最低水平。如"看图叙述"和"文化表达"制订了如下评分标准（见表 6-9）：

---

[1] 周晓炜，冯生尧. 美国AP中文科目考试主观题的特色与启示 [J]. 教育测量与评价（理论版），2010（12）：51-54.

表6-9 AP"看图叙述""文化表达"6级水平的评分标准[1]

标准类型	任务完成	语言表达	语言运用
看图叙述（6级）	叙述非常详细，包含开头、过程和结尾，故事叙述完整、富有逻辑性，与图片描述相符；内容结构连贯，观点清晰，关联词语和连接成分使用恰当，段落非常连贯	语体恰当，图示内容与语言表达相称	字词、成语使用丰富、恰当，错误极少；语法结构多样，错误极少
文化表达（6级）	表达完整、详细；内容结构连贯，观点清晰，关联词语和连接成分使用恰当，段落非常连贯；文化信息丰富、准确	语速语调自然，迟疑和停顿极少；发音（包括声调）准确，错误极少；语体恰当	字词成语丰富、恰当，错误极少；语法结构多样，错误极少

　　如果要考查学生在"看图叙述"和"文化表达"方面是否达到了6级水平，就可以根据上述标准选择考查内容，确定难易程度，制订测试设计方案。

---

[1] 周晓炜，冯生尧. 美国AP中文科目考试主观题的特色与启示［J］.教育测量与评价（理论版），2010（12）：51-54.

第二节　测试题目的命制与题型选择

在编制和优化了评价方案后，影响结果质量评价的要素主要集中在测试题目和题型选择两个方面，只有命制好了测试题目，并选择合适的题型来呈现测试题目或任务，才能考查出学生的真实水平。

一、测试题目的命制原则与思路

测试方案确定后，要根据测试方案确定评价内容与素材，评价内容与素材最终要体现在评价题目中。格伦隆德认为，高质量的评价题目要满足以下要求：

1.选择能够最直接地考查预期学习成果的那种测验题目。如果提供答案是任务的一个重要元素（例如，写作），就用问答题。如果选择型题目恰当（例如，识别）或两种类型同样恰当，就用选择型题目。

2.设计测验题目时，要使它所引发的表现与学习任务中的表现相匹配。预期学习成果用表现术语明示了学习任务，测验任务应该引出同样的表现。

3.设计测验题目时，要使测验任务清晰而确定。使所需阅读水平保持在较低水平，用简单而直接的语言，并遵守标点符号和语法方面的正确规则。

4.设计测验题目时，要消除其中的无用内容。与所呈现的问题不直接相关的材料增加了阅读负担，还可能歪曲题目本意。只有当识别无关材料是任务的一部分时（例如，在数学题中），才使用无关材料。

5.设计测验题目时，要使无关因素不会阻碍已经掌握知识点的学生正确作答。避免那些可能使已经掌握知识点的学生专注于任务的错误方面的微妙难题。使用清晰而毫不含混的陈述，以最大化所要考查的表现，而最小化所有其他影响。

6.设计测验题目时，要避免使无关的提示帮助未掌握知识点的学生正确作答。要消除测验题目中不想要的提示，就要在设计题目时保持警觉，还要在把题目放在一边一段时间后重新审查它们。同样重要的是，防止一道题目中提供的信息给出了测验中另一道题目的答案。

7.设计测验题目时，要使难度水平匹配于学习成果的意图、要测验的年龄组别以及结果的用途。评价难度时，要检查以确信其难度适切于预期学习成果。

另外，题目没有各种无关的困难（例如，模糊的材料、过于精细的区分）。

8. 设计测验题目时，要使之没有关于答案的分歧。通常，答案应该是专家们所公认的正确答案或最佳答案。这里，多数问题产生于学生要给出最佳答案时（最佳程序，最佳解释）。这涉及一个判断问题，而要经得起推敲，答案必须明显是最好的，而且领域中的专家也这样认为。当专家们意见不同时，或许可以问某个特定的权威认为什么是最好的方法，最好的原因以及类似的东西。援引一个依据后，就可以将答案判断为正确或不正确。

9. 提前非常充足的时间设计测验题目，以便晚些时候可以根据需要来重新审查和修改它们。设计测验题目的一个好时机是刚刚教完内容后，那时候各种问题和情境还清楚地保存在脑海中。不管怎样，在把题目放到一边一段时间后重新审查和修改它们，可以发现在最初设计题目时无意间引入的错误。

10. 设计出比测验计划所要求的更多的测验题目。这将使你可以在重新审查题目时丢掉无用的或不恰当的题目，也会使最终系列的题目与测验细目表的匹配更容易。[1]

命制的测试题目要满足上述要求，需要根据语文学科和语文学习的固有特性，充分考虑学生的语文学习需求，确立并遵循题目命制的基本原则和思路，这样才能提高试题命制的质量。

（一）命题立意：考查语文素养，突显生命意义

命题立意，是指隐含在试题中的价值追求与基本主张，是命题人的语文教育与测评思想在题目中的反映。任何一道试题或任何一套试卷都蕴藏着一颗鲜活的"灵魂"，都凝聚着命题人"为何学语文、学什么语文、如何学语文、如何才算学好了语文"的深层思考与主张，以这些思考和主张为指引命制题目，命制的试题就有了自己的"立意"。评价是为了帮助学生创造有意义的语文学习经历，促进内在价值与外在价值的和谐统一，这就要求命制测试题目时要以语文素养立意，在试题中突显生命意义，引领学生的生命成长。如美国 AP 考试中对母语能力的考查强调了"母语素养"的命题立意，特别是在综合性试题中，给考生提供了一组存在某种内在联系的阅读材料，考生需要综合这些材料才能回答问题。如 2011 年设计了如下一道写作题：

---

[1] 格伦隆德，沃. 学业成就评测 [M]. 杨涛，边玉芳，译. 北京：教育科学出版社，2011：81-82.

某社区正在考虑组织一次"本土膳食主义"的活动，请你仔细阅读以下的7篇材料及其介绍信息，综合至少其中的3篇材料，写一篇关于"本土膳食主义运动兴起的缘由及其对社区的影响"的文章。

本土膳食主义者是指那些热衷于食用本地或住所周边出产食物的人。他们既关注食物的营养又以低碳消费的实际行动来保护环境。这场本土膳食主义运动的浪潮在近十年来越来越受到人们的追捧。

材料一：摘自2006年一位对食用当地种植的食物和生产的产品感兴趣的网友麦瑟·珍妮弗在网上发表的博文《吃本地食品的10大理由》（内容略，共503字）。

材料二：摘自2007年斯密斯·艾丽莎和J. B.麦金农写的《在食物中旅行：一个新鲜吃、快乐生活的爱吃鬼的实践》一书（内容略，共321字）。

材料三：摘自2009年《福布斯》（网络版）中麦克威廉斯和詹姆斯·E.写的《一直使我困惑：本土膳食主义的迷思》一文（内容略，共480字）。

材料四：摘自2008年《环境保护》杂志（电子版）劳德等人写的《关于我们吃什么的问题》一文中的一幅调查数据表。（数据表主要呈现了美国家庭食品消费供应链的温室气体排放总体情况。图表略）

材料五：摘自2009年《彭博商业周刊》（电子版）中帕拉维·戈戈伊写的《本土膳食主义的崛起：美国各城镇剧烈的本土膳食主义运动正在重塑农场和食品零售业》一文（内容略，共385字）。

材料六：摘自2008年罗伯茨·保罗写的《食物的终结》一书的一个选段（内容略，共434字）。

材料七：摘自2008年名为"北极圈"的一组环境主题的卡通漫画（漫画略）。[1]

阅读材料内容丰富、类型多样，学生必须调动听说读写的多种能力，联系自己的生活经历与感悟，以"本土膳食"为核心思考相关问题，才能完成文章写作的任务。这样的题目既考查了学生的语文素养，也引导学生思考环境保护、饮食健康等与自己现实和未来都有密切关系的问题，把语文考试与学生的生活、生命结合起来了，突显了生命意义。

再如2010年，AP中文考试设计了一道"回复邮件"的试题，要求考生在正确、全面理解邮件内容的基础上，对邮件中提出的问题做出恰

---

[1]转引自：朱茵，冯生尧.美国AP英语语言与写作考试写作题的类型及其特征［J］.教育测量与评价（理论版），2013（3）：55-58.

当的回复。题目是这样的：

2010 年的 AP 中文考卷提供了一封来自朋友张红的邮件，主题是"夏天应该做什么？"内容是"我今年六月高中毕业，秋天就要上大学了，我想主修中文，可是还没有去过中国。今年夏天有两个去中国的好机会：一个是在北京参加六个星期的语言学习项目，另一个是在上海的一家电脑公司实习。你觉得我选哪一个比较好？为什么？另外，请告诉我，你夏天打算做什么？"[1]

这一题目与学生的学习和成长密切相关，学生通过写作，可以进一步思考自己的选择和将来的打算，对成长具有引领意义。2016 年全国高考丙卷命制了如下一道作文题：

历经几年试验，小羽在传统工艺的基础上推陈出新，研发出一种新式花茶并获得专利。可是批量生产不久，大量假冒伪劣产品就充斥市场。小羽意识到，与其眼看着刚兴起的产业这么快就走向衰败，不如带领大家一起先把市场做规范。于是，她将工艺流程公之于众，还牵头拟定了地方标准，由当地政府有关部门发布推行。这些努力逐渐见效，新式花茶产业规模越来越大，小羽则集中精力率领团队不断创新，最终成为众望所归的致富带头人。

命题者要求考生综合材料内容及含义，自选角度写作文。这则作文材料源自现实社会生活，学生写作文时需要思考和应对这一社会现象，体现了语文学习质量评价的外在价值追求，有利于引导学生理性对待社会现实，为未来生活做准备，对学生未来的生命成长具有引领意义。

（二）素养考查：立足学科"核心"，紧扣素养标准

全美教育进展评价（the National Assessment of Educational Progress，简称NAEP）为了考查学生的阅读概括能力、阅读分析能力、阅读联想（联系）能力、阅读评价能力等，对"为了获得信息的文章"提出了如下命题建议：

1.围绕要素"中心目的"所出的测试题

（1）作者表达的主要信息是什么？（测查概括能力）

（2）作者如何支持这个信息？（测查分析能力）

（3）你同意作者的这个信息吗？（测查联想能力）

（4）作者为什么要写这篇文章？（测查评价能力）

---

[1] 周晓炜，冯生尧.美国AP中文科目考试主观题的特色与启示 [J].教育测量与评价（理论版），2010（12）：51–54.

2.围绕要素"主要观点"所出的测试题

（1）把文章的主要观点写成一个摘要。（测查概括能力）

（2）第一部分与最后部分的观点有何关系？（测查分析能力）

（3）谁可能需要文章提供的这些信息？（测查联想能力）

（4）作者是如何清楚地表达这些信息的？（测查评价能力）

3.围绕要素"支持性观点"所出的测试题

（1）从文章中找出与主题有密切关系的观点。（测查概括能力）

（2）作者如何展示主要观点的重要性？（测查分析能力）

（3）哪些细节使你对主题产生了深刻印象？（测查联想能力）

（4）写这篇文章前作者应该了解什么信息？（测查评价能力）

4.围绕要素"附属说明"所出的测试题

（1）文章中图表的主要作用是什么？（测查概括能力）

（2）图表的内容怎样支持文章中的信息？（测查分析能力）

（3）作者为什么运用图表中的图片？（测查联想能力）

（4）文章中图表的意义是什么？（测查评价能力）

5.围绕要素"词汇"所出的测试题

（1）请解释哪些词汇说明了本文的主要内容。（测查概括能力）

（2）哪些词汇与文章题目的含义是一致的？（测查分析能力）

（3）说明单词的哪个含义解释了文章的主要思想。（测查联想能力）

（4）在第27段，作者为什么要给出这个单词的定义？（测查评价能力）[1]

上述命题点围绕NAEP规定的四大核心能力展开，体现了"立足学科'核心'，紧扣素养标准"的素养考查原则与思路。

（三）试题选材：结合学习过程，联系学生生活

2016年我国全国高考丙卷的第17题，要求考生观察某高中举办迎新晚会的构思框架图，用一段话表达其构思，试题素材来自高中生活；第15题选词填空的素材是关于考生填报志愿的注意事项，也与考生生活密切相关。国外母语测试题的选材也强调和遵循这一思路，如哥伦比亚国立大学命制了如下一道"高考"阅读试题：

---

［1］转引自：何光峰.美国NAEP阅读能力评价框架之评价与借鉴［J］.教育测量与评价（理论版），2012（4）：16-19.

阅读下面的文本，完成第29—45题。

日　食

巴托洛梅·阿拉左拉修士觉察到自己迷了路，现在真是叫天天不应，叫地地不灵。他被困在危地马拉广袤的雨林中，永远也出不来了。于是他坐了下来，静静地等待死亡。他盼着自己就这么一死了之。不去想那遥远的西班牙，不去想阿布罗霍斯修道院，更不去想卡洛斯五世曾屈尊御驾亲幸此间，和自己坦陈其对教士工作的信任。

醒来时巴托洛梅发现自己身边围着一群土著人，个个面无表情，正准备用他来祭祀神灵。祭台看起来就像是自己临终时躺的床，承载着各种恐惧，以及他自身的命运。

巴托洛梅来这个国家已经三年了，也掌握了各种当地的土著语言。他不想就此束手待毙，于是开口用土著语说了几句话。

他了解各国文化，精通亚里士多德那些艰深的知识，对自己的才学颇为满意。那时他脑海里灵光一现，记起当天将会有一场日全食。于是巴托洛梅心里打定主意，要用自己的知识骗过这些土著人，借此保全性命。

"如果你们把我杀了，"他说，"我就会让太阳失去光泽。"土著人都盯着他看，眼睛里充满了疑惑。当时只听有人提了句建议。巴托洛梅于是就这么等着，神情颇为自负。

两小时后，巴托洛梅·阿拉左拉修士的心脏在祭祀石上血淋淋地摆着（在由于日食而变暗的太阳光下熠熠生辉）。与此同时，一个土著人不紧不慢地背诵着今后将要发生日食和月食的日子。这些是玛雅天文学家早就预见到并记录在案的，而他们并没有借助亚里士多德的宝贵帮助。

（奥古斯都·蒙特罗索《日食》，联盟出版社，马德里，1995年）

29. 本文用讽刺的语气叙述了玛雅人（　　）。

A. 掌握了天文学

B. 不认识亚里士多德

C. 很固执

D. 不理解教士的话

30. 本文的叙述看起来很逼真是因为（　　）。

A. 是真实的，虽然看起来在真实世界里没有发生

B. 是可信的，虽然并非一定要在真实世界里发生过

C. 被客观地观察了，但是被主观地诠释出来

D.只能在文学虚构作品中被诠释和接受

31.第一段里说卡洛斯五世 condescendióa……这里 condescendióa 的意思是（　　）。

A.身体从高处移动到低处

B.忍受着按照他人的意志做事

C.允许他人做他人喜欢做的事

D.迁就他人的意志去做事

32.这篇文章的主旨是（　　）。

A.赞扬西班牙人在美洲大陆的每个角落无微不至地传播天主教

B.彰显基于亚里士多德哲学的知识应用范围之广

C.颂扬土著文化高度发达的天文学知识

D.展示玛雅人如何用人作为祭品祭祀他们的神祇

33.和"如果你们把我杀了，我就会让太阳失去光泽"这句话意思相同的是（　　）。

A.我将会使太阳黯淡无光，因为你们杀我

B.你们别杀我，不然我会使太阳黯淡无光

C.你们别杀我，因为我将会使太阳黯淡无光

D.你们只要杀我，我就会使太阳黯淡无光

34.根据阿拉左拉修士的知识，正确的是（　　）。

A.他知道玛雅人记录的天文学信息，他很积极地评价里面的内容

B.他很熟识玛雅人的领土，因为这是他布道的舞台

C.掌握了玛雅人的语言使他能够展示自己的天文学知识

D.虽然这些知识基于亚里士多德哲学原理，但是对他并没有多大帮助

35."他被困在危地马拉广袤的雨林中，永远也出不来了"，这句话可以让人联想到相同主题的一本小说（　　）。

A.《百年孤独》

B.《堂娜·芭芭拉》

C.《漩涡》

D.《佩德罗·帕勒莫》

36.文中提到的"日食"是由于（　　）。

A.地球处在被月亮遮住的阴影区域

B.月亮处于被地球遮住的阴影区域

C. 地球处于太阳和月亮之间

D. 太阳系某行星处于太阳和地球之间

37. 玛雅文化发祥地位于（　　）。

A. 墨西哥北部　　　　　　　　B. 墨西哥中部

C. 尤卡坦半岛　　　　　　　　D. 中美洲南部

38. 西班牙人征服玛雅人的领土是在（　　）。

A. 16 世纪前半叶　　　　　　　B. 15 世纪中旬

C. 15 世纪末　　　　　　　　　D. 16 世纪下半叶

39. 在美洲土著民之中，玛雅人由于什么而著名（　　）。

A. 发展了字母表和书写

B. 有用来测量时间的复杂系统

C. 他们打猎、捕鱼、收割植物

D. 他们厌恶血腥的祭祀仪式

40. 分析以下结论

（1）玛雅文化是美洲土著文化中最光辉灿烂的文化之一

（2）亚里士多德对现代科学最大的贡献是他奠定了天文学基础

这里正确的有（　　）。

A.（1）和（2）都是对的　　　　B.（1）错，（2）对

C.（1）和（2）都是错的　　　　D.（1）对，（2）错

41. 卡洛斯五世在_____世纪_____半叶是西班牙国王。

A. 15，前　　　　B. 15，后　　　　C. 16，后　　　　D. 16，前

42. 有关卡洛斯五世不正确的是（　　）。

A. 他是费利佩和胡安娜的儿子

B. 他做过德国的皇帝，用的年号也是卡洛斯五世

C. 比起天主教来，他更喜欢新教

D. 他做西班牙国王时的年号称卡洛斯一世

43. 卡洛斯五世除了做过西班牙国王还统治过哪个国家（　　）？

A. 德国　　　B. 英格兰　　　　C. 法国　　　　D. 俄国

44. 要是玛雅人征服了西班牙，历史会怎么样？这个问题是一种什么样的推理（　　）？

A. 三段论的　　　　B. 与事实相反的　　　　C. 悖论的　　　D. 诡辩的

45. 可以认为玛雅人不可能到达欧洲,因为( )。

A. 他们不具备天文知识 　　　　 B. 他们不好战

C. 他们航海技术不发达 　　　　 D. 他们文化落后[1]

一则短短的阅读材料,命制了17道试题,前6题考查了学生阅读文段的能力,可和我国全国普通高考语文考试大纲中的理解、分析综合、鉴赏评价做如下对应:

表6-10　哥伦比亚阅读测试题和我国高考语文能力层级对应表[2]

能力	具体要求	题号
理解	①理解文中重要词语的含义	31
	②理解文中重要句子的含义	33
分析综合	①筛选并整合文中的信息	
	②分析文章结构,把握文章思路	
	③归纳内容要点,概括中心意思	32
	④分析概括作者在文中的观点态度	
	⑤根据文章内容进行推断和想象	30
鉴赏评价	①鉴赏文学作品的形象、语言和表达技巧	30、33
	②评价文章的思想内容和作者的观点态度	29、34

但后面的11道试题,却与多个学科相联系,分别整合了地理、文化、逻辑、历史等知识,把语文和学生的跨学科学习情况结合起来考查,体现了"结合学习过程"的命题原则与思路。美国NAEP在十二年级的写作命题中提供了如下一个样例:

科学家最近宣布,在本州的国家公园里有大量的石油。州立法机关正在展开一场辩论,以决定是否允许能源公司进入公园中受保护的土地钻孔勘探石油。有些人认为,允许进入受保护的土地,将会对我们的经济有益,创造成百上千的工作机会,降低物价和公共事业费。但是,也有一些人认为,保护自然环境、为居民提供一个高质量的生活更为重要。

州议员号召本州居民就这个问题表达自己的观点。对于能否向能源公司开放受保护的土地以钻油这个问题,请明确你的态度,写成文章来劝说州议员支

---

[1] 转引自:冯渊. 哥伦比亚高考现代文阅读题之述评 [J]. 语文学习,2011(3):68-71.

[2] 冯渊. 哥伦比亚高考现代文阅读题之述评 [J]. 语文学习,2011(3):68-71.

持你的观点。[1]

这一题目源自与学生密切相关的社会生活，有利于引导学生在写作过程中思考和解决社会矛盾，既提高了试题素材的鲜活度，也提升了试题的生命意义。

二、题型选择

在明确了测试题目的命题原则与思路后，要选择合适题型命制题目。从纸笔测试看，可分为客观题和主观题。客观题标准统一，能提供标准答案；主观题可以做个性化解读，一般情况下没有统一标准或标准答案。从结果呈现的方式看，可分为封闭式题目和开放性题目。封闭式题目一般为纸笔测试，测试过程封闭在完成测评卷的过程中；开放性题目既可以是测评卷中具有较强开放性的主观题，也可以是综合性的表现任务或项目。不同的题型有不同的命制要求与技巧，此处不再赘述。语文学习的结果质量评价可采用专题活动形式，如在朗诵、演讲、表演等比赛活动中评价；也可采用作品评价的方式，学生提交相关作品，对作品进行评价；还可采用纸笔测试等方式。确定具体题型或评价方法时，要根据学习目标、评价标准、内容等来确定。瑞查德曾对学业目标与评价方法的组合进行研究，他认为评价标准、内容与形式的最佳搭配如下：

表6-11 学业目标和评价方法的组合[2]

要评价的目标	评价方法			
	选择性反应评价	论述式评价	表现性评价	交流式评价
知识和观点	选择题、正误判断题、匹配题和填空题能够考查对知识点的掌握程度	可以测量学生对各个知识点之间的关系的理解	不适用于评价这种学业目标——优先考虑其他三种方法	可以提问，评价回答，并推断其掌握程度，但是很费时间

[1] 转引自：李英杰.美国NAEP2011写作评价框架评介 [J].语文建设，2012（17）：71-73.

[2] 斯蒂金斯.促进学习的学生参与式课堂评价（第四版）[M].国家基础教育课程改革"促进教师发展与学生成长的评价研究"项目组，译.北京：中国轻工业出版社，2005：77.

续表

要评价的目标	评价方法			
	选择性反应评价	论述式评价	表现性评价	交流式评价
推理能力	可以评价某些推理形式的应用	对复杂问题解决的书面描述，可以考查推理能力	可以观察学生解决某些问题或者通过成果推断其推理能力	可以要求学生"出声思考"或者通过讨论问题来评价推理能力
表现性技能	可以评价对表现性技能的理解，但不能评价技能本身	可以评价对表现性技能的理解，但不能评价技能本身	可以观察和评估这些技能	非常适用于评价口头演讲能力；还可以评价学生对技能表现的基础知识的掌握
产生成果的能力	只能评价对创作高质量产品的能力的认识和理解	可以评价对产品创作的背景知识的掌握情况；简短的论文可以评价写作能力	可以评价：（1）创作产品的步骤是否清楚；（2）产品本身的特性	可以评价程序性知识和关于合格作品的特点的知识，但是不能评价作品的质量
情感倾向	选择性反应问卷可以探测学生的情绪情感	开放式问卷可以探测学生的情绪情感	可以根据行为和产品推断学生的情感倾向	可以跟学生交谈，了解他们的情绪情感

选择题型时，既要考虑评价标准、内容、题目对评价形式与方法的特殊要求，也要考虑不同题型的优点与缺陷，扬长避短，这样才能提高结果质量评价的有效性。格伦隆德对不同评价方法的优缺点进行了系统研究，并为教师制订了各类评价方法的核查清单。如运用选择题这种评价方法时，要考虑其优点与局限。

选择题的优点

1. 可以考查从简单到复杂的多种学习成果。

2. 高度结构化，提供了清晰的任务。

3. 可以考查成就的较大样本。

4. 选错的项可以提供诊断性信息。

5. 与是非题相比，分数很少受到猜测的影响。

6. 评分容易、客观，而且可信。

选择题的局限

1. 设计出好的题目很费时。

2. 通常很难设计出有迷惑性的干扰项。

3. 对于考查某些种类的问题解决能力与思想的组织、表达能力，这种题目不太有效。

4. 分数可能受阅读能力的影响。[1]

选择题，一般由题干和选择肢组成，主要有单项选择题和多项选择题两类。解答选择题时，学生只需分析题干要求，在选择肢中选出符合题干要求的选项即可，学生操作简单，教师评判客观，是结果质量评价的一种常见方式。但选择题这种评价方式有其自身的优缺点，必须根据评价的标准和内容指向，确定是否选择这种评价方法。教师决定是否使用这种评价方法时，可使用如下核查清单：

评价选择题的核查清单

1. 这种题型适于考查预期学习成果吗？

2. 题目任务是否与要考查的学习任务相匹配？

3. 题目的题干是否呈现了一个单一的、结构清晰的问题？

4. 是否用简单、清晰的语言来表述题干了？

5. 对题干的表述是否使得在选项中没有重复的内容？

6. 是否在所有可能的地方用肯定形式对题干进行了表述？

7. 如果题干中用了否定表达，是否强调了它（在其下加下划线或将其大写）？

8. 预期答案是否正确或明显是最好的？

9. 是否所有选项都采用了并列的形式并与题干语法一致？

10. 选项中是否没有对正确答案的语言提示？

11. 干扰项对未掌握者是否有迷惑性和吸引力？

12. 为了消除长度方面的提示，正确答案的相对长度是否有变化？

13. 是否避免了"以上都对"这个选项？是否只是在恰当的地方才用了"以上都不对"？

14. 正确答案的位置是否有变化以使得找不到规律？

［1］格伦隆德，沃.学业成就评测［M］.杨涛，边玉芳，译.北京：教育科学出版社，2011：92.

15.题目格式和语法使用是否有利于有效地参加测验？[1]

从这一核查清单可看出，采用选择题这种评价方式时，评价内容一般可以分解为不同的方面。这些方面既可以客观陈述，也可以在一定范围内穷尽，并且能够进行明确的认知判断，这样才能设置出合理的选择肢。只有具备这些条件时，采用这种评价题型才能较好地判断学生在语文知识与能力方面的发展情况。采用选择题这种题型时，需要具备一定的编制技巧，包括题干的设置与表达技巧、选择肢的安排与表述技巧，题干与选择肢的有机配搭技巧等。

与选择题类似的题型还有是非题和匹配题。是非题，是对表述的内容进行正误判断，命题的基本方式是进行非此即彼的表述，不能模棱两可、含糊其辞，更不能产生歧义，多用于语文知识和一般意义上的理解能力的评价。匹配题一般采用连线或配对的方式命制，主要用于评价学生对知识与知识、事件与事件、意义与意义等关系的把握能力。匹配题可深可浅，可以就事论事地进行匹配，也可以就深层次的意义进行匹配。是非题和选择题都属于客观题型，这两种题型分别具有如下优缺点（表6-12）：

表6-12　是非题和匹配题的优点与局限[2]

	是非题	匹配题
优点	●当备选项只有两个选项时（如，事实或者观点，正确或者错误），是非题对学习成果的检验更为有用 ●相比于多项选择题，其对阅读能力的要求较低 ●在一个典型的测验时长内，较多的题目能被回答 ●当与阅读理解题一起使用时，能用于检验较复杂的学习成果 ●评分简单、公正，稳定性高	●当一组题干所需的备选项相同时，匹配题的形式更简捷有效 ●所需的阅读和反应时间较短 ●当备选项相同时，从选择题转化成匹配题的过程也比较简单 ●评分简单、公正、稳定性高

[1]格伦隆德，沃.学业成就评测［M］.杨涛，边玉芳，译.北京：教育科学出版社，2011：108.
[2]同［1］112.

续表

	是非题	匹配题
局限	●很难将其应用于那些没有相应对立面的知识 ●我们无法通过编制错误题目来考查学生是否知道正确答案 ●错误答案不能提供诊断性信息 ●其得分比其他任何题目类型都要更多地受猜测的影响	●该题型只适用于简单的、相互有关联的学习成果 ●很难穷尽每道题目中所有可能的同质选项 ●与其他题型相比，更易受无关线索的影响

　　在语文学习的结果评价中，是非题和匹配题在低年级运用较多，自中华人民共和国成立到 20 世纪 90 年代，中考和高考的语文试卷中也常见这两种题型。但随着开放题和主观题的进一步增多，简单的是非判断和匹配题型运用得越来越少，如果要选用这两种题型，可以使用如下核查清单：

表6-13　评价是非题和匹配题的指标清单[1]

评价是非题的指标清单	评价匹配题的指标清单
●使用是非题型来考查目标学习成果是否合适 ●这些题目的内容与想要考查的学习成果是否匹配 ●每个题干是否只包含一个中心观点 ●每个题干能否被准确地判断是正确或错误 ●每个题干是否简洁，是否用简单清楚的语言表述 ●否定句是否被谨慎地使用了？是否避免使用了双重否定句 ●是否给观点句注明了出处 ●是否将题干中所有可能的线索都除去了（如词语线索、长度） ●正确、错误的句子的数量是否大致相等 ●在组织题目时，是否将每道题都随机排列了	●使用匹配题型来考查目标学习成果是否合适 ●这些题目的内容与想要考查的学习成果是否匹配 ●每个匹配题内是否只包含了同质的材料 ●分题干数目是否较少，同时，反应栏是否列于右边 ●是否通过操纵反应栏中的备选项数目使其与分题干数目不等 ●题干是否按照数字大小或者拼音顺序排列 ●指导语中是否清楚阐述了匹配题的做题原则，并指出每个答案可能被使用一次，多于一次，或者根本不使用 ●完整的匹配题是否呈现于同一页面上

　　选择题、是非题、匹配题、填空题等，是语文学习结果质量评价中

---

[1] 格伦隆德，沃.学业成就评测［M］.杨涛，边玉芳，译.北京：教育科学出版社，2011：118-121.

使用纸笔评价这一方式时采用的客观题型，结果质量评价采用客观题型有利于师生快速了解语言常识和语文知识的掌握情况，但语文能力、语文方法、语文思想等发展情况的评价，在多数情况下需要采用主观题型。在各种主观题型中，简答题和阅读理解题是最常见的题型。简答题，是教师根据学习目标和评价标准，依托一定的评价内容与素材提出问题，学生根据评价内容或素材简要回答即可，一般不需要详细阐释或论述。简答题可用于评价学生语言常识、语文知识、语文方法的掌握情况，也可评价学生听说读写等能力，简答题具有如下优点和局限。

简答题的优点

1. 题目的编制较简单。

2. 与选择题相比，猜对的概率小。

3. 这一类型的题目比较适合于计算题，以及其他一些填充答案对于学习结果的考查具有关键性作用的问题。

4. 可用于考查的学习结果的范围较广。

简答题的局限

1. 很难编制题目使其只有一个正确答案。

2. 当答案是文字形式的时候，得分中由于包含了拼写能力的考查，不能单纯地反映目标能力。

3. 评分比较费时费力。

4. 这种类型的题目并不适应于考查较复杂的学习结果。[1]

简答题"不适应于考查较复杂的学习结果"，因为复杂的学习结果具有较强主观性，需要展示思维过程或得出结论的多种依据。在确定是否采用简答题这种题型来评价语文素养的发展情况时，可以使用以下核查清单。

评价简答题的核查清单

1. 使用简答题型来考查目标学习成果是否合适？

2. 这些题目的内容与想要考查的学习成果是否匹配？

3. 每个题目是否只能用一个简洁的答案来回答？

4. 每个题干是否已用直接的疑问句或者意思明确的不完整陈述句来编制？

5. 答案是否针对题干的主要内容？

---

[1] 格伦隆德，沃.学业成就评测［M］.杨涛，边玉芳，译.北京：教育科学出版社，2011：130.

6. 空格是否在题干的最后？

7. 对答案的线索提示是否已被避免？

8. 针对数字型答案，是否明确了单位以及答案精确度的要求？[1]

　　格伦隆德所说的简答题，多数时候可以用填空题来代替。语文学习结果质量评价中的简答题，可以有多个回答要点，也可以对每个要点进行说明或进行必要的分析，这在阅读、聆听和说话能力的评价中尤为常见。因此，简答题和阅读理解题可以同时出现在阅读能力的评价中。简答题可以简要考查学生对阅读材料的把握情况，多用于评价学生对阅读材料的信息识别、筛选、整合与简单理解能力。阅读理解题，是指读懂阅读材料，并根据题干要求表达阅读结果的一种题型。阅读理解题具有较大的思考和表达空间，可以评价学生不同层次的语文能力，但阅读理解题也有自己的优点与局限：

阅读理解题的优点

　　1. 能够有效地考查各种形式的书面信息（例如，书写、图表、地图、图片等）的解释能力。

　　2. 与单个题目的形式相比，它可以用于考查更复杂、更有意义的学习成果。

　　3. 阅读材料的使用可以为后面的反应提供一个共同的依据。

　　4. 评分简单、公正、稳定性高。

阅读理解题的局限

　　1. 编写有效题干的难度较高。

　　2. 理解阅读材料需要较高的阅读能力。

　　3. 这种类型的题目很容易受到外部线索的影响。

　　4. 不能有效地测量学生产生创意、整理思路和表达想法的能力。[2]

　　阅读理解题除存在格伦隆德谈到的局限以外，命制阅读理解题的难点还体现在三个方面。一是阅读材料的选择必须与学习目标、评价任务高度匹配。如果阅读材料隐含的评价指向与评价任务不一致，评价的有效性就会大幅度降低。二是发掘阅读材料的命题点需要具有一定的专业水平。如果选择的阅读材料与学习目标、评价任务一致，命题点的发掘

[1] 格伦隆德, 沃. 学业成就评测［M］. 杨涛, 边玉芳, 译. 北京：教育科学出版社, 2011：133.

［2］同［1］124.

和利用则成为提高评价有效性的关键。在阅读材料中发掘的命题点，既要符合学习目标、评价内容与评价标准的要求，也要把握住材料的核心内容与主要特点，促进学习目标、评价任务、命题点与阅读材料的有效整合。三是答案要点的编制。答案要点的编制水平，决定着评价标准在阅读理解题中是否能够"落地"。答案要点的编制，既要体现阅读材料的主体内容，也要考虑学生的多元理解与个性化表达，更要指向评价的核心任务，几者结合的要求给答案要点的编制增加了难度。在确定是否使用阅读理解题这一题型时，可使用如下核查清单。

评价阅读理解题的指标清单

1. 使用阅读理解题型来考查目标学习成果是否合适？

2. 阅读材料的内容是否与想要考查的学习成果相关？

3. 阅读材料的形式对于学生来说是否熟悉，内容对他们来说是否新鲜？

4. 阅读材料的内容是否简洁易懂？

5. 编制的题目是否需要使用与目标学习成果相关的能力和知识才能回答？

6. 编制的题目是否需要学生应用其理解能力来回答？（而不是回忆或者简单的识别能力）

7. 编制的题目是否符合该类型有效题目的编写要求？

8. 该阅读理解题是否避免了外部线索对答题的影响？[1]

阅读理解题虽然具有较强的开放性，但回答相关题目时必须受到阅读材料的限制，这就是所谓的"命题有依据，答题有文句"，命题的依据是阅读材料，回答问题的依据必须立足阅读材料中的相关文句或图形，所以阅读理解题"很容易受到外部线索的影响"，"不能有效地测量学生产生创意、整理思路和表达想法的能力"。要有效测量学生产生创意和表达想法的能力，需要采用论述题这种评价方法。论述题有三种命制方式：一是命题者直接给出观点和要求，学生根据观点和要求进行论述；二是命题者给出一些材料，学生根据材料提炼观点，然后根据自己提炼的观点进行论述；三是根据阅读理解题中提供的材料，从阅读材料中引申出观点进行论述。论述题具有如下优点和局限：

---

[1] 格伦隆德，沃.学业成就评测［M］.杨涛，边玉芳，译.北京：教育科学出版社，2011：126.

论述题的优点

1. 最高级的学习能力（分析能力、评测能力、创造力）能被考查。

2. 题目的准备时间比选择题少。

3. 想法和观点的综合、应用能力可以通过测验得到强调。

论述题的局限

1. 由于回答每道题目所花时间较长，因此题目并不是所有学习成果的充分取样。

2. 因为学生可以自己决定回答的内容、结构和表达方式，所以很难将其与目标学习成果紧密联系在一起。

3. 学生的得分可能因为较高的写作技能或者巧妙的滥竽充数而提高，也可能因为字迹难看、拼写或者语法错误而降低。

4. 评分过程耗费时间，主观，并且信度往往不高。[1]

论述题给学生提供了较大空间，有利于学生个性化地展示自己的学习成果，但学生回答问题的主观性与教师评价学生答案的主观性容易导致三方面的不良后果：首先是学生回答与教师评价容易偏离学习目标和评价标准，在评价指向上"主观""随意"，降低了评价的有效性；其次是论述题有较大的伸缩空间，据此判定的学生能力发展水平及其提出的改进建议缺乏清晰的客观依据，降低了评价的改进意义；最后是对论述题答案质量的判定，既要依据一定的标准进行评判，更需要灵活对待，特别是独辟蹊径具有创意的论述题答案，尤其需要教师以专业眼光谨慎处理，这就对教师的专业素质提出了较高要求，如果教师缺乏专业而灵活的判断眼光，就难以准确判断成果的价值。为了提高论述题这一评价方法的价值，可以使用相应的核查清单：

评价论述题的指标清单

1. 使用论述题型来考查目标学习成果是否合适？

2. 这些题目的内容与想要考查的学习成果是否匹配？

3. 该题目是否用于考查复杂的学习成果？

4. 题目中是否清楚说明了其想要考查的具体内容以及怎样评价答案？

5. 题目中使用的术语是否清楚阐明了任务内容并限定了任务类型？（如"描

[1] 格伦隆德，沃.学业成就评测［M］.杨涛，边玉芳，译.北京：教育科学出版社，2011：136.

述"，而非"讨论"）

6. 所有学生是否被要求回答同一套题目？

7. 每道题目是否给出了合理的时间限制？

8. 答案评定前的准备是否充分？（如，是否准备好了样本答案，或者评价标准）[1]

上述题型多用于纸笔测评，纸笔测评是结果质量评价的常用形式，但从语文素养的综合评价看，表现性评价和项目式评价也是不可忽视的有效形式。如评价学生朗读能力的发展情况，可以在朗读活动中观察学生的表现；评价学生口头表达能力或交际能力的发展状况，可以在演讲、专题讨论等活动中观察学生的表现；评价学生的书写、创作等能力的发展状况，可以在作品大赛、现场展示等活动中观察学生的表现；评价学生的语文知识面和运用语文知识的能力，可以在语文知识竞赛等活动中观察学生的表现。项目式评价是根据学生完成某一项目时所表现出来的运用语文知识的能力、速度、状态以及产生的成果，对其语文素养的发展状况进行判定的过程。

项目式评价中的项目有多种表现形态，可以是单项的，也可是综合的，但多数是听说读写能力的联动，是需要经历多个步骤才能完成的任务。这一任务可以由一个人独立完成，也可由多个人合作完成。下面是中英两国命制的莎士比亚戏剧训练题目，英国的题目命制采用了项目式评价思路。

英国教科书 *Success English* 中设计的练习

下面的观点会帮助你组织在研读剧作选场时形成的思想。一旦你完成了这些作业，你将得到回答试题的最好方法。在测试准备的选文中，你会发现一些典型问题。

（1）为主要剧情整理一个时间线索。留出空白，写出主要事件和剧情之间的联系，例如：《无事生非》。

链接：不久，唐·约翰声称唐·彼德罗是为了自己才向希罗求婚的，他想以此使克罗狄奥产生猜忌。

事件：④唐·彼德罗和他的朋友克罗狄奥、培尼狄克来到梅西那。②贝特

---

[1] 格伦隆德，沃.学业成就评测［M］.杨涛，边玉芳，译.北京：教育科学出版社，2011：143.

丽丝和培尼狄克继续他们的"舌战"。⑧克罗狄奥爱上了希罗，唐·彼德罗代表他向希罗求婚；培尼狄克声称自己永不恋爱。

（2）为每一个主要角色绘制网络图，以探讨情节、纠纷、人物关系和人格特征。

（3）关键主题：从你的选场中挑选出关键主题，寻找连接这些主题和其他选场的文字。如果你自己有剧作的复印件，就在你的课文上用红色标记这些文字；如果你没有复印件，就抄出这些文字，也用红色笔标记出来。

（4）语言研究。仔细地研究选场中主要人物的语言，思考：

①语言如何创造气氛？

②语言如何有助于表现情节发展和关系？

③语言如何表现角色的人格特征和意义？

（5）剧作其余部分的情节。做一份表格表示：

①选场如何受前面剧情的影响？

②选场又如何影响戏剧的其余部分？

（6）莎士比亚剧作测试

（前言）

①要经常运用与试题有关的关键性知识来帮助你回答问题；评分标准以这些关键性知识为基础。

②记住引用相关的原文和事实来支持你的观点。

③这些模拟试题具有普遍的概括意义，他们适用任何一个选场；你只需用你学习过的特定选场来回答这些问题。

（模拟试题）

表演步骤：你是一个导演。你要为每一个主要人物写出他们在本场应当如何表演的详细计划。

（思考：他们如何对待他人？他们使用了什么样的语言？在两个选场中发生了什么事？）

选场中的人物关系如何发展？

（思考：角色对待他人的行为方式，他们使用的语言，剧情对人物有什么直接影响？）

对剧情的发展来说，这个选场为什么是重要的？

（思考：选场前后都发生了什么事？选场中主要人物的行为方式如何？）

在这选场中，主要人物都处在一定的压力下，他们面对压力时如何反应？

（思考：他们在做什么？他们的行为能否改变？后面要发生什么？）

我国人教版《哈姆雷特》（选场）练习

（1）在课文节选的这一部分里，哈姆雷特表现了怎样的个性？他最终与对手同归于尽，对于这种结局，你认为哈姆雷特能否避免？

（2）哈姆雷特和雷欧提斯比剑这个片段，情节紧张激烈，扣人心弦。仔细阅读这一部分，说说几个主要人物之间的复杂关系是如何推动情节发展的。

（3）有条件的话，不妨阅读《哈姆雷特》全剧，并上网搜索有关《哈姆雷特》研究和演出的情况，以加深对这部戏剧的理解和体会。[1]

从中英两国教科书设计练习的不同思路看，中国教科书主要采用简答题和阅读理解题的方式设计练习，而英国则设计了一连串任务，这些任务都围绕如何读懂戏剧特别是莎士比亚的戏剧展开，听说读写联动，要经历多个步骤才能完成，练习设计采用了项目式评价的方式。优质项目具有如下特征：

●它聚焦于多个学习成果；

●它综合了学生的理解能力、技能以及策略运用能力；

●它涉及校外问题和活动；

●它要求学生在项目的每个阶段都积极参与其中；

●它提供给学生自我评测以及独立学习的机会；

●它所要求的技能能泛化到类似的情境中使用；

●它在学生现阶段的知识范围、时间限制、资源和仪器局限内仍是切实可行的；

●它对学生来说，既是一个挑战，又是一个动力；

●它对所有学生来说都是公平且可行的；

●它能为学生与老师提供相互合作的机会。[2]

确定了学生需要完成的具体项目后，可以引导或帮助学生设计项目实施方案。设计项目实施方案时，要突出四个关键点。第一个关键点是项目任务。确定项目任务时要紧扣学习目标和评价标准，表述项目任务时要具体、清晰，参加项目的所有人员要对项目任务达成共识。第二个关键点是项目内容。项目内容包括：完成项目需要运用的语文知识、能力等，要在方案中列出；完成项目任务需要开展的主要活动；开展活动

［1］孔小波.中英两国母语教材练习构建比较研究：基于莎士比亚剧作的实证分析［J］.中学语文教学参考，2010（11）：74–75.

［2］格伦隆德，沃.学业成就评测［M］.杨涛，边玉芳，译.北京：教育科学出版社，2011：159.

时需要运用的资源；活动结束后的主要成果等。第三个关键点是活动方式与保障措施。为了完成这一项目，需要开展怎样的活动，要开展这样的活动需要哪些保障措施等。第四个关键点是项目评价标准。评价什么，怎么评价，用什么来评价，谁来评价等，需要在方案中明确。在制订项目评价标准时，要整合学习目标、评价标准和项目的核心内容，形成评价表或评价单。可参考下列样例：

学生项目的评价量表样例

指导语：评测学生在下列每个项目上的表现，并在相应的数字上画圈。每个数字的意义如下：4——优秀，3——好，2——达标，1——未达标（需要改进）。

问题的选择和陈述

4 3 2 1　　（1）问题与学生该阶段的知识和能力是否匹配？

4 3 2 1　　（2）（其他项目）

寻找和选择合适的资源？

4 3 2 1　　（1）是否选择了需要的各种资源？

4 3 2 1　　（2）（其他项目）

报告的书写

4 3 2 1　　（1）问题是否被清楚地陈述？

4 3 2 1　　（2）（其他项目）

研究的实施

4 3 2 1　　（1）是否遵循了正确的步骤？

4 3 2 1　　（2）（其他项目）

产品的制作

4 3 2 1　　（1）产品是否满足细目表？

4 3 2 1　　（2）（其他项目）

项目的口头展示

4 3 2 1　　（1）口头展示是否体现了学生对该研究项目的理解？

4 3 2 1　　（2）（其他项目）[1]

选择合适的题型命制题目后，要根据考试大纲或双向细目表组合成测试卷，实施测试，获取评价结果。然后根据评价标准和学生的学习需求，对学生的发展情况进行判断，对引起这种变化的原因进行分析，并据此

---

[1] 格伦隆德，沃.学业成就评测［M］.杨涛，边玉芳，译.北京：教育科学出版社，2011：168.

提出改进建议，提出的改进建议要尽量符合以下标准：

●应当在评测之中或之后立即提供；

●应当具体，可被学生理解；

●应当聚焦于学生表现的成功部分和需要纠正的错误；

●应当就纠正错误给出弥补建议；

●应当传递一种积极的信息，为学生改进表现和自我评测提供指导。[1]

---

[1]格伦隆德，沃.学业成就评测［M］.杨涛，边玉芳，译.北京：教育科学出版社，2011：23.

第三节　结果质量评价的反思与改进

结果质量的评价方案实施后要对评价活动进行反思，这样才能不断提高评价方案的设计与实施质量。评价反思，是对评价内容、标准、方法、效果等的分析与评价，其目的是明确已有评价的优劣，提出下一轮评价的改进建议。对评价的反思，也称为元评价。1969年，美国 M.Scriven 教授最早提出了元评价（元评估）（meta-evaluation）的概念，他认为元评价（元评估）是对评价活动、评价系统或评价工具的评价。"元评估作为一个完整的评估体系的重要环节，形成对评估活动本身的监控机制，对进行中或已完成的评估进行价值判断，对评估方案的设计、评估过程的实施，以及评估结果的使用等所有评估活动要素进行核查，寻找评估偏差，向原评估实施者和利益相关者提供反馈信息，从而形成规范有序的评估体系，实现评估的质量保障。"[1]

一、评价反思的主要内容

"教育考试的本质是根据考生在考试中的表现推测考生的学科能力，包括其已经掌握的学科知识、获得的学科技能、形成的学科思想观念和思想方法。一个好的学业水平考试推测考生的学业水平的逻辑应该是合理的；与课程标准、课程设置、课堂教学的要求是一致的；结果是有效的、可靠的；应该能够全面、真实地评价学生的学业水平，发现学生学习中的问题，向学校、教师提供可靠的关于教学问题的信息。"[2]评价反思或元评价的重要目的，就是分析已有的评价方案是否符合这些要求，考察的角度主要有评价的效度、信度、难度和区分度等。

评价效度主要分为价值效度、内容效度、效标关联效度、结构效度和结果效度等。价值效度，"即所测量的学业知识是否值得学？或者说，所测试的知识是否是有价值的知识？与之相关的问题包括：测量的标准

[1]严芳.教育元评估的理论与实践［M］.上海：华东师范大学出版社，2013：2.
[2]雷新勇，周群.上海高中学业水平考试——设计、开发和作用［C］//杨向东，黄小瑞.教育改革时代的学业测量与评价.上海：华东师范大学出版社，2013：39.

是否能够成为学生学习的'正确'方向（比如，'高考'若为'指挥棒'，这种'指挥棒'是否指示了正确的方向）？测量的结果是否能够把'好人'（人才）选拔出来？什么是一个'好人'（或人才）？等等"。"也就是说，'价值效度'主要是指学业测量所测试的内容与一个'好人'（人才）所必须具备的某类知识、技能或情感的适切度。如果某学业测量所测试的内容极大地反映了一个'好人'（人才）所具备的某类知识、技能或情感，那么，说明该学业测量具有较高的'价值效度'。反之，如果某学业测量所测试的内容与一个'好人'（人才）所具备的某类知识、技能和情感没有太大的关系，则说明该学业测量的'价值效度'低下。"[1]

"内容效度指的是预定和假设要评价的内容与实际评价所得到的内容之间的一致性，也就是测验内容对于期望的目标的代表性程度"，这就要求"所评价的内容有边界性，要确保测验题目对所要评价的内容范围的清晰划分和代表性，如果测验内容超出了评价的范围，该测验的内容效度就不高，所以可以通过将评价内容进行明确的结构化来避免遗漏某些重要的内容。对于这种将评价内容结构化的方法，重要的是对评价所包括的内容范围建构目标树，在一级指标下还必须分出二级指标，尽量梳理出评价内容的结构框架，而不是只停留在对评价内容的概念描述上。在确定了评价内容的目标树以后，还要分析其中的每个指标由哪些具体的项目或题目来进行测验，而且，根据各个指标在评价体系中的重要性和影响性，决定和分配该项目在整个测验中所占的比例"。[2]

"效标关联效度分为同时效度和预测效度。同时效度强调效标的同时性，是指一个测验结果与另一个同时获得的测验结果（即效标）之间的一致性程度。通常这种效标都具有权威性、稳定性和普遍性，已经经过多次的检验和相关研究的修正。预测效度是指测验结果对未来的行为或某种评价特质（效标）能够准确预测的程度，而被预测的行为同时也是检验测验的效度的标准，即效标。"[3]

[1] 刘良华.什么是一个"好人"：论学业测量的价值效度［C］//杨向东，黄小瑞.教育改革时代的学业测量与评价.上海：华东师范大学出版社，2013：250.

［2］胡中锋.教育评价学［M］.北京：中国人民大学出版社，2008：82.

［3］同［2］83.

结构效度，"是指测验能够测量到理论上结构或特质的程度，也就是该测验所要测量的概念能显示科学意义并符合理论上的设想"。博里奇认为，要保证评价的结构效度，需要遵循以下步骤："一是明确评价内容范围；二是尽可能多地提出反映评价内容的指标；三是设计评价任务，使之只包括与评价内容相关的认知过程；四是撰写指导语。说明你要评价的思维过程。"[1]

结果效度，是指评价预期与评价结果之间的一致性程度。"如果评价目的在于促进学生的学习及学习动机，那么结果效度就体现为：通过评价结果做出的决策，是否能够促进学生学习并提高学习动机？当大多数学生的学习动机并没有提高时，就要增加基础知识的广度与复杂度，或者教授学生学习方法，这些都表明测验缺乏结果效度。如果你希望对自己的教学方法进行评价，以促使自己逐渐变为一名更好的老师，那么通过教学效度就必须证明，你的教学效度的确是向好的方向发展了。"[2]

信度，是指评价结论的可靠性程度。难度，是指评价内容、标准、任务等的难易程度。"在教育测量中，客观题的难度一般用正确回答试题的人数与参加测验的总人数的比值来表示。""主观题的难度等于该题考生所得分数的平均值与该题应得的满分的比值。"[3]"区分度是指测验对考生实际水平的区分程度，用符号 D 表示。具有良好区分度的测验，实际水平高的应该得高分，实际水平低的应该得低分。所以，区分度又叫鉴别力。它是评价试题质量、筛选试题的主要指标与依据。"[4]试卷区分度的质量标准如下表：

表6-14 试卷的区分度质量[5]

区分度	评价
0.40以上	优良，试题区分能力非常好

[1] 博里奇，汤伯里. 中小学教育评价 [M]. 国家基础教育课程改革"促进教师发展与学生成长的评价研究"项目组，译. 北京：中国轻工业出版社，2004：57-58.
[2] 同 [1]63.
[3] 胡中锋. 教育评价学 [M]. 北京：中国人民大学出版社，2008：86.
[4] 同 [3]87.
[5] 臧铁军. 考试评价分析及诊断基础与实务 [M]. 北京：首都师范大学出版社，2011：81.

续表

区分度	评价
0.3— 0.39	合格，试题区分能力尚好，如能改进更好
0.20 — 0.29	尚可，需修改，试题区分能力较弱
0.19以下	应淘汰，试题区分能力不好，或改进试题以提高区分度后方可被使用

格伦隆德对可以增强评测结果效度和信度的一些期望特征进行了如下描述：

表6-15　可以增强评测结果效度和信度的一些期望特征[1]

期望特征	要遵循的程序
1. 细化的一系列学习成果	1. 用表现术语表述预期学习成果
2. 从细化的学习任务领域中选取的有代表性的样本	2. 描述要评测的成就领域和要使用的任务样本
3. 与要考查的学习成果相适切的任务	3. 将评测任务与学习成果中所表述的具体表现相匹配
4. 难度适当的任务	4. 将评测任务的难度与学习任务、学生能力和结果的用途相匹配
5. 任务能有效区分达成目标者和未达成目标者	5. 遵循准备评测程序的一般指导和具体规则，当心可能扰乱结果的因素
6. 有足够数量的任务，以便充分考查学习成就、提供可靠的结果以及方便做出对结果有意义的解释	6. 当学生年龄或可用的评测时间限制了任务的数量时，做尝试性的解释、更经常的评测以及用其他证据来印证评测结果
7. 所用程序可以帮助高效地准备和使用评测	7. 写出清楚的指示，安排相关步骤，以方便评测的实施、评分或评价以及解释

在格伦隆德看来，评价的信度和效度受评价成果、评价样本、评价任务、评价难度、评价区分度、评价数量、评价程序等影响，必须根据这几方面的期望特征，采用相应程序确保其实现，才能提高评价的信度和效度。为了进一步提高评价的效度和信度，他还总结了影响评价结果效度和表现评测信度的因素：

---

[1] 格伦隆德，沃.学业成就评测［M］.杨涛，边玉芳，译.北京：教育科学出版社，2011：41.

降低评测结果效度的因素

1. 任务对所要评测的成就抽样不充分。

2. 因为使用了不适当的任务类型、缺乏相关性、表述含混不清、提示不当、存在偏见、难度不合适或其他类似因素导致评测任务未像预期的那样发挥作用。

3. 任务的安排不适当，指示不清楚。

4. 对所要做的解释类型而言，任务太少。（例如，基于几个测验题目，做出目标参照性的解释）

5. 不适当的实施，例如预留时间不够或相关的条件控制欠佳。

6. 在判断性评分中，评分指南不充分或者在客观性评分中，有计算错误。[1]

降低表现评测信度的因素

1. 任务数量不足。（修正：从几个评测中归集结果。例如，几个写作样例）

2. 评测程序结构不良。（修正：仔细定义任务的性质、实施评测的条件和对结果进行评分或评价的标准）

3. 表现的各个维度只适用于某些具体任务。（修正：通过使所选任务具有类似任务的类似维度来提高表现的可推广性）

4. 为判断性评分提供的评分指导不足。（修正：用评分规则或评定量表具体描述标准和各个质量水平）

5. 评分判断受个人偏见影响。（修正：评分者独立评分，并将结果相比较。如果可能，接受评分方面的训练）[2]

降低评测效度和信度的各个要素，与"期望特征"中的要素密切相关，只有认真研读和落实"期望特征"中的各项要求，才能有意识地排除影响效度和信度的消极因素，这是评价反思力求实现的目标。根据这一思路，博里奇制订了"评价质量保证核查表"：

评价质量保证核查表

I. 效度

A. 结构效度

□你是否已经区分出了内容范围？

□你是否已经指定了该范围的指标？

□你是否通过这些指标编制评价任务？

［1］格伦隆德，沃.学业成就评测［M］.杨涛，边玉芳，译.北京：教育科学出版社，2011：48.

［2］同［1］67.

如：

1. 写作技能

2. 记忆

3. 阅读能力

4. 已有知识

□你所编制的任务是否评价了这些指标？

□你是否问过你的同事，完成这样的问题需要何种指标？

□你是否采用一定的方法来确保这些问题的确能够揭示所评价的认知过程？

如：

1. 规范答案

2. 由同事评判

B. 教学效度

□你是否确定了课程的教学目标？

□这些评价任务仅仅是测量了你的教学目标吗？

□教学重点不同的内容，在评价任务中其重要性是否也不同呢？

□你有没有编制评价蓝图？

C. 结果效度

□你是否考虑到评价结果的应用范围？

如：

1. 确定等级

2. 改进教学

3. 提高学习

4. 促进发展

5. 激发动机

6. 通知家长

7. 其他

□你是否采用一定方法使得评价任务能够达到这些目的？

II. 信度

□你是否对要评价的知识的技能范围进行了界定？

□你是否通过足够多的问题或任务来反映要评价的内容？

□你是否在一种情境下观察学生的学习情况？

☐你是否对更为复杂的学习过程进行了观察？

☐你是否采用一定方法来使得问题、任务的表述更加清楚？[1]

二、评价反思与改进的主要方法

要反思已经实施的评价，首先可选用或编制核查清单，明确反思与评价的项目，然后根据确定的项目逐一核对，对是否满足每一项目的要求做出判断并提出改进建议。格伦隆德编制了评价整套测验的核查清单，既可选用，也可根据测验实际，创编更有针对性的核查清单。

评价整套测验的核查清单

1. 平衡：题目是否考查了成就领域中学习任务的一个有代表性的样本？

2. 恰当：测验题目是否呈现了恰当的任务？

3. 简洁：是否用了简单清晰的语言表述测验任务？

4. 正确：题目是否难度适当、没有错误？它们是否有经得起推敲的答案？

5. 独立：题目是否没有重叠，即一道题目不会帮助回答另一道题目？

6. 安排：是否将考查相同成果的题目放在了一起？

　　　　是否将相同类型的题目放在了一起？

　　　　是否将题目按难度递增排列？

7. 编号：是否在整个测验中按顺序对题目进行了编号？

8. 指导：是否有整个测验和每个部分的指导？

　　　　指导语是否简洁，所需阅读水平是否适当？

　　　　指导语是否包含了时间限制和如何记录答案？

　　　　指导语是否说明了如何处理猜测？

9. 空间安排：页面的空间安排是否利于方便地阅读和作答？

10. 打字：最终版本是否有打字错误？[2]

美国能源部颁发的《良好试题编制实践指南》也列出了高质量纸笔测试的如下评价清单：

［1］博里奇，汤伯里.中小学教育评价［M］.国家基础教育课程改革"促进教师发展与学生成长的评价研究"项目组，译.北京：中国轻工业出版社，2004：70.

［2］格伦隆德，沃.学业成就评测［M］.杨涛，边玉芳，译.北京：教育科学出版社，2011：83.

一、评价项目核查表

1. 所测概念与用以完成任务的能力之间有无直接、重要的关系？

2. 试题本身是否同学习目标相匹配？每一道试题是否都测量了一个具体概念，并反映了被测目标的行动、情境与标准？

3. 试题本身是否清晰、具体、易于阅读？试题本身是否包含了与要解决问题相关的唯一信息？试题陈述是否还可以再简单点并能提供足够的必需信息？试题能否使用另外的词语表述，或者能否分解为更多个子题目？

4. 试题是否提供了达成一个完全正确答案的所有必需信息、情境与假设？

5. 对被试的工作环境而言，试题的编制是否在最适合的知识或能力水平上？

6. 试题表述有无语法错误？

7. 试题表述是否与正确答案有关联？

8. 试题是否避免了不必要的难度或不相关的干扰？

9. 试题的阅读水平是否适合被试？

10. 试题是否局限于某一个概念或主题？

11. 试题的说明与指导语是否陈述清晰？是否重复了试卷开头时的标准指导语？

12. 试题的表面效度如何？

13. 重点部分有无画线标识？

14. 每个试题是否都与其他所有试题没有知识点关联？

15. 所有试题都在同一页纸上吗？

16. 所有必需的材料、图示与相关试题都清晰标记了吗？被试能否容易地找到它们？

17. 给试题答案留足空白了吗？

18. 试题的编排顺序是先易后难吗？

19. 试题经过其他人检查与鉴定吗？

二、评分点核查表

●题目的整体分数与各小部分的分数都详尽地规定好了。

●分数的分配是通过以下方面进行的：

任务表现目标的成功表现的重要性；学习难度与认识水平；所要求的答案数目；问题难度。

●对简短回答题目与论文题都赋予了具体分数。

●测量相同目标的试题都具有可比较的分值。[1]

除了选用或编制教师核查表，还可选用和编制学生评价清单，从学生视角反思测试题目，提出改进建议。编制学生评价清单时，不宜出现过多的测试专业术语，要有利于学生表达真实感受。下面的《试题质量的学生评价表》可供参考。

表6-16　试题质量的学生评价表[2]

问　题	学生评价	
你认为总体来看这份测验怎样？	很好	很差
测验题目是否很好地反映了课程内容与学科重点？	很好	很差
测验反映了阅读任务中的重点	很同意	很不同意
测验是否对你原来的思维有挑战？	很有挑战	没有挑战
测验中有无"欺诈性"或老套的题目？	很多	极少
你觉得测验难吗？	太难	太简单
测验主要考查琐碎的知识	很同意	很不同意
我发现只靠死记硬背就能得到不错的分数	很同意	很不同意
测验题目的陈述很清楚吗？	很清楚	很不清楚
考试时间长短如何？	太长	太短
测验问题令人感觉很恼火	是的	不是
测验试卷、报告批改后是否返还给你？（附错误订正或教师意见）	几乎都是	几乎从不
试卷返回后是否有充分讨论？	讨论充分	不够充分

反思评价时，还可制订命题或评价规范，以制订的规范为依据进行反思。为了使纸笔测试达到上述要求，不少地区和学校提出了命题要求与规范，这些要求与规范对提高纸笔测试的质量具有很好的促进意义。如台湾地区明确提出了"中学生基本学力测验"的命题要求：

（1）题干设计原则

①题干应只提出一个明确的问题，不会同时包含太多概念。

②题干所表达的意思完整而清楚，题干没有出现与答题无关的信息。

[1] U.S.Department of Energy . Guide to good practices for the development of test items [M]. Washington, D. C. : [S. n.]，1992：85-86.

[2] 张雨强，冯翠典. 开放题编制的理论与技术研究 [M]. 上海：华东师范大学出版社，2009：98.

③若以"未完成叙述句"为题干，应能传达完整问题。

④题干必须明确，题干的叙述方式能被考生所理解，使受试者不必阅读选项即可明了题意。

⑤题干必须简洁，长短适宜，避免无关、累赘的陈述。

⑥题干应尽量用正面的叙述，避免使用否定句。若用否定句时，请在否定字眼下加注双底线。

⑦在各选项中重复出现的文字，应置于题干内。

⑧题干没有提供正确答案的暗示性线索。

（2）选项设计原则

①选项与题干的表达方式要一致，逻辑上要能连贯。

②每个选项应使用相似的表达方式（包括用词、文法与长度），以免造成解题暗示。

③标准答案必须是唯一的正确答案或最佳答案，并且没有争议性。

④干扰项要有充分的理由，足以说明其不正确。

⑤诱答选项必须具有与题干相关的同构型与似真性，混有常见的错误信息，错误干扰项应具有诱答力，以发挥应有的诱答功能。

⑥选项应尽量避免采用复合式选项。

⑦应尽量避免"以上皆是"或"以上皆非"的选项。

⑧选项应相互独立，彼此没有逻辑上的关联，避免意义重叠。

⑨选项叙述应力求简洁，勿太过冗长，避免被选项分割成两个部分或段落。

⑩题干及选项的叙述避免直接抄课本。

（3）题组设计原则

①选用的试题材料必须符合课程内容和目标。

②选用的试题情境需简短而有意义，尽量采用课文以外的选文。

③试题的数目应与所选用材料之长度成恰当的比例。

④选用的试题材料必须符合学生的学习经验与阅读水平。[1]

为了提高学校的结果质量评价水平，衢州市实验学校对小学中段的语文命题拟制了如下规范：

衢州市实验学校语文命题规范（中段）

本教研组通过集体讨论、研究，根据学校目前教育教学水平及各年级学生

[1] 臧铁军.考试评价分析及诊断基础与实务［M］.北京：首都师范大学出版社，2011：47-48.

特点拟订了《小学语文笔试命题规范（中段）》，对命题对象、范围、难度系数、分值设置及时间安排等方面做了较具体的要求。现说明如下。

一、卷面设计要人性化

新课程倡导以生为本，让学生在宽松、和谐、愉悦的氛围中学习。考试当然也需要这样的氛围，让学生感受关爱，增强自信心。教师在命题中要渗透人文关怀，在卷面的适当地方要附上温情提示。如可在卷首附上老师的寄语："同学们，这个学期又过去一半了，你又学会了许多本领吧？考考自己，展示一下吧！""同学们，让我们一起来享受丰收的喜悦，迎接新年的到来吧！不过，可要细心审题，认真答题噢！"还可在卷末写上"做好可别忘了检查哟！"的提示语。再如，可用"小小调音师"代替过去的"给多音字选读音"，用"我是小法官"代替以往的"判断题"。温情不仅可用语言来表达，还可以用一些特殊的符号来传递。如在题尾穿插上一只高高竖起的大拇指，在题末画上一张和蔼可亲的笑脸等。

二、命题要注重覆盖面

纸笔考试是评估学生一段时间内知识掌握情况的重要手段之一。一份试卷要全面、客观地反映出学生的知识水平，体现信度，在命题内容上注意覆盖面要广，要涵盖本学段所学各部分内容，避免以偏概全。

1. 语言的积累

字：生字、多音字、形近字、同音字、易读错写错的字，查字典。

词：新词、近义词、反义词、成语、关联词语、结构特殊的词语。

句：扩写句子、照样子写句子、造句。

段：课文中要求背诵的段落。

古诗：应背诵、默写的古诗。

2. 语言的理解

考查理解能力：主要考查对短文的某一句话、某一段话的理解，一般以选择正确的答案、回答简单的问题或让学生谈自己的体会等形式进行考查。

3. 语言的运用

主要考查写一段话和写一篇短文的能力。写一段话属开放类试题，题型一般有续写、按提示写等，主要考查学生的想象能力和书面表达能力；写一篇短文是按要求写一篇规定字数的文章，主要考查学生的语文综合能力。

三、试卷补充生活化试题

语文是"应用之学"，语文的学习应是生活的，这就决定了语文评价也应倾向于学生的生活实际。纸笔测试作为评价方式的一种，也要顺应本次课程改革的要求，即在命题的内容上要加强与社会实际和学生生活实际的联系，重视考查学生分析问题、解决问题的能力。例如下面的题目：

（1）（三年级试题）请你设计一条爱护校园花草的标语。相信你准行。

（2）（四年级试题）作文题目：我最爱看（《大风车》《芝麻开门》《动画城》《幸运52》……）

要求：选一个最爱看的电视节目，把题目补充完整。要写清楚为什么爱看和怎么爱看，重点写怎么爱看。

第一道题，学生答题的内容必须符合校园实际情况，第二道题学生必须根据自己的实际喜好选材。这样的试题与学生靠得很近，而且迎合学生的兴趣，让他们有话可说，便于自主发挥。开放的语文是以学生的生活经验和成长需要为依托的。试卷要增设一些生活化试题，将教材"这本小书"与生活"这本大书"融为一体，让学生体验到语文来自生活，服务于生活。

四、难度系数和时间安排

本段难度系数为 0.7—0.85，题目的基本比例为 7：2：1，即较容易的题占 70%，中等题占 20%，较难题占 10%。总题量控制在 10 道左右（其中阅读短文和习作题必须有），考试时间为 70 分钟。[1]

在评价语文试题时，信度和效度常受人诟病。"然而凡是从事语文教学实际工作的，都能体会到这句话所包含的苦恼和苦衷。我们不能够削足适履，为了追求测评的信度，牺牲某些对学生的将来十分重要的教学目标。"[2] 章熊提醒我们：既要提高评价的信度和效度，也要考虑语文学习质量评价的特殊性，不要让评价的科学性把语文学习质量引向死胡同。当我们对结果评价进行反思时，可着重考虑如下因素：

1. 评测的使用是否提高了动机？

2. 评测的使用是否改进了表现？

3. 评测的使用是否改进了自我评测技能？

4. 评测的使用是否帮助了向相关领域的学习迁移？

5. 评测的使用是否鼓励了独立学习？

6. 评测的使用是否鼓励了好的学习习惯？

---

[1] 田友谊.当代学生评价的理论与实践［M］.武汉：华中师范大学出版社，2012：194-195.

[2] 章熊.中国当代写作与阅读测试［M］.成都：四川教育出版社，2000：112.

7. 评测的使用是否有助于形成对学校作业的积极态度?

8. 评测的使用是否在上述任何一个领域造成了负面效应?[1]

如果我们的结果质量评价在这八个方面均得到较为满意的回答,我们的评价就是积极而有意义的。

---

[1] 格伦隆德,沃.学业成就评测 [M].杨涛,边玉芳,译.北京:教育科学出版社,2011:56.

第七章 西方评价理论在语文学习质量评价中的运用

他山之石，可以攻玉。

要让评价创造有意义的语文学习经历，需要借助评价理论促进实践创新。

西方评价理论，自 20 世纪中叶以来，不断丰富和发展，为"创造有意义的语文学习经历"提供了新的视角。

彼格斯等人的"可观测学习结果的结构理论"，布鲁姆及其弟子的目标分类学理论，为语文学习质量评价打开了新的窗口，为"创造有意义的语文学习经历"提供了新的评价思路。

第一节　SOLO分类理论和语文学习质量评价

SOLO 是可观测学习结果的结构（Structure of the Observed Learning Outcome）的简称。SOLO 分类理论是澳大利亚教育家约翰·B. 彼格斯（John B.Biggs）等人在皮亚杰发展认知阶段理论的基础上提出的一种学习质量评价理论。彼格斯等人认为，"学习者的任务是双重的。第一，必须掌握一些资料性的知识，如事实、技能、概念或问题解决的策略。第二，应懂得以某种方式来利用这些技能、事实和概念，比如对所学的内容做出解释、解决问题、从事某项工作或进行判断，等等"[1]。前者是学习的量，后者则体现了学习的质，学习者的质量应包括量与质两个方面的发展状况，"教育者（事实上还包括学生本身）需要评价一下，看到底学了多少，学得怎样，也就是从量（多少）和质两方面对学习进行评价"[2]。但是，从评价的操作难度看，"量"的评价是显性的，可以在量化中进行较为客观的评价；"质"的评价则较为模糊和主观，缺乏明晰的客观的判断依据。"目前对如何从量的方面评价学习已经有了很好的理解和运用，但如何对学习的质进行评价，在研究与应用方面都未达到前者的水平。"[3]为了从"质"和"量"两个方面评价学习的进展情况，提高学习质量特别是"质"的评价的可信度，彼格斯等人提出了 SOLO 分类理论。

一、SOLO分类理论：在学习结果的结构分析中评价学习质量

为了兼顾"质"和"量"两个方面的评价，提高"质"的评价的可信度，彼格斯着力研究了皮亚杰的思维发展阶段理论，对处于前思运阶段、初级具体思运阶段、中级具体思运阶段、概括型具体思运阶段和形式思运阶段的学生的思维活动特点进行了分析，对学生的学习反应与学习成果的结构进行了观察。通过一系列研究发现，"一个人回答某个问题

---

[1] 彼格斯，科利斯. 学习质量评价［M］. 高凌飚，张洪岩，译. 北京：人民教育出版社，2010：35.

[2] 同［1］1–2.

[3] 同［1］16.

时所表现出来的思维结构，与这个人总体的认知结构是没有直接关联的。一个人的总体认知结构是一个纯理论性的概念，是不可检测的"，"而一个人回答某个问题时所表现出来的思维结构却是可以检测的"，他将其称为"可观察的学习成果结构"。在彼格斯看来，可观测的学习成果结构是一种显性的思维结构，对学习成果结构的判断是对学生思维结构水平的判断。学生认知结构的发展状况难以评价，但思维结构的变化却有较为明显的轨迹，是可以评价的。

认知学习理论认为，学习质量的提高主要体现在学生认知结构的变化上，"决定个体的认知反应水平的因素有两个：一是思维操作模式，由所利用元素（如语句、符号等）的性质水平与思维操作的类型所确定；二是在某种思维操作模式下的反映结构的复杂性"[1]，"所利用的元素（如语句、符号）"等的多少体现了学生的认知数量，对其的评价属于"量"的评价；思维操作的类型及其结构的复杂性体现了学生认知的"质"，对其的评价属于"质"的评价。彼格斯等人在大量观察和分析学生回答问题的基本方式与不同答案的结构水平后，发现学生回答问题的类型可以从四个维度来区分，即"工作记忆容量，将任务内容的线索与回答联系起来的思维操作，回答的内部一致性和作答所需要的相对收敛程度，以及整体的结构"[2]，这四个维度的不同表现与整合方式形成了学习成果的不同结构，学习成果的不同结构体现了学生的不同发展水平，分析学生在特定情境或完成特定任务时呈现出来的学习成果的结构，可以判断学生的能力发展状况。他们据此提出了四种观点："（1）研究学习质量为主要目的，可以从学习结果在结构上的复杂程度出发来评价学生的学习质量；（2）人的总体发展阶段这个概念在教学实践中用处不大，重要的是学生在特定任务上的表现；（3）关注认知过程，而不仅仅是认知结果，认为分析学生针对某项具体任务的反应是描述学习进步和认知结构的最佳方法；（4）可以从能力、思维操作、一致性与收敛和回答结构 4 个方

---

[1]彼格斯，科利斯.学习质量评价［M］.高凌飚，张洪岩，译.北京：人民教育出版社，2010：译者序.

[2]同［1］35.

面把学生的回答分成不同的水平。"[1]

　　学生在完成某一特定任务时的认知反应，表达这种反应的作品的结构复杂程度，是 SOLO 分类理论评价学习质量的基本出发点。在彼格斯等人看来，学习质量的评价必须具有可观察性和可发展性，可观察性是指测试的能力或素养能够分析，能够"让人看得见"，看不见的能力或不能观测的学习结果都是无法评价的。从这一角度看，认知结构是无法观察和评价的，只有思维结构才能够观察和评价，要评价学习成果的"质"与"量"，最好的办法是观察和分析思维结构。

　　为了把上述观点落实到学习质量评价的实践活动中，彼格斯等人进行了两方面的研究，"首先，是对个体认知发展的功能方式划分并论述了各种功能方式下产生的相应的知识类型。共划分为 5 种方式，分别是：感觉运动方式（sensori-motor mode），它所形成的知识称为隐性知识（tacit knowledge）；形象方式（iconic mode），它所形成的知识称为直觉知识（ intuitive knowledge）；具体符号方式（concrete-symbolic mode），它所形成的知识称为陈述性知识（declarative knowledge）；形式方式（formal mode），它所形成的知识称为理论知识（theoretical knowledge）；后形式方式（post-formal mode），它所形成的知识也是理论知识，不过层次更高，抽象性更强"，"其次，对每种功能下的反应水平进行了划分"[2]，根据学生回答各学科问题时表现出的结构复杂性，把学生的个体反应划分为 5 种水平，即前结构水平（pre-structural level）、单点结构水平（uni-structural level）、多点结构水平（multi-structural level）、关联水平（relational level）、抽象扩展水平（extended abstract level）。知识类型、知识数量与学习成果的结构复杂性构成了学生不同的思维结构水平，不同的思维结构水平形成了学生回答问题的不同层次，彼格斯对此做了较为全面的描述。

---

［1］吴有昌，高凌飚. SOLO分类法在教学评价中的应用［J］. 华南师范大学学报（社会科学版），2008（3）：95–99.
［2］同［1］.

表7-1 SOLO分类理论对认知发展的基本阶段和回答层次的描述[1]

发展的基本阶段及其最小年龄	SOLO层次	1.能力	2.思维操作	3.一致性与收敛	4.回答结构
形式思运（16岁以上）	抽象扩展结构	最高：问题线索+相关素材+相互关系+假设	演绎与归纳；能对未经历的情景进行概括	不一致性消失，不觉得一定要给出收敛的回答，即结论开放，可以容许逻辑上兼容的几个不同解答R1、R2或R3	
概括型具体思运（13—15岁）	关联结构	高：问题线索+相关素材+相互关系	归纳；能在设定的情境或已经历的经验范围内利用相关知识进行概括	在设定的系统中没有不一致的问题，但因只有一种收敛方式，在系统之外可能会出现不一致	
中级具体思运（10—12岁）	多点结构	中：问题线索+多个孤立的相关素材	只根据几个有限的、孤立的事件进行概括	虽然想达到一致，但由于基本上只注意孤立的素材而使回答收敛太快，从而导致用同样的素材得出不同的结论	
初级具体思运（7—9岁）	单点结构	低：问题线索+单个相关素材	只能联系单一事件进行概括	没有一致的感觉，迅速收敛，只接触到某一点就立刻跳到结论上去，因此结论非常不一致	

[1]彼格斯，科利斯.学习质量评价［M］.高凌飚，张洪岩，译.北京：人民教育出版社，2010：27-28.

续表

发展的基本阶段及其最小年龄	SOLO层次	1. 能力	2. 思维操作	3. 一致性与收敛	4. 回答结构
前思运（4—6岁）	前结构	最低：问题线索和解答混淆	拒绝，同义反复，转换，跳跃到个别细节上	没有一致的感觉，甚至连问题是什么都没弄清楚就收敛了	

彼格斯描述的这四个方面既有对"量"的评价，如单点、多点，单个素材、多个孤立的素材等；更有对"质"的评价，能力、思维操作、一致性与收敛、回答结构的变化，更多地体现了回答者思维结构和思维水平的变化，这种变化是一种"质"的提升。

SOLO 分类理论评价学习质量的第一个维度是能力。彼格斯等人眼中的能力，是"指不同的 SOLO 层次所需的工作记忆容量或注意广度"，记忆容量的扩大主要表现为"量"的增加，注意广度的拓展主要表现为关注对象的数量变化。因此，"能力"维度的评价主要是对"量"的评价。SOLO 理论认为，"在解答问题的过程中可供使用的工作记忆容量随年龄的增长而改变；同样，随年龄的增长，更高层次的回答所需的空间也就越大"，"工作记忆容量与年龄之间的关系表明，人的认知发展阶段可以用工作记忆容量的增长或注意广度的增大来解释"[1]。4—6 岁的学生处于前思运阶段，工作记忆容量较小，注意广度很有限，无法整体把握所要完成的任务，回答问题时难以前后兼顾，没有串联内容的线索，只是混乱地呈现答案，在 SOLO 层次上处于前结构状态。7—9 岁的学生处于初级具体思运阶段，学生的工作记忆容量有所增加，注意广度有所扩展，能够找到回答问题的线索，但不能把握阅读对象中的多个素材，所以学习成果的基本结构是"问题线索＋单个相关素材"，在 SOLO 层次

---

[1] 彼格斯，科利斯.学习质量评价［M］.高凌飚，张洪岩，译.北京：人民教育出版社，2010：28-29.

上处于单点结构水平。10—12 岁的学生处于中级具体思运阶段，学生的工作记忆容量进一步增大，注意广度进一步加宽，能够找到回答问题的线索，能够发现特定任务中的多个素材，但不能把握素材间的关系，学习成果的基本结构是"问题线索 + 多个孤立的相关素材"，在 SOLO 层次上处于多点结构水平。13—15 岁的学生处于概括型具体思运阶段，工作记忆容量或注意广度得到了较好发展，能找准回答问题的线索，能发现特定任务中的多个素材及其关系，学习成果呈现出"问题线索 + 相关素材 + 相互关系"的结构特征，在 SOLO 层次上已达到关联结构水平。16 岁以上的学生处于形式思运阶段，工作记忆容量或注意广度达到了高级水平，能够从具体任务中发现一般性特征，抽象出某种规律，提出某种假设，学习成果呈现出"问题线索 + 相关素材 + 相互关系 + 假设"的结构特征，在 SOLO 层次上达到抽象扩展结构的水平。从上述情况看，SOLO 对能力的评价主要集中在五个要素上：一是回答问题的线索；二是素材的数量；三是线索与素材的关系；四是素材与素材之间的关系；五是具体素材反映出的一般特征。这五个要素的不同组合与表现，体现了学生能力的不同发展水平。

SOLO 分类理论评价学习成果的第二个维度是思维操作。"思维操作是指把线索和回答联系起来的方式。前结构的回答不存在逻辑的联系，线索与回答混在一起。前结构的回答包括三种情况。拒绝是最简单的一种，在这种情况下，学生不想认真地投入到学习中去。他可能会说'不知道'或乱猜一气（第一种回答）。同义反复指简单地将问题重复一遍。同义反复跟死记硬背不一样。死记硬背包含了对素材的不断重复，其中可能包含了对问题的正确解答，尽管正确的成分比较有限。而反复重复问题显然是不够的。转换则更复杂一点。SOLO 分类理论中，转换的含义与其说是猜测不如说是瞎说瞎撞，猜测是指学生试图区分出一个相关答案，但是出错了；瞎说瞎撞则是因为学生未能在逻辑的基础上解答（第三种回答），而是根据感觉或感情来进行判断，哪一个最能打动自己就选哪一个来做答案。"[1]处于初级具体思运和中级具体思运的学生有一定的概括意

---

[1] 彼格斯，科利斯. 学习质量评价 [M]. 高凌飚，张洪岩，译. 北京：人民教育出版社，2010：29–30.

识，能把问题线索和回答的具体内容联系起来，但由于工作记忆容量或注意宽度处于单点和多点结构状态，难以全面把握任务中的观点与素材，更无法把握素材与观点、素材与素材、观点与观点之间的关系，在思维操作上只能联系一件事或几个有限的孤立的事件进行概括。到了概括型具体思运阶段，学生具有了归纳的思维操作特征。"归纳是从特殊事例中正确地导出一般的结论，在我们的讨论中，它意味着将素材中的某一点与结论联系起来"，能在设定的情景或已经历的经验范围内利用相关知识进行概括，但还停留在就素材论素材的阶段。"抽象扩展结构的回答超越了根据素材进行的归纳，而进行真正的合乎逻辑的演绎。抽象扩展结构有如下几个特点应加以注意：（1）采用素材中未曾给出的原理；（2）从该抽象原理中演绎出推论，根据素材对推论进行检验；（3）采用符合抽象原理，但没有出现在素材中的类比；（4）能得出中性的结论（即没有收敛，在不同情况下可能有不同的结果）。"[1] 彼格斯的思维操作集中在概括、归纳与演绎三个方面，前结构水平没有概括性的思维操作；单点和多点结构水平能根据单个或多个事件进行概括，但没有对阅读内容进行整体性概括；关联结构水平则能在整体把握特定任务的基础上进行归纳的思维操作；抽象扩展结构水平则能从已知到未知，在归纳特定任务特征的基础上对未经历的事情进行演绎和推论。评价思维操作能力时主要考虑四个要素：一是概括时联系事件数量的多少；二是概括时能否对各个素材进行整合；三是概括的合理性；四是根据已知推断未知的能力。

　　SOLO 分类理论评价学习成果的第三个维度是一致性与收敛的程度。"一致性"有两个方面的要求：一是问题答案与学习任务之间的一致性，回答问题必须以学习任务为依据，和学习任务保持一致；二是回答问题时的前后一致性，答案要点、答案中观点与素材、素材与素材、观点与观点之间的一致性等。"收敛"是指回答问题时的吻合度与开放度，问题答案与学习任务的吻合度越高，则收敛度越高；兼容度越强、开放度越大，则收敛度越低。"一致性与收敛涉及学习者相互矛盾的两类需要：其一是得出某种结论的需要；其二是保持结论一致性的需要，使结论跟素

[1] 彼格斯，科利斯.学习质量评价［M］.高凌飚，张洪岩，译.北京：人民教育出版社，2010：30.

材不矛盾，结论之间也不存在矛盾。迅速得出结论的愿望越强烈，所用的素材就越少；这样一来，结论与原来的问题、素材或结论之间产生不一致的机会大大增加。另一方面，学习者对保持结论一致性的高度需求一定会使他在做出决定时利用更多的信息，所以他所做的决定可能会更开放。""前结构的回答特点是高度收敛和极低的一致性。事实上，学生只是简单地说一句'我不懂'，或把问题重复一遍，或偏离到一些毫不相关的问题上去，就收敛了。解答为单点结构的学生只抓住闪现在心目中的头一个素材，但至少是相关的素材。一些单点结构的回答可能都同样是正确的，但相互之间很不一致，有点类似盲人摸象的情况。""在多点结构的回答中，学生找出许多相关点之后才收敛，但由于各点之间相互没有联系起来，有可能出现不一致。""只有在学生看到事物的所有方面并将其连贯成一个整体之后，才能做出关联性的解答。他会得出一个结论（收敛），一个可能是在问题的背景下所能得出的最佳结论，但不一定能适用于其他的背景（即可能做出不恰当的概括）。关联结构的回答仍然停留在具体经验之上；为在不同的背景下出现不一致留下余地。""而抽象扩展的解答就不同，它建立起抽象的原则并证实它在该特定情况中的适用性（即达到最大的一致性，同时学生可能会觉得最好是使结论保持相对开放）。"[1]评价一致性与收敛的质量，主要应考虑五个要素：一是收敛对象的数量与范围，即依据哪些素材和多少素材来收敛；二是素材与观点之间是否具有一致性；三是素材与素材之间是否具有一致性；四是观点与观点之间是否具有一致性；五是结论的开放性。

SOLO 分类理论评价学习成果的第四个维度是回答结构。"回答结构以图示的形式表示。学生可利用三类不同的素材来回答：（1）不相关的素材（以"×"表示）；（2）已经向学生展示过的素材（即上课所得或已有知识中包含的素材，标为"●"）；没有向学生提供过的素材或原理，这些通常都是相关的、假定的、蕴含在素材之中的（以"○"表示）。""在前结构层次上，学生试图用一些与问题不相关的东西来进行回答。单点结构的回答用上一项相关的素材将问题与解答联系起来。多点结构的回

---

[1] 彼格斯，科利斯. 学习质量评价［M］. 高凌飚，张洪岩，译. 北京：人民教育出版社，2010：31.

答用上若干素材。关联结构的回答把相关的素材联系在一起构成一个概念体系。抽象扩展的回答把所有相关的素材和它们之间的关系综合成为一个抽象的假设，它包括了原来没有向学生提供的素材，可以应用到原来没有向学生介绍的例子中。"[1] 评价学生的回答结构要考虑四个因素：一是回答素材是否与特定任务有关；二是回答素材的数量；三是是否把多个素材形成概念框架；四是是否提供了特定任务中没有的素材。

表7-2 SOLO四个维度的评价因素

能力	思维操作	一致性与收敛	回答结构
●回答问题的线索 ●素材数量 ●线索与素材的关系 ●素材与观点的关系 ●具体素材反映出的一般特征	●联系事件的数量 ●素材整合情况 ●概括的合理性 ●已知推断未知	●收敛对象的数量与范围 ●素材与观点的一致性 ●素材与素材的一致性 ●观点与观点的一致性 ●结论的开放性	●素材与任务的关系 ●素材数量 ●素材关系

　　根据上述评价因素，李佳、高凌飚、曹琦明等人对不同 SOLO 层次的水平特征进行了细化，形成了如下水平特征表：

表7-3 SOLO层次的水平特征[2]

SOLO层次	水平特征
前结构水平	●不明白题目所指 ●学生没有任何的理解，但可能将无关信息或者非重要信息堆积在一起 ●可能已获得零散的信息碎片，但它们是无组织无结构的，且与实际内容没有必然联系，或者与所指主题或问题无关
单点结构水平	●能够使用一个相关的或一个可用的信息 ●能够概括一个信息的一个方面 ●没有使用所有可用的数据而提前结束解答
多点结构水平	●能同时处理几个方面的信息，但这些信息是相互独立且互不联系的 ●能够依据各个方面进行独立的总结 ●能够注意到一致性，但是对不同方面也会得到不一致的答案 ●能够在实验设计中明白其一，而不能指出其二

[1] 彼格斯，科利斯. 学习质量评价 [M]. 高凌飚，张洪岩，译. 北京：人民教育出版社，2010：31-32.

[2] 李佳，高凌飚，曹琦明. SOLO水平层次与PISA的评估等级水平比较研究 [J]. 课程·教材·教法，2011（4）：91-96.

续表

SOLO层次	水平特征
关联结构水平	● 能够理解几个方面信息之间的关系以及这些零散的信息如何组织成一个整体 ● 能够把数据作为一个整体来考虑其连贯结构和意义 ● 能够使用所有可用的信息并将其联系起来 ● 能够通过总结文中可用的数据推断出一般的结论 ● 能够得出数据的一致性，但并不能超越这些数据，在此之外提取结论 ● 能够利用简单的定量算法
抽象扩展结构水平	● 能够利用所有可用的数据，并能够将其联系起来，而且将其用来测试由数据得来的合理的抽象结构 ● 可以超越所给信息，推断结构，能够进行从具体到一般的逻辑推理 ● 能够归纳做出假设；能够利用各种方法在开放的结论中使用组合的推理结果 ● 能够采用新的和更抽象的功能来拓展知识结构 ● 寻求一些控制可能变化的方法，以及这些变化之间的相互作用 ● 可以注意到来自不同观念的结构，把观念迁移到新领域

除上述五种不同层次的回答以外，SOLO 的学习结果还存在过渡性回答。"有时候人们发现很难确切地将学生的回答归为上述五种类型中的任何一类。当学生正迈向一个新层次，但尚未做到时，就会出现过渡性回答。这种过渡性回答一般都表现为混乱不清并缺乏一致性，似乎学生无法在他的工作记忆中应付更多的信息，于是他理不清自己的论据。典型的表现是：与学生平时在某层次的回答使用的信息相比，过渡性回答使用的信息多，但是学生还未达到下一个 SOLO 层次的结构就被迫放弃"，"可以把过渡性回答表示为 A1（介乎前结构和单点结构之间），A2（介乎单点结构和多点结构之间），A3（介乎多点结构和关联结构之间），A4（介乎关联结构和抽象扩展结构之间）"[1]。

根据 SOLO 分类理论对学习质量评价的基本主张和实践要求，结合语文学习条件质量、过程质量和结果质量的基本内涵，可形成 SOLO 分类理论下的条件质量评价框架（表 7-4）：

[1] 彼格斯，科利斯. 学习质量评价 [M]. 高凌飚，张洪岩，译. 北京：人民教育出版社，2010：32-33.

表7-4　SOLO分类理论下的语文学习条件质量评价框架

保障维度	保障内容	条件评价指标	条件描述	满足程度
学生认知结构的发展需求	能力发展			
	思维操作阶段的发展			
	一致性与收敛度的发展			
	回答结构阶段的发展			
语文学科与学习的固有特性	能力			
	思维操作			
	一致性与收敛度			
	回答结构			

　　SOLO 分类理论认为，学生学习质量的提高主要取决于认知结构的发展。因此，语文学习的条件质量首先要满足学生发展认知结构的需求，其次是满足语文学科和语文学习活动在能力、思维操作、一致性与收敛度、回答结构等方面的特殊性要求，语文学习条件满足这两个方面的程度越高，则条件质量越高。根据学生发展认知结构的需求和语文学科、语文学习活动的固有特性，在宏观、中观、微观三个层面选择和确定具体评价指标，具体评价指标确定后，客观描述现有条件并对满足程度进行判断，就能对语文学习的条件质量进行合理评价。

　　SOLO 分类理论下的语文学习过程质量评价，也需要根据学生认知结构的发展需求和语文学习的固有特性，在能力、思维操作、一致性和收敛、回答结构四个方面，确定学习内容与学习方法等的评价指标，根据确定的评价指标对学习过程进行客观描述，由此判断学习过程满足学生需求与语文学习的固有特性的程度。SOLO 分类理论下的语文学习过程质量评价框架如下（表 7-5）：

表7-5　SOLO分类理论下的语文学习过程质量评价框架

过程维度	过程评价内容	学习过程评价指标	学习过程描述	满足程度
学生认知结构的发展需求	能力发展			
	思维操作阶段的发展			
	一致性与收敛度的发展			
	回答结构的阶段发展			
语文学科与学习的固有特性	能力			
	思维操作			
	一致性与收敛度			
	回答结构			

利用 SOLO 分类理论确定语文学习结果质量的评价框架时，主要根据学习成果的结构和水平进行判断，评价框架如下（表 7-6）：

表7-6　SOLO分类理论下的语文学习结果质量评价框架

学习成果结构	学习成果水平	学习成果描述				学习成果质量评价
		能力	思维操作	一致性与收敛	回答结构	
抽象扩展结构	5					
过渡	A4					
关联结构	4					
过渡	A3					
多点结构	3					
过渡	A2					
单点结构	2					
过渡	A1					
前结构	1					

二、SOLO分类理论的评价实践

SOLO 分类理论下的评价框架可以运用到语文学习质量评价的各个方面。在运用这一评价理论时，要结合具体学习内容分析能力、思维操作、一致性与收敛、回答结构等方面的具体表现，以具体表现确定评价指标，通过评价指标引领学生判断目前所处的位置和继续努力的方向。

　　一位老师根据 SOLO 分类理论分级测试阅读词汇，通过观察和分析被试对 100 个不断增加难度的词语所运用的技巧，对其 SOLO 层次的发展情况进行了评价。此次测试主要包括如下猜词技能：（1）视觉方法（看和说）；（2）语音分析；（3）结构分析；（4）根据单词的主要意义部分猜测词义；（5）拼写方法；（6）不连贯法。根据对被试学习行为的观察，学生的 SOLO 层次表现如下：

　　（1）前结构。未持续使用任何策略；被试偶然发现一种方法，即用即收敛。虽然列表中所有的策略都有可能被用到，但对每个单词只用一种方法：如果某一策略对于某个单词不奏效，学生不会在同一个单词上尝试新的策略，而会跳到新单词上（继续用同样的策略或者用新的策略）。

　　（2）单点结构。持续使用一种猜测词义策略，不考虑它对某个单词的适当性。比如说，学生可能主要依赖语音分析，当这不起作用时，就像在许多案例中不起作用一样，学生会回过头来猜测或放弃。像在前结构层次一样，收敛率很高。

　　（3）多点结构。使用几个相互独立的策略。学生能够使用视觉认知、语音分析、拼写，或根据单词的主要意义成分猜测词义等策略。他虽然会一个接一个地施展这些策略，但在猜测一个新而难的词时，不会用从一种策略中得到的信息来帮助另一个不同的策略。

　　（4）关联结构。考虑到新单词的特点和学生自己的知识水平，每个人运用各个策略都会有自己特有的优势或劣势这一事实，学生暂缓收敛直至获得最合适的方法。因此学生有选择地利用猜词技巧。（在现在的例子中这个方法还没有被任何学生使用）

　　（5）抽象扩展结构。（在被测试组中也未观察到）这个层次不可能与阅读教学相关，但可能包含着猜测检验，学外语的学生利用这种猜测检验推断出未曾见过的一个词或篇章的正确意义。[1]

　　陈曦和张小林等老师对儿童学习汉字的阶段性特征进行了研究，他们在《中国教育学刊》2007 年第 3 期上发表的《儿童学习汉字的阶段性特点及教学策略》一文，对不同阶段儿童的识字特征进行了描述，这些描述与 SOLO 的发展层次相匹配，其对应内容如下（表 7-7）：

---

［1］彼格斯，科利斯. 学习质量评价［M］. 高凌飚，张洪岩，译. 北京：人民教育出版社，2010：120-122.

表7-7　儿童识字的SOLO层次与评价框架

SOLO层次	行为特征	行为举例	评价要点	引导策略
抽象扩展结构识字	●善于利用汉字的读音规律识字 ●能根据认识的汉字较为准确地猜读生字 ●能根据形旁推断汉字意思 ●能根据语境猜读汉字，领悟汉字的大致意思 ●能在新情境中恰当使用生字生词	如能力高的儿童所犯的错误大多与个别汉字表音的不规则性有关，如把"栉风沐雨"的"栉［zhì］字读成"节［jié］"；而能力差的儿童则更多地犯视觉错误，混淆字形相似的字	●能否根据声旁推断生字读音 ●能否根据形旁推断生字意义 ●能否根据熟悉的汉字推断生字的读音与意思 ●能否根据上下语境推断汉字意思 ●能否在新情境中恰当使用生字生词	●以音带字法 ●同音串认法 ●部件组装法 ●笔画加减法 ●形象分析法
关联结构识字	●可以用声旁或类比的方法来认识生字 ●能联系同音字 ●能联系形近字 ●能联系同义字 ●能分析多个汉字间的相同与不同 ●能运用字族识字法	如利用"青"字认读"清、情、请、晴、晴"等字，并在朗读儿歌《小青蛙》"河水清清天气晴，小小青蛙大眼睛。保护禾苗吃害虫，做了不少好事情。请你保护小青蛙，它是庄稼好卫兵"中巩固识字成果	●能否利用声旁识字 ●能否联系同音字 ●能否联系形近字 ●能否联系同义字 ●能否辨析不同汉字的异同点 ●能否运用字族识字法创编儿歌	●教给学生识字类推法 ●教会学生运用字族识字法 ●教给儿童几个常见的复合字 ●教给儿童音旁不规则的常见汉字
多点结构识字	●能认识多个汉字 ●能根据汉字的不同意思造几个词语或句子 ●认识多个形声字，但不会利用声旁或类比的方法来推断形声字的读音	如认识多个生字时没有思考内在联系，而是依靠重复记忆熟悉多个生字	●认字数量 ●一个汉字能否造出多个词语 ●能否利用一个汉字说几个简单的句子 ●能否猜读不认识的字	教给儿童一些笔画简单、容易记的形声字，让他们通过这些字来了解汉字的结构，而这些字的声旁最好是儿童熟悉的

续表

SOLO层次	行为特征	行为举例	评价要点	引导策略
单点结构识字	●能认识单个字，不能把相似的字联系起来记忆 ●识字量小，对同音字的概念模糊 ●不理解为什么两个字形不相同的字会读音相同	如教"夕"字，很多儿童不假思索地说："这是西瓜的西。" 如给儿童看"泥"和"怩"，绝大多数人认为读音不同，因为两个字的字形不同	●能否把单个字联系起来认读 ●能否较为清晰地认识同音字 ●能否辨认音同形不同的汉字	●在熟字和生字的联系中识字 ●认读同音字并造句
前结构识字	●能根据印象读出汉字 ●大多注意字的一笔或几笔，而不注意字的整个结构 ●大多不理解每个汉字对应且只对应于口语里的一个音节	如看"手"字时只看到最上面的一撇和一横，看到"毛"时，也会读"手"，如认"兔"时；往往会说"小兔子"，甚至"这是一只小兔子"	●能凭感觉认出多少字 ●是否具有观察字形结构的意识 ●能否说出字形结构的特点 ●能否一个字对应一个音节	●把一个字的重要笔画加长和加黑 ●在生活中反复认读常见字 ●引导儿童观察字形 ●在图画中识字

在进行识字教学时，教师可以根据学生识字行为的不同表现，确定其所处阶段，然后采用相应策略引导学生向上一个阶段发展，提高识字水平。除识字写字评价可以运用 SOLO 分类理论以外，阅读能力的评价也可以有效使用上述评价框架。彼格斯等人以诗歌阅读为对象，提出了如下回答层次与评价表（表 7-8）：

表7-8　SOLO分类理论下诗歌阅读的结果质量评价表[1]

学习成果结构	学习成果水平	学习成果描述
抽象扩展结构	5	●认为诗人以诗歌为媒介做出一个完整的陈述 ●允许对诗做出其他的解释，诉诸抽象结构但不一定是文本中固有的
过渡	A4	试图做出一个抽象的概括，但犹豫不决，不一致或者不完整
关联结构	4	使用一致的框架来解释诗歌大部分或全部意义，但这个框架局限于诗人创设的情境和诗人肯定的观点，毫无突破
过渡	A3	一系列具体观点，努力建构解释性框架，但这个框架不完整或者自相矛盾
多点结构	3	●几个具体的观点支持一个较为随意的解释 ●一个或多个独立的观点以及对诗歌结构、释义的评论，诗歌的释义指对独立观点的基本解释
过渡	A2	●两个对立却又无法调和的观点 ●直接引用但带有一点解释
单点结构	2	●一个相关的结构特征，如，评论音律 ●指出诗人的具体观点 ●刻板地逐字复述诗歌，包括不理解所引用的篇章（最后的回答类型利用了单维策略，因此也算是单点结构）
过渡	A1	努力理解某一个特征
前结构	1	●没有回答 ●几乎完全不理解诗人在说什么 ●无关的回答中无任何针对任务的特点

---

[1] 彼格斯，科利斯.学习质量评价 [M].高凌飚，张洪岩，译.北京：人民教育出版社，2010：109.

根据这一评价表，彼格斯等人要求九年级学生和参加夜校学习的大学生阅读《穿豹猎装的男人》这首诗，然后回答"这首诗对你意味着什么？"这一问题，两组学生都回答了这一问题。彼格斯等人从能力、思维操作、一致性和收敛、回答结构这四个维度分析了收集到的学生答案，从学生答案的结构复杂性将学生的诗歌阅读水平进行了评价，为诊断和提高学生的诗歌阅读能力提供了依据。

学生阅读的诗歌

穿豹猫装的男人

邻居的狗正在吃

我们的报纸，我的妻子

在埋怨。我们说早一点

起床，去上班。

你们整晚在做什么？

妻子说

我们在严肃地思考，并嘲笑

现行社会体制。

那狗还在不停地吃着报纸，

所以我租来

一套豹猫装，然后一跃而起

跳出沟渠，被吓坏的狗

再也不敢回来了。

但我们的邻居们

来了，大口呼吸着，啃咬着

报纸。让我们挺起腰杆

让世界免于疯狂，

现在我穿着我那套豹猫装闲荡，以取乐孩子们

当夜幕降临，

我便跳上邻家的屋顶，

吞噬他们的梦。

—— Christopher Brookhouse

两组学生需要回答的问题

这首诗对你意味着什么？

两组学生的回答及其评价：

说明：(1)是九年级学生的回答；(2)是参加夜校的大学生的回答。[1]

表7-9　两组学生的回答与评价[2]

学习成果结构	学习成果水平	答案举例	简要点评
抽象扩展结构	5	（1）未观察到 （2）"'穿豹猫装的男人'代表了当今一个想要逃避社会压力的男人，穿上道具，他隐藏了他真正的人格，能处理生活中的问题（狗），但他不能躲开他生命中的那些一直使他烦恼的人，为了妥善处理这个问题，他生活在由他人，也许是电视、书、广播等所创立的幻境之中。孩子们从他们天真的视角来嘲笑他的伪装。事实上他的'游手好闲'可以被看作是现代生活的无聊和懒惰。诗句'我们在严肃地思考，并嘲笑现行社会体制'是一个对当今社会体制，即政府、跨国公司的诋毁"	这并非是一个很好的抽象扩展层次的回答，不过几乎再也找不到这个层次上的回答。不管怎样，应答者努力概括生命的意义，且运用文中并未给出的象征意义（指大众传媒、跨国公司等）。应答者明确地认为这首诗涉及的是一些抽象概念，是从整体上对现代生活的动态描述，而不认为诗中的某个方面或所涉及的某种行为有着一系列特定的象征

---

[1]彼格斯，科利斯.学习质量评价 [M].高凌飚，张洪岩，译.北京：人民教育出版社，2010：110-114.

[2]同[1].

续表

学习成果结构	学习成果水平	答案举例	简要点评
过渡	A4	（1）"这首诗都是废话，它没有丰富的意义，它不会改变世界现有的思考方式，它只是娱乐我们。这首诗讲的是关于一个人因为邻居家的狗吃了他的报纸而跟他的邻居相处不和睦的事。这个人跟邻居无法好好相处的原因就是这个人不能理解他们的思维方式，为了解决所谓狗的问题，他租了一套豹猫装来吓跑狗而激怒了邻居。邻居们认为他是一个令人讨厌的人，也许是个疯子。我认为这首诗是垃圾，没有什么意义。尽管作者很想赋予它一些意义。有些人可能觉得它有趣，但并不吸引我。我想作者只是试图表达也许你认为别人是疯子，但是你得先看看你自己" （2）"起初这幅图景所传递的是社会上受压迫人的信息。'上班'象征着一切自由（在某种意义上自由是个人自我发展无法达到的），人们想要做什么的自由；妻子代表责任；'可怕的想法'和'也许'产生了一个流浪无助的景象。买了一套豹猫装代表了破坏这种社会景象的结果。最终，这个人被吃报纸的人压垮，之前吃报纸的是狗（外部力量），现在是来自他的内部力量，这使他更加可怜。他使用这套豹猫装吓到了孩子们代表了他的失败。孩子们代表了这首诗被动的状态（天真的摧毁？已经改变了）"	两个回答试图做出抽象的解释，但是在两个案例中都没有真正实现这一目的。第一个回答似乎在简单地处理这首诗，但应答者一直在高层次概括程度上解释诗歌的结构和内容。第一句"这首诗都是废话"几乎已经肯定地对诗人的意图做出了一个明确的定论，而不是模糊的定论，即读者无法理解这首诗。很明显第二个回答未达到抽象扩展的层次。应答者试图从诗的几个方面得出一个（范围）普遍的概括，但结果相互矛盾、不正确（例如，用豹猫装来吓孩子们），并且松散地概念化

续表

学习成果结构	学习成果水平	答案举例	简要点评
关联结构	4	（1）"这个人不喜欢他所认识的人们墨守成规。他想与众不同。那只狗总是吃他的报纸，所以他就把它吓跑，但是大家都把自己的报纸献给狗吃，以至于这人的邻居认为自己的报纸不被狗吃就不公平。现在狗没了，邻居们就自己吃他的报纸。邻居们认为这个人很可笑，但是其他人认为这个人是个疯子" （2）"这个人感到自己在受邻居的批评。邻居的狗吃了他家的报纸，他的妻子在抱怨，邻居们叫他早点起床去上班，给她施压，那么，也许今后狗不会吃报纸了。这个人觉得自己被迫实施报复，他把狗吓跑了——狗再也没回来，但是这个人无法逃脱自己成为受害者的命运——邻居们最终自己吃报纸。邻居们代表令人失望的世界——这个人对邻居们感到失望，具体表现在他在夜里折磨、骚扰他们的行动中。他对邻居们的世界感到陌生——他们嘲笑现行社会体制，不适应社会标准。这个人不能理解这一切——他生活在这样一个世界里，在这里邻居们通过不让他们的狗吃报纸来强迫你。他憎恶被践踏，所以最终采取了行动"	这两个回答都给出了连贯的、符合逻辑的解释。第一个回答采用了"墨守成规"和"害怕墨守成规"的简单概念，第二个回答则采用了更加概括性的概念："失望""适应"。第二个回答更老练，但是有趣地曲解了某些信息，因为邻居们被认为是不遵纪守法者
过渡	A3	（1）未观察到 （2）"我觉得《穿豹猫装的男人》没有什么意义。它好像是一个人想象对社会的嘲讽。那么一个问题如何会导致另一个问题——他赶走了那只狗，但是却制造了更大的怪物，接着邻居们来吃他的报纸——我们在最后的诗节中看到他在邻居家的屋顶上吞噬他们的梦——全诗完全是异想天开"	这个回答表明应答者试图创建一个解释性结构，但是应答者在开头和结尾的陈述都表明她未能协调自己所举的观点

续表

学习成果结构	学习成果水平	答案举例	简要点评
多点结构	3	（1）"隔壁的人拿起邻居的报纸，主人抓住邻居并阻止他们，但报纸还总是丢失。偷报纸的人只是为了好玩，他吞噬邻居的梦是因为他想知道在邻居们的梦里面能见到什么" （2）"描述并不清晰，两个邻居为狗而起争执。受委屈的一方恐吓那只狗作为报复。我想与其说作者的兴趣是讲故事不如说他的兴趣是试用诗歌写作的不同风格"	这两个回答的不同点很明显，但都被分类为多点结构层次。第一个回答对描述进行释义，而且还表现出一定程度的理解，尽管对某些诗句的意思的理解显得过于简单。第二个回答实际上更关注结构因素、描述和风格，而不是从描述上理解语义。这两个回答的共同点在于都注意到这首诗至少有两个独立的方面，但都没试图将它们联系起来
过渡	A2	未观察到	
单点结构	2	（1）"一只狗偷了一份报纸，人们很失望，于是设计了一个圈套来赶走它，他们成功了，这只狗再也没有回来，他们现在能够达到目的了，邻居很遗憾" （2）"生活总是有些怪诞"	第一个回答只是直白的提要，对诗歌毫无解释。第二个回答在适度抽象的层次上解释诗歌，如果不是那么老套的话，这个回答可以算是一维的（直线的），虽然结构上相似，这两个回答却是很不同的。孩子们的回答是具体的，趋于特定事实的，成年人的回答则更加抽象，但在结构上也是直线型的。对于成年人的这类回答，有的教师为了表示理解与支持，将其归为关联的或者是抽象扩展的回答，这样做没有任何意义

续表

学习成果结构	学习成果水平	答案举例	简要点评
过渡	A1	（1）"我不懂这首诗，它没有意义使得这首诗很幽默" （2）"未观察到"	学生的回答表明他们努力从这种没有意义的诗中得出结论，很显然比前结构提高了一个层次，但是缺乏对观点的正确阐述
前结构	1	（1）"这首诗难以理解，对我没有任何意义" （2）"一堆狗屎"	这两种回答都回避对这首诗做任何解释和评论，有趣的是，孩子们的回答比老师们更加老练

一首抽象的诗，一个很开放的问题，不同学生从中读出了不同的答案，这些答案体现了学生思维结构的发展层次。在日常阅读的评价中，教师可以根据学生回答问题的过程与结果，从能力、思维操作、一致性与收敛、回答结构等四个维度，对学生的阅读反应进行分析，引导学生定位自己的阅读能力，明确阅读能力的发展方向。如根据上述表格中"关联结构"的答案，教师可以引导学生做如下梳理（表 7-10）：

表7-10　"多点结构"的学生阅读答案分析与评价建议

学生答案	四维度分析				评价与建议
	能力	思维操作	一致性与收敛	回答结构	
（1）"这个人不喜欢他所认识的人们墨守成规。他想与众不同。那只狗总是吃他的报纸，所以他就把它吓跑，但是大家都把自己的报纸献给狗吃，以至于这人的邻居认为自己的报纸不被狗吃就不公平。现在狗没了，邻居们就自己吃他的报纸。邻居们认为这个人很可笑，但是其他人认为这个人是个疯子"	有回答问题的线索"不喜欢他人墨守成规""他想与众不同"，列举了诗中的几个材料，但材料之间缺乏内在联系	答案中有概括，有观点，即第一、第二句，但概括观点时未顾及全诗	力求以"不喜欢墨守成规""想与众不同"为统领，提高答案的一致性水平，但学生只把这一理解建立在"狗""报纸"和"邻居"的关系上，收敛太快，对"狗吃报纸"的理解前后不一致	只运用了诗中的素材	●提高整体把握诗歌各意象之间的关系的能力 ●提高立足全诗概括诗歌内容与特征的能力 ●提高理解的正确率和前后的一致性

续表

学生答案	四维度分析				评价与建议
	能力	思维操作	一致性与收敛	回答结构	
（2）"这个人感到自己在受邻居的批评。邻居的狗吃了他家的报纸，他的妻子在抱怨，邻居们叫他早点起床去上班，给她施压，那么，也许今后狗不会吃报纸了。这个人觉得自己被迫实施报复，他把狗吓跑了——狗再也没回来，但是这个人无法逃脱自己成为受害者的命运——邻居们最终自己吃报纸。邻居们代表令人失望的世界"	有回答问题的线索"这个人和邻居的关系"，列举了诗中的多个材料，但材料间缺乏内在联系	回答有概括，但未能整体把握诗意	回答力求以"这个人和邻居的关系"来统领内容，但结论只收敛到个别诗句上，出现了前后理解不一致的情况	多用书中素材，"邻居们代表令人失望的世界"有拓展	●提高整体把握诗歌各意象之间的关系的能力 ●提高立足全诗概括诗歌内容与特征的能力 ●提高理解的正确率和前后的一致性

　　按照这一分析思路，可以针对学生的不同答案分析其具体情况，提出有针对性的改进建议。除阅读的过程质量与结果质量可以运用SOLO分类理论来分析和评价以外，写作质量也可以运用这一理论来分析和评价。彼格斯等人列出了五个SOLO层次的写作行为与成果特征（表7–11）：

表7–11　SOLO分类理论下的写作行为与成果特征[1]

SOLO层次	写作行为与成果特征
前结构	●写作没有一致性要素，它是不连贯的 ●当词语闪现在作者脑海里时，是一系列不相关的、短暂的印象 ●以自我为中心的，没有考虑到读者

---

[1] 彼格斯，科利斯. 学习质量评价［M］. 高凌飚，张洪岩，译. 北京：人民教育出版社，2010：127–128.

续表

SOLO层次	写作行为与成果特征
单点结构	●作者仅利用一个要素（通常把事件按时间顺序排列） ●写作是直线型的，沿一条从开始到中间再到结尾的单线展开 ●其他的特征，比如拼写和句法仍是最低限度的，作者没有利用他们来获得某种效果，他们的作文很具体，很个人化，很简单
多点结构	●作者表现出能恰当使用拼写、标点、句法、叙词，有明显的故事线索等基本要素 ●每个特征是孤立的 ●写作手法是老套的，效果乏味和缺乏想象力 ●感触是陈词滥调的（例如"我心中想，多美好的一天啊！"），叙说老套，文章陈腐，例如，动词—副词的词序（"很男人气地大步走""轻快地回答""慢慢地重复"，等等）。
关联结构	●作者有效地利用写作要素并将这些写作要素综合在灵活的组合中，产生新颖别致、精心设计的效果 ●为了形成张力而运用对比，例如，对比人们的思维、感觉和行动 ●考虑到读者的观点，提供了关于角色和地点的信息（或是有意隐匿以求得某种效果） ●词汇的组合和短语的使用方式新颖、出人意料 ●简而言之，就是熟练地掌握了写作的技能要素，精心组织成为一个整体以符合作者的写作目的。然而，内容局限于作者所选的特定的情境中
抽象扩展结构	●具备关联结构特征 ●从不同层面对意义进行认知，这些不同层面的认知超越了既定情境，延迟或阻止文章的收敛 ●创新性地使用媒介，包括创造性地使用技能来传达多重意思。文章强调的是从所给的上下文情境中传达的意义，也就是隐喻。一句话，就是文章寓意和技巧掌握之间的平衡，引导隐喻和分层地接近寓意

　　根据上述写作行为与成果特征，彼格斯等人对处于不同阶段的文章进行了如下描述和点评：

前结构作文举例

习作：

假期乘船

　　我站在港口，看到各种各样的小船停在那里。船长 Dinki 在一艘名为"海岸线"的拖轮上和他的船员们一起向着一艘浮在水面上的潜艇挥手，一名伙夫在一艘小艇中，海里还有许许多多的船，真是难以置信。回家后报告了我星期天在港口的见闻。

点评：这位学生在脑海中有自己在港口的综合想象，依据这个想象写下了发生在他身上的事情。这篇文章都是由片语组成。事件的说明让人感到困惑，他没有能力组织作文或者使用符合逻辑顺序的句子来与读者交流自己的经历和思想。

单点结构作文举例

习作一：

假期乘船

我们下午2点钟登上船。我们在9点左右走开（出发）时，每个人还坐在甲板上，星星都出来了，是个美好的夜晚。在早上我们一起玩桌球，我们游戏，我们在停靠的第一个新加坡港口停留了三天，在那里我们所做的就是吃东西。当我们在那里呆（住）时，我看了一场大乐队在港口的演奏。

点评：作者试图按时间顺序描写他的假期，他将事件与特定的时刻相联系。通过这种办法，他能够为读者排列出事情的顺序。文章的内容取自印象最深的观察（"我们所做的就是吃"），描述基于他的行动和经历。

习作二：

大热天做什么

在热天我喜欢去海滩和我疯狂的朋友们在那里游荡。我们通常去冲浪和游泳。我在朋友处下了船。我们大概去了20个人，有马卡·蓬斯、杰克·保罗、卡捷·智马克、格霄、玛丽娅·金、翠荡、简、布拉德·林德渴·罗素、杰夫、司各特、菲利浦、肯、大卫·约翰。我们去滑冰，因为在大热天你可能清闲并凉快下来。当我们去海边时，坐在哪里（那里）晒太阳是很不错的事情，第二天回来又晒太阳，这样你就会变黑而不变红。我们厌倦了海滩后，我们就拣起我们的东西，坐上我们的小货车，在小镇上飙车，玩疯了后，我们会带着吃的回到沙滩上。我们通常会带汉堡包，还有几打饮料，因为实在是太渴了。我离开学校后要去做3个月的海滩流浪者，然后就去找个工作，在周末或者下班之后去海滩了。

点评：这个例子很长很具体，但是从头到尾都属于单点结构。文章没有读者意识（例如，读者会看到一长串陌生人的名字，这些根本没有意思）；除了"是很不错的事情"和最后一句话中粗糙的新行动计划，所有的观点都是从外部得来的。

多点结构作文举例

习作：

大热天做什么

在炎热的天气里，我更愿意放松和游泳，还有日光浴。

当我躺在床上翻来覆去时，身上沐浴着阳光，明媚的阳光刺得我睁不开眼睛。当我从床上起来时暗想多美好的一天啊！今天，我要召集一些朋友一起去尽情冲浪和去沙滩。

我们到达那里时，金色的沙滩闪耀着光芒组成了圆形的海岸，我们拿起背包、沙滩浴巾、收音机，穿过沙滩一路向前到一小块空地，那里洒满阳光，附近也有一块树影。我们放下沙滩浴巾打开收音机，然后开始晒太阳。

阳光照在水面上闪闪发光，男孩们很迷人。大约一个半小时后，躺着晒太阳的我们决定去游泳。我们四个人都决定下到闪闪发光的水中。当我们的脚碰到水时，我们被晒红的脸变了表情。水很凉，但是我们太热而且被晒红了，所以也没有多想。

我们都游了一小段，当海浪扑来时我们都被卷进去了。海水很清澈，向越来越远、越来越深的地方望去，你可以看见不同颜色的阴影。

游完泳后，我们又回到了沙滩上，又晒起太阳来。

回家时我们都有些麻烦，因为被晒伤了。这真是一个放松的一天，虽然我们被晒伤了，但我们决定明天还去海滩，但明天会不同，会更加小心。

点评：虽然内容与前面同话题的相似，但这一篇的结构要好得多。刚开头句子就用了正确的时态（"……I would like……"）。作者成功地进行了内部描写（"……暗想……"）和外部描写，描写外部世界的套路虽旧但也成功（"金色的沙滩""水面上闪闪发光"），不过即使给了读者一个具体和栩栩如生的想象，还是缺乏新颖而落入俗套。

关联结构作文举例

习作：

大热天做什么

炎热的时候最适合去的地方就是海滩。沐浴阳光之后去游泳凉快下来。如果水很冷就好了，但你还是得小心。

在炎热的日子里，或者任何日子，会有很多的冲浪者聚集在水里。如果你不够幸运，没有得到一块冲浪板，你知道那是多么扫兴啊。

热天通常会吸引成群的喜好阳光的人，他们通常是吵吵闹闹，尤其是在水里。

这也吸引了成群的鲨鱼，它们喜欢吃这些人，所以你真的要小心。

许多人都会在热天去海滩，他们去那里不是游泳或者冲浪，也不是堆沙城堡，而是去晒太阳。这些人抹上宝宝油然后在太阳下躺上一天。在这天结束的时候，他们会发现自己像个甜菜根，并不很黑。

在炎热的天气里，你必须小心。虽然可能会有一些小问题，但是海滩在热天仍旧是个好去处。

点评：作为融合的主题，这位作者把作品的形式与一些有趣的、出乎意料的对比融为一体。前四段是用一种阴郁来结束的（"你必须小心"），这导致了在最后一行的大回转。作者已经超越了对自己经验的简单叙述了。

抽象扩展结构作文举例

习作：

春天的迹象

在浓绿的灌木丛中，灌木被鲜明的太阳光线笼罩着！在空旷的地方，一对年轻人坐在如同蓝色玻璃的小溪边，小溪笑着，潺潺地流过长满含苔的卵石。

年轻的男子，瘦瘦的，黑黑的，热情地笑着采了一朵小花并插在了女孩棕色的长发中。她满足地笑着却没有说一句话。我深究他们的关系——全球性的灾难，瞬时飞快地在我脑海里闪过。我突然意识到，全世界的金钱，所有的战争、战役和冲突都不能影响或者改变如此深爱的人。

这对年轻人默默地坐着——但是他们的沉默是震撼性的。它像是在对着世界大叫——所有被伤害、撕扯和重击的心都会听到？

你曾经听说过爱情吗？你曾经停下做的事情去倾听吗？你们中有多少像这对情侣一样默默坐着，倾听周围的爱？也许你们中的一部分做到过，也可能没有，因为你生活在被污染、人口过多、毒品流行的世界中。

仔细看——你看见这对坐在旷野里的情侣了吗？他们比你们所有人都更富有和更快乐。他们不受抑制，他们被爱情感动着。

我轻轻地走开了，看着鲜花，倾听着小鸟。这就是春天，我能这样说。它用自己包围着我并向我展现——没有什么比春天的迹象更加美丽。

点评：这篇精心构思的作文具有语言流畅的特点，使得它的形式结构变得隐蔽。作者运用了规范的写作语言技巧（例如，句子结构和长度，标点符号）与逼真的想象和简单的故事有机结合，产生和改变了语境。这些特性补充并充满了作者希望与读者沟通的"信息"。与前面较低层次的作文相比，那些作文只建立在学生具体的经验之上，而这篇作文显示了作者能够超越她的具体经验而引入假设的或者抽象的成分。这种想象的特点不仅显示在整个构思之中，而且也体现在作文各个部分以及这些部分之间的联系中。比如说，春天给"我"展现爱情之美，体现了从具体（一对在鲜花丛中的情侣）到抽象（春天包围着"我"）的转变。作者也能够使情形的变量（真实的和想象的）相互作用。这样当它们构建一篇统一和完整的作文时，就能够被认为不是各自分离的。这篇作文没有收敛；作者的目的没有直接写出，而是留给读者去思考。文中有很多思想总体上都是可以用的，但是不具体；与此同时，作者显示了她对一些经验细节的感知。这些具体技术的运用只是用来说明更加抽象的思想，从而进行思想和感情的交流。这个学生能够运用某种经验或感官无法实现的语言联结来创造一种语境（例如，"他们的沉默是震撼性的。它像是在对着世界大叫……伤害、撕扯和重击"）。[1]

根据 SOLO 对写作行为与成果的特征描述，一些老师结合具体的写作教学与评价内容，对上述行为特征进行增减或创造性发展，形成了更有针对性的写作评价指标，如郭家海根据 SOLO 理论，开发出了如下评价量表：

表7-12 "写景抒情散文中抓住景物总特点结构文章"发展性评价量表[2]

等级	等级特征描述
C级	没有确定描写对象的总特点来统领全文，文章结构松散，各部分缺少紧密的关联，近似生硬拼接
B级	能确定描写对象的一两个总特点，但所选取的具体的景物或场景并不能完全体现描写对象的总特点；未扣住描写对象的总特点泛泛抒情
A级	能确定描写对象的一两个总特点来统领全文，并且选择符合描写对象总特点的具体景物或场景进行描写；能扣住描写对象的总特点抒发情感
A+级	在确定恰当的总特点统领全文并能合理进行具体描写的基础上，确定的描写对象的总特点还能反映更深刻的自然规律或人生道理，由此抒情让人获得启发

（说明：此表针对初一年级，为使短篇习作更易于把握，故特将总特点数量限定在两个以内）

---

[1] 彼格斯，科利斯. 学习质量评价 [M]. 高凌飚，张洪岩，译. 北京：人民教育出版社，2011：129-145.

[2] 周永祥. SOLO分类理论下写作发展性评价量表体系的构建 [J]. 中学语文，2013（13）：17-20.

表7-13　"写景抒情散文中抓住景物总特点结构文章"学习效果自测表

题号	问题	自评（可只评优劣，也可具体描述）
1	我确立的描写对象总特点在众多特点中典型吗？	
2	我确立的描写对象总特点数量上合乎要求吗？	
3	我所描写的具体景物或场景全部都能体现描写对象的总特点吗？	
4	文章各部分的结构关系明确而合理吗？	
5	人物抒情与描写对象总特点结合紧密吗？能给人以深刻启发吗？	

上述评价标准采用了 SOLO 分类理论，每一条标准都包含了能力、思维操作、一致性与收敛、回答结构等要素，对每一个层次的水平描述也采用了 SOLO 的描述方式，师生可以根据上述评价表，评价自己的"结构"能力与发展方向，具有很好的指导意义。除上述评价表以外，他们还对记叙文肖像描写、记叙文借助写景揭示主题、议论文的论点确立等制订了如下评价量表：

表7-14　"记叙文肖像描写"发展性评价量表（试验）[1]

C级	不了解相关知识，缺少肖像描写的意识，只能用某些常用套语做出一些单调空泛的肖像描写，这些肖像描写对人物整体形象、主题都没有什么作用，其至破坏人物形象、主题。不同的描写间没有一致性
B级	能自然运用肖像描写手法，写出人物个性，但与其身份、一定情况下的心态吻合度较低。人物肖像描写无助于塑造有价值的人物形象，无助于表现有意义的主题
A级	能够有意识地运用肖像描写塑造人物形象。肖像描写所塑造的人物形象与主题表达有关联，并能起到积极的作用
A+级	能够恰当运用一种或多种肖像描写的手法，塑造符合人物身份、心境的鲜活的人物形象，写出人物的神韵和作者的感觉。人物形象有助于揭示主题，深化作者情感
自评	案例	
	评价	
同窗评价		

---

[1]周永祥. SOLO分类理论下写作发展性评价量表体系的构建［J］. 中学语文，2013（13）：17-20.

表7-15　记叙文中借助写景揭示主题的发展性评价标准[1]

C级	在记叙文的写作中不会穿插景物描写，单纯叙事，直白揭示主题
B级	在记叙文的写作中能够穿插景物描写，但所描写的景物脱离现实，不符合景物的本身特征或与主题的揭示无关
A级	在记叙文的写作中能够穿插景物描写，并且景物描写符合特征，能揭示文章的主题

表7-16　"议论文论点的确立"发展性评价量表[2]

等级	等级特征描述与升级方法指津
C级	论点表述不明确，或者所持的观点不正确
B级	论点表述了作者明确的观点，并且所持的观点正确，为人们所认可
A级	在明确、正确的基础上，论点还揭示了所评论对象背后所反映出的深刻的道理，具有更广泛的教育意义，或论点新颖，能打破常规思维寻找新的评价角度，或者在言语表述上更生动

　　这些评价表针对具体的写作能力建构，为学生的写作能力发展架起了阶梯，学生可以根据这一评价表沿阶而上，不断获得进步。

---

[1]［2］周永祥.SOLO分类理论下写作发展性评价量表体系的构建［J］.中学语文，2013（13）：17-20.

第二节　布卢姆教育目标分类学和语文学习质量评价

1956 年，布卢姆等人提出了教育目标的分类方法，对认知领域的能力发展及其表现进行了分类，为测试评价提供了依据。虽然人们不断质疑布卢姆的分类标准及其科学性，但这一理论在教学与评价领域的影响却越来越大。20 世纪末，安德森等人根据不少老师在使用过程中感受到的问题和学者们的建议，开始修订原有的分类，并力求解决以下问题：

1. 在有限的学校和课堂教学时间内，什么值得学生学习？（学习问题）

2. 如何计划和进行教学才能使大部分学生在高层次上进行学习？（教学问题）

3. 如何选择或设计测评工具和程序才能提供学生学习情况的准确信息？（测评问题）

4. 如何确保目标、教学和测评彼此一致？（一致性问题）[1]

安德森等人认为，理想的教育目标分类，既要能够解决学习问题与教学问题，也要能够解决评价问题，更要解决目标、教学与评价之间的一致性问题，"当目标、教学、测评之间高度不一致时，就会产生问题。例如，如果教学与测评不一致，那么，即使高质量的教学也无助于提高学生的测评成绩。类似地，如果测评与目标不一致，那么，测评结果将无法表明目标是否达到"[2]。

一、教育目标分类学：知识与认知的整合性评价理论

要做到目标、教学与评价的统一，成功解决上述四个问题，确立的目标就应顾及知识与认知两个方面。知识既是认知的基础，也是教学与测评的重要内容；认知是获取知识、运用知识和创新知识的心理活动与思维过程。知识与认知密不可分，缺乏认知的知识只能是书本上的客观知识，不能成为改变学生认知结构的知识养料；缺乏知识的认知活动，

［1］安德森，等.布卢姆教育目标分类学：分类学视野下的学与教及其测评［M］.蒋小平，等译.北京：外语教学与研究出版社，2009：5.

［2］同［1］8.

只能是凭空的猜测臆想,无法使认知获得实质性发展。因此,能够与教学、评价保持高度一致的目标,应是知识与认知相结合的目标。"安德森假定每一个层次的认知操作都与每一种类的知识相互作用,这样就构成了一个二维的目标分类体系。"[1]

表7-17　安德森等人修订的布卢姆教育目标分类表[2]

知识维度	认知过程维度					
	记忆/回忆	理解	应用	分析	评价	创造
事实性知识						
概念性知识						
程序性知识						
元认知知识						

"修订后的二维框架避免了布卢姆体系在结构和表述上的一些缺陷。从表述上看,知识这个词也不再兼有名称和动作两方面的含义,设计认知操作的记忆、理解、应用、分析、评价和创造,都是反映一种动作的动词。从结构上看,知识不再只是一个没有层次的平台,而是在广度和深度上不断扩大和提高的维度,符合实际的情况。认知操作维度的修订将理解层次进行了细化,强调了有意义的学习,这样就使得新的分类体系与建构主义的理论有机地结合起来。同时,取消了综合层次,不再造成将综合与分析人为地强行拆分的问题。新增加的创造层次代表最高层次的认知操作。这样的上升逻辑更为合理和清晰。"[3]安德森等人对新分类表中的各类知识进行了详细阐释,主要内容见下表(表7-18):

[1]马扎诺,肯德尔.教育目标的新分类学(第2版)[M].高凌飚,吴有昌,苏峻,译.北京:教育科学出版社,2012:译序.

[2]安德森,等.布卢姆教育目标分类学:分类学视野下的学与教及其测评[M].蒋小平,等译.北京:外语教学与研究出版社,2009:21.

[3]同[1].

表7-18　布卢姆教育目标新分类表之知识维度[1]

主要类型和亚类型	举例
1.事实性知识——学生通晓一门学科或解决其中的问题所必须了解的基本要素	
（1）术语知识	技术词汇、音乐术语
（2）具体细节和要素的知识	重要的自然资源、可信的信息源
2.概念性知识——在一个相对大的体系中，能够共同发挥作用的基本要素之间的关系	
（1）分类和类别的知识	地质年代、企业产权形式
（2）原理和通则的知识	勾股定理、供求规律
（3）理论、模型和结构的知识	进化论、国会的组织构架
3.程序性知识——如何完成某件事情、探究的方法，以及使用技能、算法、技术和方法的准则	
（1）具体学科的技能和算法的知识	用水彩绘画的技能、整数除法的算法 访谈技巧、科学方法
（2）具体学科的技术和方法的知识	确定合适使用牛顿第二定律的准则、判断
（3）确定合适使用某种程序的准则的知识	用某一种方法估计企业成本的可行性的准则
4.元认知知识——有关一般认知过程的知识，以及对自我认知过程的认识和了解	
（1）策略性知识	把概要描述作为获得教材中某一单元的结构的知识；使用启发式方法的知识
（2）关于认知任务的知识，包括适当的情境性和条件性知识	某一教师实施的测验类型的知识；不同任务对认知要求的知识
（3）关于自我的知识	知道评论文章是自己的强项，而写作是自己的弱项；了解自己的知识水平

　　布卢姆和安德森等人认为，"事实性知识包括学科专家用于学术交流、理解以及系统地组织学科的基本要素。通常，这些要素就以其呈现的形式被工作于该学科的人们所使用；当使用的情境改变时，它们几乎或完全不需要改变。事实性知识包括学生通晓一门学科或解决其中任何问题所必须了解的基本要素，这些要素通常涉及某些具体指称对象的符号或表达重要信息的'符号串'。大部分事实性知识处在相对较低的抽象水平上"，"术语知识包括关于言语的和非言语的特殊标记与符号的知识"，"具体细节和要素的知识包括关于事件、地点、人物、日期、信息等的知识，

---

［1］转引自：格伦隆德，沃.学业成就评测［M］.杨涛，边玉芳，译.北京：教育科学出版社，
　2011：228-229.

这类知识可以包括非常精确或具体的信息"[1]。语文学科中的事实性知识是用于语言交流、阅读、写作等的基本元素与符号，主要有三种类型：一是符号性知识，如语音、字形、词汇、熟语、句子、句群、标点等；二是常识性知识，如文化常识、文学常识、文学史常识等；三是信息类知识，如各种语言材料蕴含的基本信息等。

"概念性知识包括关于分类和类别以及它们之间的关系的知识，是更为复杂的、结构化的知识形式。概念性知识包括图式、心理模型或者不同认知心理模型中或明或隐的理论。这些图式、模型和理论描述个体所具有的那一类知识，它涉及某一学科是如何组织和结构化的，信息的不同部分或片段是如何以一种更为系统的方式相互联系的，以及这些部分是如何共同产生作用的。"分类和类别的知识"包括用于不同学科的具体类别、组别、部类和排列……与术语知识和具体事实形式的知识相比，这类知识要更加概括些，而且往往更加抽象……例如，在写作或分析一个故事时，主要的类别包括情节、人物和背景。应该注意，作为类别的情节本质上不同于该故事的情节。当我们关注作为类别的情节时，关键的问题是：什么使得一个情节成为情节？类别'情节'是由所有具体情节的共同点来定义的。相反，当我们关注于某一故事的情节时，关键的问题是：该故事的情节是怎样的？"。原理和通则的知识，"包括对现象的观察结果予以概括的一类抽象知识。这类抽象的知识在描述、预测、说明或确定最合适、最恰当的行动或行动方向等方面具有最大的价值。原理和通则汇集大量的具体事实和事件，描述这些具体细节之间的过程和相互关系（从而形成分类和类别），并进一步描述分类和类别之间的过程和相互关系，从而使专家能够以简洁连贯的方式使整体系统化。原理和通则往往是学生难以理解的一般性的思想和概念，这是因为学生也许并不完全了解原理和通则所要总结与组织的那些现象。然而，如果学生真正懂得了原理和通则，那么，他们就掌握了联系和组织大量学科问题的方法"。理论、模型和结构的知识，"为复杂的现象、问题或一个学科提供清晰、全面、系统的见解。这类知识表达得最为抽象，它们能够阐

---

[1] 安德森，等.布卢姆教育目标分类学：分类学视野下的学与教及其测评 [M].蒋小平，等译.北京：外语教学与研究出版社，2009：35-37.

明一系列具体细节、分类和类别以及原理和通则之间的相互关系和结构。但它不包括不同学科用于描述、理解、说明和预测现象的各种范式、认识论、理论和模型。各门学科都有自己组织探究的范式和认识论，学生应该逐渐了解这些使学科及其研究领域概念化和结构化的不同方法"[1]。语文学科的概念性知识，是指形成语文学科逻辑体系的具有规律性的知识，主要有三个层面：一是规则性知识，即约定俗成的语言理解与表达规则，如语法知识、句式知识、文体学知识、文章学知识、逻辑学知识等；二是原理性知识，即揭示阅读、表达、语言运用等本质与机制的知识，如阅读原理、写作原理、语言运用原理等；三是思想性知识，即对语文学科及其构成的理解与看法，如语文学科思想、语文学科的发展逻辑、语文学科的内容构成等。

"程序性知识是关于如何做某事的知识"，"反映的是各种'过程'的知识"，"反映了具体学科的知识或具体学科的思维方式"。"具体学科的技术和方法的知识是通过达成共识，取得一致意见或学科规范等途径得到的结果，而不是直接来源于观察、实验或发现。通常，程序性知识的这一亚类反映的是一个领域或学科的专家思考和解决问题的方式，而不是这些思考和问题解决的结果"，"确定何时使用适当的程序同样是学科专家在解决本领域问题时的一种理性化行为。专家懂得何时何地应用他们的知识。他们拥有能够帮助他们决定何时何地使用具体学科的程序性知识的准则，即他们的知识是'条件化的'，因为他们知道应用程序的条件"[2]。语文学科的程序性知识，是指读懂和表达语言以及学会学习语文的方式与方法，主要包括三类知识：一是读懂语言与表达语言的知识，如阅读、写作、语言应用、口语交际等方面的方法性知识，主要解决如何读懂句子、段落、文章，如何写作，如何应用语言，如何进行口语交际等问题的方法性知识；二是学会学习语文的知识，主要解决如何学语文、如何学好语文等问题的方法性知识；三是学会思考问题的知识，即在语文学习和表达学习成果的过程中如何思考问题、如何展开思维和表达思维等方面的方法性知识，主要解决在阅读、写作、语言应用和交际活动

[1]［2］安德森，等.布卢姆教育目标分类学：分类学视野下的学与教及其测评［M］.蒋小平，等译.北京：外语教学与研究出版社，2009：35-40.

中如何理解、分析、综合、创造等问题。

元认知知识是对学习过程、学习成果进行监控和反思的知识。"策略性知识是关于学习、思维和解决问题的一般性策略的知识……包括关于各种学习策略的知识，学生可以使用这些策略去记忆材料、提取文字的意义或者领会课堂、书本以及其他教材的内容。学习策略的种类繁多，我们可以将它们分成三个大类，即复述策略、精加工策略和组织策略。复述策略涉及一遍又一遍地重复需要回忆的单词和术语；对于更深层次的学习和领会，它们一般不是最有效的策略。与此不同，精加工策略包括对记忆任务使用的各种记忆方法，还包括总结、释义以及选择教科书中的主要观点等技巧。精加工策略能够促使学生对学习材料进行深加工，从而产生比复述策略更好的理解和学习效果。组织策略包括各种形式的概述、绘制'认知地图'以及做笔记等；学生将材料从一种形式转变为另一种形式。组织策略通常产生比复述策略更好的理解和学习效果。除这些一般的学习策略之外，学生还能够掌握用于计划、监控和调节认知的各种元认知策略的知识。学生最终将能够使用这些策略去计划认知（例如建立子目标）、监控认知（例如，在阅读一段课文时给自己提问；自己检查一个数学问题的答案）以及调节认知（例如，重新阅读他们不理解的某段课文；回头修补一个数学问题的计算错误)。"策略性知识"还包括问题解决和思维的一般性策略。这些策略代表了学生能够用于解决问题，尤其是那些没有固定解答方法的结构不良问题的各种一般启发性。启发性的例子有'方法——目的'分析法及从预期目标状态逆向思维的方法。除问题解决策略之外，还有一般的演绎思维策略和归纳思维策略，其中包括不同逻辑陈述的效度评价、避免循环论证、根据不同来源的资料做出恰当的推断；以及使用适当的样本进行推断（即避免可得性启发性——基于方便而不是基于代表性样本的一种方法)"。"关于认知任务的知识，包括情境性知识和条件性知识……弗拉维尔对元认知知识的传统性划分还包括：知道不同的认知任务可能难度不同；知道不同的认知任务可能对认知系统提出不同的要求；知道不同的认知任务可能要求不同的认知策略……学生发展的关于各种学习和思维策略的知识包括两个方面，即使用一般策略的是哪些以及如何使用这些一般策略……学生还需要发展应用这些一般认知策略的条件性知识；换言之，学生需要发展关于何时以及如何正确地使用这些策略的若干知识"，"条件性知识的另一个重要方面是，使用各种策略的当地情境以及普遍的社会规范、习俗和文化传统。例如，一位教师可能鼓励使用某种监控阅读领会的策略，懂得这一策略的学生能够更好地满足该教师的课堂要求"。"关于自我的知识也是元认知的一个重要组成部分。按照弗拉维尔的模型，关于自我的知识包括对自己在认知和学习方面的强项和弱项的了解……专家的标志之一是，他们知道何时他们不懂某一问题，而且，他们具有寻找所需适当信息的某些一般性的策略。对自己知识基础的广度和深度的自我意识，是关于自我知识的一个重要方面。最后，学生需要意识到在不同的情境中自己可能需要的各种一般策略……除关于自己的一般认知的知识之外，个体还具有关于自我动机的信念……第一组动机信念包括自我效能感，即学生对于他们完成某一任务的能力的判断；第二组动机信念包括学生完成某一任务的目的和原因；第三组动机信念包括价值和兴趣，描述学生对任务的个人兴趣（爱好）的认识，以及他们对该任务对自己的重要性和有用性所做的判断。学生需要发展的关于自我的知识和意识不仅包含知识和认知方面，而且还应该包含动机方面。""关于自我的知识是元认知知识的一个重要方面，而关于自我的知识的准确性则似乎对学习最为重要。我们不主张教师为提高学生的'自尊'（一个与关于自我的知识完全不同的概念）而向学生提供正面的但却是虚假的、不准确的甚至误导性的学习反馈信息。学生需要对自己的知识基础和专长具有准确的认识和判断，这要比他们获得夸张的、不准确的关于自我的知识更为重要。"[1] 语文学科的元认知知识，是对语文学习条件、过程、结果进行监控和反思的知识，主要包括三个方面的知识：一是语文学习条件的元认知知识，即对语文学习条件进行监控、评价、反思和改进的知识，如记录、分析、评价和改进语文学习条件的知识；根据不同语言环境得体表达的知识等；二是语文学习过程的元认知知识，即对语文学习过程进行监控、评价、反思和改进的知识，如对语文学习内容的价值、数量等的监控和

[1] 安德森，等.布卢姆教育目标分类学：分类学视野下的学与教及其测评 [M].蒋小平，等译.北京：外语教学与研究出版社，2009：43-46.

反思知识，对语文学习策略、思维方式等的监控、评价、反思和改进的知识等；三是语文学习结果的元认知知识，是对学习成果与成效进行监控、评价、反思和改进的知识，即如何评价自己的语文学习成果与成效的知识，如何明确自己在语文学习上的优劣，如何提出自我改进建议等知识。

上述四类知识具有层层递进的逻辑线索，事实性知识是所有知识的基础，主要解决语文学科的共同基础问题；概念性知识多是根据事实提炼的，是事实性知识的高度概括和抽象，主要解决规律是什么的问题；程序性知识是关于知识运用与学习方法等的知识，主要解决方法是什么或怎么做的问题；元认知知识主要是关于自我监控与反思改进的知识，主要解决为什么和怎么做得更好的问题。在这四类知识中，事实性知识属于低阶知识，概念性知识属于中阶知识，程序性知识与元认知知识属于高阶知识。根据布卢姆和安德森等人的研究思路，结合语文学科的特点，语文学科的知识可做如下分类：

表7-19　语文学科的知识分类评价表

知识层级	知识类型	主要内容	评价内容举例
高阶知识	元认知知识	●语文学习条件的元认知知识 ●语文学习过程的元认知知识 ●语文学习结果的元认知知识	●如记录、分析、评价和改进语文学习条件的知识；根据不同语言环境得体表达的知识等 ●如对语文学习内容的价值、数量等的监控和反思知识，对语文学习策略、思维方式等的监控、评价、反思和改进的知识等 ●如何评价自己的语文学习成果与成效的知识，如何明确自己在语文学习上的优劣，如何提出自我改进建议等知识

续表

知识层级	知识类型	主要内容	评价内容举例
高阶知识	程序性知识	●读懂语言与表达语言的知识 ●学会学习语文的知识 ●学会思考问题的知识	●如阅读、写作、语言应用、口语交际等方面的方法性知识 ●如如何学语文、如何学好语文等问题的方法性知识 ●如在语文学习和表达学习成果的过程中如何思考问题、如何展开思维和表达思维等方面的方法性知识
中阶知识	概念性知识	●规则性知识 ●原理性知识 ●思想性知识	●如语法知识、句式知识、文体学知识、文章学知识、逻辑学知识等 ●如阅读原理、写作原理、语言运用原理等 ●如语文学科思想、语文学科的发展逻辑、语文学科的内容构成等
低阶知识	事实性知识	●符号性知识 ●常识性知识 ●信息类知识	●如语音、字形、词汇、熟语、句子、句群、标点等 ●如文化常识、文学常识、文学史常识等 ●如各种语言材料蕴含的基本信息等

要把握、运用和发展上述知识，需要抓住认知过程的关键环节，安德森等人修正了布卢姆的认知分类，形成了以下认知维度表：

表7-20　安德森等人修订后的布卢姆认知过程分类表[1]

过程类别	相关词	定义与样例
1.记忆／回忆——从长时记忆中提取相关的知识		
（1）再认	识别（Recognizing）	在长时记忆中定位与当前材料一致的知识（例如，识别美国历史中重要事件的时间）
（2）回忆	追忆（Retrieving）	从常识记忆中追忆相关的知识（例如，回忆美国历史中重要事件的时间）
2.理解——从教学信息包括口头、书面和图表等形式中建构意义		

［1］转引自：格伦隆德，沃.学业成就评测［M］.杨涛，边玉芳，译.北京：教育科学出版社，2011：229-231.

续表

过程类别	相关词	定义与样例
（1）解释	澄清（Clarifying） 释义（Paraphrasing） 陈述（Representing） 转述（Translating）	从一种表征方式（例如，数字的）到另外一种（例如，文字的；解释重要的演讲和文档）
（2）举例	举例（Illustrating） 示例（Instantiating）	找到具体的例子，或者解释概念，或者说明原理（例如，给出各种绘画艺术风格的例子）
（3）分类	分类（Categorizing） 归类（Subsuming）	判定某些事情属于同一类（例如，将观察到的或描述过的精神疾病案例分类）
（4）总结	概括（Abstracting） 归纳（Generalizing）	概括出一般的主题或要点（例如，写出录像带所记录事件的简介）
（5）推断	推断（Concluding） 外推（Extrapolating） 内推（Interpolating） 归纳（Predicting）	从呈现的信息中进行逻辑的推断（例如，学习外语时，通过例子推断语法规则）
（6）比较	对比（Contrasting） 对应（Mapping） 匹配（Matching）	发现两种观点、对象或其他类似物之间的一致性（例如，将历史事件与当代的情境加以比较）
（7）说明	建模（Constructing models）	建构一个系统的因果模型（例如，说明法国18世纪重大事件的产生原因）

3. 应用——在给定情境中执行或者利用一种程序

（1）执行	执行（Carrying out）	对一个熟悉的任务运用一种程序（例如，两个多位数字的整数相除）
（2）实施	利用（Using）	对一个不熟悉的任务运用一种程序（例如，在牛顿第二定律适用的情境中运用该定律）

4. 分析——把材料分解成各个组成部分，确定各部分之间的相互关系以及与总体框架的关系

（1）区别	辨别（Discriminating） 区分（Distinguishing） 集中（Focusing） 选择（Selecting）	从现有的材料中区分出无关和相关的，或重要和不重要的部分（例如，区分数学解答题中的相关与无关数字）

续表

过程类别	相关词	定义与样例
（2）组织	发现（Finding） 连贯（Coherence） 整合（Integrating） 概述（Outlining） 分解（Parsing） 构造（Structuring）	确定一个结构中的各要素是如何作用的（例如，构造赞成和反对特定历史解释的描述性证据）
（3）归因	解构（Deconstructing）	确定现有材料中的观点、偏见或者隐含的观点（例如，就作者的政治观点来确定他／她在一篇文章中的观点）

5.评价——基于标准做出判断

过程类别	相关词	定义与样例
（1）检查	协调（Coordinating） 探测（Detecting） 监控（Monitoring） 测试（Testing）	发现一个过程或者成果的矛盾或错误；确定一个过程或者成果是否具有内部一致性；察觉实施程序的有效性（例如，确定科学家的结论是否来自观察的数据）
（2）评论	判断（Judging）	发现一个成果和外部准则的矛盾，确定一个成果是否有内部一致性；发现一个给定问题程序的恰当性（例如，判断两种方法中哪一个是解决一个给定问题的最好办法）

6. 创造——把要素放在一起形成连贯的或者实用的整体；重新组织要素成一种新的模式或结构

过程类别	相关词	定义与样例
（1）产生	假设（Hypothesizing）	基于标准来产生可选择假设（例如，产生假设以说明可观察的现象）
（2）规划	设计（Designing）	为完成某些任务设计一种程序（例如，设计一个给定的历史主题的研究方案）
（3）创作	制作（Constructing）	发明一个产品（例如，为专门的目的建造一个生活习惯）

在这六种认知操作技术中，"记忆或回忆"是最基础的认知活动。"在把知识运用到较高复杂的任务时，回忆该知识对于有意义学习和问题解决是必不可少的"，"回忆涉及获得提示后从长时记忆中提取相关的知识。回忆的同义词是提取"[1]。记忆和回忆的认知操作技能主要有识别和追

---

[1] 安德森，等.布卢姆教育目标分类学：分类学视野下的学与教及其测评［M］.蒋小平，等译.北京：外语教学与研究出版社，2009：53.

忆。"识别涉及从长时记忆中提取相关知识，以便与被呈现的信息进行比较。识别的同义词是辨认"[1]；追忆是根据提供的线索和任务，重新回忆起相关知识或信息。

记忆或回忆的认知活动既可与事实性知识紧密联系，也可与程序性知识密切相关。评价学生记忆或回忆事实性知识的情况时，可让学生识别相关知识或信息，"识别的三种主要测评题型是：验证题、匹配题和强迫选择题。验证题为学生提供某种信息，学生必须决定该信息是否正确，是非判断是验证题最常见的形式。匹配题提供给学生两列清单，要求学生将一列清单中的每一个条目与另一列清单中的条目配对。强迫选择题提供给学生一个题干和几个备选答案，学生必须决定哪个答案是正确的或是'最佳答案'。选择题是强迫选择作业最常见的题型"[2]。评价学生记忆或回忆程序性知识时，除了采用"识别"的评价方法，也可将其植入特定的情境，把回忆知识放入新的任务的建构与完成的过程中，"在教师只关注机械学习的情形下，教学和测评就会只针对知识要素或片段的回忆，而这些知识要素或片段往往脱离其所处的情境。然而，当教师关注有意义学习时，回忆知识就会融入建构新知识或解决新问题这一更大的任务之中"[3]。在语文学习活动中，记忆或回忆与各个层级的知识密切相关，贯穿于学习与评价的全过程。

认知活动的第二个层级是理解，理解既是思维活动的核心，也是提高学习质量的关键。如果说记忆或回忆是为了唤起阅读、写作、语言应用或口语交际的相关知识，理解则是用相关知识解读学习任务，并在学习任务中建构各种意义的过程，如果缺少这一过程，其他认知活动将无法展开。"当学生能够从授课、书本或计算机等渠道获得言语、文字和图形等呈现形式的教学信息并从中建构意义时，我们就说学生理解了。"[4]理解包含解释、举例、分类、总结、推断、比较、说明等操作技能。"解释是指学生能够将信息从一种表现形式转变为另一种表现形式，它可能

---

［1］安德森，等.布卢姆教育目标分类学：分类学视野下的学与教及其测评［M］.蒋小平，等译.北京：外语教学与研究出版社，2009：53.

［2］同［1］51-53.

［3］同［1］.

［4］同［1］54.

涉及将文字转变为文字（例如释义），将图画转变为文字，将文字转变为图画，将数字转变为文字，将文字转变为数字，将音符转变为声音，等等。解释的同义词是转化、释义、描述和澄清。""举例是指学生列举一般概念或原理的具体例子。举例涉及辨认一般概念或原理的定义特征，并利用这些特征去选择或建构一个具体例子。举例的同义词是示例和实例化。""分类要求学生识别某事／某物（如某一事件或例子）属于某一个类别（如某一概念或原理），这涉及查明与具体例子和概念或原理两者都'相符'的相关特征或模式。分类与举例是一对互补的认知过程；举例从一般概念或原理出发要求学生寻找一个具体例子；而分类则从一个具体例子出发要求学生找到一般的概念或原理。分类的同义词是归类和归入。""总结是指学生用一句话来描述呈现的信息或概括出信息的主题。因此，总结涉及建构信息的表征，如建构戏剧中某一场景的含义，还涉及对信息进行概括，如确定主题或主要观点。总结的同义词是概括和归纳。""推断涉及在一组例子或事件中发现模式，这要求学生能够对每个例子的相关特征编码，更重要的是，能够发现例子之间的相互关系，从而抽象出能够解释这组例子的概念或原理。""推断的过程涉及在整个集合的背景中进行例子之间的比较。""与推断相关的另一个认知过程是利用这一变化模式去生成一个新的例子。""推断有别于归因（属于分析类别的一个具体认知过程）。归因只关注确定作者的立场或意图等实用性问题，而推断则关注从呈现的信息中归纳出一种模式。推断与归因的另一个区别在于，归因广泛地适用于必须'体现言外之意'的情形，尤其是当人们试图确定作者的立场时；而推断则发生在对推断的内容提供了预期结果的情境之中。推断的同义词是外推、内推、预测和断定。""比较涉及查明两个或更多对象、事件、观点、问题或者情境之间的相似点与不同点。比较包括在两个对象、事件或观点的要素和模式之间发现一一对应的关系。与推断（例如，首先从更为熟悉的情境概括出规则）和实施（例如，其次把该规则应用到不熟悉的情境）一起使用时，比较有助于进行类比推理思维。比较的同义词是对比、配对和对应。""说明要求学生建构和运用某一系统的因果模型。该模型也许从一种形式理论推导得出，也许建立在研究或经验的基础之上。一个完整的说明涉及建构一种因果模型，包括建构一个系统中的每一个主要部分或一条事件链中的每一个主要事件，以及运用该模型去确定改变该系统中的一部分或链中的一环将如何影响到其他部分的变化。说明的同义词是建模。"[1]

安德森等人认为，解释的不同认知技能有不同的测评方式。"测评解释的适当题型包括构答题（即需要学生提供答案）与选择题（即需要学生从给定的答案选项中做出选择）。在测评时，信息以一种形式呈现出来，学生需要以另一种形式建构或者选择与之相同的信息。""为了尽量保证测评针对的是解释而不是回忆，测评题包含的信息是新的信息。在这里，'新'的意思是学生在教学过程中未曾遇见过。如果不能遵从这条规则，我们就不能确保被测评的认知过程是解释而不是回忆。"举例、分类、总结的评价也主要采用构答题方式，学生根据给出的观点或内容，要么列举例子证明观点，要么对所列举的事物进行归类，要么进行归纳和概括。"要求学生进行推断（往往与执行一起）的三种常见测评题型是：完成式试题、类比式试题以及举异式试题。完成式试题提供给学生一组项目，学生必须确定该组项目的下一个项目是什么。""比较的一个主要测评方法是对应。在进行对应时，学生必须指明一个对象、观点、问题或情境的每一部分如何对应于（或映射到）另一个对象、观点、问题或情境的每一部分。""测评学生说明能力的题型包括推理、故障诊断、重新设计和预测。推理试题要求学生说出给定事件发生的原因。故障诊断试题要求学生诊断一个出了故障的系统从而找出故障的原因。重新设计试题要求学生对系统进行改变但不改变系统的功能。在预测试题中，需要学生回答改变系统的某一部分将会如何引起系统其他部分的变化。"[2]

语文学习活动中的理解，是指把握阅读、写作、语言应用和交际等对象与场景的意思，并自主创生或根据要求建构意义的过程。这一过程中的基本认知技能依然是解释、举例、分类、总结、推断、比较和说明。语文学科中的解释，主要包括解说或澄清阅读对象或语言应用情境、条件等的意思、意图，在语境中解释汉字、词语、句子、标点等的意思，

[1][2]安德森，等.布卢姆教育目标分类学：分类学视野下的学与教及其测评[M].蒋小平，等译.北京：外语教学与研究出版社，2009：54-58.

对事件、图形、符号或数字等进行描述，对文字内容或意思用图形、符号或数字等进行阐释等。语文学科中的举例主要有三种情形：一是根据观点列举正反事例；二是根据事例列举能说明这一事例的不同观点；三是把握所给事例、观点的特点或内在逻辑，在更大范围内列举其他事例或观点。分类，主要是把词语、句子、段落、文章等语料、信息根据一定标准进行归类，语文学科中的分类标准主要有语言使用规则、语言表达特点、语言应用条件、语言表达效果、语言意思、语言意义等，根据不同标准，相同的语料可以划分出不同的类型。语文学科中的总结主要是对语料内容、形式特点、应用条件、应用规则、表达效果等进行归纳、概括。语文学科中的推断，主要是根据已有语言材料推断出新的结论或信息的过程，得出的结论是给出的语言材料中没有的内容，是发掘语言材料的相关信息，分析其共同特征与发展趋势，根据共同特征和发展趋势得出的新结论，补充的新信息。语文学科中的比较，主要是对所给语料的内容、表达、应用条件、效果等进行对比、对应的过程，其目的是发现其异同点与表达的优劣。语文学科中的说明，主要是建立结论与语料之间的因果联系，即说明得出这一结论的理由和思路，避免望文生义或胡乱猜想。

"理解"为"应用"铺垫基础。应用是为完成特定任务，在具体场景中使用语文知识与能力的认知活动。"应用涉及使用程序去完成练习或解决问题，因此，应用与程序性知识有着紧密的联系。应用认知类别包括两个具体的认知过程：执行——其任务是完成练习；实施——其任务是解决问题。""执行是指学生遇到熟悉的任务（即练习）时程式化地执行一个程序。""实施是指学生选择和使用一个程序去完成不熟悉的任务。由于要选择程序，学生必须理解遇到的问题类型以及可获得程序的范围。所以，实施是与理解和创造等认知过程类别一起使用的。""在实施的开始部分，我们必须选择程序以满足新情境；到了实施的中间部分，必须修改程序以便实施；到了实施的结尾部分，由于不存在备用的、可修改的程序性知识，我们必须以理论、模型和结构为指导从概念性知识中把程序加工出来。"对"应用"活动的评价要考虑执行和实施的这种差异，"执行的测评题可以是一道学生能够使用熟知的程序解答的熟悉习题"，"实施的测评题给学生提供一个他们不熟悉但必须解决的问题，因此，大多数测评题型都要首先对问题进行详细的描述"[1]。语文学科中的应用也可分为"执行"和"实施"两种操作技能。"执行"主要是对读书习惯和读书方法的应用，即运用熟悉的习惯和方法去完成阅读任务，尽管阅读内容可能是全新的，但习惯和方法的应用无须仔细思虑，在认知技能上仍属于执行层次。"实施"是在完成具体的阅读、写作、语言应用、交际等任务时，对语文知识、阅读方法、思维方法、阅读能力等的应用，尽管学生了解和熟悉相关知识与方法，但在完成新任务时必须重新选择和灵活调整相关程序。因此，语文学科在具体情境中解决具体任务时，没有一劳永逸的程序，其应用过程主要是创造性使用已有程序的过程，从这一角度看，语文学习中的应用活动本质上是一种创造活动。

分析是理解的延伸。"分析涉及将材料分解成它的组成部分，并确定各部分之间的相互关系，以及各部分与总体结构之间的关系。分析认知类别包括区别、组织、归因三个具体的认知过程。分析类别的教育目标包括学会确定信息的哪些部分是相关的或重要的（区别）、信息各部分是以什么方式组织在一起的（组织）以及信息背后的目的（归因）。虽然学会分析本身就可以当作目的，但在教育上可能更有理由把分析当作理解的外延，或当作评价、创造的开端。"如："区分事实与观点（或者现实与幻想）；把结论与支撑性论据联系起来；区分相关与无关的材料；确定观点之间是如何相互关联的；弄清说话人话语中隐藏的假设；区分诗歌和音乐中主要的与次要的观点和主题；发现那些能够佐证作者意图的证据"。"区别涉及根据相关性和重要性来区分总体结构的各个部分。在区别这一认知过程中，学生将相关的（或重要的）和无关的（或不重要的）信息区分开来，然后专注于相关信息或重要信息。区别有别于理解类别的具体认知过程，因为区别涉及结构的组成，尤其是涉及确定要素如何适配于总体结构。更为具体地说，区别与比较的不同之处在于，两者确定什么相关或重要和什么无关或不重要所使用的更大的语境是不相同的……区别的同义词是辨别、选择、区分和聚焦。""组织是指学生在呈现的信息之间建立起系统的、内在的一致的联系。因此，组织涉及辨

---

[1] 安德森，等. 布卢姆教育目标分类学：分类学视野下的学与教及其测评 [M]. 蒋小平，等译. 北京：外语教学与研究出版社，2009：58–60.

认信息或情境的要素以及识别这些要素如何构成一个连贯的结构。组织与区别两种认知过程通常同时存在，即学生首先辨认相关的或重要的要素，然后确定这些要素构成的总体结构……组织的同义词包括构成、整合、发现连贯性、概述和分解。""归因是指学生能够断定交流背后的观点、倾向、价值或意图。归因涉及信息的解构过程，在此过程中，学生要确定呈现材料的作者的意图。与解释（在解释这一过程中，学生试图理解呈现材料的含义）不同的是，归因超出了基本理解的范围而进一步推断呈现材料中隐含着的作者的意图和观点。"[1] 语文学科中的分析也主要有区别、组织和归因三种技能。"区别"主要有三项任务：一是对语文知识、阅读和写作信息进行辨别、筛选，识别重要信息和次要信息；二是根据相关要求分解语料信息；三是根据特定任务选择和聚焦细分和筛选出来的信息。"组织"是对语料的组织方式与结构等进行识别和建构，其主要任务是分析语料的要素构成、整合语料中的各要素、发现语料的逻辑联系、编制语料的内容框架等。"归因"是由表及里的分析过程，目的是读懂语料的真实意图，主要任务是发现语料隐含的观点、情感倾向、价值取向与作者意图等。

　　"评价是指基于准则和标准做出判断"，其认知技能主要包括检查和评论。"检查涉及检验一项工作或一件产品内部的矛盾或错误之处"，"评论涉及基于外部的准则和标准对产品或工作进行判断，是我们称之为批判性思维的核心。在评论这一认知过程中，学生注意到产品的正反两方面特征，并且至少部分地基于这些特征做出判断……我们可以要求学生评论自己的或他人的假设或创造成果。评论可以基于正面、反面或正反两方面的准则，并且可以获得正反两方面的结果"[2]。语文学习活动中的评价主要包括三方面内容：一是对语料的评价，如对语料的内容、形式、效果等进行检查和评论；二是对学习活动的评价，如对学习内容的选择、学习方法的使用、学习环节的安排等进行检查和评论；三是对学习成果的评价，如对自己回答的问题、写出的作文、进步的幅度等进行检查和

[1]安德森，等.布卢姆教育目标分类学：分类学视野下的学与教及其测评［M］.蒋小平，等译.北京：外语教学与研究出版社，2009：60-62.

[2]同［1]62-63.

评价。

创造是高阶认知活动，其核心是根据已有信息形成新产品的过程。"创造涉及将要素组成内在一致的整体或功能性整体。属于创造类别的目标要求学生在心理上将某些要素或部件重组为不明显存在的模型或结构，从而生成一个新产品。涉及创造的认知过程通常需要学生先前的学习经历的配合。尽管创造要求学生进行创造性思维，但它并不是不受学习任务或情境约束的完全自由的创造性表达。""虽然创造类别中的许多目标强调原创性（或独特性），但教育者必须定义什么是原创的或独特的。术语独特的是否能够用来描述单个学生的工作"，"或者这一术语是专用于一组学生的"。"另外，创造类别中的许多目标并不依赖于原创性或独特性，注意到这一点是很重要的。教师使用这些目标的意图是使学生学会将材料综合成一个整体。""创造过程可以分为三个阶段：问题表征（学生试图理解任务并产生可能的问题解决方案），方案计划（学生审视可能的方案然后形成可行计划）以及方案执行（学生成功地执行计划）。因此，创造过程可以被设想为开始于一个发散思维的阶段，在此阶段中，学生试图理解任务，同时仔细思考各种可能的问题解决方案（产生）。此后是一个聚合思维的阶段，在此阶段中，学生把问题解决方案转变成一个详细的、逻辑有序的行动计划（计划）。最后，该行动计划作为学生建构的问题解决方案得到执行（生成）。"在产生、计划和生成这三种认知技能中，"'产生'涉及学习者表征问题并提出满足特定准则的假设或解决方案。问题最初的表征方式经常暗示可能的解决方案；另一方面，重新定义或表征问题也许提示不同的问题解决方案。当'产生'超越先前知识和现有理论的范围或约束时，'产生'就涉及发散思维并且构成所谓的创造性思维的核心"。"'计划'涉及设计一个满足问题准则的解决方法，即形成一个解决问题的计划。'计划'是针对给定的问题生成实际解决方案之前的那个步骤。""'生成'涉及执行计划去解决特定的、满足一定具体要求的问题……'生成'的同义词是'建构'。"[1]语文学科中的"创造"和安德森等人所说的"创造"有一定差异。语文学科中的"创造"集中体现在四

［1］安德森，等.布卢姆教育目标分类学：分类学视野下的学与教及其测评［M］.蒋小平，等译.北京：外语教学与研究出版社，2009：60-66.

个方面：一是在语言活动中产生新观点和发现新材料；二是运用新思路、新途径或新方法等解决熟悉的问题；三是在新情境中运用语文知识、方法和能力；四是创造出的与语文学科有关的新作品。

　　语文学习活动中的记忆、理解、应用、分析、评价和创造，记忆是初级认知活动，对思维能力的要求相对较低，属于低阶认知活动；理解、应用、分析对思维能力的要求相对较高，但它们主要集中在所给语料的理解、应用和分析上，缺乏足够的开放性与思考的深度，属于中阶认知；评价和创造既要立足所给语料，更要在广视角和深思考中审视和创新所给语料，对思维能力提出了很高的要求，属于高阶认知。综合上述分析，可形成如下的语文学科的认知分类与评价内容（表7-21）：

表7-21　语文学科的认知分类与评价内容

认知阶段	认知类型	认知技能	评价内容举例
高阶认知	创造	●产生 ●计划 ●生产	如在语言活动中产生新观点和发现新材料；运用新思路、新途径或新方法等解决熟悉的问题；在新情境中运用语文知识、方法和能力；创造出与语文学科有关的新作品
	评价	●检查 ●评论	如对语料的内容、形式、效果等进行检查和评论；对学习内容的选择、学习方法的使用、学习环节的安排等进行检查和评论；对自己回答的问题、写出的作文、进步的幅度等进行检查和评论等
中阶认知	分析	●区别	如对语文知识、阅读和写作信息进行辨别、筛选，识别重要信息和次要信息；根据相关要求分解语料信息；根据特定任务选择和聚焦细分和筛选出来的信息
		●组织	如分析语料的要素构成、整合语料中的各要素、发现语料的逻辑联系、编制语料的内容框架等
		●归因	如发现语料隐含的观点、情感倾向、价值取向与作者意图等
	应用	●执行 ●实施	运用熟悉的习惯和方法完成阅读任务 在具体的阅读、写作、语言应用、交际等任务中运用语文知识、阅读方法、思维方法、阅读能力等

续表

认知阶段	认知类型	认知技能	评价内容举例
中阶认知	理解	●解释	如解说或澄清阅读对象或语言应用情境、条件等的意思、意图，在语境中解释汉字、词语、句子、标点等的意思，对事件、图形、符号或数字等进行描述，对文字内容或意思用图形、符号或数字等进行阐释等
		●举例	如根据观点列举正反事例；根据事例列举能说明这一事例的不同观点；把握所给事例、观点的特点或内在逻辑，在更大范围内列举其他事例或观点
		●分类	如把词语、句子、段落、文章等语料、信息根据一定标准进行归类
		●总结	如对语料内容、形式特点、应用条件、应用规则、表达效果等进行归纳、概括
		●推断	如根据已有语言材料推断出新的结论或信息
		●比较	如对所给语料的内容、表达、应用条件、效果等进行对比、对应
		●说明	如建立结论与语料之间的因果联系，即说明得出这一结论的理由和思路
低阶认知	记忆/回忆	●识别	判断所给信息是真是假、是错是对
		●追忆	根据提示或任务线索提取信息

二、教育目标分类理论的评价实践

　　布卢姆和安德森等人认为，要提高目标、教学和评价之间的一致性，需要整合不同层级的知识和认知技能，结合教学的具体内容确定教学与测评目标，根据确定的目标设计教与学活动，在教学活动中开展评价。他们以《麦克白》为教学案例，对这一操作做了说明。玛格丽特·杰克逊根据高中毕业班学生阅读文学作品能力低下的状况，以莎士比亚作品为内容设计了一个为期五周的教学单元。首先，她整合知识与技能，形成了如下教学目标：

第一部分：目标

　　这个为期五周的教学单元的第一个目标是，学生将学会了解如《麦克白》这样的文学作品与他们人生的关系。第二个目标是学生能够回忆该剧的重要细节（例如，特定的事件、角色及其评注相互关系）。[1]

表7-22　《麦克白》案例：陈述的目标在分类表中的位置

知识维度	认知过程维度					
	1.记忆/回忆	2.理解	3.应用	4.分析	5.评价	6.创造
A.事实性知识	目标2					
B.概念性知识		目标1				
C.程序性知识						
D.元认知知识						

玛格丽特·杰克逊根据学生的发展实际，结合戏剧教学的特点，在知识目标上选取了事实性知识和概念性知识两个类别。事实性知识是戏剧中的重要细节，选择这类知识的目的是引导学生学会关注戏剧中的细节，树立阅读戏剧需要重点品味细节的意识，并形成相应的阅读方法。概念性知识是"戏剧或文学作品与人生的关系"，这既是文学理论知识在戏剧中的应用，也是阅读文学作品需要关注的重点知识。在认知目标上，玛格丽特·杰克逊确立了"记忆"和"理解"两个目标，记忆事实性知识，理解概念性知识。把知识目标和认知目标整合起来形成了上述目标。玛格丽特·杰克逊为此做了如下分析："在本单元的主要目标中，动词短语是'了解……关系'，名词短语是'文学作品与他们的人生'。为了'了解关系'，学生可能会把剧中的角色和事件与他们自己生活中的人物和事件进行比较……比较是属于理解类别的认知过程。名词短语中的重点是文学作品，《麦克白》只是文学作品的一例（'这样的'）。文学作品表明了作品的类别，因此，关于文学作品的知识属于概念性知识。此外，文学作品中包含'角色''情节'以及'背景'等概念，关于这些概念知识也被归入概念性知识。《麦克白》是一部特定的文学作品，其中存在特定的角色、特定的情节（及其陪衬情节）以及特定的背景。关于这些细节的知识属于事实性知识。第二个目标清楚地强调一部特定文学作品的细节，因此，我们把该目标归入回忆事实性知识。另一方面，第一个目标表明教师所关注的知识要更为概括，因此，我们把它归入理解概念性知识。"[2]

[1] 安德森，等.布卢姆教育目标分类学：分类学视野下的学与教及其测评［M］.蒋小平，等译.北京：外语教学与研究出版社，2009：107.

[2] 同［1］106-107.

第二部分：教学活动

导入活动

第一天的教学重点是剧本中的一些基本概念。我把"野心""诱惑"和"恐惧"三个单词写在黑板上，然后把全班学生分成三个小组，要求每个小组的学生就这三个单词中某一个的含义进行五分钟的写作。学生非常迅速地理解了野心如何可能帮助或阻碍一个人的成功，他们可以怎样抵制诱惑以及如何对付或战胜恐惧。这一活动引发了关于这三个词对理解《麦克白》具有怎样的关键作用的一场讨论。

然后，我告诉学生，莎士比亚戏剧的观众形形色色，抓住并保持他们的注意力很不容易。因此，他发现必须尽全力在序幕中就建立起贯穿全剧的基调。随后，在我朗读第一幕第一场台词的同时，要求学生跟随阅读课本，特别留意那些有助于建立该剧基调的关键词。（这一场台词只有11行，但几乎每个词都意味深长）

我把学生的注意力引到"公平就是犯规，犯规就是公平"这句台词上，要求他们用自己的话表达这句台词。学生最后得出了一个自相矛盾的结论:好即坏，坏即好。这一结论引发了关于某些好事怎么会变坏或某些坏事怎么会变好的讨论。讨论中列举的例子包括酒、毒品和性。我强调，并在单元教学的整个过程中继续强调，这个表面上自相矛盾的陈述如何逐步发展成我认为的全剧的主题：事情并不像它们表面看起来的那样。[1]

评价这一导入活动时，可着力考察五个因素：一是导入活动是否紧扣了教学目标；二是是否突显了目标中的事实性知识和概念性知识；三是是否推进了学生有关记忆与理解的认知活动；四是是否激发了学生的学习兴趣；五是教学和评价是否一致。评价导入活动时可采用如下评价表：

表7-23 《麦克白》导入活动评价表

评价项目	活动观察与描述	评价结论与分析
导入活动紧扣了教学目标		
导入活动突显了事实性知识和概念性知识		
导入活动有利于学生的记忆与理解		
导入活动激发了学生阅读剧本的兴趣		
导入活动中的教学与评价高度一致		

[1]安德森，等.布卢姆教育目标分类学：分类学视野下的学与教及其测评［M］.蒋小平，等译.北京：外语教学与研究出版社，2009：107-108.

从上表判断，玛格丽特·杰克逊设计的导入活动可谓用心良苦。学生围绕"野心""诱惑"和"恐惧"三个词进行写作，既激发了学生兴趣，也扣住了剧情中的关键，为学生关注和记忆该剧中的重要细节铺垫了基础。引导学生"特别留意那些有助于建立该剧基调的关键词"，要求学生用自己的话表达"公平就是犯规，犯规就是公平"这句台词，从"好即坏，坏即好"这一自相矛盾的结论中发现全剧主题，为学生理解文学作品、剧本等概念性知识打下了基础。玛格丽特·杰克逊一开始没有让学生阅读剧本，而是"猜写"；没有顺着序幕中"公平就是犯规，犯规就是公平"这一矛盾读剧本，而是让学生列举"好即坏，坏即好"的生活例子，为学生理解文学作品与人生的关系奠定了基础。她在导入中安排的写作、朗读、讨论等活动，既是对学生已有戏剧知识、想象能力、社会关注能力等的一次隐性评价，也是对学生进入本剧学习的一次"前测"，把教学和评价统一在了确定的教学目标上。安德森等人是这样分析这一导入活动的："这个导入活动强调理解概念性知识。关键概念包括：野心、诱惑、恐惧（导入活动的第一阶段）；基调（第二段）；自相矛盾的结论（第三段）。除知识线索之外，教师要求学生'用自己的话表达这句台词'（第三段），并要求学生列举现实生活中的例子（第三段）……'释义'与解释相联系，'生成例子'是举例。解释和举例都是属于理解类别的认知过程。"

第一幕的教学活动

首先，我告诉学生他们必须写出每一场的情节概要。然后，我开始进行关于"悲剧英雄"（由于本身的人格缺陷，一个崇高、非凡的人最后遭到毁灭）的讨论。学生都见过现实生活中某一"可叹可敬（pity and fear）"的悲剧式人物，这类人在追求梦想的过程中，也亲手播下了毁灭自己的种子。我帮助学生认识到《麦克白》对于他们人生的意义在于，只要具备适当的条件，他们中许多人也可能成为这样的悲剧式人物。

我把剧本中的角色分派给学生，并让他们朗读剧本，读完每一场后稍做停顿，以便我做些必要的解说。我向学生提出的问题主要是针对他们对剧本的理解（例如"麦克白具有哪些人格力量？""如果从未遇到过女巫，麦克白又会怎样？"）。

尽管学生起初都显得犹豫和害羞，但我坚持让他们表演剧中重要的场景，由整个班级担任导演。开始时，我几乎不得不承担全部的导演工作，但是，学生一旦懂得了行动跟随言语的道理，表演的效果就增强了。

在阅读和讨论第一幕之后，我给学生放映了该剧三种版本的电影：20世纪40年代奥逊·威尔斯导演并主演的版本；罗曼·波兰斯基处理得生动且血腥的1972年版本；英国广播公司（BBC）"莎士比亚剧作"系列中的版本。在放映这些电影的第一幕之前，我要求学生在五分钟内把一部好的《麦克白》电影在电影艺术和人物塑造方面应该包括的内容写下来。随后，我分发给学生一份用来比较三种电影的表格。在放映了三部电影的第一幕之后，我又分发了对三种电影进行比较的文章的写作要求，要求学生第二天在写作实验室完成该文引言部分的写作，并在下周上交文章的初稿。

完成第一幕的教学活动用了大约一周时间。[1]

进入剧本第一幕之后，老师首先运用"总结"的认知技巧，让学生阅读第一幕，概括情节。情节概要既是概念性知识，也隐含着事实性知识。因为必须关注和提炼剧中的重要细节，才能抓住情节概要的关键，突出情节概要的重点，写好情节概要。在把握情节概要后，老师引导学生对"悲剧式人物"进行讨论，既将重点移至概念性知识，也联系生活中的"悲剧式人物"，并思考这一类型的人物对自己人生的意义，运用了总结和比较两种认知技能。对"悲剧式人物"有了初步认知后，老师引导学生深度解读麦克白这一人物形象，加深对"悲剧式人物"的理解，提高解读"悲剧式人物"的能力。当从"学生"立场解读了麦克白这一悲剧人物之后，老师引导学生转换视角，看看不同导演是如何解读这一悲剧人物的，并引导学生在以下几个方面进行比较（表7-24）：

表7-24 对三种版本的《麦克白》的电影比较[2]

	罗曼·波兰斯基	奥逊·威尔斯	BBC
布景			
声音			
灯光			
特效			
女巫			
麦克白			
麦克白夫人			

［1］安德森，等.布卢姆教育目标分类学：分类学视野下的学与教及其测评［M］.蒋小平，等译.北京：外语教学与研究出版社，2009：108.

［2］同［1］117.

学生对三种版本的《麦克白》电影进行比较后，老师布置了一个评价性的作业，要求学生写出自己的比较结果，为了让学生更好地表达自己的想法，她列出了短文的写作要求：

1. 引言部分应该论述一部好的《麦克白》电影应该包括哪些内容。引言还应该设法引起读者的兴趣。

2. 论题陈述是引言中最重要的部分。论题应该针对三部电影每一部中场景的电影效果（布景、声音、灯光、特效）和人物塑造（麦克白、麦克白夫人、女巫）。论题的陈述应该涉及每一部电影相对的长处。

3. 短文的主要部分应该展开在论题的陈述部分确立起来的观点。论题的展开可以使用并列形式（分别讨论每一部电影）或者专题形式（首先讨论每一部电影的电影效果，然后讨论每一部电影的人物塑造）。

4. 结论部分应该重新陈述主要观点，并且用一句话阐明哪一部电影给人留下最深刻的印象而且最忠实地表达了原剧的本意，以此结束短文。[1]

第一幕的上述教学活动，以"理解"的认知活动为主体，引导学生总结、比较、阐释，其中还有对剧本与电影的转化，以多种方式引导学生不断深入地把握事实性知识和概念性知识。

第二幕的教学活动

我让全班学生挑选出在整个单元教学过程中他们愿意继续一幕一幕观看的一种电影版本。经过认真考虑后，学生慎重地同意选择波兰斯基的电影（虽然他们并不那么热衷于他对女巫这个人物的刻画）。我希望学生以电影日志的方式将观感写下来，这需要我对学生进行相当严格的指导。

第二幕的学习一开始，我就介绍了主题（motif）这个概念。我要求学生在阅读剧本第二幕时注意三个主题：鲜血、睡眠和黑暗。并要求他们以这三个词为题，在五分钟内把对单个词以及这三个词联合起来产生的感觉写下来。

课堂活动包括阅读和讨论两部分。我再次使用提问的方式引导学生进行讨论（例如，"为什么麦克白拒绝回到邓肯的房间把带血的剑栽赃于卫兵？""要是麦克白夫人本人能够谋杀邓肯，结果会有什么不同？"）。

我把全班学生分成人数相等的三个小组，并为每个小组指定了一个主题。我对各小组的唯一要求是：在第二幕第一、第二场中找到提及他们的主题的每

［1］安德森，等.布卢姆教育目标分类学：分类学视野下的学与教及其测评［M］.蒋小平，等译.北京：外语教学与研究出版社，2009：118.

一处，并就该主题的剧情含义取得一致意见。

完成第二幕的教学活动用了大约一周时间。[1]

第二幕的教学活动沿袭了第一幕的设计与实施思路，但让学生以电影日志的方式表达他们的观感，是这一幕教学的亮点。因为这一环节既将"比较"这一认知活动推向了高潮，帮助学生把积累的事实性知识和概念性知识用于特定任务，也把目标、教学和评价结合起来了。为了提高电影日志写作的质量，老师对学生做了如下提示：

日志的内容主要由你自己决定，但应该设法满足某些要求。如同前面的短文写作要求所提及的那样，学生应该对电影艺术（布景、灯光、声音、特效）和人物塑造（尤其是麦克白、麦克白夫人、班柯、麦克德夫和女巫）做出评论。其他需要考虑的要点也许还包括某些情节是如何表演的，例如，有关剑的场景、晚宴的场景、梦游的场景以及麦克白的谋杀。同时，如果任何场景被省略或有重大改动，那么，你都必须在日志中做出解释。日志的最后一个段落应该叙述电影中给你留下最深刻的印象以及你最不喜欢的地方。记住：评价没有正确和错误之分，但任何评价都必须在证据的基础上做出。[2]

安德森等人认为，第二幕的教学活动以理解概念性知识为主。"写电影日志要求学生进行比较和对比（因此要求理解）。两个上位概念（superordinate concept）——电影艺术和人物塑造——被用于组织电影日志的写作。第二幕学习中的重要概念是主题。明确地说，在学习第二幕时，学生必须剖析三个主题：鲜血、睡眠和黑暗。杰克逊女士要求学生把'（对每一个概念）所产生的感觉'写下来，使这些概念在情感方面的作用得到了承认。最后一项教学活动同样强调理解概念性知识。学生必须在剧本中寻找特定主题的例子，并描述每个主题的剧情含义。寻找例子是举例（因此是理解）。"但第二幕教学活动还运用了分析和创造的认知技能，"对主题含义的关注以及在第二幕的讨论中对杰克逊女士提问的回答，都要求超出理解类别范围的认知过程。确定主题的剧情含义是归因。类似地，回答关于麦克白拒绝回到邓肯房间的问题也要求归因。最后，教师的提问要求学生猜测如果麦克白夫人谋杀了邓肯可能发生的

---

[1] 安德森，等.布卢姆教育目标分类学：分类学视野下的学与教及其测评 [M].蒋小平，等译.北京：外语教学与研究出版社，2009：109.

[2] 同 [1]119.

情况。对该问题做出回答要求'产生'……归因与分析类别相联系，而'产生'则是属于创造类别的认知过程。因此，虽然这些活动始终强调理解概念性知识，但也涉及两个其他的认知类别：分析和创造。这一活动中的分析和创造很可能涉及几类知识，似乎尤其涉及事实性知识和概念性知识"。[1]

第三幕的教学活动

关于第三幕的讨论开始时，我要求学生基于麦克白已变成老练的谋杀犯这一事实去预测他下一步的行动。大部分学生认为，他很可能会再次谋杀，而且对他来说谋杀会变得越来越容易。有些学生能够预见他会谋杀班柯，他们感觉到，麦克白开始对朋友的知情程度感到不安。

学生通读并讨论了剧本的第三幕。我再次利用提问来指导学生进行讨论（例如，"你会如何指导演员塑造一个像麦克白那样明显感觉到持续恐惧的人物形象？""与谋杀邓肯相比，你是否可以更多或更少地理解他对班柯的谋杀？为什么？"）。

这时，我允许学生利用课堂时间完成他们的小组作业。

完成第三幕的教学活动大约用了三天，完成小组作业另外用了五天时间。[2]

"关于第三幕的讨论是从要求学生预测麦克白的下一步行动开始的。在认知过程维度的术语中，'预测'是推断的同义词，而推断是属于理解类别的认知过程。在全班学生阅读和讨论第三幕时，杰克逊女士再次利用提问指导学生进行讨论。她提出的第一个讨论问题（'你会如何指导？'）相当复杂，必须运用电影艺术和戏剧专业的概念才能够做出回答。从认知的角度看，该问题针对的是创造类别。第二个讨论问题要求评价，附加的问句'为什么？'要求学生陈述他们用于判断的准则。学生花了另外五天的课堂时间来完成主要的作业，该作业也是本单元的主要测评。杰克逊女士将教学时间用于测评，因为她认为，学生需要结构化的课堂时间，而且在一定的监督下才能完成该作业。在这一情境中的创造和评

---

[1] 安德森，等.布卢姆教育目标分类学：分类学视野下的学与教及其测评［M］.蒋小平，等译.北京：外语教学与研究出版社，2009：109–110.

[2] 同［1］110.

价很可能需要概念性知识和事实性知识的某种组合。"[1] 为了提高测评性作业的质量，她提出了如下评价标准：

教师对《麦克白》小组作业的评价内容[2]

研究 _____

准确性（30%） _____

完整性（30%） _____

表演 _____

创造性（15%） _____

诉求（15%） _____

正确的表达方式（10%） _____

　总计 _____

第四幕的教学活动

从第三幕结束到第四幕开始有一定的时间间隔，因此，我感到在第四幕的教学开始前有必要对前三幕进行详尽的复习。这时麦克白的内心充满了恐惧，由于恐惧他会进行更多的谋杀。我要求学生根据麦克白这一每况愈下的处境来考虑第四幕的剧情，从而为学习做好准备。

在阅读第四幕的剧本之后，学生展开了班级讨论。我同样使用一系列提问来引导讨论（例如，"说明麦克白派人杀害麦克德夫全家的原因。在性质和动机上，这次谋杀与其他谋杀有什么区别？""批评者认为马尔科姆与麦克德夫对话的场景不可信，这一批评是恰当的吗？为什么？"）。复习用了大约一天时间，完成第四幕的教学活动另外用了四天时间。[3]

这一幕的教学训练了学生的记忆、预测与分类能力。复习是对已有知识的记忆和巩固，覆盖了事实性知识和概念性知识；预测第四幕剧情，需要学生把握麦克白这一悲剧式人物的性格走向；把麦克白的杀人动机进行分类，是对剧情和麦克白这一悲剧人物的深层次理解。这一幕的教学依然围绕目标中的重点知识与认知能力展开，促进了目标、教学与评价的统一。

---

［1］安德森，等.布卢姆教育目标分类学：分类学视野下的学与教及其测评［M］.蒋小平，等译.北京：外语教学与研究出版社，2009：110.

［2］同［1］120.

［3］同［1］.

第五幕教学活动

尽管第五幕包括许多短暂的场景，每个场景都涉及复杂的情节并且多个次要角色错综复杂地出场，但学生喜爱剧情发展的快节奏，并且欣赏该剧在剧烈冲突中即将结束的惊险。几乎每一个场景都揭穿了麦克白把自己包围在其中的层层安全幻觉。

全班学生都喜欢女巫预言应验所包含的强烈讽刺意味，而且几乎不用提示他们就能够明白，麦克白这个在全剧中使用表里不一的伎俩迷惑他人的人物，现在自己成了表里不一的牺牲品。（虽然我顺带提到"讽刺"一词，但我认为更重要的是学生能够识别"讽刺"，而不是把它作为一个标签。麦克白有一个"合情合理"的结局，所有的学生都能够理解和欣赏到这个结局）

在朗读第五幕的台词之后，我提出了如下问题，用以指导学生进行最后一次讨论："麦克白在其著名的'明天'独白中表达了什么样的心情？""请预测如果麦克白在了解麦克德夫的出生真相后拒绝与他交战，其结果会怎样呢？""马尔科姆在剧终时的演说有什么效果？"[1]

"在继续强调概念性知识的同时，杰克逊女士引入了'讽刺'的概念。她更关注让学生理解该词所表达的概念而不是记住该词，注意到这一点很重要。按照杰克逊女士自己的话，学生应该'能够识别讽刺，而不是把它作为一个标签'。为了有利于学生形成概念性知识，她的提问要求学生加以理解（推断和解释）并做出分析（归因）。"[2]从整个教学活动看，杰克逊女士把知识和认知有机结合起来，提高了戏剧学习活动的效益，教学活动在分类表中的位置如下表：

表7-25　《麦克白》案例：陈述的目标和教学活动在分类表中的位置[3]

知识维度	认知过程维度					
	1. 记忆/回忆	2. 理解	3. 应用	4. 分析	5. 评价	6. 创造
A. 事实性知识	目标2			第二幕的教学活动	第三幕的教学活动	第二、第三幕的教学活动

[1] 安德森，等.布卢姆教育目标分类学：分类学视野下的学与教及其测评 [M].蒋小平，等译.北京：外语教学与研究出版社，2009：111.

[2] 同 [1].

[3] 同 [1]112.

续表

知识维度	认知过程维度					
	1.记忆/回忆	2.理解	3.应用	4.分析	5.评价	6.创造
B.概念性知识		目标1 导入活动和第一至五幕的教学活动；电影日志；电影比较		第二、第四、第五幕的教学活动	第三、第四幕的教学活动	第二、第三幕的教学活动
C.程序性知识						
D.元认知知识						

第三部分：测评

作业内容：

1. 在剧本中选择任一场景，然后运用现代的布景和语言但保留原作的意思将其改写。向全班学生表演改写后的场景。

2. 编撰一期《苏格兰新闻》，报道该剧中有新闻价值的事件，内容包括新闻、特写、社论以及政治性漫画、建议专栏和分类广告等特别的栏目。

作业形式：

由学生完成并向全班展示结果的小组作业。

作业评价：

小组作业的评分准则见"教师对《麦克白》小组作业的评价内容"。[1]

在上述作业和评价准则中，"准确性（可能还有完整性）似乎要求回忆事实性知识；创造性似乎要求'基于'事实性知识和概念性知识进行创造；其他三个准则——完整性、诉求和正确的表达方式——似乎全都要求理解概念性知识。学生需要懂得是什么因素使得作业显得完整，具有诉求并且有正确的表达方式。除准确性以外，其他准则与剧本的内容无关，更确切地说，它们与教师预期的作业本身的质量相关"[2]。根据

[1][2]安德森，等.布卢姆教育目标分类学：分类学视野下的学与教及其测评[M].蒋小平，等译.北京：外语教学与研究出版社，2009：112.

确定的教学目标，杰克逊女士还设计了以下测验题。

《麦克白》的最终测验题

（一）配对：将下面的描述与右边的名字配对。有些名字将被多次使用。（每题2分）

1. 被处死并且其丧失的爵位被赠给了麦克白。 　　A. 赫卡忒

2. 没有出席加冕礼而暴露了他对麦克白的怀疑。 　　B. 邓肯

3. 谁被发现接近麦克白的城堡而引起麦克白巨大的恐惧与怀疑？

　　C. 马尔科姆

4. 谁使得麦克白在晚宴上"发疯"？ 　　D. 班柯

5. 谁宣称自己甚至比麦克白还要邪恶？ 　　E. 麦克白夫人

6. 谁是费郡的郡主？ 　　F. 麦克德夫夫人

7. 谁任命马尔科姆为坎伯兰郡的王子？ 　　G. 邓西嫩

8. 谁经常把坏消息带给其他人？ 　　H. 麦克白

9. 麦克白的城堡。 　　I. 麦克德夫

10. 在麦克白进行的最后一场战斗中，谁被麦克白杀害了？ J. 罗斯

11. 谁将"称"王？ 　　K. 小西华德

12. 谁将鲜血涂在国王邓肯的卫兵身上？ 　　L. 福累斯

13. 谁命令设下圈套将麦克白置于安全幻觉之中？ 　　M. 考德的郡主

14. 谁为了避免不公正的谋杀指控而逃往爱尔兰？ 　　N. 班柯的鬼魂

15. 谁因为被留下来未受到保护而生气？ 　　O. 勃南森林

16. 谁杀死了邓肯的卫兵？ 　　P. 道纳本

17. 据说，谁在剧终时自杀了？

18. 谁出生时是"不足月"的剖腹产婴儿？

19. 谁在自己的父亲被杀害时死里逃生？

20. 麦克白第一次见到女巫时，他和谁在一起？

（二）简略地回答问题。用正确的词或短语填空。（每题3分）

1.《麦克白》故事主要发生在哪个国家？

_____

2. 麦克白有哪些悲剧性弱点？

_____

3. 戴着头盔的头告诉麦克白应该当心什么？

_____

4. 为什么麦克白夫人没有亲自杀害邓肯？

_____

5. 女巫向麦克白展示了多少幽灵？

_____

6. 哪一个场景是《麦克白》中唯一的喜剧场景？

_____

7. 在杀害邓肯前麦克白觉得他看见了什么？

_____

8. 老翁在什么时候说自然界曾经出现过许多重大反常现象？

_____

9. 在父亲被害后马尔科姆去哪里了？

_____

10. 谁看见麦克白夫人在梦游？

_____

（三）引用语。根据完整的句子，说出句子是：（1）谁说的；（2）对谁说的；
（3）在什么情况下说的。（每题5分）

1. "Lay on, MacDuff, and damned be him that first cries, 'Hold, enough！'"

2. "Fair is foul, and foul is fair."

3. "Fail not our feast."

4. "Is this a danger I see before me, the handle toward my hand？"

5. "Look like the innocent flower, but be the serpent under it."

6. "Out, damned spot, I say！" [1]

上述测验以事实性知识的回忆或记忆为主，与作业配合起来，共同

---

[1] 安德森，等. 布卢姆教育目标分类学：分类学视野下的学与教及其测评 [M]. 蒋小平，等译. 北
京：外语教学与研究出版社，2009：121-123.

完成了对事实性知识、概念性知识，记忆、理解等认知发展情况的评价。

除 SOLO 和教育目标分类学等评价理论以外，西方的不少研究者还综合教育学、心理学等研究的新进展，丰富和发展了评价理论，不同评价理论从不同视角提出了评价目标、理念和操作办法，为创新评价实践提供了借鉴，限于篇幅，本书重点介绍这两种理论在语文学习质量评价中的运用。在借鉴西方评价理论创新评价实践时，要抓住每一种评价理论的实质，得其精髓，这样才能创造性地加以运用。

参考文献

［1］章熊 . 中国当代写作与阅读测试［M］. 成都：四川教育出版社，2000.

［2］沈玉顺 . 现代教育评价［M］. 上海：华东师范大学出版社，2002.

［3］博里奇，汤伯里 . 中小学教育评价［M］. 国家基础教育课程改革"促进教师发展与学生成长的评价研究"项目组，译 . 北京：中国轻工业出版社，2004.

［4］斯蒂金斯 . 促进学习的学生参与式课堂评价（第四版）［M］. 国家基础教育课程改革"促进教师发展与学生成长的评价研究"项目组，译 . 北京：中国轻工业出版社，2005.

［5］李晓光 . 质量管理学［M］. 北京：中国人民大学出版社，2006.

［6］芬克 . 创造有意义的学习经历——综合性大学课程设计原则［M］. 胡美馨，刘颖，译 . 杭州：浙江大学出版社，2006.

［7］郅庭瑾 . 为思维而教［M］. 北京：教育科学出版社，2007.

［8］欧洲理事会文化合作教育委员会 . 欧洲语言共同参考框架：学习、教学、评估［M］. 刘骏，傅荣，等译 . 北京：外语教学与研究出版社，2008.

［9］胡中锋 . 教育评价学［M］. 北京：中国人民大学出版社，2008.

［10］彼格斯，科利斯 . 学习质量评价［M］. 高凌飚，张洪岩，译 . 北京：人民教育出版社，2010.

［11］张春莉 . 走向多样化的评价——小学生学习能力评价的理念、方法与实践［M］. 上海：上海教育出版社，2005.

［12］蒋碧艳，梁红京 . 学习评价研究：基于新课程背景下的实践［M］. 上海：华东师范大学出版社，2006.

［13］萨特勒，等 . 儿童评价［M］. 陈会昌，等译校 . 北京：中国轻工业出版社，2008.

［14］安德森，等 . 布卢姆教育目标分类学：分类学视野下的学与教及其测评［M］. 蒋小平，等译，北京：外语教学与研究出版社，2009.

［15］张雨强，冯翠典 . 开放题编制的理论与技术研究［M］. 上海：华东师范大学出版社，2009.

［16］苏启敏 . 价值反思与学生评价［M］. 北京：北京师范大学出版社，2010.

［17］格伦隆德，沃 . 学业成就评测［M］. 杨涛，边玉芳，译 . 北京：教育科学出版社，2011.

［18］田友谊.当代学生评价的理论与实践［M］.武汉：华中师范大学出版社，2012.

［19］马扎诺，肯德尔.教育目标的新分类学（第2版）［M］.高凌飚，吴有昌，苏峻，译.北京：教育科学出版社，2012.

［20］国际学生评估项目中国上海项目组.质量与公平——上海2009年国际学生评估项目（PISA）研究报告［M］.上海：上海教育出版社，2013.

［21］经济合作与发展组织.教育系统中的成功者与变革者：美国从国际学生评估项目中学什么？［M］.徐瑾劼，陈法宝，赵鹋，译.北京：北京大学出版社，2013.

［22］杨向东，黄小瑞.教育改革时代的学业测量与评价［C］.上海：华东师范大学出版社，2013.

［23］严芳.教育元评估的理论与实践［M］.上海：华东师范大学出版社，2013.

［24］方臻，夏雪梅.作业设计：基于学生心理机制的学习反馈［M］.北京：教育科学出版社，2014.

［25］祝新华.促进学习的语文评估：基本理念与策略［M］.北京：人民教育出版社，2014.

［26］许世红.基础教育学生评价研究——历史沿革、现实状况与未来走向［M］.广州：广东高等教育出版社，2014.

［27］章建石.基于学生增值发展的教学质量评价与保障研究［M］.北京：北京师范大学出版社，2014.

［28］王荣生.语文课程与教学内容［M］.北京：教育科学出版社，2015.